Claudia Buckenmaier

Wer rettet Amerika?

Bericht aus einem verwundeten Land

Rowohlt · Berlin

Originalausgabe   Veröffentlicht im Rowohlt · Berlin Verlag, Oktober 2022   Copyright © 2022 by
Rowohlt · Berlin GmbH, Berlin   Satz Chronicle Text bei CPI books GmbH, Leck   Druck und Bindung
GGP Media GmbH, Pößneck, Germany   ISBN 978-3-7371-0153-0

Die Rowohlt Verlage haben sich zu einer nachhaltigen Buchproduktion verpflichtet. Gemeinsam mit
unseren Partnern und Lieferanten setzen wir uns für eine klimaneutrale Buchproduktion ein, die
den Erwerb von Klimazertifikaten zur Kompensation des CO_2-Ausstoßes einschließt.
www.klimaneutralerverlag.de

Für meine Eltern und meinen Mann

Inhalt

Vorwort:
«Das sind wir nicht!»

Wie lässt sich der Hass beschreiben, der mir, der unserem Team am 6. Januar 2021 entgegenschlägt, wenn das, was aufgebrachte Trump-Anhänger uns ins Gesicht schreien, nichts für einen geschriebenen Text ist? Das F-Wort, immer wieder, bis die Stimme sich überschlägt. Der Mensch, der seiner Verbitterung Luft macht, bis fast keine Luft mehr da ist. Eine Schimpftirade folgt auf die nächste. Dieser Mensch ist eine Frau mittleren Alters, durchschnittlich und bequem gekleidet, unauffällig, keine rote Kappe, auf der in Großbuchstaben «MAGA» steht, «Make America Great Again».

Seit mehr als vier Jahren sind die roten Baseballkappen das Erkennungszeichen von Amerikanerinnen und Amerikanern, die sich ganz ihrem Helden Donald Trump verschrieben haben. Doch diese Frau, die an der Absperrung zum Medienbereich steht, einem kleinen Areal, auf dem sich viele Kamerateams, Reporterinnen und Reporter drängen, trägt weder die unverkennbare Kopfbedeckung noch ein T-Shirt mit dem Konterfei des Präsidenten. Sie könnte Lehrerin sein. Eine junge Großmutter. Eine Krankenschwester. Sie wirkt nett, bis sie den Mund aufmacht. Jeder Versuch, mit ihr ins Gespräch zu kommen, scheitert, wird mit Schreien beantwortet. Von Mal zu Mal lauter. Wir, die Medien, seien an allem schuld. Sie muss gar nicht konkreter werden. Aus ihrer Sicht trage ich, tragen wir, die an diesem Tag vom Kapitol berichten, die Verantwortung für all das, was nicht so ist, wie sie es sich wünscht, und vor allem dafür, dass Donald Trump nun bald nicht mehr Präsident sein wird.

Ich habe schon häufiger einer Menschenmenge gegenübergestanden, die, angestachelt von Präsident Trump, voller Ressentiments gegenüber Journalisten ist, aber an diesem 6. Januar fühlt es sich anders an, zugespitzter, aufgeheizter. Das, was wir immer befürchtet haben, dass die lautstarken Beschimpfungen eines Tages in nicht mehr kontrollierbare Gewalt umschlagen könnten, liegt in der Luft. Kurze Zeit später bricht sich diese Wut Bahn. «This is our house. We are the people», «Das ist unser Haus. Wir sind das Volk», skandieren Hunderte und drängen die wenigen Polizisten zurück. Einige Angreifer schwenken US-Flaggen, auch jene mit den schwarz-weiß-blauen Streifen, zu Ehren der Polizisten, auf die sie mit ebendiesen Fahnen im nächsten Moment einschlagen werden.

Zuvor hat Donald Trump vor Tausenden geredet. Sie sind aus dem ganzen Land nach Washington, D.C., gekommen und wollen verhindern, dass Joe Biden zum neuen amerikanischen Präsidenten erklärt wird, überzeugt davon, dass nur Trump ihr rechtmäßiger Präsident sein könne. Den Zweifel hat Trump schon lange vor der Wahl gesät. Jetzt hetzt er seine Anhänger auf: «Ihr werdet einen illegitimen Präsidenten bekommen. Das können wir nicht zulassen. Das ist die korrupteste Wahl in der Geschichte, vielleicht der ganzen Welt. Wir werden kämpfen. Wie der Teufel. Und wenn wir das nicht tun, dann verlieren wir unser Land.»

Während ich darauf warte, zu den Abendnachrichten nach Deutschland geschaltet zu werden, fällt ganz in unserer Nähe die Absperrung, ein einfaches Gitter, geschützt nur von ein paar Polizisten der Capitol Police. Im ersten Moment wirkt es so, als ob die, die sich Zugang verschaffen, gar nicht glauben können, wie leicht das geht. Die Polizisten versuchen, den Zugang zu den Treppen und Eingängen des Kapitols zu blockieren, aber lange halten sie dem Ansturm nicht stand. Unser Kameramann filmt oben am Hauptportal, bis das Glas splittert. Wir fragen uns, ob es noch verantwortbar ist zu bleiben oder ob es zu riskant wird. Bis zu dem Punkt, als meine Kollegin einen Mann mit einem Megafon auf unseren abgesperrten Bereich zulaufen sieht, gefolgt von einer

Handvoll Menschen, die zu allem bereit scheinen. Er schreit: «There they are, the fucking lying media», «Dort ist sie, die scheiß Lügenpresse.»

Für uns ist klar, wir können hier nicht länger bleiben. Wir suchen uns eine andere Stelle, mit ausreichend Abstand, und müssen aus der Ferne mitansehen, wie die Gruppe die dort noch ausharrenden Journalisten regelrecht niederrennt. Die Kollegen fliehen; die Ausrüstung vieler Sender bleibt zurück. Später gehen Bilder um die Welt, wie die Meute in Jubelgeschrei ausbricht und mit Mikrofonen posiert. Sie haben vieles kurz und klein geschlagen. Als wir an unserem neuen Standort sehen, wie sie in unsere Richtung kommen, müssen wir ein Livegespräch abbrechen.

Zu diesem Zeitpunkt – es ist später Nachmittag, früher Abend, die ersten Lichter gehen an – sind die meisten längst weg. Anfangs waren Familien mit Kindern vor Ort. Demotourismus, ein bisschen Volksfest mit vielen Fanartikeln des abgewählten Präsidenten. Sie alle fühlten sich im Recht. Ich erinnere mich noch, wie ein Mann zu uns kam und schrie: «Sie haben soeben eine Frau erschossen. Sie hat friedlich protestiert. Aber darüber berichtet ihr ja nicht.» Später stellt sich heraus, dass der Mann von Ashli Babbitt sprach. Ein Polizist schoss auf sie, als sie versuchte, durch ein geborstenes Fenster in die Lobby des Sitzungssaals im Repräsentantenhaus zu dringen. Der Polizist sah keinen anderen Ausweg, um die im Raum hinter ihm kauernden Abgeordneten zu schützen. Doch bestätigt wird das alles erst viel später.

Inzwischen ist die Nationalgarde im Einsatz. Die Soldaten bestimmen das Bild, das Chaos des Nachmittags ist gespenstischer Ruhe gewichen. Wir sehen, wie Verhaftete abgeführt werden, und hören, dass die Abgeordneten noch in der Nacht wieder zusammenkommen wollen, um das zu tun, wovon sie der Sturm auf das Kapitol abhalten sollte: Biden zum Präsidenten zu erklären.

Erst langsam wird uns allen bewusst, was sich in den letzten Stunden abgespielt hat. Erschüttert machen wir uns auf den Weg ins Studio. Ein historischer Tag, ein Tag, der die USA verändern wird. Zumindest denke ich das am 6. Januar 2021. Zum Guten oder zum Schlechten? Diese Frage ist noch immer nicht abschließend beantwortet, noch immer offen, aber ein Weckruf war der Tag, an dem das Kapitol gestürmt wurde, nicht, auch wenn das anfangs viele gehofft hatten.

Joe Bidens Ton war erschrocken und zugleich fast flehend, als er an diesem 6. Januar an die Bevölkerung appellierte, die Gewaltexzesse zu verurteilen: «This is not who we are!», «Das sind wir nicht!» Doch dieser Appell verhallt ungehört. Heute, gut anderthalb Jahre später, gibt es viele, die behaupten, das sei doch alles gar nicht so schlimm gewesen. Alles nur demonstrierende Menschen, die ihre Meinung frei sagen wollten. Es ist die Verharmlosung eines Angriffs auf die Demokratie, eines versuchten Umsturzes, unabhängig davon, ob er im Vorfeld detailliert geplant war oder nicht. Diese Menschen wollten die friedliche Amtsübergabe mit Gewalt verhindern. Sie unterbrachen die zeremonielle Zählung der Stimmen, wie sie seit Mitte des 20. Jahrhunderts alle vier Jahre am 6. Januar praktiziert wird.

Ein nationales Trauma. Doch nur einen Wimpernschlag lang scheinen sich darin alle einig zu sein. Heute sehen das nur noch die Demokraten und wenige Republikaner so. Ende Mai 2022, am Memorial Day, dem Tag, an dem das Land der gefallenen amerikanischen Soldaten gedenkt, sagt Biden, die Demokratie zu bewahren sei die «Mission unserer Zeit», und er meint damit, eine der drängendsten Herausforderungen. Doch es ist ihm nicht gelungen, die Bevölkerung mitzunehmen, trotz dieser Mahnung, die er regelmäßig wiederholt.

In der Rede zu seiner Amtseinführung am 20. Januar 2021 verspricht Biden, das Land wieder zu einen. Mit ganzer Seele wolle er sich diesem Ziel widmen, und er bittet alle Amerikanerinnen und Amerikaner, ihn zu unterstützen, denn nur so könne man die gemeinsamen Feinde bekämpfen: «Wut, Verbitterung, Hass. Extremismus, Gesetzlosigkeit, Gewalt. Krankheit, Arbeitslosigkeit,

Hoffnungslosigkeit. Geeint können wir Großes und Wichtiges bewirken. Wir können Unrecht korrigieren, wir können Menschen gute Jobs verschaffen. Wir können unsere Kinder in sicheren Schulen unterrichten. Wir können das tödliche Virus besiegen. Wir können Arbeit belohnen, die Mittelschicht wiederaufbauen und Gesundheitsversorgung für alle sichern. Wir können den Rassismus besiegen und Gerechtigkeit schaffen, und wir können Amerika wieder zu der führenden Kraft für das Gute in der Welt machen.» Ein sehr amerikanisches Versprechen, allumfassend, mit viel Pathos, aber es umfasst all die Themen, mit denen Biden sich letztendlich gegen Trump durchsetzen konnte. Er weckt damit große Erwartungen und Hoffnungen, die schon bald zur Last seiner Präsidentschaft werden.

Der Endsiebziger wirbt für einen Neustart. Biden will ein Präsident für alle sein, auch für die, die ihn nicht gewählt haben. Er werde für sie genauso hart kämpfen wie für seine Unterstützer. Aber das wird nicht gehört. Seine politischen Gegner beschreiben ihn als senilen, unfähigen, überforderten Mann, und in großen Teilen der Bevölkerung setzt sich dieses Bild nach und nach fest.

Der neue Präsident kündigt schnelle Lösungen an, für all die großen Probleme – die Coronapandemie, den Rassismus, die Waffengewalt, die Angst vor sozialem Abstieg, die illegale Einwanderung und vieles mehr. Doch er macht Fehler und prallt zugleich an den Beharrungskräften eines Parlaments ab, von dem er sich vergeblich parteiübergreifende Kompromisse erhofft hat.

Lange Zeit glaubte fast jede Amerikanerin, jeder Amerikaner zu wissen, wer oder was die USA sind: die großartigste Nation, die moralisch Guten im Spiel der Weltmächte, die Gesellschaft, die jedem unbegrenzte Möglichkeiten bietet, ein Land, das die Welt geprägt hat wie kein anderes, das vorgibt, alles, aber auch wirklich alles im Zeichen der Freiheit zu sehen. Stolz auf das Versprechen der Unabhängigkeitserklärung von 1776, in der es heißt: «Wir halten diese Wahrheiten für selbstverständlich: dass alle Menschen gleich erschaffen worden sind; dass sie vom Schöpfer gewisse unveräußerliche Rechte bekommen haben, darunter ihr Leben, ihre Freiheit und das Streben nach Glück.» Doch mehr als die Hälfte aller Amerikaner hat das jahrhundertealte Vertrauen in ihre Demokratie verloren. Viele nehmen die Politikerinnen und Politiker in Washington nur noch als «die da oben» wahr, die nicht verstehen, wie es den Menschen im Land wirklich geht. Weder den Weißen noch den Schwarzen, den Latinos oder den Indigenen.

Joe Biden ist schnell tief gefallen, in den Umfragewerten, im Ansehen auch derer, die ihn gewählt haben. Sein Vorgänger ist nie leise geworden, im Gegenteil. Er befeuert die Lüge, bei der letzten Wahl betrogen worden zu sein, permanent weiter, und inzwischen glauben ihm viel zu viele. Trump hat sich nie aus der aktuellen Politik zurückgezogen. Er tritt weiterhin regelmäßig auf, präsentiert sich aber vorerst nur als Königsmacher. Er unterstützt gezielt Kandidaten, die ihm Treue geloben. Nach wie vor sammelt er erfolgreich Spenden, auch wenn diese zuletzt leicht rückläufig waren. Noch setzen die meisten, die für die Republikaner antreten, auf das Zugpferd Trump, sprich, sie leisten sich keine Widerworte. Trumps Umfragewerte sind nach wie vor deutlich besser als die anderer republikanischer Hoffnungsträger, und er hält so seine Partei fest im Griff. Es wird darüber spekuliert, ob der einmal Geschlagene 2024 wieder antreten wird. Eine Spekulation, die Trump selbst befeuert, ohne sich bisher festgelegt zu haben, was aber jederzeit geschehen kann. Doch eines ist sicher: Jeder, der mit dem Gedanken spielt, selbst in den Ring möglicher Präsidentschaftskandidaten zu steigen, muss versuchen, den Trump-Anhängern zu gefallen. Mit dem Ergebnis, dass inzwischen manch einer den ehemaligen Präsidenten rechts überholt. In den nächsten Monaten wird sich zeigen, ob die Rückkehr des isolationistischen Trump-Populismus besiegelt wird oder ob Biden und mit ihm die Demokraten doch noch eine Chance haben, die Wählergunst zurückzugewinnen, vielleicht nicht bei den anstehenden Midterms, den Kongresswahlen im November, aber bei der nächsten Präsidentschaftswahl.

Auf meinen Reisen durch die USA habe ich viele beeindruckende Menschen kennengelernt, die sich mit den Widrigkeiten des amerikanischen Systems herumschlagen, manchmal fast untergehen und doch nie aufgeben. Menschen, die sich von der herkömmlichen Politik im Stich gelassen fühlen und nach etwas Neuem, Unkonventionellem suchen. Die einen glauben, das in jemandem wie Trump gefunden zu haben; die anderen hoffen eher auf einen Gegenentwurf wie Bernie Sanders. Da ist zum Beispiel die schwarze Aktivistin, die in die Mühlen der Justiz geraten ist, obwohl sie doch eigentlich nur ihr Wahlrecht wahrnehmen wollte. Oder der Sheriff, der Mitglied der Demokratischen Partei ist, sich in seinem Amt zwischen dem Kampf gegen illegale Immigration und dem Schutz seines Bezirks aufreibt und sich von seiner Partei alleingelassen fühlt. Ich habe einen Farmer getroffen, der sich nach mehr «Mitte» sehnt, dem Republikaner und Demokraten viel zu weit an die Ränder gerückt sind, nicht mehr in der Lage, einen Kompromiss zu finden. Was für Menschen wie ihn bleibt, ist der Rückzug in die eigene kleine Welt, beschränkt auf das, was man selbst noch überschauen kann. Oder eine junge Indigene, die hofft, dass amerikanische Politiker endlich zu den grausamen Verbrechen stehen, die die Vereinigten Staaten an den Indigenen begangen haben. Immer wieder begegnete ich Menschen, die eine Art Urvertrauen in ihr Land verloren haben. Die, die dieses Vertrauen nicht verloren haben, lehnen häufig all das ab, was von der neuen Regierung unter Präsident Biden kommt. Es waren Reisen durch ein zerrissenes Land. Kaum ein Ort, an dem ich nicht mit der Spaltung der Bevölkerung konfrontiert wurde.

Immer geht es um Freiheit. Die Freiheit, so leben zu dürfen, wie man selbst will, aber auch darum, anderen die Freiheit, sich selbst zu entscheiden, nehmen zu wollen. Es geht um einen sich immer weiter verschärfenden Kulturkampf, um die Frage, was Amerika ausmacht, was «richtig» und was «falsch» ist. Der Kampf um die Deutungshoheit ist nicht nur am 6. Januar in Gewalt umgeschlagen. Mitte Mai 2022 tötet in Buffalo ein Mann gezielt schwarze

Menschen in einem Supermarkt. Bei dem rassistischen Anschlag kommen zehn Frauen und Männer ums Leben. Durch einen Achtzehnjährigen, der sich als «White Supremacist» bezeichnete und an die Verschwörungstheorie des «Great Replacement», des «Großen Austauschs», glaubte und davon ausging, dass alle von Europäern abstammenden Menschen mit weißer Hautfarbe im Land nach und nach durch «Nichtweiße» ersetzt würden. In Buffalo nennt Präsident Biden den Glauben an eine «Überlegenheit der Weißen» ein «Gift», das das ganze Land durchziehe. «Die Gefahr durch das Gift konnte gären und direkt vor unseren Augen größer werden.» Wer schweige, mache sich mitschuldig. Für Biden gibt es keinen Zweifel: Die Tat in Buffalo ist aus seiner Sicht ein Fall von Terrorismus, und er verurteilt all jene, die die rassistische Ideologie einer «White Supremacy» aus politischem Kalkül verbreiten.

Die Kombination aus dem Glauben an eine solche Verschwörungstheorie und dem leichten Zugang zu jeder Art von Waffen kann tödliche Auswirkungen haben. Wie in Buffalo. Aber die Angst in der weißen Bevölkerung vor dem Verlust ihrer Deutungshoheit führt auch – ohne tödliche Gewalt – zu Entwicklungen, die Menschen mit anderer Hautfarbe, anderer Religion, anderer sexueller Orientierung stigmatisieren und unterdrücken. Wie zum Beispiel überall dort in den Vereinigten Staaten, wo zurzeit Bücher mit unliebsamen Inhalten aus Büchereien und Lehrplänen entfernt werden – Entscheidungen, die damit gerechtfertigt werden, dass man sonst selbst in seiner Freiheit eingeschränkt und unterdrückt werde.

In den gut eineinhalb Jahren seit dem Sturm auf das Kapitol ist nichts einfacher geworden. Fronten haben sich weiter verhärtet, in der Politik wie in der Bevölkerung. Wo bleibt der viel beschworene Silberstreif am Horizont? Eine amerikanische Freundin sagte mir, dass sie große Angst um ihr Land habe, um die Demokratie. Sie ist Ende siebzig und hat viele Jahre auf dem «Hill» gearbeitet, wie das Kapitol in Washington heißt, zwar auf der demokratischen Seite, aber sie war immer auch in Kontakt mit vielen Republikanern. So habe sie die Politik noch nie erlebt.

Am 7. Januar 2021, dem Tag nach dem Sturm auf das Kapitol, berichten wir wieder vor Ort. Es ist unwirklich. Alles leer gefegt, bis auf Journalisten und die vielen Sicherheitskräfte, die am Tag zuvor gefehlt haben. Auf der Wiese vor dem Kapitol finde ich Überbleibsel der Gewalt. Ich werde nie die zertretene Brille in der Nähe des Pressebereichs vergessen, den die Trump-Anhänger gestürmt haben. Und auch nicht den beißenden Gestank von Chemikalien, unter anderem Bärenspray, den diese Leute gegen Polizisten eingesetzt haben und der rund um das Kapitol immer noch in der Luft hängt, als ich in einer Pause ins Gebäude gehe.

Drinnen treffe ich eine Angestellte, die ungefähr so alt ist wie die Frau, die mich am Tag zuvor so hasserfüllt angeschrien hat. Sie arbeitet als Reinigungskraft im Kapitol und musste erleiden, was jene, die von sich sagen, sie seien das Volk, angerichtet haben. Die schwarze Frau fürchtete um ihr Leben, musste sechs Stunden lang in einem Versteck ausharren, bevor Polizisten sie nach draußen brachten. Einen Tag später ist sie wieder da, trotz des Schocks und des Traumas – um aufzuräumen, wo andere Chaos hinterlassen haben.

Die Trump-Unterstützerin, die eigens nach Washington fährt, um gegen das Ergebnis einer Wahl zu demonstrieren, bei der ihrer Überzeugung nach betrogen worden ist. Die schwarze Putzfrau, die sich an ihrem Arbeitsplatz wohl nie wieder wirklich sicher fühlen wird. Beide haben bereits unzählige Male ihrem Land die Treue geschworen, mit der rechten Hand auf dem Herzen, den Blick auf die amerikanische Flagge gerichtet: «der Republik, eine Nation unter Gott, unteilbar, mit Freiheit und Gerechtigkeit für alle». Und doch könnte die Kluft zwischen diesen beiden Frauen größer nicht sein. Der Tag, an dem Tausende zum Kapitol stürmten, um zu verhindern, dass eine rechtmäßige

Wahl bestätigt wird, ist eine schwärende Wunde in diesem Land, die bisher niemand schließen konnte. Nicht Joe Biden, der mit diesem Versprechen angetreten war, aber auch nicht seine politischen Gegner, die sie eher offen halten, indem sie sich einer Aufarbeitung verweigern.

Ein verwundetes Land –
zwei Momentaufnahmen

Wie die Pandemie eine Familie spaltet

«Die Leute haben noch immer im Kopf, wie Trump sagte: Corona ist ein Schwindel, die Impfung bringt euch um. Das hat sich festgesetzt.»

Stephanie Rimel aus Pennsylvania

Als Joe Biden am Tag seiner Vereidigung zum Präsidenten ankündigt, die Menschen von der Pandemie zu befreien, richtet er sich an ein zutiefst verwundetes und verunsichertes Land. Er setzt auf Vernunft, Einsicht, darauf, dass es ihm gelingen wird, die Menschen davon zu überzeugen, das Virus als das zu sehen, was es ist, als einen Angriff auf die Gesundheit aller, egal welcher Partei sie sich zugehörig fühlen. Eine medizinische Krise eignet sich nicht für politische Machtspiele, davon ist Biden überzeugt. Nicht nur seine Wählerinnen und Wähler, sondern alle Menschen im Land werden ihren neuen Präsidenten an diesem Versprechen messen. Biden will schnell handeln, das Problem sei dringend. Selten in der Geschichte der USA sei eine Zeit so schwierig gewesen. Biden muss in dem Moment bewusst sein, was für ihn auf dem Spiel steht. Die Empathie, das Mitgefühl für all jene, die jemanden an das Virus verloren haben, das nehmen ihm die Menschen ab. Aber die beschwörenden Worte, dass das Virus die Menschen zusammenbringe, es die Nation eine, so wie es früher Kriege getan hätten, wie es ein gemeinsamer Feind vermocht habe, gegen den man nur geschlossen siegreich sein könne – diese Worte verhallen bei vielen ungehört. Genauso wie Bidens Bitte an die Amerikaner, sich ihm anzuschließen.

An diesem 20. Januar 2021 ruft er die Bevölkerung zu einem Moment des stillen Gebets auf, um all der Opfer der Pandemie zu gedenken. Bereits mehr als 400 000 Tote sind es zu diesem Zeitpunkt. «Wir werden sie ehren, indem wir das Volk und die Nation werden, von der wir wissen, dass wir sie sein können und sein sollten.»

Gut vier Autostunden von Washington entfernt, in einem Hotelzimmer in Pennsylvania, schalten Cindy Catalano und ihr geschiedener Ehemann Alfred Dixon den Fernseher ein. Verzweifelt, betäubt von großem Leid. Die beiden haben an diesem Tag ihren einzigen Sohn an das Virus verloren, er war siebenundzwanzig Jahre alt, gestorben in einem Krankenhaus, das nicht in der Nähe der Wohnungen seiner Eltern lag. «Ich weiß nicht, warum mir das so wichtig war, aber ich wollte wissen, der wievielte Coronatote Kyle war», sagt Cindy. Der Nachrichtensender CNN blendet in dieser Phase der Pandemie immer eine kleine Tafel im laufenden Programm ein, auf der die aktuellen Opferzahlen zu sehen sind. Cindys Sohn muss unter denen sein, die die Zahl auf 410 000 bringen. Dass an diesem Tag Joe Biden als Präsident vereidigt wird, das nehmen Cindy und ihr Mann Alfred kaum wahr.

Wir lernen Cindy, ihren Mann und ihre Tochter Stephanie Rimel knapp ein Jahr später kennen. Die heute einunddreißigjährige Stephanie ist das älteste der vier Kinder. Alfred ist ihr Stiefvater. Die zwei anderen Töchter sind gleich nach dem Familienfest an Thanksgiving wieder nach Hause nach Pittsburgh gefahren. Noch immer ist die Trauer um den verlorenen Sohn und Bruder groß. Und über allem schwebt die Frage nach dem Warum. Würde Kyle noch leben, wenn er die Gefahr, die von Corona ausgeht, ernster genommen hätte, wenn er nicht, ganz im Vertrauen auf den früheren Präsidenten Donald Trump, gedacht hätte, ihm könne die Krankheit nichts anhaben, er sei doch jung, stark, gesund? Quälende Fragen, die den Schmerz immer neu aufwühlen.

Wir sitzen zusammen am Esstisch in dem Haus, in dem Kyle bis zuletzt mit seinem Vater gelebt hat. Die Eltern sind seit Jahren getrennt, doch die Krankheit und der Tod ihres Sohnes haben sie einander wieder nähergebracht. «Wir funktionieren als Einheit», sagt Cindy und fragt mich: «Ergibt das Sinn?» Obwohl sie doch schon so lange getrennt leben, meint sie damit. Seit Kyles Tod wechselt sie sich mit den drei Töchtern ab, um Alfred Gesellschaft zu leisten, der jetzt allein in dem Haus lebt.

Stephanie zieht ein paar Fotos aus einem Karton, in dem sie viele frische Abzüge aufbewahrt. Sie sind schwer zu ertragen. Aufnahmen von Händen, die die große Hand ihres Bruders Kyle halten. Sie hat die Fotos kurz vor seinem Tod gemacht. Stephanie will diesen Moment mit uns teilen. Ihr war es wichtig, diese Erinnerung zu dokumentieren, die letzte Begegnung mit ihrem geliebten Bruder. «Das ist meine Hand», beschreibt sie das erste Bild. «Dieses Foto zeigt die Hand unserer Mutter. Da sieht man die Hände meiner Schwestern. Nur Alfred, unser Vater, wollte so ein Foto nicht.»

Sie erinnern sich an den 20. Januar 2021. Trotz Corona darf die ganze Familie zu Kyle Dixon. Der junge Mann liegt im Sterben. Die Hauptstadt, in der zeitgleich ein neuer Präsident vereidigt wird, ist weit weg. Stephanie kommen sofort die Tränen, als sie an Kyles letzte Stunden denkt. «Ich hielt seine Hand. Meine beiden Schwestern standen am Fußende von Kyles Bett. Unsere Mutter stand auf der anderen Seite, unser Vater etwas weiter weg, an der Wand. Wir hielten Kyle fest, bis zum Ende. Er krümmte sich vor Schmerzen. Wenn die Menschen gesehen hätten, wie mein Bruder starb, vielleicht hätten sie dann etwas mehr Mitgefühl, wenn es ums Impfen geht. Niemand sollte seinen siebenundzwanzigjährigen, gesunden Bruder so sterben sehen. Er ist erstickt. Es war schrecklich.»

Verzweifelt über den frühen Tod von Kyle, hat die Familie eine für die USA äußerst ungewöhnliche Grabinschrift gewählt. Auf dem Grabstein für den jungen Mann steht unter Geburts- und Sterbedatum: «Fuck Covid-19». Das ist so ungewohnt drastisch und direkt, dass Zeitungen und Radiosender darüber berichtet haben. Für die Familie aus Pennsylvania ist es ein Aufschrei gegen eine Krankheit, die – davon sind Kyles Eltern und Geschwister überzeugt – nicht tödlich hätte sein müssen, wäre sie von Anfang an ernst genommen worden. Sie machen Trump für Kyles Tod verantwortlich. Das hat einen Keil in die weitverzweigte Familie getrieben, denn es gibt Tanten und Onkel, die das ganz anders sehen. Sie halten bis heute zum früheren Präsidenten, und das bedeutet auch, dass sie die Pandemie in einem anderen Licht sehen. Alles sei nur aufgebauscht, von den Demokraten; Corona diene als Mittel, um Menschen zu drangsalieren, ihnen ihre Freiheit zu nehmen. Das Schicksal des Neffen wird ausgeblendet. Ob man Corona ernst nimmt, sagt in den USA heute viel darüber aus, wo man politisch steht.

Anfangs sieht es so aus, als ob Biden den Umgang der Amerikaner mit der Pandemie tatsächlich in eine andere Richtung lenken könnte. Er profitiert davon, dass Trumps oft unorthodoxe Art, Politik zu machen, dazu geführt hat, dass die USA relativ früh über Impfstoffe verfügen. Bidens Regierung organisiert den Start der Impfkampagne. Die Zahl der Geimpften schnellt in die Höhe; eine Mehrheit scheint der Regierung in dieser Frage zu vertrauen. Am 11. März, wenige Wochen nach Amtsantritt, unterzeichnet Biden ein rund 1,9 Billionen Dollar schweres Hilfspaket. Es gelingt ihm zwar nicht, republikanische Politiker auf seine Seite zu ziehen, obwohl sie ähnlich umfassenden Hilfsprogrammen unter Trump zugestimmt hatten, aber die Demokraten stehen, bis auf einen Abgeordneten im Repräsentantenhaus, geschlossen hinter ihrem Präsidenten. Noch. Bidens Umfragewerte sind gut.

Gleich zu Beginn hat der neue Präsident per Dekret eine Maskenpflicht erlassen, für alle Bundesbereiche und in Transportmitteln, vor allem in Flugzeugen. Das bringt ihm Kritik ein, aber in den ersten Monaten schadet es ihm nicht, weil die Maskenpflicht für Geimpfte an vielen Orten bald wieder fällt. Nach den verheerenden Entwicklungen unter Trump scheint die Pandemie unter Kontrolle. Ein Trugschluss. Bidens Regierung will die Vorzeichen einer neuen Infektionswelle nicht wahrhaben. Obwohl die Gesundheitsbehörde Ende Juni bereits warnt, feiert der Präsident am 4. Juli, dem Nationalfeiertag der USA, im Garten des Weißen Hauses mit großem Pathos eine Art Freiheitsfest mit vielen Menschen, ohne Masken: «Vor 245 Jahren haben wir unsere Unabhängigkeit erklärt. Heute stehen wir kurz davor, unsere Unabhängigkeit von einem tödlichen Virus zu erklären.» Dabei hat Biden das Ziel verfehlt, bis zu diesem Tag 70 Prozent der erwachsenen Bevölkerung mindestens einmal geimpft zu haben. Wenn auch nur knapp, mit 66,8 Prozent.

Schon kurze Zeit später ist klar, dass die auf dem Fest verbreitete Botschaft, die die Hoffnung auf ein Ende der Pandemie geschürt hatte, voreilig war. Die neue Delta-Variante des Coronavirus schlägt mit voller Wucht zu. Die Folge: Vertrauensverlust. Die Rückkehr zur Maskenpflicht, auch für Geimpfte, löst einen wahren Kulturkampf aus. Die Anordnung, Masken zu tragen, wird als Verstoß gegen die Verfassung bezeichnet. Republikanisch geführte Regierungen in einzelnen Bundesstaaten politisieren die Diskussion über eine Maskenpflicht so weit, dass sie selbst in Schulen, die Infektionen mithilfe von Masken verhindern wollen, das Tragen untersagen. Immer mehr Menschen bezweifeln die Wirksamkeit der Impfung, als zunehmend auch Geimpfte an Corona erkranken. Das Argument, dass diese Menschen gerade durch das Vakzin nur einen leichten Krankheitsverlauf haben, dringt zu Impfgegnern nicht durch. Bidens anfänglicher Erfolg hat sich in wenigen Monaten ins Gegenteil verkehrt.

Kyles Familie kann nicht verstehen, warum sich nicht alle an die Empfehlungen der Ärztinnen und Ärzte, Wissenschaftlerinnen und Wissenschaftler halten, warum die Diskussion so aufgeladen ist, einem politischen Glaubenskrieg gleicht. Sie wären froh gewesen, wenn es die Impfung schon gegeben hätte, als Kyle erkrankte, erzählen sie uns, als wir sie Ende November 2021, zwei Tage nach Thanksgiving, für einen Fernsehdreh in dem kleinen Ort Lanse in Pennsylvania besuchen, im Haus von Kyles Vater Alfred – ein Jahr, nachdem das Drama um den jungen Mann seinen Anfang genommen hat.

An Thanksgiving wollten sich alle treffen, um zu Kyles Grab zu gehen. «Kommt ruhig an dem Feiertag», sagen sie uns, «dann könnt ihr mit mehreren Familienmitgliedern drehen. Wir sind ja alle da.» Doch dann ruft Stephanie an. Ihr Großvater liege im Sterben, sie könne nicht sagen, ob unser Treffen noch möglich sei. Auch wir zögern, sind hin- und hergerissen. Wir haben die Sorge, eine Familie, die bereits viel Leid erfahren hat, in einem so schwierigen Moment weiter aufzuwühlen, mit der Kamera in ihr Leben einzudringen. Wir entscheiden uns abzuwarten. Schließlich meldet sich Stephanie wieder: «Kommt», lautet ihre Nachricht, «wir wollen das machen, wir wollen unbedingt Kyles Geschichte erzählen.»

Die Familie stammt aus Clearfield County, einer sehr ländlichen Gegend mitten in Pennsylvania, «halfway to everywhere», auf halber Strecke nach überallhin, damit wirbt man im County. In der Region wurde früher Kohle gefördert. Viele Menschen trauern Donald Trump nach, mehr als siebzig Prozent hatten für ihn gestimmt. Joe Biden akzeptieren sie nicht als ihren rechtmäßigen Präsidenten. Corona, das sei doch nur eine Lüge der Demokraten, um den Amerikanern die Freiheit zu nehmen, sagen sie.

Auch Kyle war begeistert von Donald Trump. «Das hat uns fünf Monate mit ihm gekostet», klagt Cindy. So lange haben Mutter und Sohn kaum noch miteinander geredet, zerstritten über politische Ansichten. Cindy lebt seit der Scheidung mit den Töchtern im liberalen Pittsburgh, zwei Autostunden entfernt. Eine Stadt, die ihren politischen Überzeugungen entspreche. Kyle blieb beim Vater, der sich in einer 200-Seelen-Gemeinde mitten im Bundesstaat für einen Spottpreis ein Haus mit großem Grundstück gekauft hat. Dort gefiel es Kyle besser als in der Stadt. Er konnte in die Wälder gehen, jagen, seiner Liebe zu Waffen frönen. Dafür nahm er in Kauf, eine Dreiviertelstunde bis zu seiner Arbeit fahren zu müssen.

Die Funkstille zwischen Mutter und Sohn hält bis Thanksgiving 2020. Dieses Fest feiert die Familie trotz aller Differenzen gemeinsam, wie so viele andere amerikanische Familien, die der Streit zwischen den politischen Lagern entzweit hat. Ein Streit, der nicht nur zwischen Republikanern und Demokraten verläuft, sondern zwischen denen, die Trump gut finden, und denen, die ihn ablehnen. Am Ende des Familienfests ist nicht klar, wer wen angesteckt hat, aber kurz danach ist die ganze Familie mit Corona infiziert.

Kyle arbeitete als Gefängnisaufseher in einem Bereich, in dem es nur wenig Luftzirkulation gibt. Kurz vor dem Feiertag seien dort fünf Beschäftigte positiv getestet worden, da müsse er sich wohl angesteckt haben, sagt Cindy. Als sein Husten immer schlimmer wird, kann keiner aus der Familie zu ihm kommen, da alle in Quarantäne sind. Dass es ausgerechnet Kyle so heftig erwischen würde, hatte niemand für möglich gehalten. «Pokie war stark wie ein Pferd.» Cindy kommen immer wieder die Tränen, als sie sich an Kyle erinnert. Sie will, dass wir uns ein Bild von ihm machen können. «Mother» habe er sie von klein auf genannt, mit einem strengen, bestimmten Ton. Und er habe das Wort so lange wiederholt, bis sie ihm ihre ganze Aufmerksamkeit schenkte. Sie zeigt uns ein Spielzeugpferd. Das habe er im Jahr zuvor für seine Nichte Macy zu Weihnachten bestellt. Selbst schenken konnte er es ihr nicht mehr. Kyle sei ein Onkel mit Leidenschaft gewesen, nur auf den Arm nehmen wollte er die Kleine nicht so gerne. Er habe Angst gehabt, sie zu erdrücken.

Kyle war groß, fast 1,90 Meter, ein mächtiger Kerl. Nicht gerade schlank, aber auch nicht krankhaft übergewichtig. Das ist Cindy wichtig. Er war ein paar Jahre als Wrestler aktiv. Als er damit aufgehört hatte, wollte er abnehmen. Er sei auf einem guten Weg gewesen, erzählt die Mutter. Sie zeigt uns eine Pinnwand in seinem Zimmer. Dort hängt noch immer ein Zettel, auf dem er sein Ziel notiert hatte, und seine ersten Erfolge.

Als Kyle krank wird, holt er sich Rat bei seiner Mutter. Cindy ist von Beruf Krankenschwester und zu diesem Zeitpunkt bereits seit Monaten mit Menschen konfrontiert, die sich mit dem Coronavirus infiziert haben; sie weiß, wann es ernst wird. Verzweifelt versucht sie, ihrem Sohn über Videoanrufe zu helfen, und muss mitansehen, wie ein überfordertes Notfallteam Kyle unzureichend versorgt und schließlich ins Krankenhaus bringt.

Immer wieder muss sie sich anhören, dass ihr Sohn Vorerkrankungen gehabt haben müsse, sonst hätte es einen so jungen Menschen doch nicht derart schwer erwischen können. Das ärgert sie. Als trage ihr Sohn selbst Schuld an seinem Tod. Wäre er bei einem Autounfall ums Leben gekommen oder an Krebs gestorben, dann wäre ihm und seiner Familie das ungeteilte Mitgefühl sicher gewesen, davon ist Cindy überzeugt. Aber wenn jemand am Virus sterbe, dann rede man darüber nur hinter vorgehaltener Hand, als hafte der Krankheit ein Makel an. Manchmal erinnere sie das an die Zeit, als sich die ersten Menschen mit Aids infiziert haben.

Vor dem Haus steckt eine Axt tief in einem Holzblock. Die habe Kyle reingehauen. Nun könne sie niemand mehr herausziehen, so stark sei er gewesen. Drinnen hängen Jacken von ihm. Wem kalt sei, der ziehe eine über. In der Küche stehen noch die angebrochenen Hustensaftflaschen. Das Papierbändchen, das er bekam, als er das erste Mal ins Krankenhaus eingeliefert wurde, hängt an einer Pinnwand. Kyle selbst hat es dort befestigt, bevor er kurze Zeit später wieder in die Notaufnahme musste. Überall Spuren eines abrupt zu Ende gegangenen Lebens.

Sein Zimmer im ersten Stock – fast unverändert. Eine halb volle Flasche eines Sportgetränks, das Buch, das er zuletzt gelesen hatte. Nur das Bett ist gemacht. An der Wand hängt eine Fahne mit der Aufschrift «Don't tread on me!», «Tritt nicht auf mich!», gelb mit einer grünen Klapperschlange. Fahnen wie diese haben Trump-Anhänger am 6. Januar beim Sturm auf das Kapitol über ihren Köpfen geschwungen. Die Geschichte der Fahne geht zurück bis auf den Amerikanischen Unabhängigkeitskrieg gegen die

Briten. Die Menschen, die sie heute benutzen, protestieren damit gegen die Regierung, die in ihren Augen den amerikanischen Bürgern ihre Freiheit nehme, mit Waffengesetzen oder Vorschriften in der Pandemie wie der Maskenpflicht. Mit der Fahne wollen sie zum Ausdruck bringen, dass sie sich von einer Regierung, deren Rechtmäßigkeit sie nicht anerkennen, drangsaliert fühlen.

Am 6. Januar ringt Kyle Dixon auf der Intensivstation schon mit dem Tod. Als er sich infiziert hatte, gab es noch keinen zugelassenen Impfstoff, doch seine Familie zweifelt, ob er sich umgehend hätte impfen lassen. In Gegenwart seiner Eltern – auch der Vater hat einen Pflegeberuf, als Altenpfleger – greift er zu Masken, aber Cindy glaubt, dass er sonst nicht so gewissenhaft war. Erst im Krankenhaus habe er ihr einmal zugestimmt: «Das Virus ist echt. Es ist wirklich schlimm.»

Es sind Geschichten wie die von Kyle und seiner Familie, die Biden meinte, als er in seiner ersten Rede als vereidigter Präsident von dem unermesslichen Leid vieler amerikanischer Bürger sprach. Weit mehr als eine Million Menschen sind inzwischen in den USA an einer Coronainfektion und den Folgen gestorben, mehr als in irgendeinem anderen Land der Welt. Im Frühjahr 2022 gehen Statistiken von etwas mehr als sechs Millionen Pandemieopfern weltweit aus. Die USA sind das am stärksten betroffene Land, vor allem im Vergleich zu anderen wohlhabenden Ländern in Europa oder wie Kanada. Während dort zu Beginn der Pandemie verhältnismäßig mehr Menschen an Corona starben, liegen die USA mittlerweile bei der Sterblichkeit vorne und bei der Impfrate hinten. Das hat viel mit der beschriebenen Politisierung der Pandemie zu tun, die verhindert, dass Vorsichtsmaßnahmen, wie sie in vielen Ländern praktiziert wurden und werden, akzeptiert werden. Seit die Omikron-Variante vorherrscht – als Stichtag wird in einer Erhebung der «New York Times» der 1. Dezember 2021 genannt –, liegt die Sterberate in den USA um mindestens 63 Prozent höher als in anderen großen, wohlhabenden Ländern. Ein Grund dafür ist, dass überproportional viele ältere Menschen nicht vollständig geimpft sind oder keine Auffrischungsimpfung wollten.

Eine Studie der medizinischen Fachzeitschrift «The Lancet» bringt das Problem in den USA auf den Punkt: «Unsere Studie legt nahe, dass eine Regierung seine Bevölkerung dann am besten vor einem neuen ansteckenden Virus schützt, wenn es die Bürgerinnen und Bürger überzeugen kann, sich selbst zu schützen.» Genau das aber ist der Biden-Regierung nicht gelungen. Das weiß Cindy Catalano, das weiß ihre Tochter Stephanie, doch die beiden Frauen lasten dieses Versagen nicht dem neuen Präsidenten an, wie sie uns später erklären werden.

Kyles Mutter zieht seit dem Tod ihres Sohnes seine Socken an. Eigentlich seien sie viel zu groß, aber wenn sie die bei der Arbeit trage, gebe ihr das Kraft. In der Arztpraxis, in der sie angestellt ist, trägt sie jetzt außerdem immer Gelb, ein gelbes T-Shirt und gelbe Schuhe. Die Farbe soll Bewusstsein für die Pandemie schaffen, ähnlich wie Pink für Brustkrebserkrankungen. Cindy will nichts unversucht lassen, will nicht einfach nur still trauern. Sie hat ihr Leben ganz in den Dienst der Erinnerung an ihren Sohn gestellt. Nur Fotos von Kyle kann sie sich noch nicht ansehen.

Stephanie geht es anders. «Wir sind keine Familie, die viel Wert auf Fotos legt», gesteht sie. Umso überraschter sei sie gewesen, als sie auf Kyles Handy unendlich viele Selfies gefunden habe. Er habe in allen möglichen Lebenslagen Fotos von sich gemacht und sie dann manchmal auch mit einer App bearbeitet. Ein strahlender junger Mann, der mit seiner Freundin zusammenziehen will. Auf einem Foto steht er in Flammen, auf einem anderen hat er sich künstlich altern lassen. «Wir werden nie wissen, wie Kyle mit vierzig oder fünfzig ausgesehen hätte, aber das Foto gibt mir zumindest eine Idee davon.» Stephanie sagt, dass ihr das ein Trost sei.

Über Kyle zu reden, schmerzt beide Frauen. Aber sie wollen, dass andere begreifen, wie gefährlich Corona ist. Dabei wissen sie, dass viele sich dieser Einsicht verweigern. Auch in der eigenen Familie, obwohl sie ganz aus der Nähe miterlebt haben, wie es Kyle immer schlechter ging, wie der junge Mann um sein Leben kämpfte, bis seine Lungen schließlich aufgaben. Besonders schlimm findet Stephanie, dass bei der Trauerfeier Verwandte zum Sarg kamen und trotzdem weiterverbreiten, dass Corona doch gar nicht so schlimm sei. «Die sind für mich gestorben. Ich will nichts mehr mit ihnen zu tun haben.» Eine gespaltene Familie, ein gespaltenes Land.

Cindy dagegen will nicht ganz mit ihrer Schwester brechen, die zu denen gehört, die bis heute die Gefahr des Virus leugnen. Cindy ist etwas milder als Stephanie, aber auch sie verfolgt nicht mehr, was andere über Facebook verbreiten. Früher hat sie selbst intensiv ihre politische Meinung in den sozialen Medien kundgetan. Heute sieht sie dort eine der Ursachen für die Verblendung vieler Menschen, die sich gegenseitig in ihrem Irrglauben bestätigen. Sie will der giftigen Atmosphäre im Internet entfliehen und postet nur noch Erinnerungen an Kyle.

Die Frau, die ihren einzigen Sohn verloren hat, fragt sich, ob die Stimmung in der Bevölkerung sich vielleicht ändere, wenn eines Tages jeder betroffen sei und einen geliebten Menschen an die Pandemie verloren habe. Aber noch befindet sich das Land wie bei vielen anderen Themen auch beim Thema Corona in einer Art Glaubenskrieg. Zwischen denen, die wissen, wie schlimm das Virus sein kann, und denen, die in einer Welt feststecken, die die Gefahr leugnet. Dass diese Menschen ihre Haltung mit dem Wunsch nach Freiheit begründen, ärgert Stephanie ganz besonders. «Die sagen, man würde ihnen ihre Freiheit nehmen, wenn man ihnen vorschreibe, Masken zu tragen und sich impfen zu lassen, aber was ist mit der Freiheit meines Bruders? Er liebte seine Waffen. Wo waren diese Typen, als er gestorben ist? Wo war Trump? Er war ganz bestimmt nicht für Kyle da. Ich verstehe nicht, wie diese Leute ticken.»

«Warum nur musste das Virus so politisiert werden?» Kyles Schwester findet, Trump hätte doch gleich zu Beginn einfach nur durchgreifen müssen, so wie es in anderen Ländern geschehen sei. Wenn er die Pandemie ernst genommen hätte, dann wären die Menschen heute beim Thema Corona nicht so gespalten. Davon ist sie überzeugt. Doch selbst nach seiner eigenen Infektion habe er das Risiko weiter heruntergespielt.

Für die Frauen war daher bei der Präsidentschaftswahl klar, dass sie Biden wählen, auch wenn ihnen manches an dem demokratischen Kandidaten nicht gefiel. Den Fans von Bernie Sanders war er nicht links genug. Aber sie hatten ein Ziel, Trump musste abgewählt werden. Als ich sie frage, ob sie nach fast einem Jahr unter der neuen Regierung nicht enttäuscht seien, schütteln beide den Kopf. «Biden hat Trumps ‹Shitshow› geerbt. Die Leute haben noch immer im Kopf, wie Trump sagte: Corona ist ein Schwindel, die Impfung bringt euch um. Das hat sich festgesetzt.» Biden habe gar keine Chance, viel anders zu machen.

So gnädig wie Stephanie und Cindy sind wenige. Viele haben mehr von Biden erwartet. Sein Appell, auf jene Ungeimpften zu hören, die im Krankenhaus mit ihrem letzten Atemzug sagen «Hätte ich mich nur impfen lassen», verhallt vor allem bei Republikanern ungehört. Im November 2021 stehen 60 Prozent aller Ungeimpften der Republikanischen Partei nahe oder sind sogar Parteimitglied. Im Unterschied zu nur 17 Prozent bei den Demokraten. Statistiker finden heraus, dass die Sterberate in Trump-Hochburgen inzwischen deutlich höher ist als in Wahlkreisen, die mit großer Mehrheit für Biden gestimmt haben, fast fünfmal so hoch. In Pennsylvania sind das die Bezirke, in denen Trump zwischen 70 und 80 Prozent der Stimmen erhalten hat. Zwar gibt es seit Beginn der Pandemie immer wieder Phasen, in denen vor allem in republikanisch regierten Bundesstaaten wie Florida oder Texas Menschen schwer erkranken und überdurchschnittlich oft ins Krankenhaus müssen. Doch das wirkt sich in Umfragen nicht nachteilig für die republikanischen Gouverneure aus, die lautstark gegen zu große Vorsichtsmaßnahmen argumentiert haben und somit Verantwortung für hohe Infektionszahlen tragen, sondern für Biden.

Kyles Vater Alfred will nicht groß über Politik reden. Er ist stiller als seine Ex-Frau und seine Stieftochter, als wir Ende November gemeinsam am Tisch sitzen. Es sei leer geworden im Haus, seit sein Sohn tot ist. Er lebe mit den Erinnerungen. Er stürzt sich in die Arbeit, macht Doppelschichten im Altersheim. Als ich ihn frage, was er sich von Politikern erhoffe, sagt er etwas, das ich so oft auf meinen Reisen durch das Land höre: «Ich erhoffe mir gar nichts von denen in Washington. Die sind doch alle gleich. Was sollen die schon für uns tun.» Begeistert von Trump, wie sein Sohn es war, ist er nicht. Aber dessen allgemeinen Verdruss über die politische Klasse, den teilt er. Er will mit der Regierung nichts zu tun haben. Die eine Partei sei nicht besser als die andere.

Seine Ex-Frau ist da anders. Cindy will, dass jemand Verantwortung für den Tod ihres Sohnes übernimmt. Sie will die Schuldigen zur Rechenschaft ziehen. Deshalb fordert sie von Biden, dass er Klagen gegen Menschen erlauben soll, die zur Verbreitung des Virus beitragen, die leichtsinnig mit Infektionen umgehen, die Fehler in der Behandlung machen. Stephanie hofft auf ein Denkmal für die Opfer der Pandemie. Damit etwas bleibt, damit das Leid so vieler nicht vergessen wird. Ähnlich wie die Kriegsdenkmäler, die an die gefallenen Soldaten erinnern. Als Mahnung für nachfolgende Generationen.

Beide Frauen sehnen sich nach einer Bestätigung, dass Kyles Tod nicht vergeblich war. Auch deshalb haben sie nicht gezögert, auf Kyles Grabstein «Fuck Covid-19» zu schreiben. Obwohl das F-Wort in den USA tabu ist; die amerikanischen Journalisten, die über den ungewöhnlichen Grabspruch berichtet haben, ersetzten die Buchstaben «u» und «c» durch Sternchen. Rücksicht auf eine Kirchengemeinde musste die Familie nicht nehmen, da der Friedhof, auf dem Kyle beerdigt wurde, privat ist. Er gehört Cindys Familie, die seit Generationen in der Gegend zu Hause ist. Solche kleinen Friedhöfe gibt es in den USA häufig. Das Land ist zwar in Privatbesitz, aber der Boden ist kirchlich gesegnet. «Wenn wir einmal nicht mehr da sind, sollen trotzdem alle wissen, woran Kyle gestorben ist», erklärt Stephanie die ungewöhnliche Direktheit.

An dem Tag, an dem sie uns mit zu Kyles Grab nehmen, haben sie Weihnachtsdekoration dabei. Ein kleiner Baum mit blauen und silbernen Kugeln und eine Lichterkette, ebenfalls in Blau. Das sei die Lieblingsfarbe der ganzen Familie. Auch Kyle habe sie geliebt. Alle hätten seit vielen Jahren blau geschmückte Weihnachtsbäume. Es wird ihr erstes Weihnachten ohne den Sohn, ohne den Bruder. 2020 lag er im Krankenhaus, genauso wie eine seiner Schwestern, die das Virus ebenfalls heftig erwischt hatte; der Rest der Familie überstand die Infektion mit leichten Symptomen. Am Weihnachtstag waren die beiden Kranken über Video zugeschaltet. Damals gab es noch Hoffnung. Die Schwester schaffte es, Kyle starb einen knappen Monat später. Sechs Wochen lang lag er im Krankenhaus, zwischen Leben und Tod.

Immer wenn eine neue Rekordzahl erreicht wird, gedenken besonders viele Menschen der Toten. Bei jeder Hunderttausenderschwelle läuten die Glocken der National Cathedral in Washington. Als die Zahl 500 000 erreicht ist, erklingt fünfhundertmal ein dumpfer Glockenschlag, bei 600 000 Toten sechshundertmal und so weiter. Im September 2021 gibt es eine Kunstinstallation auf dem Rasen vor dem Washington Monument, ganz in der Nähe des Weißen Hauses. Jedes Mal, wenn Biden mit dem Hubschrauber vom «South Lawn» vor dem Präsidentensitz abhebt, blickt er auf Abertausende weißer Fähnchen. Sie erinnern an die Opfer der Pandemie. Auf einer Anzeigetafel werden während der Dauer der Ausstellung die Toten gezählt. Auch Biden organisiert die ein oder andere Gedenkveranstaltung, doch er wirkt immer ohnmächtiger angesichts des Widerstands in der Bevölkerung, auf die Ratschläge von Politik und Wissenschaft zu hören.

Seiner Regierung ist es nicht gelungen, die verhärteten Fronten beim Thema Corona aufzubrechen. Jeder Versuch des Präsidenten, landesweit verbindliche Regeln festzulegen, wird unterminiert. Republikanische Gouverneure in Bundesstaaten wie Florida oder Texas überziehen die Regierung in Washington mit Klagen. Ob es um eine Impfpflicht für Angestellte des Bundes in den einzelnen Staaten geht oder um die bereits erwähnte Maskenpflicht in Schulen – der Riss durch die Gesellschaft verläuft entlang der Parteilinien.

Jede Seite beansprucht für sich, die richtige Haltung gefunden zu haben, jede Seite sieht sich im Recht. Das gilt nicht allein bei der Pandemie. Die Menschen stehen sich nicht nur unversöhnlich gegenüber, immer häufiger enden verbale Auseinandersetzungen mit Gewalt. In Flugzeugen, wenn es darum geht, die Maskenpflicht durchzusetzen. Oder in Schulen, bei Treffen zwischen Eltern und Lehrern.

Joe Biden dringt zu einem großen Teil der Bevölkerung gar nicht durch. Und der Teil, der ihm anfangs wohlgesonnen war, hinterfragt sein Handeln in der Pandemie inzwischen immer stärker. Denn die Regierung hat auch Fehler gemacht. Dazu zählt nicht nur der voreilig verkündete «Sieg» über das Coronavirus, auf den neue Wellen mit neuen Virusvarianten folgten. Sie hat sich beispielsweise auch zu spät darum gekümmert, ausreichend Coronatests zur Verfügung zu stellen. Mitten in der Hochphase der extrem ansteckenden Omikron-Variante mussten Menschen oft tagelang auf Tests oder das Ergebnis warten. Nicht zuletzt aus diesem Grund steckt Biden in einem Umfragetief. Er hat eines der wichtigsten Versprechen seines Amtsantritts nicht einhalten können: die Nation in dieser so wichtigen Frage zu einen. Dabei hatte er diese Einheit zur Voraussetzung für einen Sieg über die Pandemie erklärt.

Inzwischen sieht eine Mehrheit der Amerikanerinnen und Amerikaner die Pandemie nicht mehr als Krise. Allerdings weichen die Wahrnehmungen bei Demokraten und Republikanern immer noch deutlich voneinander ab. Republikaner sagen laut einer Umfrage vom April 2022 zehnmal häufiger als Demokraten, dass Corona kein Problem mehr sei. Entscheidend ist aber, dass

die Mehrheit der amerikanischen Bevölkerung genug von Einschränkungen und Masken zu haben scheint, darin unterscheiden
sich die USA nicht von anderen Ländern. Der Gesundheitsbehörde bereitet das Sorge, denn viele Menschen realisieren gar nicht,
dass die Infektionszahlen wieder ansteigen. Experten befürchten
daher, dass neue Einschränkungen, sollten sie nötig werden, auf
noch stärkeren Widerstand stoßen könnten als früher.

Der Wahlkampf, der das Land in den nächsten Monaten bis
zum 8. November beherrschen wird, ist da nicht hilfreich. Die
Pandemie wird ein wichtiges Wahlkampfthema sein, zerredet
und zugespitzt für schnelle politische Punkte. Die Opfer werden
Menschen sein, die sich an politische Parolen statt an medizinische Empfehlungen halten. Cindy Catalano und ihrer Tochter
graust es davor. Sie wollen weiter auf die Gefahren von Covid aufmerksam machen. Und sie werben dafür, Biden eine echte Chance zu geben. «Er kann keine Wunder bewirken, aber er ist gewählt
worden. Wenn er nicht all diesen Gegenwind bekommen hätte,
wer weiß, was er hätte bewirken können. Verstehen Sie, was ich
meine?» Cindy legt Wert darauf, Biden nicht zu ihrem Idol zu machen. «Er wurde gewählt, um einen Job zu erledigen. Wenn er das
nicht macht, dann werde ich ihn abwählen, so wie zuvor Trump,
aber zuvor muss man Biden die Chance geben, die er verdient.»

Im Land der Waffen

«Wenn sie versuchen sollten, uns unsere Waffen
wegzunehmen, dann wird es einen Bürgerkrieg
geben.»

Travis Fillmore, Veteran aus Arizona

Travis Fillmore fällt meiner Kollegin auf, als er schwer bewaffnet
in Phoenix, Arizona, vor dem Gebäude auf und ab geht, in dem
nach der Präsidentschaftswahl im November 2020 die Stimmen
ausgezählt werden. Es ist Freitag, die Wahl war am Dienstag. Noch
immer steht das Ergebnis nicht fest. Dabei ist Arizona einer der
Bundesstaaten, der darüber entscheidet, ob Trump oder Biden
die Präsidentschaftswahl gewinnen wird. Die Auszählung dauert,
der Vorsprung Bidens wächst. Die Wahlleitung will alles richtig
machen, die Stimmung draußen auf der Straße ist angespannt.
Trump-Anhänger protestieren, manche patrouillieren sogar mit
AR-15-Schnellfeuergewehren. Sie sind überzeugt, dass bei der
Wahl am 3. November betrogen wurde.

Für Travis und andere, die vor dem Wahllokal bewaffnet Präsenz zeigen, sind die USA ein Land, in dem die Falschen zu viel
Macht haben. Linke, Liberale, Menschen, die nicht das Beste für
ihre Heimat im Sinn haben, glauben Travis und die, die so denken wie er. Sie sehen ihr Weltbild bedroht. Deshalb wollen sie
wehrhaft sein. Sie würden wohl kaum einfach losschießen, aber
sie nehmen bewusst in Kauf, dass sich andere fürchten, sich ein-
geschüchtert fühlen, vor allem Menschen, die anderer Meinung
sind. Travis erzählt, dass ein älterer Mann mit einem Joe-Biden-
Plakat vor Ort gewesen sei. Dieser habe sich ein paar Kommentare über seinen Kandidaten anhören müssen, aber er sei nicht
feindselig behandelt worden. Nach zehn bis fünfzehn Minuten

habe er wohl von all den Trump-Rufen genug gehabt und sei verschwunden. Nur selten wagt sich jemand in das jeweilig andere Lager. So war das 2020 kurz nach der Wahl, und so ist das heute, fast zwei Jahre später, immer noch. Doch niemand wundert sich mehr darüber. Das Leben in getrennten Welten ist längst Alltag geworden.

Travis Fillmore habe ich durch die Augen meiner Kollegin kennengelernt, durch ihre Interviews, ihre Schilderungen und die Aufnahmen von ihm und anderen schwer bewaffneten Männern. Die meisten sehen sich als Mitglieder sogenannter Milizen, paramilitärischer Gruppen, die sich zumeist feindlich gegen die Regierung und staatliche Institutionen richten. Auf die erste Frage, warum er ein Gewehr dabeihabe, sagt Travis lapidar: «Ich mag es, meine Waffe offen mit mir herumzutragen. Das ist mein Recht, so wie es in der Verfassung steht. Ich mache das für meine Sicherheit und die von anderen Menschen. Ich will in der Lage sein, mich zu verteidigen, wenn es nötig sein sollte.»

Travis Fillmore, Mitte dreißig, war acht Jahre lang Soldat. Zweimal war er im Kriegseinsatz. Später gehörte er zum privaten Wachpersonal der US-Botschaft in Afghanistan. Heute betreibt er eine Sicherheitsfirma, unterrichtet den Umgang mit Waffen. Ihm ist wichtig zu betonen, dass er keiner Miliz angehöre. Er sei sein eigener Herr. Er kenne Mitglieder solcher Milizen oder Bürgerwehren, aber er selbst bleibe lieber für sich.

Diese militanten Organisationen sind in den aufgewühlten Tagen vor und nach der Präsidentschaftswahl an vielen Orten präsent, nicht nur in Arizona: die «Boogaloos», die «Three Percenters», die «Proud Boys», die «Oath Keepers». Es gibt viele verschiedene Gruppen, manche vernetzen sich mit anderen, manche bleiben unter sich. Ihre politischen Überzeugungen sind in großer Mehrzahl dem rechten bis rechtsextremen Lager zuzuordnen. Sie stehen fest zu Trump und beteiligen sich am 6. Januar auch am Sturm auf das Kapitol.

Die Nichtregierungsorganisation ACLED, die Daten zu politischer Gewalt weltweit sammelt, hat 2020 in den USA mehr als achtzig solcher Milizen ausgemacht. Manche haben tausend und mehr Mitglieder, manche nur sehr wenige. Genaue Zahlen sind schwer zu erheben. Einem Computerhacker ist es gelungen, an Daten der «Oath Keepers» zu kommen. Dabei fand er heraus, dass die Miliz nach dem Sturm auf das Kapitol großen Zulauf hatte, Hunderte neue Mitglieder gewinnen konnte, darunter auch ehemalige Polizisten und Veteranen.

Vor allem die «Proud Boys» waren im Vorfeld der Wahl in die Schlagzeilen geraten. Trump selbst hatte sie im September 2020, während der ersten TV-Debatte mit Herausforderer Biden, ins Rampenlicht gerückt. Der Moderator fragte Trump, ob er sich von rechten Milizen distanziere, die sich für «White Supremacy» einsetzen; ob er diese Milizen aufrufe, keine Gewalt mehr auszuüben. Zu der Zeit kam es immer wieder zu gewalttätigen Auseinandersetzungen zwischen rechten und linken Gruppen. Trump antwortete, das eigentliche Problem sei die Antifa, die antifaschistische Bewegung der linken Szene. Aber man solle ihm doch einen Namen nennen. «Proud Boys», rief Biden. Darauf Trump: «Proud Boys, stand back and stand by», «haltet euch zurück und haltet euch bereit». Ein Aufschrei ging durch Teile des Landes. Hatte Trump in der Debatte etwa eine rechte Miliz dazu aufgefordert, sich für ihn bereitzuhalten? Notfalls mit Gewalt? Trump vermied es in der Debatte, sich von den Milizen zu distanzieren. Stattdessen fuhr er fort: «Ich sage Ihnen etwas, jemand muss etwas gegen die Antifa und die Linken unternehmen, denn das ist kein Problem der Rechten, sondern der Linken.»

In der Tat gibt es in den USA auch ein paar wenige milizartige Verbände, die sich als links verstehen und sich auf der Seite antifaschistischer Gruppen verorten. Sie waren vor allem im Sommer 2020 sichtbar, als sie Black-Lives-Matter-Demonstranten vor Übergriffen rechter Gruppen schützen wollten. Manchmal erschienen sie aus eigenem Antrieb, manchmal wurden sie von den Demonstranten aufgefordert zu kommen, insbesondere in den

Wochen nach dem 25. Mai, als George Floyd, ein Schwarzer, von einem Polizisten bei einer Kontrolle getötet worden war. Danach erschütterten gewaltsame Proteste mehrere Städte. Es gibt keine Hinweise darauf, dass diese Gruppen die bestehende Ordnung der USA infrage stellen. Anders als Milizen wie die «Proud Boys». Zahlreiche Mitglieder dieser Gruppe stehen inzwischen vor Gericht, manche wurden bereits verurteilt, wegen nachgewiesener Straftaten am 6. Januar. Sie waren auf Videoaufnahmen und Fotos vom Sturm auf das Kapitol leicht auszumachen durch die schwarz-gelben Polo-Shirts, ihrem Erkennungszeichen.

Die Milizen beider Lager haben eigentlich nur eines gemein: ihr Bekenntnis zu Waffen als wichtiges Mittel, um sich und ihre politischen Ideale zu verteidigen. Jedes Mal, wenn ich diesen Gruppen begegnete, fragte ich mich, was wird sie davon abhalten, eines Tages aufeinander loszugehen? Ist ihr selbstbewusstes Auftreten ein Signal, dass ein neuer Bürgerkrieg in den USA möglich sein könnte?

Travis Fillmore stammt aus Arizona. Rötliches Haar, militärisch kurz, ebenso wie sein Vollbart. Am 6. November 2020, dem Tag vor dem Auszählungslokal in Phoenix, hat er eine Trump-Fahne wie einen Umhang um die Schultern drapiert. Eine Kappe in Tarnfarben, Hose und T-Shirt in gedeckten Farben; leger vor dem Bauch hängt sein halbautomatisches Gewehr. «In der Menge sind ein paar Mitglieder von Milizen», erzählt er, «sie wollen für Sicherheit sorgen. Die Polizei kann sich nicht um alles kümmern. Sie haben sich auf den Gebäuden in Position gebracht, in einem größeren Umkreis verteilt. Ich kann doch keinen Polizisten in meiner Tasche herumtragen, wenn ich ihn brauche. Ich schütze mich lieber selbst, hab alles bereit, statt nach der Polizei zu rufen, wenn ich sie brauche. Bis sie kommt, wäre ich längst angeschossen.» Deshalb laufe er mit einer Waffe durch die Stadt. Normalerweise trägt er nur eine Pistole am Gürtel. Aber in diesen Tagen, in denen Trump-Anhänger wie er organisierten Wahlbetrug vermuten und deshalb vor dem Auszählungslokal patrouillieren, will er eine stärkere Botschaft senden. Fillmore hat sich daher für das nicht zu übersehende Gewehr entschieden.

Menschen, die im Alltag Waffen mit sich herumtragen – das ist ein Anblick, den ich mir in Deutschland nie hätte vorstellen können. In den Jahren, die ich in den USA gelebt habe, ist mir das immer wieder begegnet. Ich erinnere mich noch gut an eine Szene in West Virginia. Als wir für die Geschichte über eine Imkerkooperative ein paar Aufnahmen in einer Kleinstadt drehen wollen, kommt plötzlich eine junge Frau aus einem Haus, am Hosenbund eine Pistole. Sie setzt ihr Kind ins Auto und fährt los. Die Waffe als Accessoire wie eine Tasche. Aus Texas kenne ich ähnliche Bilder. Doch als dann zuerst während der Black-Lives-Matter-Proteste und später bei Demonstrationen nach der Präsidentschaftswahl Menschen mit AR-15-Gewehren auftauchen – Waffen, die bei vielen Massakern in den USA benutzt wurden und wohl auch in Zukunft benutzt werden, solange niemand diese Schnellfeuerwaffen verbieten wird –, ist klar, das gehört nun in vielen Bundesstaaten zum Alltag, zumindest überall dort, wo das offene Tragen von Waffen erlaubt ist. Das Gesetz macht in diesen Fällen keinen Unterschied zwischen einer Pistole und einem halbautomatischen Gewehr. Hauptsache, der Waffenschein ist vorhanden – wenn er denn überhaupt Vorschrift ist.

Mir wird immer wieder mulmig, wenn ich derart hochgerüsteten Passanten begegne. Viele Amerikaner gehen an den schwer bewaffneten Menschen, die meist auch noch mit kugelsicheren Westen ausgestattet sind, achselzuckend vorbei, ohne sich größere Sorgen zu machen, dass etwas außer Kontrolle geraten könnte. Waffen sind fester Bestandteil der amerikanischen Gesellschaft. Jeder Versuch, die Gesetze so zu verschärfen, dass sie Bestand haben, ist bisher gescheitert. Die Macht der Waffenlobby, der National Rifle Association (NRA), ist zu groß, aber auch die Überzeugung vieler Bürgerinnen und Bürger, man müsse doch das Recht haben, sich selbst zu verteidigen.

Dabei hat die NRA als eine Art Schützenverein angefangen, der Menschen nach dem Ende des Bürgerkriegs im Jahr 1865 helfen wollte, schießen zu lernen. Später, in der ersten Hälfte des 20. Jahrhunderts, war die Vereinigung sogar noch daran beteiligt, erste Kontrollen einzuführen. Doch das änderte sich mit dem «Gun Control Act», einem der zentralen Waffenkontrollgesetze, das 1968 verabschiedet wurde. Damals stand das Parlament unter dem Eindruck der Ermordungen von Präsident John F. Kennedy, seines Bruders Robert F. Kennedy und Martin Luther King. Das war der Wendepunkt. Seitdem hat sich die NRA zu einer Organisation entwickelt, die sämtliche Versuche, Waffenkontrollen weiter zu verschärfen, bekämpft, vor allem mit Lobbyarbeit und indem sie Politiker finanziell unterstützt. Immer wieder bezieht sich die NRA dabei auf den zweiten Verfassungszusatz, aus dem sie das Recht eines jeden ableitet, Waffen zu tragen. Nach jedem Schulmassaker versuchen Politiker, den Zugang zu Waffen zu erschweren, Überprüfungen der Käufer im ganzen Land zum Standard zu machen und vieles mehr. Doch egal wie viele Schüler sterben, egal welchen Alters – die Waffenlobby hat bisher immer die Oberhand behalten. Besonders erschreckend war das für viele nach dem Amoklauf eines Teenagers 2012 an der Sandy-Hook-Grundschule in Connecticut, bei dem zwanzig Kinder und sechs Angestellte der Schule getötet wurden. Der Vizepräsident der NRA sagte damals, man solle statt strengerer Waffengesetze bewaffnete Polizisten in jeder Schule einsetzen – was inzwischen in vielen Schulen zum Alltag gehört. Dass es Barack Obama nicht gelungen ist, zumindest Angriffswaffen wie die AR-15 zu verbieten, gilt bis heute als eine seiner größten Niederlagen. Der Senat stimmte damals mit sechzig Stimmen dagegen, darunter auch demokratische Senatoren.

Zehn Jahre später, nach einem erneuten schrecklichen Massaker an einer Grundschule, dieses Mal in Texas, gelingt es erstmals seit Jahrzehnten, im Senat eine überparteiliche Mehrheit für die Verschärfung der Waffengesetze zusammenzubekommen.

Kein Verbot der AR-15 – das wäre mit den Republikanern nicht möglich gewesen –, aber unter anderem eine intensivere Überprüfung von jüngeren Waffenkäufern. Die Abstimmung im Senat findet am 23. Juni statt, dem Tag, an dem das Oberste Gericht ein mehr als hundert Jahre altes Gesetz des Bundesstaates New York für verfassungswidrig erklärt, das das offene Tragen von Waffen zur Selbstverteidigung nur mit Lizenz und unter ganz eng gesteckten Bedingungen erlaubt hat. Eine solche Beschränkung soll nun nicht mehr möglich sein. Andere Bundesstaaten, die irgendwann ähnliche Gesetze verabschiedet haben, um die Waffengewalt einzudämmen, fürchten, dass ihre Gesetze ebenfalls für unzulässig erklärt werden könnten.

Ausgerechnet im Bundesstaat New York hatte die Generalstaatsanwältin im August 2020 versucht, der Waffenlobby über Steuerbetrug beizukommen. Sie beantragte, die Vereinigung, die ihren Sitz in New York hat, wegen finanzieller Unregelmäßigkeiten aufzulösen. Ein Richter lehnte das im März 2022 ab. Zwar habe der Vorsitzende der NRA sich vieles zuschulden kommen lassen. Das bedeute aber, dass man gegen ihn, nicht jedoch gegen die gesamte Organisation juristisch vorgehen könne. Die NRA bleibt damit eine politische Größe und Anlaufstelle für Menschen wie Travis Fillmore. Auf der Internetseite seiner Sicherheitsfirma wirbt er mit Lizenzen der NRA, die es ihm ermöglichen, Menschen an der Waffe auszubilden.

In Phoenix gelingt es derweil meiner Kollegin, in den Tagen nach der Präsidentschaftswahl auch mit Mitgliedern einer Miliz ins Gespräch zu kommen. Ihre Identität geben sie nicht preis, nur ihre Decknamen: «Fright Train», Schreckenszug, und «Boozer», Schluckspecht. Ein dritter nennt sich Sanchez. Wie Travis erzählt hatte, haben sie sich in der Menge verteilt.

«Fright Train» prahlt fast ein bisschen damit, dass er seine eigene Miliz gegründet hat. Er ist überzeugt, dass ein schlechter Mensch mit Waffe nur von einem guten Menschen mit Waffe gestoppt werden könne. «Ich trage meine zehn Kilo schwere Ausrüstung nicht, um cool zu sein, sondern weil die Gründerväter der Vereinigten Staaten unser Land auf bestimmten Werten aufgebaut haben. Und dazu gehört der zweite Verfassungszusatz. Das gibt mir das Recht, meine Familie zu beschützen, und das ist mir sehr wichtig. Ich weiß, dass nicht alle Länder in der Welt so etwas haben.» Er wolle vorbereitet sein. Jeden Moment könne etwas Unvorhergesehenes geschehen. «Die Menschen, die die Anschläge am 11. September 2001 überlebt haben, wissen das. Es ist naiv, herumzusitzen und zu denken, dass nie etwas Schlechtes passieren wird.» Ihn ärgere es, wenn Menschen sagen, dass das Recht, Waffen zu tragen, aus einer vergangenen Zeit stamme. «Dieser Verfassungszusatz wurde nicht für die Jagd geschrieben, sondern um mein Heim, meine Familie und mein Land mit der Waffenkraft verteidigen zu können, mit der man uns angreift. Würden Menschen mit Baseballbällen um sich werfen, dann würde ich einen Baseball dabei haben. Aber die Leute tragen Waffen mit viel Munition, die schnell feuern.» Deshalb habe er sein halbautomatisches Gewehr bei sich, mit dreißig Schuss im Magazin. Diesem Verständnis des Verfassungszusatzes gibt Clarence Thomas, Richter am Supreme Court, recht, als er Ende Juni 2022 begründet, warum das erwähnte Gesetz im Bundesstaat New York, das das offene Tragen von Waffen stark einschränkt, verfassungswidrig sei. Dieses Gesetz verletze das von der Verfassung garantierte Recht eines jeden, Waffen zu tragen, vor allem zur Selbstverteidigung in der Öffentlichkeit.

Ebenso ärgert «Fright Train», dass viele den Begriff Miliz nur noch abfällig benutzen. Das würde die eigentliche Bedeutung diskreditieren. Es gehe nicht darum, Soldat zu spielen. «Ich bin überzeugt, dass jeder Amerikaner die Pflicht hat, sein Land zu verteidigen. Leute sagen, dass Milizen ihre Mitglieder dazu anhalten, dummes Zeug zu tun. Ich zieh mir den Schuh nicht an. Ich verstehe mich als Patriot. Ich gehöre zu keiner großen Gruppe. Wir marschieren nicht in einer Parade vor dem Weißen Haus auf.

Wir schützen nur unsere Familien.» So wie es in der Verfassung geschrieben stehe. Und tatsächlich bezieht sich der zweite Verfassungszusatz wörtlich auf Milizen: «Da eine wohlgeordnete Miliz für die Sicherheit eines freien Staates notwendig ist, darf das Recht des Volkes, Waffen zu besitzen und zu tragen, nicht beeinträchtigt werden.» Gemeint ist damit aber eigentlich die legale Miliz, die Nationalgarde, und nicht privat gegründete Milizen, die oft in Konflikt mit dem Gesetz geraten. Bis heute gibt es große juristische Debatten, ob mit diesem Verfassungszusatz wirklich das Recht des Einzelnen gemeint ist, Waffen zu tragen, oder nicht vielmehr das Recht einer zur Verteidigung berechtigten Gruppe. Ob der konservative Richter Clarence Thomas dieser Diskussion ein Ende setzen wollte?

Trotzdem ist das der Passus in der Verfassung, auf den sich Menschen wie «Fright Train» berufen, der jedoch ohne den historischen Kontext eigentlich nicht zu denken ist. Nach dem Unabhängigkeitskrieg waren die USA, damals gerade einmal dreizehn Staaten, kein sicheres Land, aber eines, das den Anspruch hatte, sich auszudehnen. Die Menschen sollten sich verteidigen können, vor allem in Gegenden, in denen es keinerlei verlässliche Staatsgewalt gab. Konflikte mit den vertriebenen Indigenen, die Brutalität der Sklaverei, Kriminalität – ein Menschenleben war in dieser Zeit nicht viel wert. Das war der Hintergrund für den zweiten Verfassungszusatz. Die USA von heute sehen anders aus, auch wenn man angesichts des inflationären Waffengebrauchs den Eindruck bekommen kann, dass ein Menschenleben nach wie vor wenig zählt. Die gepriesene Verfassung ist in manchen Bereichen mit der Zeit gegangen, neue Zusatzartikel veränderten die Sicht auf die Dinge. Doch das Recht, Waffen zu tragen, wurde davon immer wieder ausgenommen. Und das, obwohl sich die Art der Waffen, um die es geht, sehr wohl verändert hat. Im 18. Jahrhundert konnten die Menschen Jagdflinten zu Hause haben, inzwischen sind es kriegstaugliche Gewehre.

Vielleicht nehmen die heutigen Milizionäre, die sich auf den zweiten Verfassungszusatz berufen, die Machtverhältnisse und möglichen Konflikte noch immer so wahr, wie die Gründerväter sie im 18. Jahrhundert erlebt haben. «Fright Train» erklärt, dass er nicht habe warten wollen, bis die Welt auseinanderfalle und ins Chaos stürze, um sich dann einer Miliz anzuschließen. Er habe sich entschieden, schon früher eine Gruppe zu gründen. Mit Menschen, denen er trauen könne. Einfach ein paar Leute, keine streng organisierte Miliz. Seine Rechtfertigung bezieht er aus dem Jahr 1776, das Jahr, in dem «wir» – er meint damit die wahren amerikanischen Patrioten – «uns gegen die Briten erhoben und dieses Land übernommen haben, um es zu dem zu machen, was es heute ist».

«Boozer» ergänzt: «Wissen Sie, dieses Land steht an einem Wendepunkt. Es könnte in die eine oder andere Richtung gehen. Deshalb müssen wir wachsam sein.» Sie seien doch ganz normale Leute, versichert der Mann, der glaubt, dass Biden das Land ins Unheil stürze. Ein korrupter Politiker, gekauft von China und der Ukraine. Diese Überzeugung bekommt seit Beginn des russischen Angriffs auf die Ukraine noch einmal eine ganz andere Bedeutung, aber sie war vor und nach der Wahl fester Bestandteil der Trump-Propaganda. Genauso wie die Idee, Biden sei dement und nichts anderes als ein Platzhalter für die sozialistische Vizepräsidentin Kamala Harris. Biden halte keine vier Jahre durch, meint Boozer.

«Sanchez», der Dritte im Bunde, stimmt ihm zu. Es gehe um Freiheit, Freiheit von «kommunistischen Kräften, die uns kontrollieren und von innen heraus zerstören wollen». Er präsentiert ein einfaches Weltbild: Die USA seien keine Demokratie, sondern eine konstitutionelle Republik. «Das ist ein großer Unterschied», belehrt er meine Kollegin. «In einer Demokratie regiert der Mob, während in unserer Verfassungsrepublik immer die Mehrheit regiert. So werden bevölkerungsreiche Städte wie New York oder Los Angeles daran gehindert, das Schicksal der restlichen Bevölkerung in anderen Bundesstaaten zu bestimmen.» Der «Mob» ist für ihn die bloße Bevölkerungsmehrheit in einer Demokratie,

eine Ansammlung von Menschen, die nicht das Beste für das Gemeinwesen wollen, die darauf aus sind, all die anderen, die abwei-
chender Meinung sind, zu unterdrücken. So wie er redet, lehnt er
die Demokratie ab. Sanchez ist ein Anhänger der Form der Gewal-
tenteilung, die das «Electoral College» gewährleistet. Demnach
kann zum Beispiel ein bevölkerungsreicher Staat wie Kalifornien
einen bevölkerungsarmen Staat wie Wyoming nicht einfach über-
stimmen. 538 Wahlleute wählen alle vier Jahre den Präsidenten,
auf der Grundlage des Wahlergebnisses in ihrem Bundesstaat.
Dabei ist es häufig so, dass die «Popular Vote», die Gesamtheit der
abgegebenen Stimmen im Land, ein anderes Ergebnis ergibt. So
hatte Donald Trump 2016 fast drei Millionen Stimmen weniger
als Hillary Clinton. Trotzdem gewann er die Wahl. In der Logik
von Sanchez hat das System mit den Wahlleuten das Land davor
bewahrt, dass es von den Metropolen mit ihrer hohen Einwoh-
nerzahl, in denen Demokraten regieren, bestimmt wird.

«Sanchez» ist nicht allein, wenn er sagt, Kräfte von außen wollten sein Land spalten. «Dann kämpfen wir eines Tages gegen-
einander, stürzen das Land ins Chaos. So, dass die Vereinten
Nationen kommen und ihre Ordnung errichten können.» Diese
Entwicklung habe schon vor Langem begonnen, und zwar unter
Präsident George Bush senior Anfang der 1990er Jahre. Der habe
die Globalisierung vorangetrieben, sich den Vereinten Nationen
unterworfen. Trump habe das gestoppt. Deshalb sei er jetzt der
«Feind Nummer eins». Man werde alles tun, um ihn loszuwerden.

Verschwörungsszenarien wie dieses hört man in den USA immer wieder. Keiner von den Milizionären, die wir in Phoenix trafen, gehörte zu einer der großen Gruppen wie den «Proud Boys»
oder den «Oath Keepers», aber auch ihr erklärter Feind sind die
Demokraten, die allesamt korrupt seien. Wozu das führen kann,
habe ich am 6. Januar 2021 vor dem Kapitol in Washington erlebt.
In der Menge hetzten Mitglieder verschiedener Milizen andere
auf, waren unter denen, die auch vor Gewalt gegen Polizisten
nicht zurückschreckten. Sie sahen sie als ihre Feinde, denn sie

schützten Politiker, die ihrem Präsidenten, also Donald Trump, den beanspruchten Wahlsieg nicht zuerkennen wollten. Seit Anfang 2022 stehen sie, wie bereits erwähnt, nach und nach vor Gericht. Manche sitzen seit dem Sturm auf das Kapitol in Untersuchungshaft; andere wurden erst später verhaftet, aber die Gerichte haben es sich zum Ziel gesetzt, alle, die als Gewalttäter und Anführer identifiziert werden konnten, zur Rechenschaft zu ziehen.

Doch zurück zum November 2020. Einen Tag, nachdem meine Kollegin Travis Fillmore und die drei Milizionäre kennengelernt hat, trifft sie Travis auf einem Schießplatz wieder. Eine Übungseinheit für den Inhaber einer Sicherheitsfirma. Eine Waffe abzufeuern, das sei für ihn befreiend, erklärt er. Manchmal spüre er das Adrenalin, manchmal habe er Gänsehaut, aber vor allem bedeute das für ihn Freiheit. Er sei stolz darauf, dass so etwas in seinem Land möglich sei. Auch er bezieht sich auf die «Bill of Rights», die Grundrechte der Vereinigten Staaten. «Der erste Artikel schützt die Redefreiheit, der zweite das Recht, Waffen zu tragen.»

Travis berichtet, wie die Waffenkäufe 2020 im ganzen Land zugenommen haben, auch in seinem Heimatstaat Arizona. «Wir sind ein ‹Big Gun State›», erklärt er, ein Staat, in dem Waffen für die Menschen eine große Rolle spielen. Zuerst die Proteste gegen Rassismus, auf die andere mit Protesten gegen die Black-Lives-Matter-Bewegung reagieren, dann die Wahl und der noch am Wahltag verbreitete Verdacht, dass Trump die Wahl gestohlen worden sei. Als sich immer deutlicher abzeichnet, dass Biden die Nase vorn hat, kommt die unbegründete Angst hinzu, bald keine Waffen mehr kaufen zu können. Zwar will der neu gewählte Präsident die Waffengesetze verschärfen, so wie er es im Wahlkampf versprochen hat (von einem kompletten Verbot war nie die Rede), aber ohne die Unterstützung republikanischer Senatoren kann er kaum etwas unternehmen. Wie viele seiner Vorgänger stößt Biden auf großen Widerstand der Waffenlobby und kann nur wenig gegen die Beharrungskräfte in den Bundesstaaten, die fast alle ihre eigenen Waffengesetze haben, ausrichten. Und nun hat auch noch das von Konservativen beherrschte Oberste Gericht eine Entscheidung gefällt, die es in Zukunft noch schwerer machen könnte, die Waffengesetze zu verschärfen, gerade auch in Bundesstaaten, die das bisher angestrebt hatten.

Bereits im März 2022 hat Biden verkündet, dass künftig schon die Teile von privat zusammenbaubaren «Ghost Guns» als Waffe gelten und somit registriert und mit einer Seriennummer versehen werden müssen. Außerdem müssen Menschen, die solche Teile kaufen, überprüft werden. Biden hofft, auf diese Weise der vielen nicht registrierten Waffen Herr zu werden, die bei Verbrechen benutzt werden und nicht nachverfolgbar sind. Doch die neue Vorschrift ist nur als präsidialer Erlass möglich, im Kongress hätte Biden dafür keine Mehrheit bekommen. Das Waffenrecht ist eines der Themen, das dem Präsidenten seine Grenzen, ja, seine Ohnmacht aufzeigt. Trotzdem glauben Menschen wie Travis, dass Biden ihnen ihre Waffen wegnehmen könnte.

Auch wenn der ehemalige Soldat mehrfach versichert, er sei kein Mitglied einer Miliz, sympathisiert er doch mit diesen Organisationen. Den Anhängern der «Three Percenters» zum Beispiel gehe es einfach nur darum, frei zu leben, ohne dass die Regierung sich einmische. «Diese Milizen wollen doch nur das Beste für die Menschen, Freiheit. Viele haben jetzt Angst, dass ihnen diese Freiheit genommen wird.» Betrachtet man den ideologischen Hintergrund der Gruppe, erscheinen die Mitglieder allerdings weitaus weniger harmlos. Sie nennen sich «Three Percenters», weil sie glauben, dass 1776 nur drei Prozent der damaligen Bevölkerung den Befreiungskampf gegen die Briten führten. Heute sehen sie sich als die drei Prozent, die, sollte es dazu kommen, den Kampf gegen die ihnen verhasste Regierung anführen würden. Das dient ihnen als Rechtfertigung.

Waffenbefürworter wie Travis haben ein sehr einseitiges Verständnis von Freiheit, vergleichbar dem von Coronaleugnern. Es geht immer nur um staatliche Regulierungen, die die Freiheit einschränken. Dass manche Freiheiten durch Eingriffe des Staates überhaupt erst möglich gemacht werden, sehen sie nicht. Auch nicht, dass der Freiheitsbegriff Einzelner die Freiheit anderer einschränken kann, wie im Fall von Menschen, die Angst haben vor Waffen, die so offen durch die Stadt getragen werden, oder in Schulen, die immer mehr Festungen gleichen, um Kinder vor potenziellen Massenmördern zu schützen.

Beim Thema Waffenrecht ist für Travis der Punkt erreicht, an dem er sogar einen Bürgerkrieg für möglich hält. «Wenn sie versuchen sollten, uns unsere Waffen wegzunehmen, dann wird es einen Bürgerkrieg geben. Das wird nicht schön werden. Ich will niemanden verletzen, aber wenn mir jemand meine Freiheit nehmen will, indem er versucht, an meine Waffen zu kommen, dann werde ich mich verteidigen. Sie werden ja nicht mit Umarmungen und Küssen kommen, sondern mit ihren eigenen Waffen.» Ein Bürgerkrieg in der heutigen Zeit werde allerdings ganz anders aussehen als im 19. Jahrhundert, als der Norden gegen den Süden kämpfte und alle Uniformen trugen. Es würden wohl eher Zivilisten gegen die Regierung antreten. Ein Guerillakrieg. «Ich gehöre zu keiner Miliz, und ich werde wahrscheinlich auch keiner beitreten, außer es sollte tatsächlich zum Bürgerkrieg kommen. Dann werde ich es von meinen Überzeugungen abhängig machen, ob ich teilnehmen werde.»

Travis' Antworten auf unsere Fragen. Hätte er ohne diese Fragen ähnliche Sätze formuliert? Ich weiß es nicht. All das sagte er zwei Monate, bevor bewaffnete Trump-Anhänger das Kapitol in der Hauptstadt stürmten. Travis selbst war am 6. Januar 2021 weit weg, bei sich zu Hause in Arizona. «Wenn ich gekonnt hätte, wäre ich nach Washington gefahren, und dann wäre ich wohl auch ins Kapitol reingegangen», erzählt er später. Aber seine Arbeit und die Fahrtkosten hätten ihn abgehalten. Er betont, wie so viele andere Trump-Anhänger, es habe sich dabei doch nicht um einen Aufstand gehandelt, es sei ein Protest gewesen. Das Kapitol sei das

Haus des Volkes. «Wir wollten sehen, was drinnen vor sich geht, aber man wollte uns nicht reinlassen. Wie es ausging, war nicht so toll.» Das räumt Travis ein. Mehr Kritik will er nicht üben. Das seien doch Patrioten gewesen, gute Leute, und das sollten, geht es nach ihm, alle Amerikaner sein.

Der ehemalige Soldat ist nicht naiv. Ihm ist durchaus wohler, wenn Menschen, die Waffen kaufen, überprüft werden, damit niemand, der im Gefängnis saß oder wegen häuslicher Gewalt angeklagt war, in den Besitz einer Waffe kommt. Der Zugang zu Waffen solle reguliert werden, aber nicht die Waffen selbst. Außerdem wünsche er sich, dass jeder, der eine Waffe besitzt, ein Training durchläuft, wie er es anbietet. Sein eigenes Verhältnis zu Waffen ist geprägt durch die Zeit in der Armee, das ist ihm bewusst. Er redet von seinem militärischen Stoffwechsel. Seine Kriegseinsätze haben ihre Spuren hinterlassen.

Monate vor der Wahl, im Sommer 2020, bin ich vor dem Kapitol von Michigan in der Stadt Lansing auf eine Gruppe schwer bewaffneter junger Leute gestoßen. Auch in diesem Bundesstaat dürfen Waffen offen getragen werden. Sie wollten, wie die Milizionäre in Arizona, ihre Namen ebenfalls nicht nennen, nur den ihrer Gruppe, «People's Defense League». Sie zählen zu den erwähnten linken Milizen. Ihr Abzeichen, ein orangefarbenes Dreieck, soll an den Spanischen Bürgerkrieg erinnern. Sie engagieren sich nach eigenen Angaben gegen Rassismus und Antisemitismus. An diesem Tag demonstrierten vor dem Kapitol Black-Lives-Matter-Aktivisten. «Wir wollen sie verteidigen gegen die Rechten. Von uns wird keine Eskalation ausgehen.» Sie vertrauen darauf, dass ihre Präsenz abschreckend wirkt. Bevor sie gekommen seien, habe es immer wieder Zwischenfälle mit bewaffneten rechten Gruppen gegeben.

Im Gespräch erinnern sie mich daran, wie wenige Monate zuvor bewaffnete Männer ins Parlamentsgebäude in Lansing eindrangen. Die Bilder gingen um die Welt. Am 30. April 2020 protestierte eine Miliz, die sich «American Patriot Rally» nennt, gegen die Coronamaßnahmen der demokratischen Gouverneurin. Ein paar Mitglieder wurden damals ins Kapitol gelassen, nachdem die Polizei überprüft hatte, ob sie Coronasymptome wie Fieber haben. Es ist erlaubt, das Parlament mit Waffen zu betreten, was die Abgeordneten, gegen die sich der Protest richtete, in große Angst versetzte. Tage später entschloss sich eine schwarze Politikerin, mit bewaffneten Unterstützern zur Sitzung ins Kapitol kommen. Die Stimmung bleibt über Monate aufgeheizt. Ein paar Milizionäre hatten den Plan, die Gouverneurin Gretchen Whitmer zu entführen, immer wieder gibt es Proteste, an denen auch bewaffnete Menschen teilnehmen. Bis das Parlament im Januar 2021 beschließt, dass künftig niemand mehr in das Gebäude darf, der offen eine Waffe trägt. Verdeckte Waffen sind aber nach wie vor zugelassen. Dass die Gouverneurin immer noch gefährdet zu sein scheint, wird Anfang Juni 2022 deutlich, als ein Mitglied einer Miliz im Nachbarstaat Wisconsin einen ehemaligen Richter tötet. Bei dem Milizionär wird eine Art Abschussliste gefunden. Darauf der Name Gretchen Whitmer.

In Arizona verweist Travis 2020, also vor dem jüngsten Vorfall, darauf, dass Proteste wie im Parlament in Michigan letztendlich immer friedlich geblieben seien. «Wir sind nicht gewalttätig. Wir sind zwar auch nicht lammfromm, aber wir sind doch nicht wie die von der Antifa-Bewegung.» Wie für Trump steht für ihn außer Zweifel: Die vom anderen politischen Lager sind die eigentlich Bösen. Und so stehen sich in Michigan wie in Arizona bewaffnete Gruppen unversöhnlich gegenüber.

Kollegen treffen Travis noch einmal an dem Tag, an dem Joe Biden als neuer Präsident vereidigt wird. Es fällt ihm schwer, sich die Übertragung im Fernsehen anzusehen. «Ach, halt's Maul, Joe», stöhnt er zwischendurch. «Joe Biden ist eine Schande. Ich bin stolz auf mein Land. Aber ich schäme mich für eine solche Regierung. Joe Biden ist kein guter Präsident für die USA.» Das sagt

Travis, obwohl Biden zu dem Zeitpunkt gerade erst ins Amt eingeführt wird. Seine Meinung steht fest und wird sich auch in den nächsten Monaten nicht ändern. Als wir gegen Ende des Jahres noch einmal mit ihm telefonieren, will er nichts mit Politik zu tun haben. Er konzentriere sich auf sein Geschäft, seine Sicherheitsfirma. Nur falls der neue Präsident das Recht, Waffen zu tragen, einschränken wolle, dann werde ihn das dazu bewegen, tätig zu werden. Daran habe sich nichts geändert. Was er damit genau meint, bleibt vage.

Das oberste Ziel von Travis' Firma ist – so heißt es auf der Internetseite –, Arizona sicher zu machen. Das stehe über allem, egal ob es um Schusswaffentraining gehe, einen Erste-Hilfe-Kurs oder darum, sich auf einen Notfall vorzubereiten. Jedes Training solle Spaß machen, sicher, leicht und bequem sein. Er wirbt mit seinen acht Jahren Erfahrung beim Militär, aber auch mit seinem freiwilligen Engagement für ein Kinderkrankenhaus und gemeinnützige Hilfsorganisationen.

Auf seinem Facebook-Account lässt Travis keinen Zweifel daran, wen er als nächsten Präsidenten sehen will, 2024, wenn wieder gewählt wird: «Trump 2024. Save America Again!» verkündet das Banner, das er als öffentliches Profilbild gewählt hat. Dass Biden die Hand zur Versöhnung ausgestreckt hat, auch ein Präsident für jene sein wollte, die ihn nicht gewählt haben – Travis Fillmore macht unmissverständlich klar, dass Biden nicht sein Präsident ist. Immer wieder teilt er in den sozialen Medien Posts, die Biden als Verräter bezeichnen. Unversöhnliche Fronten.

Diverse Umfragen gelangen zu ein und demselben Ergebnis: Eine große Anzahl von Amerikanern ist überzeugt, dass Joe Biden nicht der rechtmäßige Präsident ist. Eine Untersuchung an der Universität von Chicago zum Beispiel kommt auf 62 Millionen Menschen, das sind 24 Prozent der Bevölkerung. Aber die erschreckendere Zahl sind die 25 Millionen Amerikaner, die es für gerechtfertigt halten, Gewalt anzuwenden, um Donald Trump wieder als Präsidenten einzusetzen. Und dann gibt es die Schnittmenge von 21 Millionen, die Biden als unrechtmäßigen Präsidenten sehen und Gewalt als ein legitimes Mittel erachten. In den Augen der Wissenschaftlerinnen und Wissenschaftler ist diese Gruppe gefährlich; sie sehen in ihr Menschen, die vor den Wahlen leicht mobilisiert werden können. Zum Beispiel von Trump selbst, aber auch von anderen republikanischen Politikern, die weiter die Lüge vom Wahlbetrug verbreiten, so das Vertrauen in die amerikanischen Institutionen erschüttern und bei Menschen das Gefühl aufkommen lassen, man müsse etwas gegen die, die jetzt an der Regierung sind, unternehmen, sie aus dem Amt werfen – und das eventuell nicht nur über den Stimmzettel. Keine beruhigenden Aussichten. Den Autoren der Studie ist bewusst, dass nur wenige, die extremistische Ansichten vertreten, tatsächlich zur Waffe greifen, aber selbst dann sei das Potenzial groß.

Wenn man mit Coronaleugnern in den USA spricht, findet man oft Sympathien für Milizen mit rechter Gesinnung. Momentaufnahmen, die man, für sich genommen, vielleicht beiseite wischen und abtun kann. Doch diese beiden Gruppen ergeben ein beunruhigendes Gemisch, das leicht außer Kontrolle geraten kann.

Eine gefährdete Demokratie – **Parteien und Wahlrecht in der Krise**

Linke Demokraten im Trumpland

«Ich möchte Sie eindringlich vor den verderb-
lichen Auswirkungen des Parteigeistes im Allgemeinen warnen.»

George Washington

Landarzt Glenn Hurst will Senator für den Bundesstaat Iowa
werden. Der Sohn einer Militärfamilie, geboren auf einem Stütz-
punkt der US-Armee in Deutschland, hat bisher wenig politische
Erfahrung, eigentlich nur auf lokaler Ebene, als Vorsitzender des
«Iowa Democratic Rural Caucus», einer Gruppe der Demokratischen Partei, die versucht, neue Mitglieder in den ländlichen Regionen zu gewinnen, und die sich um die wichtigen Themen vor
Ort kümmert. Aber gerade weil er bisher nicht zur politischen
Klasse gehörte, glaubt der zweiundfünfzigjährige Hurst, genau
der Richtige zu sein, um den alten republikanischen Haudegen
Chuck Grassley herauszufordern. Grassley vertritt Iowa seit 1981
im Senat und denkt, obwohl inzwischen achtundachtzig Jahre alt,
nicht ans Aufhören. Sollte er wiedergewählt werden, wäre er mit
neunundachtzig einer der ältesten Senatoren überhaupt, wenn
nicht sogar der älteste.

Die amerikanische Verfassung sieht keine Altersgrenze für
Politiker vor. Und in beiden Kammern des Kongresses, dem Repräsentantenhaus wie dem Senat, überwiegen die Älteren. Das
Durchschnittsalter im Senat liegt bei vierundsechzig, im Repräsentantenhaus bei achtundfünfzig Jahren; in beiden Kammern
gibt es etliche Politiker, die älter als achtzig oder zumindest siebzig sind. Im Leben jenseits der Politik wären sie längst in Rente,
selbst in den USA, wo man oft länger arbeitet als in anderen
Ländern und wo es nur in wenigen Berufen eine Altersgrenze gibt.

Immer mal wieder werden Vorstöße unternommen, die Wahl auf zwei bis drei Legislaturperioden zu beschränken, aber bisher ohne Erfolg. Das liegt vor allem auch daran, dass jene, die schon lange im Parlament sind, immer wiedergewählt werden.

Grassley tritt bereits zum achten Mal für den Senatssitz an. Er stammt aus einer Farmersfamilie in Iowa und zählt aufgrund seiner langen Erfahrung im Senat, wo er viele Jahre Vorsitzender des Finanzausschusses war, zu den mächtigsten Politikern in Washington. Grassley ist ein politisches Schwergewicht, ein erfolgreicher Strippenzieher, der in vielem eine erzkonservative Linie vertritt. Er spricht sich zum Beispiel klar gegen Abtreibung aus, überrascht aber auch immer wieder mit gesundheitspolitischen Vorstößen, unter anderem für eine bessere Gesundheitsversorgung auf dem Land. Diesen Mann will Glenn Hurst aus dem Amt werfen. Um jedoch tatsächlich der offizielle Herausforderer zu werden, muss er noch eine andere Hürde überwinden: die Vorwahlen der Demokratischen Partei in Iowa.

Hurst ist zuversichtlich, dass er gewinnen kann. Auf seiner Internetseite strahlt er, weißes Hemd, Krawatte, gestutzter Vollbart, der Kopf bereits kahl. Dynamisch will er wirken, modern, aber nicht auffallend anders. Als ich ihn im Februar 2020 kennenlerne, steht er mir mit einem modischen schwarzen Hut gegenüber, Jeans, Turnschuhe, fast ein bisschen wie ein Hipster-Arzt aus der Stadt, den es aufs Land verschlagen hat. Zwei Jahre später präsentiert er sich so deutlich seltener.

Hurst glaubt, eine echte Alternative zu bieten. Die anderen Kandidaten seiner Partei seien alles Leute der Mitte, der Unterschied zu Grassley nicht groß genug. Eine seiner Gegenkandidatinnen habe schon deutlich gegen Republikaner verloren. Für Hurst Beleg genug, dass es etwas anderes brauche, um die Menschen in Iowa zu begeistern. «Sie mögen es hier, wenn jemand das System aufrütteln will. Denken Sie doch daran, dass Bernie Sanders bei den Vorwahlen 2020 weit vor Joe Biden lag.» Wäre 2016 Sanders statt Hillary Clinton gegen Donald Trump angetreten, vielleicht wäre die Wahl zumindest in Iowa anders ausgegangen, mutmaßt Hurst. Man wolle in diesem Bundesstaat keine Karrierepolitiker. Dass Iowa trotzdem seit vier Jahrzehnten Chuck Grassley wählt, passt nicht ganz in seine Argumentation, aber Hurst ist überzeugt, dass bisher einfach die richtigen Herausforderer gefehlt haben, um möglichst viele Demokraten und Parteiunabhängige in die Wahllokale zu locken.

Hurst will sich für eine allgemeine Krankenversicherung starkmachen, sodass alle, unabhängig von ihrem Einkommen, Anspruch auf eine qualitativ hochwertige medizinische Versorgung haben. Und er fordert, dass die ländlichen Regionen wiederbelebt werden mit besseren Schulen, ausreichend Krankenhäusern und schnellem Internet. Bei beiden Themen kann er auf berufliche Erfahrungen zurückgreifen. Sein Einzugsgebiet ist eine dünn besiedelte Region im Westen Iowas. Er betreut etliche Altersheime, was seit Beginn der Coronapandemie angesichts der vielen Infektionen in den Einrichtungen eine große Herausforderung ist.

Ein Landarzt, der in die große Politik will, ist in den USA eher selten. In der ältesten Demokratie der Welt braucht es den Rückhalt der Institutionen, und es braucht große Geldgeber. Ohne diese Voraussetzungen sind politische Kandidaturen meist von Beginn an zum Scheitern verurteilt. Hursts Vorbild, der linke Senator Bernie Sanders, der seine Kampagnen zu einem Großteil über Kleinspenden finanziert, ist eine Ausnahme. Glenn Hurst rechnet damit, dass er sehr viel Geld wird sammeln müssen, um gegen Grassley eine Chance zu haben. 2020 stand der andere Senatssitz für Iowa zur Wahl. In jedem Bundesstaat werden zwei Senatoren gewählt. Die demokratische Herausforderin hat am Ende vierundfünfzig Millionen Dollar für den Wahlkampf aufgebracht. Das war deutlich mehr als die republikanische Gegenkandidatin, die aber ihren Sitz erfolgreich verteidigen konnte. Im Vergleich dazu sei die erste Etappe geradezu günstig, sagt Hurst. Er sammelt bereits Geld. Auf seiner Internetseite findet sich ein Spendenaufruf, der mit fünf Dollar startet, für «einen vom Volk angetriebenen Wahlkampf», wie es dort heißt.

«Mein Motto lautet: Hab immer deine Taschen gepackt», lacht Hurst, als ich ihn frage, warum er ausgerechnet jetzt kandidiere, in einer Zeit, in der Iowa fest in republikanischer Hand zu sein scheint. Er meint damit nicht mehr und nicht weniger als: Sei jederzeit bereit, offen für was Neues. Trump hat den Bundesstaat 2016 und 2020 gewonnen, beim zweiten Mal sogar noch deutlicher als zuvor. Nur in den Städten hatten die Demokraten die Nase vorn. Hurst winkt ab, von den Zahlen allein solle man sich nicht täuschen lassen. In Iowa finde man Kandidaten reizvoll, die überraschen. Deshalb habe Obama zweimal klar gewonnen. Und danach Trump. Für Hurst ist das kein Widerspruch.

Das war nicht nur in Iowa so. In vielen Bundesstaaten wechselten Obama-Wähler nahtlos zu Trump. Die unterschiedliche Parteizugehörigkeit spielte da keine Rolle. Hurst erklärt, beide seien neu im politischen Betrieb gewesen. Die Menschen wollten keine bloß beschwichtigenden Wahlprogramme, sondern kühne Lösungsangebote. Darin bestehe seine Chance, glaubt Glenn Hurst. Ich solle ihn nicht falsch verstehen, betont er, er wolle nicht bewusst unter Trump-Wählern fischen, aber er werde mit Sicherheit einige Stimmen aus diesem Umfeld bekommen, von Menschen, die eben nicht traditionell republikanisch seien.

Die Zahlen scheinen ihm recht zu geben, das Meinungsforschungsinstitut Pew hat sie im Januar 2020 erhoben. Ein Drittel der Bevölkerung ist zu dem Zeitpunkt in Iowa als demokratisch registriert, ein Drittel als republikanisch, der Rest als parteiunabhängig. In den USA muss sich jeder, der wählen will, registrieren. In vielen Bundesstaaten kann man das gleich mit seiner Parteivorliebe tun, um die Möglichkeit zu haben, an den Vorwahlen der eigenen Partei teilzunehmen. Später kann man aber natürlich wählen, wen man will. Wer sich im Vorfeld nicht festlegen will, kann sich als unabhängig registrieren.

Der dritten Gruppe, den vielen Unabhängigen, hätten die Demokraten bisher nicht das richtige Angebot gemacht. Hurst erinnert daran, wie schockiert gerade in Iowa viele gewesen seien, dass Trump 2016 so klar gewonnen hat. Trumps Kandidatur habe Menschen aus einer Ecke hervorgelockt, in die sie sich schweigend verkrochen hätten. Viele gingen 2016 erstmals zur Wahl. Jetzt, nach Trumps Niederlage, sei es um sie wieder ruhiger geworden. Man müsse ihnen also etwas Neues bieten.

Das Problem in den USA ist aus Hursts Sicht das Zweiparteiensystem. «Stellen Sie sich einen Demokraten vor, der gegen Abtreibung ist. Für so jemanden gibt es in der politischen Welt unserer Demokratischen Partei keinen Platz.» Es fehlen die kleinen Parteien. Das entmutige viele, an einer Wahl teilzunehmen. Hurst sieht keine Chance, dass sich das in absehbarer Zeit ändern könnte. Deshalb will er für eine Reform der Senatsregeln eintreten, um die Macht der Parteien dort zu verringern. Zum Beispiel wenn es darum gehe, wer für einen Ausschuss nominiert werde. Das sei ein Mittel, mit dem die Parteiführung im Senat oder im Repräsentantenhaus die Abgeordneten kontrollieren, sie belohnen oder bestrafen könne. Hurst will, dass solche Entscheidungen nicht dem Einfluss einer kleinen Führungsriege überlassen bleiben. Die einfachen Mitglieder sollen unabhängiger agieren und frei abstimmen können, damit die ganze Bandbreite politischer Überzeugungen im Senat präsent sei und nicht immer nur zwei Blöcke, die sich – wie vor allem in den vergangenen Jahren – weitestgehend geschlossen und unversöhnlich gegenüberstehen. Er glaubt, dass das ein Mittel gegen die Polarisierung im Land sein könne. Zurzeit gehe es doch nur um eine Frage: Gehört der zu uns oder zu denen? Das spalte. Das Leben und damit auch die Politik seien aber komplexer. In einer Demokratie gebe es doch immer mehr als nur zwei Meinungen.

Deshalb geht es Hurst darum, in der politischen Auseinandersetzung einen Konsens zu suchen und nicht einen Kompromiss. Das antwortete er auf die Frage eines politischen Informationsportals, ob Kompromisse in der Politik notwendig und wünschenswert seien. Es möge haarspalterisch wirken, aber ihm sei das wichtig. Bei einem Kompromiss würden beide Seiten ihre Werte aufgeben, um eine gleichermaßen schwächere Lösung zu finden. Konsens dagegen bedeute: «die beste Antwort für alle», ein Beleg dafür, dass es mehr gebe als «die oder wir».

Doch individuelle Meinungen in einer Partei machen das politische Leben nicht gerade einfacher, noch dazu, wenn es nicht einmal in der Partei selbst einen Konsens nach Hursts Lesart gibt. Das ist ihm bewusst, denn ihn ärgern die beiden demokratischen Senatoren Kyrsten Sinema und Joe Manchin, die an ihren Überzeugungen festhalten und damit wichtige Reformprojekte von Joe Bidens Regierung blockieren, vor allem in der Klima- und Sozialpolitik. In diesem Fall wäre es ihm wohl lieber, die beiden Einzelgänger würden sich an die Parteilinie halten.

Hurst ist Realist genug zu wissen, dass die größte Herausforderung seiner Kandidatur darin besteht, die demokratischen Mitbewerber aus dem Rennen zu werfen. Er muss genügend Demokraten auf seine unkonventionelle Seite bringen, die nicht dem Mainstream entspricht. Auf ihn wartet ein Spagat: Zuerst müsse es ihm gelingen, die demokratische Basis zu begeistern, darunter vor allem die Linken, und nach den Vorwahlen, falls er sie für sich entscheiden kann, müsse er sich öffnen für die parteiunabhängigen Wähler, die oft den Demokraten nahestehen, allerdings nicht unbedingt dem linken Flügel der Partei.

Hurst hat zum Auftakt seiner Wahlkampagne ein Buch geschrieben, über sein Leben, auch über manche Verfehlung wie Alkohol. Er wollte den Menschen eine Chance geben, ihn kennenzulernen, mit all seinen Ecken und Kanten. Das Buch ist jedoch mehr als eine Autobiografie. Es geht darin auch um die Bewegung «Indivisible», «Unteilbar», die direkt nach dem Wahlsieg von Donald Trump gegründet wurde. Ihr erklärtes Ziel war es, praktische Hilfe zu leisten, um sich Trumps politischem Programm zu widersetzen. So steht es bis heute auf der Internetseite der Bewegung, die über Trumps Abwahl hinaus aktiv geblieben ist.

Landarzt Hurst findet in dieser Bewegung seine politische Heimat. Als er nach der Wahlnacht 2016 realisiert, dass Trump der neue Präsident sein wird, will er sich nicht länger darauf beschränken, als Arzt zu arbeiten. In seinem Beruf sehe er tagtäglich, wie wichtig eine Gesundheitspolitik sei, die sich bewusst für die Schwächsten in der Gesellschaft einsetze. Er praktiziert in einer der ärmeren ländlichen Gegenden von Iowa. Viele dort können sich keinen Arzt leisten, weil ihre Versicherungen im Ernstfall nicht bereit sind zu zahlen oder zu wenig zahlen. Andere haben überhaupt keine Krankenversicherung. Barack Obamas Gesundheitsreform hat zwar einiges zum Besseren gewendet, aber noch immer fallen viele durch das Raster. Diese Erlebnisse aus seinem Berufsalltag haben aus Hurst einen progressiven Linken gemacht.

Anfang 2020 organisiert Hurst in Minden, einer Kleinstadt im Westen Iowas, den sogenannten Caucus, die Sitzung des Wahlkreises, in der so lange diskutiert wird, bis entschieden ist, welcher demokratische Kandidat gegen Trump antreten soll. In Iowa ist das keine geheime Abgabe eines Stimmzettels, wie man es von einer herkömmlichen Wahl kennt, sondern eine Veranstaltung wie aus einer anderen Zeit. Manche vergleichen sie mit einer Art Stammesversammlung, doch einig sind sich die Menschen nicht, woher das System kommt. Registrierte Demokraten kommen an einem Ort zusammen und diskutieren offen, wen sie als Präsidentschaftskandidaten sehen wollen, so lange, bis eine Kandidatin oder ein Kandidat die klare Mehrheit hat.

Im Vorfeld dieses Caucus lerne ich Glenn Hurst kennen. Eigentlich wollen wir darüber berichten, welche Rolle Gesundheitspolitik bei den Vorwahlen für den Präsidentschaftskandidaten 2020 spielt. Das Interesse an dem Ergebnis in Iowa ist immer besonders groß, nicht nur weil es eines der ersten Vorwahlergebnisse ist, sondern auch wegen der Besonderheit des Caucus. «Iowa hat bewiesen, dass wir gut darin sind, harte Fragen zu stellen und die Kandidaten dazu zu bringen, hier öffentlich aufzutreten, statt nur Wahlspots zu schalten oder Facebook-Posts zu verfassen. Sie wissen, hier müssen sie persönlich vor Ort sein.» Das macht Hurst stolz auf diesen kleinen Bundesstaat im Mittleren Westen mit seinen gerade einmal rund drei Millionen Einwohnern.

Hurst ist einer der wenigen Ärzte, die noch Hausbesuche machen. Seine Praxis liegt in dem Ort, in dem er politisch aktiv ist. Minden selbst hat nur ein paar Hundert Einwohner, dafür aber ein großes Einzugsgebiet, zu dem auch die von ihm betreuten Altersheime gehören. Ohne medizinische Versorgung bleibe eine Gemeinde nicht lebendig und könne auch keine neuen Bewohner anziehen. Deshalb gehört zu seinem Wahlprogramm «Medicare for all», Gesundheitsversorgung für alle, eines der wichtigsten Ziele von Bernie Sanders. Hurst will, dass jede und jeder in den USA das Anrecht auf eine Krankenversicherung hat. Ein kühner Plan, das wisse er, da viele in seinem Land die Idee als «Sozialismus» verteufeln. Aber eben so kühn, wie er sein müsse, um eine Chance zu haben.

Der soziale Aktivist, der er viele Jahre lang war, hat sich in den Wochen nach Trumps Wahl zum linken Vollblutpolitiker entwickelt. Und das in einer traditionell sehr konservativen Gegend. «Ich habe ein paar Patienten verloren», räumt Hurst ein, «wegen meiner politischen Ansichten.» Aber dafür seien ein paar neue hinzugekommen. Er setzt sich für das «Single Payer System» ein, ein Modell, das – vereinfacht gesagt – eine einzige Krankenversicherung für alle vorsieht. Die einen wollen dieses System gerne staatlich organisiert sehen, andere glauben, es könne auch privatwirtschaftlich aufgezogen werden. Hurst sagt, das in den USA vorherrschende System der vielen verschiedenen Krankenversicherungen ohne einheitliche Regelung sei sehr viel teurer. Als selbstständiger Arzt könne er ein Lied davon singen. In einem «Single Payer System» müsse er sich nur noch mit einer statt mit mindestens fünfzig verschiedenen Versicherungen herumschlagen. «In der Zeit, die ich dann spare, weil ich nicht mehr so viel

Papierkram habe, kann ich mich einer größeren Zahl Patienten widmen.» Er könne dann auch besser kalkulieren, da er wisse, wie viel er für eine bestimmte Behandlung bekomme.

Das Gesundheitssystem in den USA ist kompliziert. Es ist teurer als in anderen «entwickelten» Industrieländern; mehr Menschen leben noch immer ohne Krankenversicherung; das Risiko, von hohen Gesundheitskosten in den finanziellen Ruin getrieben zu werden, ist deutlich höher als anderswo; die Lebenserwartung ist niedriger als in vergleichbaren Staaten. Andererseits ist es möglich, dass Kranke in den USA eine deutlich bessere Behandlung bekommen, wenn sie das entsprechende Geld haben oder in ein Forschungsprogramm aufgenommen werden. Bei der Gesundheitsversorgung sind die USA ein Land der Extreme und Widersprüche. Während Krankenversicherungen, wie sie in europäischen Ländern verbreitet sind, bei vielen Menschen im Land als Sozialismus gelten, steht mit der staatlichen Versicherung «Medicare» jedem ab fünfundsechzig Jahren, der Social Security – also die staatliche Rentenversicherung – bezieht, eine Gesundheitsversorgung zu. Das sind laut Schätzung der zuständigen Behörde 97 Prozent der Bevölkerung ab sechzig.

Glenn Hurst will mir das von ihm favorisierte «Single Payer System» mit einem Vergleich erklären: «Wenn man in einen Supermarkt geht, dann hat ein Laib Brot normalerweise ein Preisschild, damit jeder weiß, was das Brot kostet. Stellen Sie sich vor, es gäbe kein Preisschild. An der Kasse zahlt dann der eine Kunde fünf Dollar, ein anderer nur zwei Dollar fünfzig, aber keiner weiß, was er wirklich bezahlt hat, genauso wenig wie der Supermarkt weiß, was er eingenommen hat. So funktioniert das Bezahlsystem in einer Arztpraxis.» In einem Krankenversicherungssystem für alle hingegen würde man immer wissen, was eine Leistung koste und wie viel man von der Versicherung zurückbekomme. Die Kritik, dass in diesem System alles teurer werden würde, weil der Wettbewerb verloren ginge, weist Hurst zurück.

Der Arzt ist inzwischen in Iowa eine treibende Kraft der Bewe-

gung «Indivisible», in der er seine politischen Ambitionen entwickelte. Das Ziel von «Indivisible» geht weit über eine Reform
der Gesundheitspolitik hinaus: Sie will die amerikanische Demokratie retten und die USA menschlicher machen. Für Hurst und
seine politischen Freunde ist Trump das Symptom einer kranken
Demokratie, nicht ihre Ursache. Die Demokratie der Vereinigten
Staaten habe von Anfang an die weiße und wohlhabende Bevölkerung begünstigt. In den letzten Jahrzehnten habe dann ein Bünd-
nis aus weißen Nationalisten und Ultrareichen die Demokratie
weiter unterminiert, um die eigene Macht auf Dauer zu erhalten.
Das Ergebnis sei Trump gewesen. Die berühmte Anfangsformel
der amerikanischen Verfassung – «We the People» – müsse künftig wirklich alle Teile der Bevölkerung umfassen.

Der frischgebackene Politiker Hurst sieht die Demokratie
in seinem Land in Gefahr und bezieht sich dabei auf eine frühe
Warnung von George Washington in seinem Abschiedsbrief vom
19. September 1796, mit der er öffentlich erklärt, weshalb er für
eine dritte Amtszeit nicht zur Verfügung steht. Washington er-
mahnt das amerikanische Volk, Eifersüchteleien einzelner Gruppen dem gemeinsamen nationalen Interesse unterzuordnen. Man
müsse, so der Gründervater der Vereinigten Staaten, dem Patriotismus derer misstrauen, die das Einende schwächen wollen. «So-
sehr auch Verbände und Vereinigungen hin und wieder populäre
Ziele verfolgen mögen, im Laufe der Zeit und der Dinge werden
sie mit hoher Wahrscheinlichkeit zu machtvollen Instrumenten,
durch die abgefeimte, ehrgeizige und skrupellose Männer in
die Lage versetzt werden, die Macht des Volkes zu untergraben,
selber die Zügel der Regierung an sich zu reißen und hinterher
ebenjene Instrumente zu zerstören, die ihnen zu unrechtmäßiger
Herrschaft verholfen haben.» Die Menschen sollten die Wut der
Parteilichkeit zügeln und sich vor vorgetäuschtem Patriotismus
in Acht nehmen.

George Washington formulierte seine Warnung nur sieben
Jahre, nachdem die amerikanische Verfassung in Kraft getreten

war. Sie kommt einem brandaktuell vor, wenn man sich vergegenwärtigt, was zum Sturm auf das Kapitol am 6. Januar 2021 geführt hat und was darauf gefolgt ist: die Weigerung Donald Trumps, das Ergebnis der Präsidentschaftswahl anzuerkennen, und sein Versuch, immer mehr Republikaner davon zu überzeugen, ihm zuzustimmen.

Der Landarzt von Iowa – und er ist damit nicht allein – glaubt, dass die Spaltung, die das ganze Land zu durchziehen scheint, systemimmanent ist, eine Art Geburtsfehler der Verfassung. Sie habe keine ausreichende Antwort parat, wenn die Menschen sich nicht länger an die Grundidee der Verfassung halten, sie vielleicht gar nicht mehr verstehen. Hurst ist überzeugt, dass George Washington die Probleme des Zweiparteiensystems vorhersah, auch wenn es die Parteien in der heutigen Form damals noch nicht gab. Er habe die Gefahr vorausgeahnt, die eine Spaltung des Landes mit sich bringe, viele Jahre vor dem Bürgerkrieg und lange vor der Präsidentschaft eines Donald Trump, der das eigene Interesse des Machterhalts über die demokratischen Institutionen stelle.

Glenn Hurst gehört zwar zum linken Flügel der Demokraten und zählt neben Bernie Sanders auch Elizabeth Warren zu seinen politischen Vorbildern, er ist aber erstaunlich milde gegenüber Präsident Biden. «Er ist doch etwas progressiver, als ich erwartet hatte», räumt er unumwunden ein. Ein wichtiger Pluspunkt sei, wie viele Richterinnen und Richter Biden bereits ernannt habe, und das nicht nur auf nationaler Ebene. Dass so viele Frauen und Angehörige von Minderheiten darunter seien, biete wirklich eine Chance für eine Justizreform. Tatsächlich hat Biden bei der Zahl der Ernennungen bereits seinen Vorgänger Trump überholt. Lob hat Hurst außerdem für das Infrastrukturprogramm. Iowa sei der Bundesstaat mit den schlechtesten Brücken im ganzen Land. In seiner Heimat werde das Geld dringend gebraucht. Er wolle mithelfen, den Menschen klarzumachen, wem sie das zu verdanken hätten, nämlich dem demokratischen Präsidenten Biden. Den

Arzt ärgert ungemein, dass einige republikanische Abgeordnete, auch eine Politikerin aus Iowa, im Repräsentantenhaus gegen das Infrastrukturprogramm gestimmt haben, um es gleich danach zu Hause als ihr Verdienst zu verkaufen.

Hurst hofft, dass sich so etwas bei den nächsten Wahlen rächt, dass Wählerinnen und Wähler das als Lüge erkennen. Und er hofft auch, dass die Republikaner sich selbst schaden, weil sie den Sturm auf das Kapitol und die Lüge vom Wahlbetrug noch immer verharmlosend in den Mittelpunkt ihrer politischen Reden stellen. Er ist sich sicher, dass die Bevölkerung langsam genug davon hat und den 6. Januar als das sieht, was er für ihn ganz eindeutig war: ein Aufstand gegen die Demokratie.

Trotz Wahlkampf will Hurst weiterhin als Arzt arbeiten, muss es wohl auch, allein schon aus finanziellen Gründen. Die Termine in der Praxis würden jetzt stärker gebündelt, erzählt er, das sei alles eine Frage der Organisation, und zum Glück sei seine Familie sehr verständnisvoll und geduldig. Er hat die ersten Mitarbeiter eingestellt, vor allem für seinen Auftritt in den sozialen Medien, und jemanden für die Finanzen. Er muss häufiger bei Fundraising-Veranstaltungen auftreten, die, wenn die richtigen Leute zusammenkommen, viel Geld einbringen können. Teure Fernsehspots zum richtigen Zeitpunkt können wahlentscheidend sein. Chuck Grassley habe bisher in jedem Wahlkampf deutlich mehr Geld gesammelt als seine Herausforderer.

Glenn Hurst ist nicht der einzige demokratische Politiker, der in einem Bundesstaat, in dem trumpnahe Rechte an den Wahlurnen die Nase vorn hatten, mit einem linken Programm und einem gewissen Außenseiter-Image punkten will. In Pennsylvania tritt John Fetterman an. Er hat mehr politische Erfahrung als Hurst, ist seit Anfang 2019 stellvertretender Gouverneur in dem Bundesstaat und war lange Jahre Bürgermeister in einer kleinen Gemeinde, über deren Grenzen hinaus er für seine Sozial- und Jugendpolitik und wegen seines unkonventionellen Auftretens bekannt wurde. Auch Fetterman geht dorthin, wo es wehtut, wo Demokraten in den letzten Jahren keine Chance hatten, mitten hinein ins Trumpland, in die armen, ländlichen Regionen. Auch er ist Anhänger von Bernie Sanders. Eines seiner Argumente: Die Demokratische Partei habe sich nicht ausreichend um die Interessen und Sorgen der Menschen in diesen Regionen gekümmert. Links sein bedeutet für ihn, etwas für die Armen, die Benachteiligten zu tun. Fetterman kleidet sich wie sie, er zeigt seine Tattoos. Sein Markenzeichen ist, nicht so zu sein wie andere demokratische Kandidaten. Aber ob das reicht, um den Republikanern den Senatorensitz abzujagen? Vor allem nachdem Fetterman, kurz bevor er die Vorwahl seiner Partei klar gewonnen hat, einen lebensbedrohlichen Schlaganfall erlitten hat. Die Krankheit könnte seine Chance, gewählt zu werden, zusätzlich beeinträchtigen. Doch unabhängig davon verbindet Fetterman und Hurst, dass sie sich vom Parteiestablishment abgrenzen, dass sie die Arbeiterschaft, die der Partei früher sicher war, zurückholen wollen.

Doch nur wenn Glenn Hurst recht behält mit seiner Analyse, dass es eine echte Alternative braucht, damit Demokraten in Iowa einen Senatssitz zurückerobern können – nur dann haben der Landarzt aus Iowa und der stellvertretende Gouverneur aus Pennsylvania eine Chance auf eine politische Karriere in Washington. Außenseiter Hurst glaubt, dass zumindest in seinem Staat die letzten Wahlergebnisse dafür sprechen. Selbst als ein Kopf-an-Kopf-Rennen von Demokraten und Republikanern prognostiziert worden war, ging der Sieg an die Republikaner und nicht an die gemäßigten Demokraten. In dem Fall seien sich beide Kandidaten einfach zu ähnlich gewesen, antwortet er lapidar. Warum sollte jemand in einem solchen Fall den Wechsel wählen?

Hurst macht die konservativen Senatoren seiner Partei für Bidens magere Bilanz verantwortlich und will sich in seinem Optimismus, dass eine linke Politik in den USA möglich sei, nicht erschüttern lassen. Auch wenn Iowa, glaubt man den bisher erhobenen Daten, bei den nächsten Wahlen noch nicht wieder zu den

«Swing States» gehören wird, in denen beide Parteien in gleichem Maße eine Chance auf den Wahlsieg haben. Zumindest nicht bei der Wahl des Senatorensitzes. Grassley gilt trotz seines hohen Alters als sichere Bank, als der vertraute Kandidat, der sich auf seine Stammwähler verlassen kann. Seit er im Senat ist, konnte er immer zwischen sechzig und siebzig Prozent der Stimmen auf sich vereinen. Wenn jedoch mehr Menschen zur Wahl gegangen wären, hätte es Potenzial für demokratische Kandidaten gegeben. Das will sich Neuling Hurst zunutze machen.

Es ist nur schwer vorstellbar, dass der von Landwirtschaft geprägte konservative Bundesstaat wirklich ein linkes Experiment wagen könnte, aber auch gemäßigte Demokraten scheitern hier regelmäßig. Für die Partei ein Dilemma: Ist man gemäßigt, wird man eher als schlechte Kopie wahrgenommen. Ist man links, verschreckt man all jene, die eher die Mitte suchen, selbst in der eigenen Partei. Die Republikaner haben eine viel einheitlichere Wählerschaft. Doch mit den Stimmen in liberalen Großstädten allein lassen sich Wahlen in den USA nicht gewinnen. Deshalb braucht es eine überzeugende Strategie für das ländliche Amerika, für Staaten wie Iowa. Denn aufgrund des Wahlsystems sind eben auch bevölkerungsarme Staaten ausschlaggebend. Viel wird davon abhängen, wer mehr Wähler mobilisieren kann. Bisher scheinen Republikaner das leichtere Spiel zu haben. Doch Kandidaten wie Glenn Hurst oder John Fetterman wollen nicht klein beigeben. Fetterman könnte sogar ein demokratischer Hoffnungsträger werden. Manche Umfragen sehen ihn vor dem republikanischen Kandidaten, der von Trump unterstützt wird. Glenn Hurst dagegen muss am 7. Juni erkennen, dass sich sein Traum, Senator für Iowa zu werden, nicht erfüllen wird, zumindest nicht dieses Mal. Bei den Vorwahlen bleibt er der Außenseiter, weit abgeschlagen hinter den anderen beiden Kandidaten. Es gewinnt ein ehemaliger Admiral, Michael Franken, dem Hurst seine volle Unterstützung zusagt.

Kampf um die eigene Stimme

«Ich wurde verhaftet und wegen illegalen Wählens zu fünf Jahren Gefängnis verurteilt.»

Crystal Mason, Wahlrechtsaktivistin aus Texas

Crystal Mason ist eine energische Frau, sechsundvierzig Jahre alt,
Mutter von drei Kindern, alleinerziehend. Sie habe sich eigentlich nie etwas anderes gewünscht, als ihren Kindern eine gute Zukunft zu ermöglichen, erzählt sie. Sie sei früher eher unpolitisch
gewesen, wollte vor allem einen Job, bei dem sie gutes Geld verdienen konnte. Vielleicht wollte sie das sogar zu sehr. Dass sie einmal das Gesicht für den Kampf um das Wahlrecht werden würde,
hätte sie sich noch ein paar Jahre zuvor nicht vorstellen können.
Obwohl ihrer eigenen Mutter das Recht zu wählen immer schon
wichtig war.

Und so war es auch ihre Mutter, die Crystal bei der Präsidentschaftswahl 2016 dazu drängte, wählen zu gehen. Sie achtete bei
allen Kindern darauf. Kaum feierte ein Kind seinen achtzehnten
Geburtstag, sagte sie: «So, jetzt lässt du dich registrieren.» Anschließend wachte sie darüber, dass sie es auch wirklich taten,
wissend, dass ihre Kinder sich ohne einen kleinen Schubs nicht
aufraffen würden. 2016 ging es aus Sicht der politisch bewussten
Frau um viel: Hillary Clinton gegen Donald Trump. Unterschiedlicher konnten zwei Präsidentschaftskandidaten kaum sein. Und
doch war gerade die schwarze Bevölkerung längst nicht so motiviert, ihre Stimmen abzugeben, wie in den Jahren zuvor, als Barack Obama zur Wahl stand. Aber Crystals Mutter ging es noch
um etwas viel Grundlegenderes. Sie wollte, dass alle in ihrer Familie das Recht ausübten, das sich Afroamerikaner in den USA so
hart erkämpfen mussten.

Wählen in den USA ist ein komplexes Thema, das mich seit Beginn meiner Korrespondentenzeit in diesem Land interessiert und zugleich irritiert hat. Sich an einer Wahl beteiligen zu können, ist in den USA nicht so selbstverständlich wie in Deutschland, wo alle volljährigen Bürger automatisch eine Wahlbenachrichtigung bekommen. In den USA kann man, wie bereits erwähnt, nur wählen, wenn man sich vorher registriert hat. Lediglich North Dakota verzichtet auf eine vorherige Registrierung, in allen anderen Bundesstaaten ist sie Pflicht – und für viele eine erste Hürde, um ihr Wahlrecht überhaupt ausüben zu können. Die Wählerregistrierung ist nicht zuletzt deshalb wichtig, weil es in den USA keine Meldepflicht gibt. Und um es noch etwas komplizierter zu machen, hat jeder Bundesstaat seine eigenen Regeln. In einem Staat genügt es, sich einmalig für alle kommenden Wahlen zu registrieren, in einem anderen muss man es bei jeder Wahl wieder tun. Jeder Umzug in einen anderen Bundesstaat zwingt einen, sich zu informieren und sich neu registrieren zu lassen. Auch wenn dieser bürokratische Akt inzwischen oft online erledigt werden kann, ist er nicht immer einfach. Im ganzen Land ziehen daher Gruppen von Tür zu Tür, um Menschen davon zu überzeugen, wie wichtig es ist, sich registrieren zu lassen, und ihnen dabei helfen.

Crystal Mason ist 2016 in einer besonderen Situation. Sie ist gerade aus dem Gefängnis entlassen worden. Gemeinsam mit ihrem Mann, von dem sie mittlerweile getrennt ist, hat sie jahrelang eine Steuerberatungsfirma betrieben. 2012 wurde das Paar wegen falscher Steuererklärungen angeklagt und verurteilt, zu je fünf Jahren Haft. Vier Jahre später kommt Crystal wegen guter Führung vorzeitig frei. Ihr Urteil sieht jedoch vor, dass sie noch drei Jahre unter «Supervised Release» stehen soll, eine Art Bewährungsstrafe mit dem Unterschied, dass die Zeit der Bewährung die Gefängnisstrafe nicht ersetzt, sondern hinzukommt. Erschwert wird das Ganze noch, weil die Straftat des Steuerbetrugs auf Bundesebene angesiedelt ist und nicht auf der Ebene der einzelnen Bundesstaaten, in Crystals Fall Texas. Das führt zu unklaren Zuständigkeiten zwischen Bund und Staat.

Tagsüber arbeitet Crystal, abends macht sie die Fortbildung zur Rechtsassistentin, die sie im Gefängnis begonnen hat. «Als ich aus der Haft entlassen wurde, wollte ich alles besser machen. Ich fand einen guten Job. Ich kümmerte mich um Jugendliche, ging regelmäßig zur Kirche. Ich wollte ein Vorbild für meine Kinder sein, wollte ihnen beweisen, dass man wieder auf die richtige Bahn kommen kann, wenn man vom Weg abgekommen ist.» Sie will eine Vorzeigebürgerin werden, ihre zweite Chance nutzen. Dazu gehört für sie auch, ihr Wahlrecht wahrzunehmen. Als dann 2016 die Präsidentschaftswahl ansteht, lässt ihre Mutter ihr keine Ruhe. «Wann gehst du endlich zur Wahl?» «Ich gehe schon noch ...», antwortet sie, schiebt es aber über Tage auf. Es passt einfach nie so recht.

In einigen Bundesstaaten ist es möglich, über mehrere Tage die Stimme abzugeben, darunter Texas. Crystal geht am letzten Tag ins Wahllokal. Doch als sie den Wahlhelfern ihren Ausweis zeigt, fehlt ihr Name auf der Liste der Wahlberechtigten. Als sie wieder gehen will, sagt ihr ein junger Mann aus ihrer Nachbarschaft, der bei der Wahl aushilft, sie könne doch einen vorläufigen Stimmzettel abgeben. Wenn sie wahlberechtigt sei, werde er gezählt, wenn nicht, für ungültig erklärt.

Provisorische Stimmzettel – auch das ist eine Besonderheit in den USA. In einzelnen Bundesstaaten gibt es sie schon länger, doch 2002 wurde mit dem «Help America Vote Act» ein Bundesgesetz verabschiedet, das alle Bundesstaaten dazu aufforderte, eine vorläufige Stimmabgabe zu ermöglichen. Der Auslöser für das Gesetz war die Präsidentschaftswahl im Jahr 2000, als nur 537 Stimmen darüber entschieden, dass George W. Bush gegen Al Gore gewann, und zugleich mehr als eine Million Stimmen aufgrund von Fehlern bei der Registrierung für ungültig erklärt wurden. Mit dem «Help America Vote Act» soll verhindert werden, dass Menschen wegen Fehlern bei der Wählerregistrierung automatisch von der Wahl ausgeschlossen sind. Ein falsch geschriebener Name, ein Fehler bei der Adresse, eine Unterschrift, die nicht mehr ganz genau so aussieht wie Jahre früher bei der Registrierung – all das konnte ausreichen, um Wähler abzuweisen. Bis auf Idaho, Minnesota und New Hampshire haben inzwischen alle Bundesstaaten die Möglichkeit provisorischer Stimmzettel geschaffen, allerdings wieder mit ganz unterschiedlichen Regeln.

Genau das wurde Crystal Mason zum Verhängnis. Sie achtete genau darauf, dass ihr Name richtig geschrieben war, ihre Adresse stimmte, aber als sie den Antrag auf eine vorläufige Stimmabgabe unterschrieb, übersah sie eine Stelle im Kleingedruckten, die es Menschen auf Bewährung untersagt, in Texas zu wählen. Ob die «Supervised Release», die in Crystals Fall, wie erwähnt, an eine Straftat auf Bundesebene geknüpft war, mit einer Bewährungsstrafe nach texanischem Recht deckungsgleich ist, darüber herrscht Uneinigkeit, aber das hilft Crystal Mason nicht. Einige Wochen nach der Wahl bestellt sie ihre Bewährungshelferin in ihr Büro. Nach einem kurzen Gespräch endet der Termin. Mason ist irritiert, verlässt aber schnell das Büro, weil sie zu ihrer Fortbildung muss. Doch auf der Treppe wartet bereits eine Polizistin auf sie. «Sind Sie Crystal Mason?» – «Ja.» – «Legen Sie Ihre Hände auf den Rücken. Ich verhafte Sie wegen illegalen Wählens.» Die Frau erklärt Crystal, sie sei auf Bewährung und daher nicht berechtigt zu wählen. «Das hat mir niemand gesagt», versucht die sich zu verteidigen, ungläubig, was ihr da gerade widerfährt. Sie wolle Kontakt zu ihrer Bewährungshelferin aufnehmen, die könne das bestätigen. Aber das wird Crystal verwehrt. «Sie gehen ins Gefängnis.» Ihre Mutter bezahlt die Kaution und holt die Tochter erst einmal wieder aus der Haft. Doch Crystal bleibt nicht lange in Freiheit.

Crystal Mason erzählt uns diese Geschichte fünf Jahre später bei sich zu Hause. Jedes Detail steht ihr vor Augen, als wäre es gestern gewesen. Sie hat Angst, etwas Falsches zu sagen, das ihr dann wieder angelastet werden könnte. Ihre Anwältin ist deshalb die ganze Zeit über Telefon zugeschaltet. Ihr Haus dürfen wir nicht von außen zeigen, sie will nicht, dass ihre Adresse bekannt wird. Sie werde immer wieder bedroht. Crystal vermutet gar, dass ihre Nachbarn hinter dem stecken könnten, was ihr geschehen ist, der Wahlhelfer, der ihr geraten hatte, den provisorischen Stimmzettel abzugeben.

Es ist eine gute Wohngegend, ein großes Haus mit einem großen Grundstück für eine große Familie. Auf dem Kaminsims stehen viele Fotos, an den Wänden hängen Bilder von Barack Obama, Martin Luther King, John Lewis, dem Bürgerrechtler, der sich wie kein anderer für das Wahlrecht der schwarzen Bevölkerung einsetzte. Im Wohnzimmer steht eine riesige Ledercouch, eine wahre Sitzlandschaft, denn bei Crystal leben nicht nur ihre eigenen drei Kinder, sondern auch die vier ihres Bruders, zudem ihre Mutter und die ersten Enkelkinder. Während wir miteinander reden, versammeln sich alle um Crystal, sie ist ganz eindeutig der Mittelpunkt der Familie. «Warum sollte ich riskieren, noch einmal ins Gefängnis zu müssen und meine Kinder wieder allein zu lassen?», sagt sie. Doch das Gericht nimmt ihr das nicht ab.

Der Prozess des Bundesstaates Texas gegen Crystal Mason wegen Wahlbetrugs wird schnell anberaumt. Ihre Bewährungshelfer bestätigen vor Gericht, Crystal nie darüber informiert zu haben, dass sie nicht automatisch wahlberechtigt sei, wenn sie aus der Haft entlassen wird. Doch auch das beeindruckt den Richter nicht. Die Anklage unterstellt ihr Absicht. Crystal weiß zu diesem Zeitpunkt längst, dass ihre Stimme nicht gezählt worden ist. Ausschlaggebend sei aber, dass sie den Stimmzettel ausgefüllt habe, und nicht, dass er als ungültig verworfen worden sei. Das Urteil lautet fünf Jahre Haft. Crystal geht sofort in Berufung, doch das bewahrt sie nicht vor dem Gefängnis. Aufgrund der Verurteilung muss sie die noch verbleibende Zeit der «Supervised Release» im Gefängnis absitzen. Zehn Monate.

Als Crystal an diesem Punkt ihrer Geschichte angekommen

ist, ringt sie mit den Tränen. «Ich schämte mich, war verletzt. Ich hatte das Gefühl, versagt zu haben.» Kraft gegeben hätten ihr ihre Kinder, die damals zum Teil noch zur Schule gingen. Als ihre Mutter wieder ins Gefängnis muss, fangen sie an, sich zu engagieren. Sie helfen anderen dabei, sich für die Wahl zu registrieren, erzählen, was ihrer Mutter passiert ist, wollen Menschen überzeugen, dass es angesichts dieser Geschichte erst recht wichtig sei, wählen zu gehen. Crystal ist überzeugt, dass die Behörden mit ihrem Fall bewusst schwarze Menschen abschrecken wollen zu wählen. «Das war eine Botschaft für alle, die nicht weiß sind. Es ging darum zu zeigen: Wenn ihr es wagt, an die Wahlurne zu gehen, dann könnte euch das auch passieren. Seht, wir nehmen sogar Kindern ihre Mutter weg.»

Als Crystal ihre Reststrafe abgesessen hat, beginnt sie, sich zu wehren. Sie gründet ihre eigene Organisation: «Crystal Mason – The Fight». Ihr Ziel: etwas gegen die Unterdrückung von Wählern zu tun, aufklären, informieren, in den Vierteln unterwegs sein, in denen vor allem Schwarze leben, darunter viele, die vorbestraft sind. Hinter dem Schönheitssalon, den sie gemeinsam mit einer ihrer Töchter betreibt, hat sie einen Raum, in dem sie Veranstaltungen abhält oder Interviews mit Wahlkandidaten organisiert. Sie postet die Videos im Internet, damit Menschen sich ein Bild von denen machen können, die für ein Amt antreten. In den USA werden viele Posten per Wahl besetzt, nicht zuletzt Richter oder Staatsanwälte. Crystal will klarmachen, dass nicht nur Präsidentschaftswahlen wichtig sind, sondern auch lokale Wahlen. «Ich will, dass die Leute wissen: Die, die mir das angetan haben, sind allesamt gewählte Offizielle. Sie hätten sich anders verhalten können. Der Richter, der Bezirksstaatsanwalt. Es ist also sehr wichtig, wer auf diesen Posten sitzt und wofür diese Menschen stehen.»

An dem Tag, an dem wir Crystal besuchen, stellt sich der demokratische Kandidat für das Amt des Bezirksstaatsanwalts vor, ein junger schwarzer Jurist, der zum zweiten Mal kandidiert.

Beim ersten Mal ist er knapp gescheitert. Crystals Team stellt einfache Fragen, gibt ihm die Gelegenheit, sich vorzustellen und zu erzählen, was ihm wichtig ist. Das Ganze dauert kaum mehr als eine Viertelstunde, aber wer will, kann die Person ein bisschen kennenlernen. Crystal betont, dass sie alle Kandidaten einlädt, von beiden Parteien. Das ist die Voraussetzung für gemeinnützige Organisationen, die sich für das Wahlrecht engagieren. Sie müssen unparteiisch sein und das auch belegen können.

Wir begleiten Crystal und ihre Kinder, inzwischen allesamt junge Erwachsene, in einen Stadtteil, in dem die Leute wenig Geld haben. Viele, die sie anspricht, sind vorbestraft, vor allem die jungen Männer. Einer wendet sich an sie, fast ein bisschen verschämt: «Ich war im Gefängnis, aber ich glaube, ich müsste wieder wählen können.» Crystal fragt nach, ob er noch auf Bewährung sei. «Nein.» Ihre Antwort kommt wie aus der Pistole geschossen: «Ich bin auch vorbestraft. Aber wir denken, weil wir vorbestraft sind, dürfen wir nicht wählen. Das ist das Problem. Dabei haben viele, denen es so geht wie uns, das Recht dazu.»

Nicht nur in Texas sind Menschen, die straffällig wurden, verunsichert, unter welchen Umständen sie wieder wählen dürfen. Das hält sie davon ab, ihr Wahlrecht auszuüben. Im ganzen Land. In Texas können Vorbestrafte zur Wahl gehen, wenn sie ihre Bewährungszeit hinter sich haben und alle mit dem Urteil verbundenen Geldstrafen beglichen sind. Auch in dieser Frage hat jeder Bundesstaat seine eigenen Vorschriften. Nur in Maine, Vermont und seit 2020 in Washington, D.C., verlieren Straffällige ihr Wahlrecht nicht mehr. In vierzehn Bundesstaaten bekommen Menschen mit der Freilassung ihr Wahlrecht automatisch zurück. Und dann gibt es in vielen Staaten Übergangsregeln wie in Texas.

All diese Regeln führen dazu, dass im Jahr 2020 5,2 Millionen Amerikanerinnen und Amerikaner nicht wählen konnten, weil sie eine Straftat begangen hatten. Das sind 2,3 Prozent der wahlberechtigten Bevölkerung. Nur ein knappes Viertel dieser 5,2

Millionen saß am Wahltag tatsächlich im Gefängnis. Die anderen waren längst wieder draußen, hatten aber aus verschiedenen Gründen ihr Wahlrecht noch nicht wieder zurückbekommen. Diese Zahlen hat das «Sentencing Project» erhoben, eine Nichtregierungsorganisation, die sich seit dreißig Jahren für ein faires Justizsystem einsetzt.

Es gibt aber auch Bundesstaaten, in denen straffällige Menschen, die rechtskräftig verurteilt wurden und im Gefängnis saßen, ihr Wahlrecht für immer verlieren, unabhängig davon, welches Delikt sie begangen haben. Nur eine Begnadigung durch den Gouverneur höchstpersönlich kann das ändern. Virginia gehört zu diesen Staaten. Als der damalige Gouverneur Terry McAuliffe das Gesetz 2016 mit einem Erlass ändern wollte, wurde es ihm vom Supreme Court untersagt. Begnadigungen müssten individuell sein, so das Gericht. Darauf unterzeichnete er 173 000 Anträge.

Ein anderes Beispiel, das die Tragweite der Debatte unmittelbar vor Augen führt, ist Florida. Dort wurde bei den Kongresswahlen 2018 eine Volksabstimmung geplant, um das dauerhafte Wahlverbot für ehemalige Straftäter abzuschaffen, mit einem Zusatzartikel in der Verfassung von Florida, dem «Amendment 4». Wir trafen damals Neil Volz, einen der Organisatoren. Volz, überzeugter Republikaner, arbeitete früher im Repräsentantenhaus in Washington für einen Abgeordneten und wechselte nach einigen Jahren zu einem Lobbyisten. Dabei geriet Volz in einen Korruptionsskandal, es ging um die Bestechung von Abgeordneten. Der damals Fünfunddreißigjährige hatte Glück. Weil er mit den Strafbehörden zusammenarbeitete, wurde er 2006 zu nur zwei Jahren Haft auf Bewährung verurteilt. Als er nach Florida zog, um noch einmal von vorn anzufangen, war ihm nicht bewusst, dass er in seiner neuen Heimat wegen seiner Verurteilung nicht würde wählen dürfen. Unfassbar für einen Mann, der so viele Jahre für die Politik gelebt hatte. Er schloss sich der «Florida Rights Restoration Coalition» an, einer Organisation, die seit Jahren dafür kämpft, ehemaligen Straftätigen ihr Wahlrecht zurückzugeben.

An der Seite des Aktivisten Desmond Meade gelang Volz ein politischer Coup. Kaum jemand verkörpert das überparteiliche Engagement für das Wahlrecht so sehr wie die beiden: auf der einen Seite ist der frühere Mitarbeiter eines republikanischen Abgeordneten aus Ohio, der sich nach wie vor klar zu der Partei bekennt, für die er früher gearbeitet hat. Auf der anderen Seite steht Meade, ein Afroamerikaner, der in jungen Jahren immer wieder mit dem Gesetz in Konflikt kam, im Gefängnis saß, Probleme mit Drogen hatte, obdachlos war, dann aber begann, Jura zu studieren und sich für Bürgerrechte einzusetzen, jemand, der eher dem linken Spektrum zuzuordnen ist. Volz sagte uns damals: «Das ist eine Bewegung aller. Wir haben Republikaner, Demokraten und Parteiunabhängige. Sie alle unterstützen die Idee, wenn eine Schuld bezahlt ist, ist sie bezahlt.»

Bei den Kongresswahlen im November 2018 wurde in Florida der vierte Zusatzartikel mit großer Mehrheit angenommen. Wählerinnen und Wähler beider Parteien stimmten dafür, und mehr als 1,4 Millionen Menschen erhielten ihr Wahlrecht zurück, ausgenommen Straftäter, die wegen Mordes oder Sexualdelikten verurteilt worden waren. Es war das Ende eines hundertfünfzig Jahre alten Gesetzes aus einer Zeit nach dem Bürgerkrieg, in der es vor allem darum ging, Schwarze vom politischen Leben fernzuhalten. Die Freude über den Erfolg war groß. In den ersten Monaten nach der Verabschiedung des Artikels registrierten sich 12 600 ehemalige Straftäter für die nächste Wahl, die meisten von ihnen – entsprechend der erwähnten Praxis in den USA, sich entweder für eine Partei oder als unabhängig zu registrieren – für die Demokraten.

Ob dieses Übergewicht an Registrierungen für die Demokratische Partei der Auslöser dafür war, dass sich die republikanisch geführte Regierung von Florida den vierten Zusatzartikel noch einmal vornahm? Jedenfalls verabschiedete das Parlament Anfang Mai 2019 eine «Konkretisierung». Neben der genannten Ausnahme bestimmter Straftaten sieht der Zusatzartikel vor, dass jeder, der wieder wählen will, seine volle Strafe verbüßt haben müsse, auch die verhängte Bewährungszeit. Dazu zähle, so die Regierung, dass alle Geldstrafen ebenso wie noch offene Gebühren aus vergangenen Prozessen beglichen sein müssen. Nachdem dieser Passus verabschiedet worden war, verloren, wie das Nachrichtenmagazin «60 Minutes» berichtete, fast 800 000 erneut ihr Recht zu wählen, können sich also auch nicht mehr registrieren. Viele der Betroffenen wissen noch nicht einmal, wie viel sie dem Staat schulden. Oft ist es schwierig, die genaue Summe herauszufinden.

Das Ringen um den vierten Zusatzartikel geht weiter. Inzwischen gab es viele Rückschläge vor Gericht. Immer wieder bekam der Bundesstaat Florida recht, verlangen zu können, dass alle ausstehenden Geldschulden bezahlt sind. Aber Desmond Meade, Neil Volz und viele andere geben nicht auf. Sie sammeln Spenden, um Menschen zu helfen, ihre Schulden vor Gericht zu bezahlen. Oft geht es um nicht mehr als tausend Dollar, doch für viele, die einmal im Gefängnis saßen, ist das zu viel. Vor der letzten Präsidentschaftswahl haben sie dreiundzwanzig Millionen Dollar zusammenbekommen, auch weil sich Showgrößen wie der Musiker John Legend oder die Basketballstars LeBron James und Michael Jordan beteiligt hatten. Gegenüber «60 Minutes» sagte Desmond Meade: «Wenn die Gerichte im Bundesstaat Florida unsere Demokratie als Geisel nehmen wollen, dann haben wir Patrioten im ganzen Land, die sagen: Wisst ihr was, wir werden die Geldstrafen und Gebühren dieser Leute übernehmen. Wir werden die Demokratie befreien. Wir werden das Lösegeld bezahlen.» Darauf reagierte der Generalstaatsanwalt von Florida mit der Frage, ob diese Spenden einen illegalen Anreiz darstellen könnten, um zur Wahl zu gehen. Es fällt schwer, darin nicht das Kalkül einer politischen Partei zu erkennen.

Nein, es ist nicht einfach, in den USA zu wählen, zumindest

für einen Teil der Bevölkerung. Die einen sagen, es sei gut, dass es Hürden gibt, nur dann bekomme man ein Gefühl dafür, wie wichtig dieses Bürgerrecht sei. Andere sehen in den Hürden eine bewusste Diskriminierung von Minderheiten, von Menschen, die nicht so gebildet sind oder die einfach nicht die Zeit haben, sich um die je nach Bundesstaat erforderlichen bürokratischen Schritte zu kümmern, weil sie zwei, drei oder mehr Jobs haben, um über die Runden zu kommen.

Überall im Land gibt es Organisationen, die versuchen zu helfen. Ihr Motto: «Get out the vote!», «Bringt die Leute an die Wahlurnen!» Ob «Black Voters Matter» in Georgia oder «Souls to the Polls» in Wisconsin: Aktivisten im ganzen Land klagen darüber, wie schwer es sei, gerade die schwarze Bevölkerung davon zu überzeugen, zur Wahl zu gehen. In Staaten wie Kalifornien oder Arizona trifft das eher auf die hispanische Bevölkerung zu. Bei der Präsidentschaftswahl 2020 gelang es den Organisationen, neue Wähler zu mobilisieren. Joe Biden hat davon profitiert. Nun verabschieden ausgerechnet in Staaten wie Georgia, Arizona oder Wisconsin, in denen der Wahlausgang knapp war und Minderheiten den Ausschlag für den Wahlsieg Bidens gaben, die dortigen republikanischen Regierungen Gesetze, die das Wählen eher erschweren als leichter machen.

Die Befürworter dieser neuen Gesetze betonen, es gehe darum, Wahlen sicherer zu machen. Kritiker werten sie als Unterdrückung von Wählerinnen und Wählern. Georgia zum Beispiel machte im März 2021 Schlagzeilen damit, dass es fortan als Ordnungswidrigkeit geahndet werden soll, jemandem, der in einer Schlange vor einem Wahllokal steht, Essen oder Getränke anzubieten, bis zu einer Entfernung von fünfundvierzig Metern (stattdessen dürfen Wahlhelfer Wasserspender aufstellen). Alles aus Sorge, dass politische Organisationen bis zuletzt versuchen könnten, Menschen zu beeinflussen. Eine weitere Änderung ist ebenfalls sehr umstritten: Die Aufsicht über die Rechtmäßigkeit der Wahl soll künftig nicht mehr der «Secretary of State» haben, eine Art oberster Verwaltungsbeamter, sondern ein «State Election Board», ein Gremium, das von den Abgeordneten im Parlament des Bundesstaates bestimmt wird. Das bedeutet, dass jene, die zur Wahl stehen, mitreden können, ob eine Wahl anerkannt wird oder nicht.

Crystal Mason wartet Ende 2021 weiter darauf, dass das Oberste Gericht in Texas sich ihres Falls annimmt. Ihr drohen nach wie vor fünf Jahre Haft. «Jeden Morgen wache ich auf und weiß nicht, ob ich wieder ins Gefängnis muss. Meine Anwältin sagt mir einmal die Woche, ob es was Neues gibt. Immer mittwochs werden die neuesten Entscheidungen bekannt gegeben. Ich lebe in ständiger Angst.» Ihre Anwältin Kim Cole ärgert sich, dass die texanischen Politiker von einem Wahlrechtsgesetz sprechen oder von einem Gesetz gegen Wahlbetrug. Es gehe hier doch ausschließlich um die Unterdrückung von Wählern. Viele Aktivisten haben den Eindruck, dass das wahre Motiv, Menschen vom Wählen abzuhalten, mit wohlklingenden Begriffen verschleiert werden soll.

Cole ist in einem republikanischen Elternhaus aufgewachsen, hat selbst früher für Republikaner gestimmt. Das habe sich erst mit der Kandidatur von Barack Obama geändert. Das ist der afroamerikanischen Frau wichtig, damit nicht der Eindruck entstehe, sie wolle lediglich einer Partei Vorteile verschaffen. «Jeder muss doch das Recht haben zu wählen. Ich mag anderer Meinung sein als sie, aber sie sind doch genauso Teil dieses Landes wie ich.» Eine Überzeugung, die ihr im gegnerischen politischen Lager fehlt. Ein so strenges Urteil wie das gegen Crystal Mason könne sie sich nur mit rassistischen Motiven erklären. «Jeder, der bis jetzt wegen des Angriffs auf das Kapitol angeklagt wurde, hat eine geringere Strafe erhalten als Crystal. Die haben Menschen tätlich angegriffen, es ging um einen Aufstand. All das kann drastischer bestraft werden, aber sie erhielten kürzere Haftstrafen als die Frau, die einen vorläufigen Stimmzettel abgegeben hat. Der Sturm auf das Kapitol müsste doch viel ernster genommen werden. Es gibt

Kräfte in diesem Land, die verzweifelt versuchen, dass das Pendel zu ihren Gunsten ausschlägt, obwohl sie nicht mehr die Mehrheit in diesem Land stellen.»

In den USA wird bereits seit Langem um Gleichberechtigung an der Wahlurne gekämpft. Und genauso lange schon gibt es Kräfte, die versuchen, genau das zu verhindern. 1870, fünf Jahre nach dem Ende des Amerikanischen Bürgerkriegs, wurde der fünfzehnte Zusatzartikel zur Verfassung verabschiedet. Er verbietet, dass Bürgern aufgrund ihrer ethnischen Zugehörigkeit, Hautfarbe oder ihrer früheren Stellung als Sklave das Wahlrecht verweigert wird. Außerdem gibt der Zusatzartikel dem Kongress die Macht, dieses Recht mit entsprechender Gesetzgebung durchzusetzen. Das geschah allerdings nicht, da verschiedene Bundesstaaten Wege fanden, die afroamerikanische Bevölkerung mit Steuern, Lese- und Schreibtests oder anderen Regeln vom Wählen abzuhalten. Wenn man sich für eine Wahl registrieren wollte, musste man eine Abgabe bezahlen. Wenn man wählen wollte, musste man Lese- und Schreibtests absolvieren, zum Beispiel einen Absatz aus der Verfassung vorlesen und dann abschreiben.

Erst mit der Verabschiedung des «Civil Rights Act» 1964, der die Rassentrennung in der Öffentlichkeit beendete, und dem «Voting Rights Act» 1965 änderte sich das. Das neue Gesetz erkannte an, dass bestimmte Bundesstaaten, besonders im Süden der USA, das Wahlrecht einschränkten, und es sah vor, dass diese Staaten oder lokale Regierungen künftig das Einverständnis des Bundes brauchten, um das Wahlrecht zu ändern. Dies hob das Oberste Gericht 2013 auf, unter anderem mit dem Hinweis darauf, dass die Gründe, die zu diesem Gesetz geführt hätten, vierzig Jahre zurücklägen und nicht mehr aktuell seien. Das Gesetz würde der Souveränität der Bundesstaaten widersprechen. Kritiker dieser Entscheidung argumentieren, dass einzelne Bundesstaaten die Aufhebung des Gesetzes nutzten, um das Wählen für Minderheiten zu erschweren. Vor allem bei der Registrierung setzten verschiedene Bundesstaaten an, «säuberten» ihre Listen. Viele

Menschen wussten in der Folge gar nicht, dass sie nicht mehr registriert waren. Oft traf es Menschen mit nichtweißer Hautfarbe.

Anfang Juli 2021 dann der nächste Schlag gegen das Wahlrecht. Ausgeführt von einer konservativen Mehrheit am Obersten Gerichtshof. Die war möglich geworden, weil Trump nach dem Tod der liberalen Ruth Bader Ginsburg mit Amy Coney Barrett eine weitere konservative Richterin inthronisieren konnte, und das nur wenige Tage vor der Präsidentschaftswahl. Barrett legte am 26. Oktober 2020 ihren Eid ab. Damit verfügen die Konservativen seitdem über eine satte 6:3-Mehrheit. Mit ihr schwächten sie die letzte verbliebene Möglichkeit der Bundesregierung, Einspruch zu erheben, wenn sie den Verdacht hatte, dass Wähler aufgrund von ethnischer Zugehörigkeit, Hautfarbe oder Sprache diskriminiert werden. Einer der sechs, Richter Samuel Alito, argumentierte, dass gewisse Unannehmlichkeiten für Wähler nicht im Widerspruch zur Verfassung stünden. Außerdem sprach er Bundesstaaten die Möglichkeit zu, Veränderungen der Wahlgesetze mit dem Verdacht auf Wahlbetrug zu rechtfertigen, ohne diesen belegen zu müssen.

Joe Bidens erklärtes Ziel im Wahlkampf war es, eine Neuauflage des «Voting Rights Act» durchzusetzen, um die Kontroll- und Einspruchsfunktion des Bundes wieder einzuführen. Vor allem für jene, die ihm über die Ziellinie geholfen haben – Minderheiten, die schwarze Bevölkerung –, ist das entscheidend. Doch bisher ist der Präsident gescheitert. Im Senat muss ein solches Gesetz sechzig Ja-Stimmen bekommen, von hundert Senatoren. Da die Demokraten zurzeit nur fünfzig Senatoren stellen, benötigen sie zusätzlich die Stimmen von zehn Republikanern. Eine Einigung ist nicht in Sicht, obwohl der «Voting Rights Act», der 1965 nur befristet verabschiedet wurde, auch von republikanischen Präsidenten immer wieder verlängert wurde. Zu verhärtet sind die Fronten. Den Republikanern scheint das nicht zu schaden. Den Demokraten schon. Für sie geht es um die Frage, ob es ihnen gelingt, die betroffenen Wählergruppen zu mobilisieren.

Während sich die Parteien im Kongress nicht auf eine Neuauflage des «Voting Rights Acts» einigen können, wird in vielen Bundesstaaten das Wählen weiter erschwert: weniger Wahllokale, weniger Wahlbriefkästen, strengere Regeln bei der Registrierung, Entfernung von Namen auf den Registrierungslisten, deutlich weniger Genehmigungen für Briefwahl, leichtere Infragestellung von abgegebenen Stimmen und vieles mehr. Der Fantasie scheinen keine Grenzen gesetzt. Das Argument, die Wahlen damit sicherer zu machen, wirkt umso fraglicher, als es in den USA bisher kaum Fälle von Wahlbetrug gab. Keine Wahl wurde wohl so streng überwacht wie die Präsidentschaftswahl 2020. Das «Brennan Center for Justice», ein gemeinnütziges Institut für Recht und öffentliche Ordnung an der New York University, hat Hunderte von Klagen, in denen es um den Verdacht auf Wahlbetrug ging, verfolgt. Die überwältigende Mehrheit wurde als unbegründet zurückgewiesen. Doch ein Jahr später findet sich der Inhalt dieser Klagen zum Teil in Gesetzentwürfen wieder. Damit nicht genug: Einzelne republikanisch regierte Staaten wie Florida oder Texas wollen eine spezielle Polizeieinheit einführen, die in Wahllokalen die Rechtmäßigkeit von Wahlen überwachen soll. Obwohl es keinen Grund für ein solches Misstrauen gibt, das all diesen Vorstößen zugrunde liegt, setzt sich bei vielen Menschen, vor allem bei Republikanern, der Gedanke fest: Es muss Wahlbetrug geben, sonst würde ja nicht so viel dagegen unternommen. Man muss es nur lange genug wiederholen. Und wenn man dann seine Information von einem Medium bezieht, das die Lügen weiterverbreitet, zweifelt man nicht mehr. Es wirkt wie ein sich selbst verstärkender Kreislauf, aus dem es für jene, die einmal in der Spirale drin sind, kein Entkommen zu geben scheint.

Crystal Mason will sich in Texas den Versuchen, das Wählen zu erschweren, weiter entgegenstemmen. Sie wird alles tun, um möglichst viele in «ihrer Community», in der schwarzen Bevölkerung, davon zu überzeugen, zur Wahl zu gehen. Jetzt erst recht, egal wie kompliziert oder aufwendig es sein mag, und auch wenn Texas immer noch als sichere Bank für die Republikaner gilt. Sie selbst hat einen Etappensieg erreicht. Am 11. Mai hat das Oberste Berufungsgericht in Texas entschieden, dass das Gericht, das Crystal Mason verurteilt hatte, ihren Fall noch einmal aufnehmen und begutachten muss. Es geht um die Frage, ob die Staatsanwaltschaft tatsächlich ausreichend Beweise vorlegte, um Mason des Vorsatzes zu überführen.

Viele fürchten, dass bei der nächsten Wahl ein großer Teil jener, die Biden 2020 zum Sieg verholfen haben, keinen Sinn darin sehen werden, ihre Stimme abzugeben. Das wird sich möglicherweise in Georgia besonders dramatisch auswirken, wo mit Stacey Abrams eine der einflussreichsten schwarzen Wahlrechtsaktivistinnen zum zweiten Mal als Gouverneurin kandidiert und wo der schwarze Pastor Raphael Warnock seinen Senatssitz verteidigen muss, den er 2020 überraschend gewonnen und damit den Demokraten das Patt im Senat beschert hatte. Mit seinem Sieg bekam die Demokratische Partei den fünfzigsten Senator. Damit kann seitdem die Vizepräsidentin mit ihrer Stichstimme all die Abstimmungen für die Demokraten entscheiden, bei denen eine Mehrheit von einundfünfzig Stimmen reicht. Dieses Patt war auch ein Verdienst von Menschen wie Crystal Mason, die die Wähler mobilisiert hatten. Doch was, wenn die beim nächsten Mal zu Hause bleiben?

Angriff auf die Wahrheit – Medien, Verschwörungstheorien, Hetze

Politik der Fake News

«Die Menschen sagen: ‹Ich weiß nicht mehr, wem ich glauben oder vertrauen kann, alles ist kaputt.›»

Claire Wardle, Kommunikationsexpertin aus New York

Wie berichtet man über die Politik eines Präsidenten, der sich selbst die Wahrheit zurechtbiegt und alle anderen der Lüge bezichtigt, im Kleinen wie im Großen? Diese Frage hat sich mir gleich zu Beginn meiner Korrespondentenzeit in den USA gestellt. Eine bis dahin in dem Ausmaß unbekannte Herausforderung. Dass Politikerinnen und Politiker ihre Sicht der Dinge unters Volk bringen wollen, ist eine Binse. Sie lassen Aspekte weg, sie stellen sich und ihre Entscheidungen in einem besonders guten Licht dar, sie werden bei Lügen ertappt und müssen dann die Konsequenzen tragen, oder auch nicht – all das kannte ich bereits aus meiner Zeit als innenpolitische Korrespondentin in Berlin, aber Donald Trump war und ist ein anderes Kaliber. Die großen Zeitungen und die Fernsehsender, sie alle beschäftigten Faktenchecker, die während Trumps Reden, die oft auf vielen Kanälen live übertragen wurden – er war ja schließlich der Präsident –, seine Angaben überprüften und zum Teil live auf dem Sender korrigierten.

Trumps Anhänger jedoch glaubten ihm während seiner Präsidentschaft, und sie glauben ihm auch heute noch. Besonders deutlich wird das bei seiner Behauptung, er sei bei der Wahl, die er gegen Joe Biden verloren hat, betrogen worden; eigentlich sei er der Sieger. Dass andere Medien als die, von denen Trumps Gefolgschaft ihre Informationen bezieht, dies als Lüge zurückweisen, wird von seinen Anhängern selbst wiederum als Lüge wahrgenommen, als bewusste Intrige gegen ihren Präsidenten. Sie waren und sind davon überzeugt, dass Trump die Wahrheit spricht. Den Faktencheckern glauben sie nicht.

Trump hat in seiner Regierungszeit eine alternative Wahrheitsfindung hoffähig gemacht. Die Zeiten, in denen eine Mehrheit hinter einer Wahrheit stand, sind definitiv vorbei. Immer häufiger wurde in den vergangenen Jahren von «zwei Wahrheiten» gesprochen, der von Trump und seiner Gefolgschaft und der seiner Gegner. Wahrheiten, die in verschiedenen Universen zu existieren scheinen.

Als ich im Juli 2017 in die USA komme, ist Trump seit einem halben Jahr Präsident, aber schon zu dem Zeitpunkt ist klar, dass das Amt nicht ihn verändern würde, sondern er neu bestimmt, wie die Rolle des Präsidenten ausgeübt werden kann und wahrgenommen wird. Er bleibt seinen Parolen aus dem Wahlkampf treu und etabliert neue. Zentral in allen Reden während seiner Amtszeit ist der Begriff «Fake News», mit dem er die klassischen Medien verunglimpft. Damit angefangen hat er bereits knapp eine Woche, bevor er den Amtseid schwor. Eine Frage des CNN-Reporters Jim Acosta bürstet er mit der Bemerkung ab: «You are fake news.» Am 11. Januar 2017 dann ein erster Tweet: «Fake News – A total political witch hunt». Das Muster ist geboren: die Hexenjagd der Medien gegen ihn, fortan Trumps Mantra. Wer immer von nun an kritisch über ihn und seine Regierung berichtet, bekommt das Etikett «Fake News» verpasst, das Trump im Sinne des deutschen Wortes «Lügenpresse» benutzt – ein Begriff, der nicht losgelöst von seiner Verwendung im Nationalsozialismus zu denken ist. Trump sät so permanent Zweifel an Journalisten. Bei seinen Anhängern kommt das gut an, und das reicht dem auf Populismus setzenden bisherigen Geschäftsmann.

Ich bin noch nicht lange in den USA, als er wieder eine seiner berüchtigten Rallys abhält, Wahlkampfveranstaltungen, die er während seiner gesamten Präsidentschaft nie aufgegeben hat und auch seit dem Ende seiner Amtszeit 2020 fortführt. Im Juli

2017 mache ich mich auf nach Youngstown in Ohio. Tausende kommen in die Mehrzweckhalle, warten Stunden auf ihren Helden, bombardiert von ohrenbetäubender Musik, die einen regelrecht weichkocht. Als Trump dann endlich auf die Bühne kommt, gilt einer seiner ersten Angriffe den Medien: «Schaut, da hinten stehen sie, die ‹Fake News›.» Eine johlende Masse dreht sich um und skandiert Trumps Kampfschrei in Richtung der anwesenden Journalisten, die sich in einem abgesperrten Bereich drängen. Die einen schauen hasserfüllt, die anderen schadenfroh oder einfach nur begeistert. Die Botschaft, die bei mir ankommt: Endlich zeigt es euch mal jemand. Ich sehe in verzerrte Gesichter, ein mulmiges, beklemmendes Gefühl. Wer garantiert, dass die Menschen nicht zu sehr aufgepeitscht werden? Trump erklärt all die Journalisten, die nicht so berichten, wie er sich das wünscht, zu Feinden seiner Regierung. Es ist das erste Mal, dass ich so etwas erlebe, und es erinnert mich an meinen Geschichtsunterricht, an die Reden von Joseph Goebbels, mit denen er die Masse aufhetzte. Trump scheint seine Zuhörer ähnlich im Griff zu haben. Eine aufgeheizte Atmosphäre, die in dem Moment, in dem er mit dem Finger auf uns zeigt und sich alle umdrehen, buhen, uns beleidigen, schreien, kurz vor dem Kippen scheint.

Donald Trump hat «Fake News» nicht erfunden. Der Begriff wurde anfangs benutzt, um ein Phänomen in den sozialen Medien zu beschreiben: die bewusste Desinformation, die vor allem im Vorfeld der US-Wahl 2016 von Servern und falschen Social-Media-Accounts in Mazedonien ausging, betrieben von jungen Leuten, die den Auftrag hatten, Zweifel an Trumps Gegenkandidatin Hillary Clinton zu schüren. Das mündete später in die Untersuchung, inwieweit Russland den amerikanischen Wahlkampf mithilfe von gezielt gestreuten Falschinformationen beeinflusst hatte. Aber auch wenn Trump nicht der Urheber des Begriffs ist, entwickelte er ihn doch zu einem zentralen Schlagwort seiner Politik. Seine Wahlkampfstrategin und spätere Beraterin Kellyanne Conway ging noch weiter und kreierte den Begriff «Alternative Facts», alternative Fakten – ein Widerspruch in sich: Eine Tatsache kann keine Alternative haben. Mit dieser Wortschöpfung wollte sie etwas umschreiben, das so dargestellt werden muss, dass es in die Trump'sche Wahrnehmung passt. Bestimmte Dinge dürfen einfach nicht so sein, wie sie sind. Konkret ging es um eine Aussage von Trumps damaligem Pressesprecher Sean Spicer am 21. Januar 2017. Im Briefing Room des Weißen Hauses behauptet er, bei Trumps Amtseinführung seien mehr Zuschauer gewesen als bei Obamas Vereidigung. Bilder widerlegen das ganz klar. Conway wird darauf von einem Moderator des Senders NBC damit konfrontiert, dass Spicer bewusst «widerlegbar falsche Behauptungen» geäußert habe und damit die Glaubwürdigkeit der gesamten Pressestelle des Weißen Hauses untergrabe. Ihre Antwort: Spicer habe lediglich «alternative Fakten» vorgetragen. Als der Moderator entgegnet, alternative Fakten seien unwahre Aussagen, wirft sie ihm vor, er agiere als politischer Kommentator und nicht als Journalist, dessen Aufgabe es sei zu informieren.

Damit ist der Ton vorgegeben, der sich fortan durch Trumps vier Jahre dauernde Amtszeit zieht. Seitens der Regierung, aber auch seitens der Medien. Die Faktenchecker, egal ob bei Zeitungen oder TV-Sendern, haben mehr zu tun als je zuvor. Die «Washington Post» spricht von einem «Tsunami an Unwahrheiten», der aus dem Oval Office komme. Im Juli 2020, der Präsidentschaftswahlkampf ist bereits in Gang, zählt die Zeitung an nur einem Tag zweiundsechzig falsche oder irreführende Aussagen von Trump. Während der Coronapandemie gibt es Momente, in denen Fernsehsender ihre Live-Übertragung von Pressekonferenzen des Präsidenten abbrechen, weil sie nicht länger falsche Informationen verbreiten wollen – selbst dem rechtskonservativen Sender Fox News, der bis heute bei vielen Themen weitgehend unkritisch über Trump berichtet, wurde es manchmal zu heftig. Vielen wird der Moment in Erinnerung bleiben, als Trump spekuliert, ob man nicht Desinfektionsmittel gegen das Coronavirus spritzen könne. Es gibt Meldungen, dass Zuschauer, die Trump vertrauen, das im Anschluss tatsächlich versucht haben sollen – Menschen, die sonst die Position vertreten, man könne keinem Politiker trauen, auch den Medien nicht.

Donald Trump hält den Medien vor, Fake News zu verbreiten. Dabei ist er derjenige, der bewusst Falschinformationen unter die Menschen bringt, also das, was mit Fake News ursprünglich gemeint war: Informationen, die in die Irre führen, die die eigentlichen Zusammenhänge verbergen sollen. Das Spektrum ist breit: Pandemie? «Das geht alles vorbei, das ist nicht schlimm.» Russlands Einfluss auf die Präsidentschaftswahl 2016? «Alles eine Lüge.» Die behauptete fehlende Sicherheit von Wahlen, mit der – wie im Kapitel zuvor gesehen – immer wieder Verschärfungen des Wahlrechts gerechtfertigt werden? «Das ist keine Verschwörungstheorie, sondern eine Tatsache.» Dabei waren die Wahlen im November 2020, wie erwähnt, wohl die sichersten seit Langem.

Trump hält bis heute an seinen Behauptungen fest. Inzwischen auch mit immer groteskeren Ausbrüchen, wenn seine Position infrage gestellt wird. Im April 2022 bricht er ein Interview mit dem ihm eigentlich sehr gewogenen britischen Moderator Piers Morgan ab, als dieser ihn mehrfach damit konfrontiert, dass die Wahl ohne Zweifel rechtens gewesen sei. Morgan will wohl ein Zugeständnis zur verlorenen Wahl erringen. Stattdessen hält ihm Trump vor, er, Morgan, sei nicht «echt», er sei «unehrlich», und ruft dann: «Schaltet die Kamera aus!» Wenn politische Weggefährten Zweifel an der Lüge vom Wahlbetrug äußern, dann werden sie abgestraft, verlieren den Zugang zum früheren Präsidenten oder werden im Wahlkampf nicht mehr unterstützt. Manche kehren reumütig zurück, andere verabschieden sich aus der Politik. Ein paar wenige bleiben standfest oder mogeln sich um eine klare Stellungnahme herum, um nicht offen mit Trump zu brechen. Trumps Einfluss auf die Republikanische Partei ist immer noch sehr groß, trotz seiner wirren Auftritte, denn seine

Basis hält vorerst weiter zu ihm. Solange diese wichtige Wähler-gruppe daran glaubt, was Trump vorgibt, traut sich die Mehrheit der Republikaner nicht, einen anderen Weg einzuschlagen, be-ziehungsweise – und das ist die viel erschreckendere Erkenntnis: Viele teilen Trumps Auffassung. Laut einer Umfrage im Mai 2022 sind 60 Prozent der Republikaner der Meinung, dass die Partei Trump folgen sollte, nur 34 Prozent wünschen sich eine andere Ausrichtung.

Ich selbst sollte in den Jahren, in denen Trump Präsident war, immer wieder Rallys wie jene in Ohio erleben. Sie liefen alle nach demselben Muster ab. Ich gewöhnte mich fast ein bisschen an diese Momente, schüttelte sie leichter ab als beim ersten Mal. Als «Fake News» bezeichnet zu werden, wurde zum Allgemeinplatz – die permanente Infragestellung eines Berufs, der im Idealfall nichts anderes will, als zu informieren, anderen Menschen mit-hilfe von Berichten eine Chance zu geben, sich selbst eine Mei-nung zu bilden, eine Haltung zu einem Thema zu entwickeln. Es gehört zum journalistischen Kerngeschäft, die eigene Meinung nur dann zu äußern, wenn man die Form des Kommentars wählt. Auch in Deutschland wird derzeit viel über Glaubwürdigkeit und Parteilichkeit im Journalismus diskutiert. Die journalistische Ar-beit steht immer stärker unter Generalverdacht. Die Kampagnen im Internet laufen nach ähnlichen Mustern wie in den USA ab, nicht zuletzt, wenn es um die Berichterstattung über Trump geht. Den früheren Präsidenten als Lügner zu bezeichnen, wird hier nicht als begründetes Urteil angesehen, sondern als abgekartetes Spiel, das darauf abziele, Trump schlecht dastehen zu lassen.

Zum Glück gab es trotz all der präsidialen Hetze nur selten Ge-walt gegen Journalisten. Bis zum 6. Januar 2021. Da schallt uns al-len, die wir vor Ort am Kapitol in Washington sind, wieder der Ruf «Lügenpresse» entgegen. Nur bleibt es an dem Tag nicht friedlich. Angetrieben von Donald Trump, der seine Wahlniederlage nicht eingestehen will, überrennt ein gewaltbereiter Mob das Kapitol und auch den Bereich, in dem Reporter ungläubig über das berichten, was sich vor ihren Augen abspielt. Es ist der am Anfang des Buches beschriebene Tag, an dem die Abgeordneten im Kongress den Wahlsieg von Joe Biden zertifizieren sollen. Eigentlich eine zeremonielle Formsache, doch an diesem eiskalten 6. Januar bezeichnet Trump den traditionellen Akt des friedlichen Machtwechsels als Angriff auf die Demokratie. «Wir alle hier wollen nicht dabei zusehen, wie unser Wahlsieg gestohlen wird, von radikal linken Demokraten und den Fake-News-Medien.» Trump spricht vor Tausenden von Anhängern. Rechte Gruppen, unter ihnen Milizen, haben zu einer Massendemonstration in Washington aufgerufen, und «ihr» Präsident nutzt die Bühne, die sie ihm bieten. «Wir sind hier im Herzen unserer Hauptstadt zusammengekommen, um unsere Demokratie zu retten ... Nach dieser Rede werden wir zum Kapitol laufen, und ich werde bei euch sein, wir werden dorthin gehen.»

Ob diese Worte den Ausschlag für den Sturm auf das Kapitol geben oder ob einige der organisierten Gruppen die Gewalt im Vorfeld geplant haben, lässt sich nicht genau sagen. Doch es mindert nicht Trumps Verantwortung für das, was am 6. Januar geschieht. Die Menschen, die auf das Parlament zusteuern, dabei Polizisten niederrennen, fühlen sich im Recht. Sie glauben ihrem Präsidenten, der in seiner Rede die Lüge von der gestohlenen Wahl verbreitet hat, gespickt mit unendlich vielen «Beweisen», die zu diesem Zeitpunkt längst von verschiedenen Gerichten widerlegt worden sind. Trumps Rede an diesem Tag baut wie alle seine Reden auf dem Feindbild der Medien auf. Auch dieses Mal würden sie die tatsächliche Größe seiner Gefolgschaft verheimlichen, weil sie nicht zugeben wollen, dass er viele Menschen anziehe. Die Medien seien das größte Problem der USA, gemeinsam mit den großen Tech-Unternehmen, ob Facebook, Twitter oder Google.

Leider hat Trump mit seinem permanent wiederholten Vorwurf erreicht, dass der Begriff «Fake News» immer mehr in den

Alltagssprachgebrauch einsickerte und dadurch seine Trennschärfe verloren hat. Er ist zu einem bequemen Schlagwort geworden, mit dem einige, nicht zuletzt Journalisten, meinen, eine Sache gut zuspitzen zu können. Gerne flapsig, vielleicht auch gedankenlos oder bewusst provokativ eingesetzt. Das trägt – in den meisten Fällen sicher ungewollt – dazu bei, dass das Vertrauen in Informationen immer weiter erschüttert und untergraben wird.

Claire Wardle, Mitbegründerin der gemeinnützigen Organisation First Draft News, die es sich zum Ziel gesetzt hatte, gegen Falschinformationen vorzugehen, sagte gegenüber dem Sender BBC bereits vor vier Jahren, dass Menschen den Begriff inzwischen gegen jegliche Information einsetzen, die sie nicht mögen. Ein obsessiver Gebrauch des «Fake News»-Vorwurfs schade der Glaubwürdigkeit von ansonsten glaubwürdigen Nachrichtenkanälen. «Die Menschen sagen: ‹Ich weiß nicht mehr, wem ich glauben oder vertrauen kann, alles ist kaputt.› Meine Sorge ist, dass die Art, wie wir über diese Themen sprechen, einen größeren Schaden anrichten könnte als die Desinformation, die am Anfang stand.» Das war 2018. Heute sind die USA an einem Punkt angelangt, an dem bis zu einem Drittel der wählenden Bevölkerung der Meinung ist, bei der Wahl im November 2020 sei betrogen worden – unabhängig davon, wie viele Quellen das Gegenteil belegen. Die Organisation First Draft News ist inzwischen in das Information Futures Lab der Brown School of Public Health übergegangen, wo Claire Wardle zusammen mit anderen weiter gegen die Verbreitung von Desinformation kämpft.

Die Verbreitung von Lügen, die im Gewand «echter» Informationen daherkommen, ist ein Teufelskreis, und im Moment ist nicht zu erkennen, wie er durchbrochen werden kann. Die Medienlandschaft in den USA ist von Misstrauen geprägt. Das renommierte Meinungsforschungsinstitut Pew hat in einer Studie, die im August 2021 veröffentlicht wurde, herausgefunden, dass sich unter den Mitgliedern und den Wählerinnen und Wählern der Republikaner die Zahl derer, die nationalen Nachrichtenkanälen vertrauen, in den letzten fünf Jahren auf 35 Prozent halbiert hat. Andere Institute kommen zu einem ähnlichen Ergebnis. Der Trend hat bereits im Jahr 2000 eingesetzt, beschleunigte sich aber seit dem Amtsantritt von Trump. Davor hatten die Menschen in beiden Parteien ein ähnlich großes Vertrauen in die nationalen Medien. Bei den Demokraten ist das so geblieben, nicht aber bei den Republikanern, deren Vertrauen seit Ende 2019 um 14 Prozent regelrecht abgestürzt ist. Spuren der Trump-Ära – oder eher ein Graben, der die Öffentlichkeit des Landes tief spaltet.

Doch woher beziehen Menschen ihre Informationen, wenn sie den klassischen Medien nicht mehr vertrauen? Viele verlassen sich ausschließlich auf das, was sie in den sozialen Medien lesen, auf Facebook, Twitter, Instagram, TikTok. Unter Menschen, die mit Trump sympathisieren und sich eher dem rechten Lager zuordnen, sind Plattformen wie Telegram oder Signal beliebter, früher auch Parler, bevor diese Plattform nach dem Sturm auf das Kapitol kurze Zeit abgeschaltet wurde. Diese Nutzer lehnen die herkömmlichen Kanäle wie Facebook oder Twitter ab; sie sagen, dass sie die freie Meinungsäußerung einschränken würden. Auf all diesen Kanälen treffen sie vor allem auf Menschen, die eine ähnliche Meinung vertreten wie sie selbst. Das können Politiker aus dem eigenen Dunstkreis sein, die jede Scham verloren zu haben scheinen und ganz bewusst lügen. Sie finden sich nicht nur an den Rändern der Republikanischen Partei, diese Gruppe stellt inzwischen den Mainstream.

Kevin McCarthy, der Minderheitsführer im Repräsentantenhaus, ist ein besonders prominenter Vertreter, der die Radikalisierung republikanischer Politiker unmittelbar vor Augen führt. Er setzt nichts entgegen, wenn Abgeordnete seiner Fraktion andauernd die Lüge vom Wahlbetrug wiederholen, Marjorie Taylor Greene aus Georgia zum Beispiel. Darin verwoben ist die Erzählung, dass am 6. Januar lediglich Patrioten ins Kapitol gegangen seien, um ihre Meinung kundzutun, Menschen, die jetzt zu Unrecht angeklagt seien. Selbst McCarthy vertritt mittlerweile diese Position.

Direkt nach dem Sturm auf das Kapitol, am 7. Januar, war das noch anders. Damals hatte McCarthy den «Mob», wie er die ins Parlament eindringende Menge bezeichnete, verurteilt. Der Kongress werde nach diesem Tag nicht mehr derselbe sein. Damit hat er recht behalten – aber vor allem wegen Politikern wie ihm selbst. Denn Monate später ist von seiner anfänglichen Erschütterung nichts mehr zu spüren. McCarthy trat vehement gegen einen Untersuchungsausschuss zu den gewaltsamen Protesten ein und hat dafür gesorgt, dass fast alle Republikaner im Repräsentantenhaus unter seiner Führung dagegen gestimmt haben. Das sei wieder nur eine Hexenjagd auf Republikaner. Der Sturm auf das Kapitol wird verharmlost. Für jene, die sich damals für den Schutz von Politikern wie McCarthy eingesetzt haben, ist das eine bittere Erkenntnis. Michael Fanone, der bis Ende 2021 Mitglied der Metropolitan Police in Washington, D.C., war, wird wütend, als er am 27. Juli 2021 vor dem Untersuchungsausschuss, der gegen den Widerstand der Republikaner eingesetzt wurde, noch einmal schildert, was er am 6. Januar erleben musste. Er sei durch die Hölle gegangen, um die Abgeordneten zu schützen. «Die Gleichgültigkeit, die meinen Kollegen entgegengebracht wird, ist schändlich. Wirklich nichts hat mich darauf vorbereitet, den gewählten Mitgliedern unserer Regierung zu begegnen, die die Ereignisse vom 6. Januar immer noch leugnen und so ihren Amtseid verraten.» Doch selbst Polizisten wie Fanone können an der Überzeugung vieler Trump-Anhänger und republikanischer Wähler, dass alles doch gar nicht so schlimm gewesen sei, nichts ändern. Warum sollten die an den Aussagen der Politiker zweifeln? Sie waren doch am 6. Januar dabei, sie müssen es doch wissen, heißt es dann. Dass das Wort der Politiker größeres Gewicht hat als das der Polizisten, die an diesem Tag um ihr Leben fürchteten, bestätigt nur, wie sehr man sich in der eigenen Informationsblase verfangen kann. Vielleicht haben viele die Aussagen der Polizisten gar nicht gehört? Und wenn doch, eventuell bereits entsprechend eingeordnet? Beim immer noch relativ trump-nahen Sender Fox News, der wie alle anderen Nachrichtenkanäle die Anhörung live überträgt, wird währenddessen immer wieder eine Zeile eingeblendet, die darauf hinweist, dass der Ausschuss von Demokraten eingesetzt worden sei. Damit wird der Eindruck erzeugt, die Aussagen der Polizisten seien nicht unparteiisch.

Der Versuch der Republikaner, die Erinnerung an den 6. Januar umzuschreiben, geht weiter. Ende August 2021 macht Kevin McCarthy wieder Schlagzeilen im Zusammenhang mit dem Sturm auf das Kapitol. Er droht Unternehmen mit Konsequenzen, sollten sie den Vorladungen des Untersuchungsausschusses nachkommen. Dieser hatte beantragt, Telefondaten rund um den 6. Januar offenzulegen, was solchen Ausschüssen prinzipiell möglich ist. Ein gängiges Verfahren also, doch Kevin McCarthy reagiert, als werde damit ein Gesetz verletzt: «Wenn Unternehmen sich dafür entscheiden, gegen Bundesrecht zu verstoßen, dann wird das eine republikanische Mehrheit nicht vergessen. Sie wird die Unternehmen zur Rechenschaft ziehen.» Eine Drohung, die aber nicht verhindert hat, dass inzwischen etliche Telefondaten an den Untersuchungsausschuss weitergegeben wurden. Eine Reihe von Personen, vor allem ehemalige Trump-Berater, klagen gegen die Herausgabe der Daten. Die Unternehmen wurden auch aufgefordert, Daten von einzelnen Abgeordneten aufzubewahren, doch wurden diese noch nicht abgefragt.

McCarthy führt die Öffentlichkeit seit Monaten bewusst in die Irre, vor allem die Wählerschaft der Republikaner, von der er glaubt, dass bei ihr solche vollmundigen Drohungen gut ankommen, da sie ganz auf der Linie von Donald Trump seien. McCarthy hat die nächste Wahl im Blick und die Hoffnung, dass das Repräsentantenhaus 2022 wieder an die Republikaner fallen könnte und er dann Sprecher würde. Es geht also um persönliche Karriereplanung und den Wahlerfolg seiner Partei. Anfang Juni hat Trump ihn offiziell unterstützt, zumindest für die Wiederwahl. Dafür setzen Politiker wie McCarthy demokratische Institutionen aufs Spiel, indem sie sich die Wahrheit zurechtbiegen.

Im April 2022 werden neue Hinweise bekannt, die deutlich machen, dass McCarthy direkt nach dem 6. Januar 2021 auf Distanz zu Trump gehen wollte. Im Mitschnitt einer Telefonschalte mit anderen republikanischen Politikern, der der «New York Times» zugespielt wurde, sagt McCarthy: «Ich hab genug von dem Kerl. Was er getan hat, ist inakzeptabel.» Und ausgerechnet zu Liz Cheney, die damals noch an dritter Stelle in der Republikanischen Partei stand, sagt er, er werde Trump empfehlen zurückzutreten. Er könne sich nicht vorstellen, dass der das tue, aber er werde es ihm nahelegen.

Im Mai 2021 sorgte McCarthy mit dafür, dass Cheney ihren Posten in der Fraktion verlor und in der Partei an den Rand rückte. Einen ersten solchen Versuch hatte sie im Februar überstanden, damals noch mithilfe von McCarthy, nachdem sie an der Seite von Demokraten im zweiten Amtsenthebungsverfahren gegen Donald Trump für sein Impeachment gestimmt hatte. Damals war sie von ihrer Partei in Wyoming abgestraft worden, behielt aber ihre Funktion im Repräsentantenhaus. Doch während ihre anhaltend deutliche Kritik an Trump immer mehr Abgeordneten zu weit ging, brachte auch der Entzug ihrer Posten Cheney nicht von ihrer Überzeugung ab. Seit Juli 2021 vertritt sie die Republikaner im Untersuchungsausschuss zum Sturm auf das Kapitol, ohne Rückendeckung aus ihrer Fraktion. Sie ist inzwischen eine der wenigen verbliebenen kritischen Stimmen in der Partei. McCarthy dagegen hat seine ursprüngliche Kritik an Trump wohl vergessen. Das Bekanntwerden der Audiomitschnitte im April 2022 hat ihm nicht geschadet. Bis heute tut er so, als ob er nie an Trump gezweifelt hätte.

Wo ist der Ausweg? Wie kann Vertrauen in Informationen wieder wachsen? Informationen, die auch einem Faktencheck standhalten? Ein Weg wären für mich starke unabhängige Medien, vor allem im Lokaljournalismus. Darin spiegelt sich das persönliche Erleben der Menschen wider; sie können nachvollziehen, worüber berichtet wird, und überprüfen, ob das Berichtete mit den eigenen Erfahrungen übereinstimmt. Und sie lernen ganz grundsätzliche Dinge, wie Politik im Kleinen funktioniert, welche Einflussmöglichkeiten es gibt, was Kritik auslöst, wie man etwas verändern kann. Doch unabhängigen Lokaljournalismus gibt es in den USA so gut wie überhaupt nicht mehr. Das Zeitungssterben hat ein unvorstellbares Ausmaß erreicht. Die Hussman School of Journalism and Media an der Universität von North Carolina erhebt regelmäßig Zahlen. Seit 2005 sind rund 2200 lokale Zeitungen verschwunden; die Zahl der Zeitungsjournalisten ist um mehr als die Hälfte zurückgegangen. Unter den verbliebenen Zeitungen gibt es Konzentrationsprozesse, und sehr viele haben zu wenige Mittel zur Verfügung für eine umfassende Berichterstattung aus eigener Kraft. In der Pandemie hat sich dieser Trend weiter verschärft. Was lokale Fernsehsender betrifft, ist die Lage nicht besser. Hinter der Mehrheit von ihnen steht ein großes Medienkonsortium, Sinclair, das vor allem die Politikberichterstattung kontrolliert. Alle angeschlossenen Sender werden von der Zentrale mit Kommentaren versorgt, die einer rechtskonservativen Argumentation folgen und ausgestrahlt werden müssen.

Unabhängige Medien im klassischen Sinne gibt es in den USA kaum noch. So gut wie alles ist kommerzialisiert, angewiesen auf Werbung, die nicht selten von inhaltlichen Ausrichtungen abhängig gemacht wird, im rechten wie im linken Spektrum. Die einzigen öffentlich-rechtlichen Programme, NPR im Radio und PBS im Fernsehen, kämpfen permanent um ihre Existenz, überleben nur mithilfe von riesigen Spendenkampagnen. Ihre Zuhörer- und Zuschauerzahlen sind viel geringer als die der kommerziellen Sender. Ein öffentlich-rechtliches Rundfunksystem wie in Deutschland, das ironischerweise vor allem unter dem Einfluss von Amerikanern und Briten etabliert wurde, und zwar als Reaktion auf die mediale Propaganda im Nationalsozialismus, existiert in den USA nicht. Dabei wäre es gerade in diesen Zeiten der Desinformationskampagnen so wichtig. Gemeint ist damit insbesondere die Bildungs- und Aufklärungsfunktion, die öffentlich-rechtliche Rundfunkanstalten in Deutschland, trotz mancher Schwächen, erfüllen.

Zeichne ich ein zu düsteres Bild von den künftigen Staaten von Amerika? Vielleicht. Die USA, das ist mein persönlicher Eindruck, sind an einem entscheidenden Punkt angekommen: Entweder es wird schlimmer, die Spaltung des Landes noch unversöhnlicher, oder es gelingt, das Ruder herumzureißen. Was es dafür braucht? Mehr Bildung, vor allem eine tiefgehende, umfassendere Bildung, die auch, wie Biden es immer wieder fordert, die negativen Seiten der eigenen Geschichte beleuchtet, die nicht davon ausgeht, dass dunkle Kapitel wie Rassismus der Vergangenheit angehören, wie Trump noch kurz vor der Wahl festschreiben wollte. Anfang November setzte er mit einem präsidialen Erlass eine achtzehnköpfige Kommission ein, die ein Konzept für patriotische Bildung an allen Schulen entwickeln sollte. «Wir müssen das verdrehte Netz an Lügen in unseren Schulen und Klassenräumen beiseiteräumen und unseren Kindern die wunderbare Wahrheit über unser Land beibringen. Wir wollen, dass unsere Söhne und Töchter wissen, dass wir die Bürger der außergewöhnlichsten Nation in der Geschichte der Welt sind.» Im Januar, wenige Tage vor Bidens Amtseid, legte die sogenannte «1776-Kommission» ihren Bericht vor, der von Biden, kaum war er im Amt, von der Internetseite des Weißen Hauses entfernt wurde. Doch die Inhalte dieses Berichts leben in republikanisch regierten Bundesstaaten weiter, indem dort Politiker Einfluss auf Lehrinhalte nehmen. Die Regierung in Washington kann daran nicht viel ändern, da Bildung vor allem Sache der Bundesstaaten und Schulbezirke ist, die auch den größten Teil der Finanzierung übernehmen.

Das bekannte Muster: Wieder wird etwas als Lüge bezeichnet, das nachweislich wahr ist, oder es wird zumindest so dargestellt, dass es harmlos wirkt. Im Bericht der Kommission werden zum

Beispiel die Indigenen mit keinem Wort erwähnt. Die Geschichte der Vereinigten Staaten beginnt dort erst 1776. Alles, was sich davor abgespielt hat, bevor die USA offiziell gegründet waren, ist wie ausgelöscht. Es gibt die dunklen Seiten in der amerikanischen Geschichte. Sie weiter zu leugnen oder zu übertünchen, trägt nicht dazu bei, zukunftsfähige Konzepte entwickeln zu können. Im Gegenteil, das Land bunkert sich in einer Vergangenheit ein, die weniger ruhmreich war, als bestimmte Politiker die Bevölkerung glauben machen wollen. Und sie höhlen die Demokratie aus. Doch dieser Kampf tobt in den USA in vollen Zügen, zwischen demokratisch und republikanisch regierten Bundesstaaten. Ein Kulturkampf um die «richtige» Bildung.

Das jüngste Beispiel ist eine Reihe von Gesetzen, die im März und April 2022 in Florida verabschiedet worden sind. Zum einen geht es um das sogenannte «Don't say Gay»-Gesetz, das sich gegen sexuelle Themen in Schulbüchern richtet. Gouverneur Ron DeSantis sagt bei der Unterzeichnung, es gebe Büchereien, die eindeutig unangemessenes pornografisches Material für sehr junge Kinder haben. Gemeint sind oft einfach nur harmlose Aufklärungsgeschichten.

Das zweite Gesetz, die «House Bill 7», kursiert unter dem Namen «Stop WOKE Act», eine Abkürzung für «Stop the Wrongs to Our Kids and Employees», «Stoppt das Unrecht an unseren Kindern und Angestellten». Der Name spielt bewusst mit dem Begriff «woke», der mitten im Zentrum des Kulturkampfs zwischen konservativen und liberalen Ideen steht. Eigentlich ist mit dem Begriff das kritische Bewusstsein von ungerechten Lebensverhältnissen gemeint, oft in Bezug auf Rassismus und sexuelle Identität. Republikaner rücken ihn in einen anderen Kontext und benutzen ihn, um politische Gegner des linken Spektrums zu stigmatisieren, als Menschen, die anderen ihre Ideen aufzwingen wollen, während jene, die sich gegen die «Woke»-Bewegung stellen, als wahre Verteidiger der Freiheit und der amerikanischen Ideale präsentiert werden. Dementsprechend nennen die Abgeordneten von

Florida das neue Gesetz auch «Individual Freedom Bill», Gesetz für individuelle Freiheit. Darin heißt es: «Ein Individuum trägt aufgrund von ethnischer Zugehörigkeit oder Geschlecht keine Verantwortung für etwas, das in der Vergangenheit von anderen Menschen mit ebendieser ethnischen Zugehörigkeit oder diesem Geschlecht verübt wurde. Ein Individuum sollte nicht dazu gebracht werden, sich wegen seiner oder ihrer ethnischen Zugehörigkeit unwohl oder schuldig zu fühlen, Angst zu haben oder einer anderen Form von psychologischem Leid ausgesetzt zu werden.» Was bedeutet es aber konkret, wenn sich Kinder, Schüler im Unterricht unwohl oder schuldig fühlen? Den Lehrerinnen und Lehrern drohen Strafen.

Die Verabschiedung der Gesetze hat erste Folgen: Mitte April 2022 nimmt die für Schulunterricht zuständige Behörde in Florida vierundfünfzig Mathematikschulbücher aus dem Lehrplan, weil sie «verbotene Themen beinhalten oder unerbetene Strategien wie die ‹Critical Race Theory›». Mit Letzterer ist ein Konzept gemeint, das Ungleichheit und Rassismus in den USA thematisieren und verstehen will. In den beanstandeten Schulbüchern gab es zum Beispiel Schaubilder, die zeigten, wie viel Prozent einer Bevölkerungsgruppe rassistische Vorurteile haben.

Gouverneur DeSantis verteidigt auf einer Pressekonferenz im April 2022 die Entscheidung der Schulbehörde: «Es gibt eine Bewegung, die sagt, dass es in der Mathematik nicht um die richtige Antwort, sondern stärker um die soziale und emotionale Antwort geht. Es spielt keine Rolle, wie man sich emotional zu einem mathematischen Problem verhält.» Das angesprochene Konzept von sozialem und emotionalem Lernen wird von eher rechts stehenden Menschen im ganzen Land kritisiert. Es öffne unerwünschten Inhalten Tür und Tor.

Der Beifall streng konservativer Eltern ist dem ehrgeizigen Republikaner sicher. DeSantis sagt, Themen wie Rassismus und Holocaust werden unterrichtet. Das sei echte Geschichte und wichtig, aber «wir werden nicht zulassen, dass die Geschichte verzerrt wird, damit sie aktuellen ideologischen Zielen dient». DeSantis erhebt den Anspruch, Hüter einer «unverzerrten» Wahrheit zu sein. Ihm werden Ambitionen auf eine Präsidentschaftskandidatur nachgesagt. Bei allen Umfragen, wen die Republikaner als Kandidaten für 2024 sehen wollen, landet er bisher auf Platz zwei hinter Donald Trump.

Von den «Fake News»-Vorwürfen eines ehemaligen Präsidenten, der sich um seinen Wahlsieg betrogen sieht, bis zum Kampf um die «richtigen» Inhalte in Schulbüchern, die in mehreren republikanisch regierten Bundesstaaten bereits in Gesetzesform gegossen werden – allem ist gemein, dass Redefreiheit, Ideenvielfalt, die Zurückhaltung des Staates, Grundfeste des amerikanischen Selbstverständnisses also, systematisch untergraben werden. Die Instrumentalisierung dieser Themen verstärkt die Polarisierung in der Gesellschaft; die Fronten scheinen immer unversöhnlicher. Diese politischen Schaukämpfe verdecken oft andere, viel dringendere Probleme, sagen zumindest Interessenvertreter von Lehrerinnen und Lehrern in Florida. Sie weisen darauf hin, dass im Bundesstaat Ende 2022 wohl neuntausend Lehrerstellen unbesetzt bleiben werden. *Das* sollte den Gouverneur beunruhigen, finden sie. Stattdessen richtet sich alle Aufmerksamkeit auf den Kulturkampf, der von denen angeheizt wird, die darin die Chance sehen, sich politisch zu profilieren und Wahlkämpfe für sich zu entscheiden. Auf der Strecke bleibt nicht nur die Glaubwürdigkeit von Lehrern, sondern auch von Unterrichtsinhalten generell, von der Erziehung zu freiem Denken. Und die Anfälligkeit für Fake News wird immer größer. Wie sollen Menschen zwischen Wahrheit und Lüge, zwischen Aufklärung und Verschwörung unterscheiden können, wenn ihnen das Rüstzeug dazu fehlt?

Ein gefährlicher Irrglaube weitet sich aus

> «Sie werden verschlungen von einem Virus,
> das den Verstand angreift.»

Derek Kubilus, Pastor aus Ohio

Pastor Derek Kubilus schaut pessimistisch in die Zukunft seines Landes. «Ich habe alle Hoffnung verloren, dass die QAnon-Verschwörung nur von kurzer Dauer ist. Wir müssen uns darauf einstellen, dass wir noch lange mit diesem Irrglauben zu tun haben werden.» Kubilus ist Pastor der United Methodist Church in einer kleinen Gemeinde im Osten von Ohio. Wie viele andere Geistliche musste er in der Coronapandemie den Gottesdienst aus der Kirche ins Internet verlagern; seine Predigten bot er zusätzlich als Podcast an. Das brachte ihn auf die Idee. Spätestens seit dem Sturm auf das Kapitol ist er überzeugt, dass der Glaube an Verschwörungstheorien eine große Gefahr für die amerikanische Demokratie darstellt. Auch in seiner Gemeinde wird er mit Menschen konfrontiert, die sich mit dem Rest ihrer Familie entzweien, weil sie QAnon über alles stellen. Kubilus will das nicht einfach hinnehmen und startet den Podcast «Cross over Q», der Glaube an das Kreuz vor dem Irrglauben an QAnon. Eine lose Folge von Sendungen, in denen er über das Verschwörungskonstrukt aufklären will.

QAnon basiert auf einem wilden Gemisch an irrwitzigen Anschuldigungen, die so abstrus wirken, dass sie anfangs kaum als Gefahr ernst genommen wurden. Sie tauchen erstmals 2016 auf, im Präsidentschaftswahlkampf zwischen Donald Trump und Hillary Clinton, vor allem verbreitet über das Internetforum 4chan, das bekannt für extremistische Posts ist. Dort steht, Clinton solle wegen der Mitgliedschaft in einem Kinderhändlerring verhaftet werden, der die Politik der Demokraten bestimme. Mit involviert seien Barack Obama und der amerikanische Investor George Soros. Die Posts sind rassistisch und antisemitisch. Der Autor unterschreibt mit «Q» – mit «Anon» werden auf dem Kanal anonyme Nutzer bezeichnet – und behauptet, eine Sicherheitsstufe zu haben, eine «Q clearance». Dabei handelt es sich um eine Sicherheitsfreigabe des US-Energieministeriums für streng geheime Daten, die wichtig für die nationale Sicherheit sind. Damit wird nahegelegt, dass die Informationen direkt aus dem Umfeld der Regierung kommen. Die, die den Anschuldigungen von «Q» glauben, sind überzeugt, dass nur Donald Trump diese bösen Mächte besiegen könne.

Welche Macht diese Verschwörung über Menschen haben kann, die sie nicht in Zweifel ziehen, wird deutlich, als ein Mann Selbstjustiz üben will. In einem Internetpost wird eine Pizzeria im Nordwesten Washingtons als Hauptquartier des pädophilen Netzwerks bezeichnet. Mit einem Gewehr vom Typ AR-15 fährt der Mann von North Carolina mehrere Stunden in die Hauptstadt. Er ist sich sicher, dass in der Pizzeria misshandelte Kinder festgehalten werden, und will sie befreien. Er schießt auf ein Schloss, doch als er nichts findet, lässt er sich ohne weitere Gegenwehr festnehmen.

Pastor Kubilus erzählt, wie er damals dachte, das sei einfach dummes Zeug, das werde von allein wieder verschwinden. Nach dem Sturm auf das Kapitol sieht er das anders, denn er muss miterleben, wie in seiner Gemeinde Familien und Freundschaften zerbrechen. Eltern, die sich von ihren Kindern entfernen, Ehepaare, die sich entzweien, alles nur, weil sie dunklen Geschichten mehr glauben als den ihnen vertrauten Menschen. Geschichten von kinderfressenden Demokraten, von einer gestohlenen Wahl, von einer Pandemie, die dazu dient, überall auf der Welt Kommunismus einzuführen, von einer Coronaimpfung, die die menschliche DNA verändert. Als ich Anfang März 2021 das erste Mal mit Kubilus spreche, beschreibt er QAnon als vergleichbar mit einer Sekte oder einer Sucht, nur dass alles im Internet geschehe. «Einige der Anhänger dieser Verschwörungstheorie haben Beziehungen in ihrem Leben durch QAnon-Beziehungen ersetzt. Sie einfach zu bitten, das hinter sich zu lassen, ist für diese Menschen sehr schwer.»

Doch warum glauben sie überhaupt etwas, das von vornherein so abstrus klingt? Kubilus macht den allgemeinen politischen Ton dafür verantwortlich. Der sei fast schon apokalyptisch. «Es gibt viele wütende Menschen, die sich an denen rächen wollen, die sie als ihre politischen Feinde wahrnehmen.» Die sozialen Medien hätten es möglich gemacht, dass Verschwörungstheorien um sich greifen. Menschen würden sich in ihren ideologischen Echokammern einschließen, sich dort gegenseitig bestärken und ermutigen. So könnten sich Verschwörungsgedanken wie ein Virus verbreiten, da Argumente von außen gar nicht mehr durchdringen. Ihn schockiere immer wieder, wie nett jemand im richtigen Leben sein könne, um dann im Internet als vollkommen andere Person aufzutreten, voller Hass. Wie eine gespaltene Persönlichkeit. Trotzdem versucht Kubilus, mit seinem Podcast «Cross over Q» etwas zu verändern. «Es geht darum, wie wir einander zuhören, ob wir fähig sind, andere zu tolerieren und uns Standpunkte anzuhören, die sich von unseren unterscheiden.»

Menschen suchen seine Hilfe, wollen wissen, wie sie das Gespräch mit jemandem aufbauen können, der nur noch in der Welt der Verschwörungen zu Hause ist. Kubilus ist nicht umsonst Pastor. Er rät, den eigenen Ärger in Zaum zu halten. «Ich empfehle, ruhig zu bleiben und das Gespräch fortzusetzen, Fragen zu stellen, aber nicht zu argumentieren. Man muss erst einmal Vertrauen aufbauen. Wenn die Leute spüren, dass man nicht mit ihnen kämpfen will und sie nicht zurückweist, vielleicht sind sie dann eher bereit, sich auf einen Dialog einzulassen, darüber, was richtig und was falsch ist.» Er vergleicht es mit Treibsand: «Wenn man mit QAnon-Anhängern streitet, und sie kämpfen dagegen an, dann graben sie sich nur noch tiefer und tiefer in ihrem Irrglauben ein.» Deshalb sei es so wichtig, den richtigen Ton zu treffen, um diese Menschen überhaupt noch zu erreichen.

Kubilus ist schockiert, dass sich unter den QAnon-Anhängern überproportional viele bekennende Christen finden und dass dabei die Hautfarbe eine entscheidende Rolle spielt. Laut einer Umfrage des konservativen American Enterprise Institute vom Februar 2021 sind 27 Prozent der QAnon-Anhänger weiße Evangelikale, 18 Prozent weiße Katholiken und 15 Prozent weiße sogenannte «Mainline»-Protestanten. Zu Letzteren zählen unter anderen Lutheraner, Methodisten und Anglikaner, die sich weitgehend von Evangelikalen abgrenzen. Das Pew-Institut bezeichnet die Gruppe inzwischen als «White Protestant, non-evangelical», als nicht-evangelikale weiße Protestanten. Die beiden Gruppen unterscheiden sich in Glaubensfragen, im Sendungsbewusstsein, in der Überzeugung, wiedergeboren zu sein. Die Abgrenzung ist nicht immer einfach, aber deutlich werden die Unterschiede nicht zuletzt bei der politischen Orientierung der Kirchenmitglieder. Die Evangelikalen sind mehrheitlich rechtskonservativ, stehen der Republikanischen Partei nahe, während sich unter den «Mainline»-Protestanten auch liberale Aktivisten finden.

Dass sich unter bekennenden Christen so viele QAnon-Sympathisanten finden, liegt wohl auch daran, dass die christliche Rechte all das ablehnt, was nicht zu ihrem Weltbild passt – und das aus ihrer Sicht von Politikerinnen wie Hillary Clinton oder Barack Obama verkörpert wird. Sie verteidigt die Vormacht der weißen Bevölkerung in den USA, steht für konservative religiöse Überzeugungen wie den Schutz ungeborenen Lebens oder traditionelle Geschlechterrollen und die Ablehnung von Homosexualität, Transgender und all dessen, was Liberalität im Land ausmacht, was Menschen die Freiheit zugesteht, so zu sein, wie sie sich sehen, fühlen, verstehen.

Nach der Präsidentschaftswahl verstummt Q; seit dem 8. Dezember 2020 gibt es keine neuen Posts mehr. Die Person hinter dem Pseudonym wurde nie wirklich enttarnt, aber eine TV-Dokumentation des Senders HBO über QAnon legt nahe, dass Ron Watkins hinter den rund viertausend Posts stecken könnte, die seit 2017 mit Q signiert wurden. Watkins ist Mitte dreißig und Sohn des Eigentümers von 8kun, einer Internetplattform, auf der Q seine Botschaften zuletzt veröffentlichte. Begonnen hatte alles, wie erwähnt, auf der von Extremisten genutzten Internetplattform 4chan. Dann wanderten die Posts 2018 zu 8chan. Das Forum verschwand, nachdem ein Mann, der im texanischen El Paso bei einer Massenschießerei zweiundzwanzig Menschen ermordete, sein hasserfülltes «Manifest» dort gepostet hatte. Das Verbrechen war bewusst gegen Latinos gerichtet. Doch einige Monate später tauchte die Seite unter dem neuen Namen 8kun wieder auf. Watkins selbst leugnet bis heute, Q zu sein, er habe die Posts lediglich ermöglicht und verbreitet. Aber er vertritt Positionen der Verschwörungstheoretiker, vor allem seitdem er selbst politisch aktiv ist. Mit ihm kandidiert eine der führenden QAnon-Figuren bei den republikanischen Vorwahlen für das Repräsentantenhaus, und zwar in einem Wahlbezirk von Arizona, der gerade neu zugeschnitten wurde und jetzt als relativ sichere Bank für Republikaner gilt. Bisher war für diesen Bezirk ein Demokrat im Repräsentantenhaus.

Doch auf aktuelle Posts von Q scheint die Bewegung, die das FBI seit 2019 als terroristische Bedrohung bezeichnet, nicht mehr angewiesen zu sein. Die Verschwörungstheorie hat sich verselbstständigt, dank der weltweiten Verbreitung über das Internet. Rita Katz, Direktorin der SITE Intelligence Group, die über Terrorismus im Internet forscht, beschreibt QAnon als «ein globales gesellschaftliches Virus, das alles verbreiten kann, von Anti-Impf-Desinformation über Corona-Verschwörungstheorien bis hin zu politischen Botschaften». Diese Ausweitung der Themen scheint aber auch nötig, nachdem Trump nicht mehr als mächtige Bezugsperson im Weißen Haus sitzt. Über die Verbindung zu Impfskeptikern kann sich QAnon eine neue Anhängerschaft erschließen. In jüngster Zeit kommt noch Pro-Putin-Propaganda hinzu. In diesem Themenmix finden sich inzwischen viel mehr Menschen wieder als zu Beginn der Q-Posts 2017. Damals ging es vor allem darum, Demokraten als Kinderschänder zu stigmatisieren. Heute finden sich die überzeugten Trump-Anhänger der ersten Stunde neben gut situierten Eltern, die eine Coronaimpfung für ihre Kinder ablehnen. Die unterschiedlichen Verschwörungserzählungen verfangen quer durch die Gesellschaft. Sie sind kein Außenseiterphänomen mehr.

Das belegt auch eine Untersuchung des Public Religion Research Institute (PRRI), die im Februar 2022 veröffentlicht worden ist und alle Bundesstaaten erfasst. Demnach rechnen rund 22 Prozent aller Amerikaner damit, dass der von Q mehrfach angekündigte «Sturm» kommen werde, ein Sturm, der die Biden-Regierung hinwegfegen soll. 16 Prozent der gesamten Bevölkerung glauben, dass Regierung, Medien und die Finanzwelt von Pädophilen kontrolliert werden, die dem Satan huldigen. Das Institut weist darauf hin, dass sich die Unterstützer von QAnon überall in der Bevölkerung finden, aber den Republikanern deutlich näherstehen als den Demokraten. Dadurch gibt es große Überschneidungen mit der «Stop-the-steal»-Bewegung. Viele QAnon-Anhänger sind überzeugt, dass Trump der Wahlsieg gestohlen wurde, und sie sehen in ihm noch immer ihren Retter. Daran hat sich seit Bidens Amtsantritt nicht nur nichts geändert, die Anzahl der Menschen, die QAnon folgen, so das PRRI, ist sogar noch gestiegen: zwischen März und Oktober 2021 von 14 auf 17 Prozent. Das Institut weist darauf hin, dass die Durchschnittszahl für 2021 von 16 Prozent der Bevölkerung, die an QAnon glauben, nicht viel erscheinen möge, es handle sich dabei aber um 41 Millionen Menschen.

Das alles deckt sich mit dem Eindruck, den Pastor Kubilus in seiner kleinen Kirchengemeinde in Ohio bekommt. Im Frühjahr

2021 will der Pastor noch an das Gute glauben, daran, dass es ausreichend vernünftige Menschen gibt, die friedlich miteinander diskutieren können, ohne die andere Seite als das Böse schlechthin zu bezeichnen. Doch ein knappes Jahr später, im Januar 2022, als ich wieder mit ihm spreche und wissen will, wie es ihm ergangen ist, gesteht er ein, er habe die Hoffnung verloren, dass das Thema bald erledigt sein könnte. Nach insgesamt acht Podcast-Folgen sei er ernüchtert. Das Thema mache einen fertig. QAnon sei eine sehr dunkle Welt. Er wolle erst einmal Abstand gewinnen.

Seine offene Kritik an den Verschwörungstheorien habe nicht allen in seiner Gemeinde gefallen. Einige haben sich von ihrem Pastor abgewandt. Zugleich hätten aber auch viele unter seinen Kollegen seit Beginn der Pandemie ihr Priesteramt aufgegeben, vor allem weil es ihnen schwergefallen sei, damit zurechtzukommen, wie gespalten ihre Gemeinde sei. Jede Predigt werde inzwischen politisch interpretiert, selbst wenn sie gar nicht politisch angelegt gewesen sei. Das sei für viele Pastoren sehr belastend. Ihn selbst werde das nicht von seiner Berufung abbringen, da müsse schon mehr geschehen. Aber ich spüre während unseres langen Gesprächs, wie sehr ihm die Situation im ganzen Land zusetzt.

Kubilus ärgert, dass Menschen Religion instrumentalisieren, um ihre Ansichten zu rechtfertigen. Das habe nichts mit wiedergefundener Religiosität zu tun. Diese Menschen nutzten Religion, um ihre Sicht auf die Welt zu bestätigen. Er erzählt von einem Protest vor der Schule im Ort Uniontown. Dort sei eine bestimmte Anzahl von Coronainfektionen erreicht worden, weshalb die Kinder mit Maske in die Schule kommen mussten. Das hätte Demonstranten auf den Plan gerufen, auch einige aus seiner Kirchengemeinde seien dabei gewesen. Sie hätten die Kinder angeschrien, sie sollten ihre Masken abziehen. Die Kinder mussten durch ein Spalier wütender Erwachsener gehen. Kubilus ist immer noch anzumerken, wie sehr ihn das empört. Und dann hätten sie sich auch noch auf Gott berufen. Der Glaube sei größer als die

Furcht, hätten sie gerufen. Er habe später eine Frau darauf angesprochen, die er kenne und die mit vor der Schule gewesen sei. Sie habe versucht, den Vorfall kleinzureden, habe sich aber wohl ertappt gefühlt.

Solche Entwicklungen bereiten Derek Kubilus große Sorge, denn die Extremen scheinen im Mainstream angekommen zu sein. Er sieht keine Zukunft für sein Land. Das, was bisher nur der Irrglaube an eine krude Verschwörungstheorie gewesen sei, habe Platz gemacht für eine viel umfassendere Ablehnung all dessen, was das Land ausmache. Es tobe ein Kulturkampf, was besonders an der Hysterie um die «Critical Race Theory» deutlich werde, der es darum geht, ein kritisches Bewusstsein für Rassismus und Ungleichheit in den USA zu erzeugen. Das hat zunächst nichts mit Schulunterricht zu tun. Aber die «Critical Race Theory» wird von denen, die sie ablehnen, als politischer Schlachtruf missbraucht, zum Beispiel im Kampf um die aus ihrer Sicht ideologisch richtige Schulbildung. Eine Auseinandersetzung über verschiedene Ideen kann in den USA kaum noch offen stattfinden, ohne dass man die andere Seite diffamiert.

Überall im Land gibt es seit mehreren Jahren bereits eine ausgeklügelte Strategie, auf lokaler Ebene Menschen in Ämter zu bringen, die ein streng konservatives Weltbild vertreten. Zum Beispiel bei den Wahlen zum «School Board», einer Art Schulrat. Das sind Gremien, für die ein Wahlkampf stattfindet wie für große politische Ämter. Die Kandidaten sind meist Mitglieder einer Partei. Sie brauchen Geld, um erfolgreich zu kandidieren. Evangelikale haben solche Wahlen auf kommunaler Ebene längst als Weg entdeckt, um Einfluss auszuüben und ihre Überzeugungen politisch umzusetzen. Ralph Reed, ein bekannter und einflussreicher evangelikaler Lobbyist, hat uns während eines Drehs für einen Beitrag kurz vor der Präsidentschaftswahl 2020 gesagt: «Kandidaten kommen und gehen, Anführer auch, aber Werte, Prinzipien und ein politisches Programm, die für alle Ewigkeit gelten, bleiben bestehen.» Die Evangelikalen nutzen gekonnt republikanische Politikerinnen und Politiker, um ihre Ziele zu erreichen. Der Historiker Daniel Williams von der University of West Georgia sieht Reed als sehr erfolgreichen Strategen, der erkannt habe, dass die christliche Rechte die Politik in Washington nur verändern kann, wenn sie auf lokaler Ebene beginnt. «In wenigen Jahren konnten mit seiner Hilfe Evangelikale eine stattliche Anzahl republikanischer Wahlkreise übernehmen. Daraus speisen sich dann auch die Kandidaten für den Kongress. Und die sind seitdem nach rechts gerückt.»

Dass die größte religiöse Gruppe unter den QAnon-Anhängern ausgerechnet Evangelikale sind, überrascht Pastor Kubilus nicht. Er macht mich auf den sehr umstrittenen Prediger Greg Locke in Tennessee aufmerksam, der im Februar 2022 von Teufelsaustreibungen bei Hexen erzählt. Hexerei sei schuld an Krankheiten; er kenne die Frauen, die befallen seien. Seine Kirche, die Global Vision Bible Church, wirbt damit, dass sie gebrochenen Menschen eine neue Bedeutung für ihr Leben gebe. Er predigt von der gestohlenen Wahl, hetzt gegen Coronamasken und Impfungen, verbrennt Bücher wie die «Harry Potter»-Romane. Besonders extrem? Ja. Verrückt? Nicht für seine Anhänger, die an das glauben, was er sagt, die ihm viel Geld spenden und so seine Reichweite erhöhen.

Für Kubilus, wie für viele andere Amerikaner auch, steht es außer Frage, dass es in der Gesellschaft noch immer Rassismus gibt, doch er zeige sich nicht mehr so unverhohlen wie früher, als Schwarze noch offen mit dem N-Wort beschimpft wurden. Aber jene, die an der weißen, heterosexuellen Herrschaft festhalten, fühlen sich bedroht. Der Glaube an Verschwörungstheorien habe die tiefer liegenden rassistischen Gefühle und kulturellen Differenzen an die Oberfläche gespült. Vieles, was jetzt wieder hoffähig geworden zu sein scheint, war wohl nur verdeckt.

Das erkennt man auch daran, dass republikanische Politiker in Washington mehr oder weniger offen mit Aspekten der QAnon-Verschwörungstheorie spielen. Als die von Biden nominierte

Kandidatin für den Supreme Court, Ketanji Brown Jackson, im März 2022 im Justizausschuss des Senats befragt wird, wirft Josh Hawley, ein republikanischer Senator aus Missouri, der Richterin vor, zu viel Verständnis für Verbrecher zu haben, die wegen Kinderpornografie und Kindesmissbrauch vor Gericht stehen. Oberflächlich gesehen, geht es ihm darum zu belegen, dass sie zu niedrige Strafen verhängt hat. Dafür greifen er und andere Republikaner sich die wenigen Fälle heraus, in denen Jackson unter dem gesetzlich vorgeschriebenen Strafmaß geblieben ist, um die Juristin zu diskreditieren. Dabei hat Jackson auch immer wieder sehr viel strengere Urteile gefällt und war auf einer Linie mit Richtern im ganzen Land, wenn es um Strafen für Pädophilie und Kinderpornografie ging. In Hawleys Fragen schwingt jedoch mehr mit als nur der Vorwurf, zu sanft gegenüber Verbrechern zu sein. Er spielt mit der Überzeugung der QAnon-Anhänger, dass linke Politiker von Kinderhändlern gesteuert werden. Jackson gefährde «unsere Kinder», schreibt er auf Twitter bereits vor der Anhörung.

Dass dies vom rechten Lager genau so verstanden wird, zeigt sich auf einschlägigen Seiten im Internet. Senator Hawley weist das alles von sich, aber er weiß, dass er bei einem großen Teil der republikanischen, Trump nach wie vor nahestehenden Wählerschaft Punkte gesammelt hat, auf Kosten einer afroamerikanischen Richterin. Ketanji Brown Jackson muss sich in den Tagen während ihrer Anhörung mehrfach verbrämte Kommentare über ihre Hautfarbe gefallen lassen. Der republikanische Senator Ted Cruz will von ihr wissen, ob sie zustimme, dass Babys rassistisch seien. Er legt nahe, dass sie allein aufgrund ihrer Hautfarbe mit solchen Ansichten sympathisieren müsse. Im Fernsehsender Fox News fordert Moderator Tucker Carlson, sie solle ihre Abschlussnoten offenlegen. Er insinuiert damit, dass eine schwarze Studentin wie sie an der Eliteuniversität Harvard doch gar nicht so erfolgreich gewesen sein könne, schon gar nicht ohne Hilfe von speziellen Förderprogrammen für Schwarze. Die Vorhaltungen erinnern daran, wie Trump von Obama forderte, dass er seine Geburtsurkunde präsentieren müsse, als ob ein Schwarzer mit einem kenianischen Vater nicht rechtmäßig in den USA geboren sein könne. Rund um Obamas Geburtsurkunde kursieren bis heute Verschwörungstheorien.

Das Gefährliche beim Spiel mit dem Verschwörungsfeuer ist, dass Politiker von diesen Ideen vielleicht nicht überzeugt sein mögen, aber jene, die ihnen zuhören, ihnen vertrauen. Das können Menschen wie der Mann aus North Carolina sein, der mit einer geladenen Waffe eine Pizzeria stürmen wollte. Oder solche, die sich von Predigern überzeugen lassen, dass es Hexen und Dämonen gibt, von denen Gefahr ausgeht, die zum Sündenbock gemacht werden sollen für all das, was dieser Prediger und seine Anhänger ablehnen.

Die spalterische Politisierung seiner Welt verleidet Pastor Kubilus inzwischen sogar seine private Leidenschaft. Um abzuschalten, liest er am liebsten Fantasyromane. «Ich will dann nichts über die Gefühle echter Menschen lesen. Ich suche nach Zauberformeln in einer magischen Welt, die nur zwischen den Buchdeckeln existiert», schwärmt der Geistliche. Die neueren Bücher dieses Genres hätten oft weibliche Helden. Er genieße das, aber wenn er nach der Lektüre im Internet schaue, wie über ein Buch diskutiert werde, dann sei das zum Verzweifeln. Dort klagen Leser, sie könnten sich nicht mit weiblichen Protagonisten identifizieren, die Fantasywelt sei voll und ganz «woke» geworden, heiße es. Gemeint ist das als Vorwurf eines rechten Leserspektrums. Nicht einmal Fantasyromane seien vor politischer Korrektheit sicher, die Linke beeinflusse sogar die Gestaltung von Fantasiefiguren. «Woke» wird von den empörten Lesern gezielt als Schimpfwort benutzt, gegen all jene, die die «gute, alte Welt» hinter sich lassen wollen. Diese Ansicht wird von Menschen vertreten, die denken, dass sich die amerikanische Kultur seit den fünfziger Jahren permanent verschlechtert hat, die vorgeben, sich in ihrem Land fremd zu fühlen – ein Trend in dem immer heftiger tobenden Kulturkampf zwischen rechts und links, auf den ich noch verschiedentlich zurückkommen werde. Kubilus ärgert das. Nicht einmal Romane, reine Fantasieprodukte, seien noch davor gefeit, in die politische Spaltung des Landes hineingezogen zu werden.

Die Diskussion über einen Fantasyroman in einem Leserforum ist ein zugegebenermaßen harmloses Beispiel für den Kulturkampf in den USA im Vergleich zu der Diskussion darüber, welche Bücher in Schulbibliotheken stehen oder im Unterricht benutzt werden dürfen. Meist geht es in den verbannten Büchern um Themen wie Antisemitismus, Rassismus, Sexismus oder LGBTQ-Rechte. Solche Entscheidungen werden damit gerechtfertigt, dass Eltern die Freiheit haben müssten mitzubestimmen, was ihre Kinder lernen. Was aber ist mit der Freiheit dieser Kinder, vor allem wenn sie bereits Jugendliche sind, andere Ansichten als die ihrer Eltern kennenzulernen?

Es ist ein besorgniserregender Trend in den USA, aber kein neuer, denn schon immer wurde versucht, Bücher mit unliebsamem Inhalt aus dem Bewusstsein zu verdrängen. Doch wurde von dieser Praxis zuletzt immer stärker Gebrauch gemacht. Pen America, der Verband amerikanischer Schriftstellerinnen und Schriftsteller, hat von Juli 2021 bis Ende März 2022 Daten zusammengetragen, wo welche Buchtitel aus den Regalen in Schulbüchereien und anderen Bibliotheken und von Lehrplänen verschwanden und wo die Untersuchung noch andauert. In den neun Monaten landeten 1145 Bücher auf dem Index. 86 Schulbezirke in 26 Bundesstaaten und zwei Millionen Schüler sind betroffen. Ganz vorne liegt Texas mit 713 dokumentierten Fällen, gefolgt von Pennsylvania mit 456. In Florida sind es 204 Fälle. Sogar Nobelpreisträgerin Toni Morrison steht auf dem Index, mit drei Titeln. Pen America fürchtet eine hohe Dunkelziffer. In den Büchern geht es oft um Identitätsfragen, die Suche nach sich selbst. Die Sprache ist manch konservativen Eltern zu deutlich, zu vulgär, zu gewalttätig. Im amerikanischen Schulsystem gibt es Richtlinien, was zu tun ist, wenn Eltern oder auch Lehrer Bedenken gegenüber Büchern haben, aber bei 98 Prozent der Fälle, um die es jetzt geht, so die erschreckende Erkenntnis von Pen America, haben die zuständigen Gremien die bisher geltenden Richtlinien über Bord geworfen, um Bücher aus dem Lehrplan und aus Büchereien verbannen zu können.

Die von wenigen erzwungene Diskussion über Bücher, die für Schülerinnen und Schüler schädlich seien, wurde in vielen Fällen genutzt, um daraus politisches Kapital zu schlagen. Besonders auffällig war das während der Wahl in Virginia im November 2021, die am Ende die Republikaner deutlich gewannen, und zwar unter anderem wegen der Frage, wie Themen unterrichtet werden sollen, die die Bevölkerung spalten. Etwa die bereits erwähnte «Critical Race Theory», die gar nicht auf dem Lehrplan der Schulen stand, um die es ging, aber das spielte keine Rolle. Die Empörung traditionell konservativer Eltern war groß, nachdem der demokratische Kandidat sich den Fehler leistete zuzugeben, dass er nicht denke, Eltern sollten Schulen sagen, was sie unterrichten sollten. Dabei sind 71 Prozent der Wähler, wie eine Umfrage der American Library Association ergab, gegen Versuche, Bücher aus öffentlichen Büchereien zu entfernen. Und 67 Prozent lehnen es ab, dass bestimmte Bücher aus der Schulbibliothek verschwinden. Doch das Thema polarisiert und eignet sich, bestimmte Wählergruppen zu mobilisieren.

Ein besonders absurdes und zugleich sehr amerikanisches Beispiel ist das Schicksal von Art Spiegelmans Holocaust-Comic «Maus» in einem Schulbezirk von Tennessee. Der zuständige Schulrat strich Anfang 2022 das Buch vom Lehrplan für dreizehn- bis vierzehnjährige Kinder. Der Grund: die direkte, brutale Sprache und die Darstellung einer nackten Frau. Ein Mitglied des Schulrats sagte laut Sitzungsprotokoll, das Buch zeige, wie Leute aufgehängt und wie Kinder getötet werden. Warum verbreite das Bildungssystem solche Inhalte? Das sei weder klug noch gesund. Eine Frau entgegnete, der Holocaust sei so gewesen, aber das stimmte die, die sich von Schimpfwörtern in dem Buch gestört fühlten, nicht um. Es gehe ihnen nicht darum, die Vernichtung der jüdischen Bevölkerung als Unterrichtsthema zu verbieten. Aber das müsse doch auch anders gehen.

Die von diesen gewählten Schulräten ausgeübte Zensur führt vor Augen, wie sich in vielen Ecken der USA nach und nach reaktionäre Haltungen durchsetzen. Nicht überall machen Entscheidungen Schlagzeilen im ganzen Land, aber an etlichen Orten setzen sich zurzeit Menschen durch, die Vielfalt beschränken, die enge moralische Standards setzen, die Zensur üben. Spiegelman, dessen Comic nicht nur von dieser einen Schulbehörde in Tennessee vom Lehrplan gestrichen wurde, sondern auch früher schon in anderen Teilen des Landes, sieht darin eine gefährliche Tendenz. Der Zeitung «The Tennessean» sagte der Autor, der Kulturkampf sei außer Kontrolle geraten. Im Fernsehsender CNN kritisierte er, die Entscheidung in Tennessee sei ein Vorbote von Autokratie und Faschismus.

Pastor Kubilus teilt diese Sorge. Er weiß nicht, wie diese Entwicklung noch aufzuhalten ist. Er fürchtet, dass die USA in die Fänge einer neofaschistischen Bewegung geraten könnten. Schließlich habe es in seiner Heimat immer faschistische Tendenzen gegeben, unter den Konföderierten, unter denen, die bis heute deren Flagge hissen, als ein klares Signal weißer Vorherrschaft, im Ku-Klux-Klan, der auch heute noch Anhänger habe.

Politiker, die das Nationalkonservative betonen, grenzen sich nicht ausreichend von rechtspopulistischen Tendenzen ab. Sie unterstützen so Menschen, die Gewalt zunehmend als zulässiges Mittel sehen, legitimieren gar ihr Vorgehen. Der bereits erwähnte Senator Josh Hawley aus Missouri hat sich mit einer Geste aus seinem Hinterbänklerdasein herauskatapultiert. Am 6. Januar 2021, beim Sturm aufs Kapitol, sieht man ihn, wie er Trump-Anhängern die geballte Faust entgegenreckt. Diese fühlen sich ermutigt. Hawley demonstriert damit, dass er auf ihrer Seite ist.

Heute macht er mit dieser Geste Wahlkampf, hat sie auf Tassen, T-Shirts und Kühler für Getränkebüchsen in vielen verschiedenen Farben drucken lassen. Die Tasse gibt es für 20 Dollar, das T-Shirt mit dem Slogan «Show-Me Strong!» für 25. Distanzierung von der Gewalt am 6. Januar sieht anders aus.

Die zitierte Umfrage des Public Religion Research Institute kommt zu einem erschreckenden Ergebnis: 27 Prozent der christlichen Nationalisten, die glauben, Gott schreibe Amerika eine besondere Rolle in der menschlichen Geschichte zu, sind überzeugt, dass Gewalt notwendig ist. Ebenso wie 29 Prozent derer, die angeben, sich in ihrem Land fremd zu fühlen, und 23 Prozent von denen, die sagen, dass sich die amerikanische Kultur seit den fünfziger Jahren nur noch zum Schlechteren entwickelt habe.

Auf Trump-Rallys kommen bis heute Menschen zusammen, auf die all das zutrifft. Das «Q» auf T-Shirts blitzt noch immer in der Masse auf. Vor der Präsidentschaftswahl im Sommer 2020 war ich in Michigan unterwegs, wo wir einen Beitrag mit dem Eigentümer der «Trump Unity Bridge» gefilmt haben, Rob Cortis. Die «Einheitsbrücke» ist ein fahrbarer Anhänger, geschmückt mit vielen Trump-Insignien, mit dem Cortis Wahlkampf für den damaligen Präsidenten macht. Außerdem betreibt Cortis ein Geschäft mit Trump-Fanartikeln. Die rote Mütze, Trump-Socken, Stifte, die auf Knopfdruck politische Slogans abspielen, und vieles mehr, vor allem T-Shirts. Robs Mitarbeiterin trägt jedoch ein Modell, das Rob Cortis nicht führt, mit dem Buchstaben Q groß auf der Vorderseite. Sie macht klar, was QAnon für sie bedeutet: «Geben Sie mir eine Waffe. Wir sind bereits versklavt. Wir müssen da raus. Deshalb trage ich das Q.» Und mit großer Gewissheit und voller Stolz sagt sie uns, Trump könne die Wiederwahl gar nicht verlieren. Er müsse gewinnen. Rob Cortis scheint mir damals noch zurückhaltend. Zu einer Waffe würde er nicht greifen, nur weil Trump die Wahl verliere. Er wolle lieber auf eine politische Alternative setzen.

Monate später, am 6. Januar 2021, ist Rob Cortis in Washington. Er will Trump reden hören, denn auch er glaubt inzwischen daran, dass seinem Präsidenten die Wahl gestohlen wurde. «Stop the Steal» fordert er gemeinsam mit Tausenden, die extra in die Hauptstadt gereist sind. Bis zum Kapitol sei er an dem Tag nicht gekommen, erzählt er einem Fernsehsender. Er sei entsetzt über die Gewalt. Aber er bleibe dabei, die Wahl sei nicht rechtmäßig gewesen. Bis heute verkauft er Trump-Artikel, mehr als hundert verschiedene. Und das Geschäft läuft.

Die Terrorismusexpertin Elizabeth Neumann sieht in den Entwicklungen der letzten Jahre eine große Gefahr und untermauert damit das, was Pastor Kubilus fürchtet. QAnon-Anhänger seien lange als Sesselextremisten wahrgenommen worden, aber rund zwanzig Prozent der amerikanischen Bevölkerung, die Verschwörungstheorien Glauben schenken, wie es die Umfrage des PRRI belegt, sind eine beängstigende Größe. Der 6. Januar habe deutlich gemacht, erklärt mir Neumann, wie gewaltbereit viele Anhänger der Verschwörungstheorie QAnon seien. Zugleich folgten sie ihrem Idol Donald Trump blind. «Sie versuchten, einer Sache Sinn zu geben, die keinen Sinn machte. Gruppen weißer Rechtsextremer versuchen, niedergeschlagene QAnon-Leute für sich zu gewinnen. Es gibt inzwischen eine größere Verbindung zwischen QAnon und gewalttätigen extremistischen Gruppen als noch vor sechs Monaten.» Die einzige Chance, der Gefahr entgegenzuwirken, sieht Neumann bei den Trump-Anhängern selbst: «Wir brauchen glaubwürdige Stimmen unter ihnen. Sie müssen sagen, dass die Wahl nicht gestohlen wurde, damit die Zahl derer kleiner wird, die gewalttätig werden könnten.»

Doch bis jetzt – im zweiten Jahr nach Trumps Abwahl – gibt es unter seinen Anhängern diese Stimmen nicht. Und auch kaum unter den gewählten Politikern der Republikanischen Partei im Kongress. Die Lüge vom Wahlbetrug ist salonfähig geworden. Die bereits genannte Politikerin Marjorie Taylor Greene aus Georgia, die eine inhaltliche Nähe zu QAnon aufweist und für ihre rassistischen Äußerungen ihre Ausschusssitze im Repräsentantenhaus verloren hat, ist längst keine Außenseiterin mehr. Kandidaten, die bei der Kongresswahl im November antreten, sonnen sich in ihrer Nähe, laden sie zu ihren Veranstaltungen ein. Die Führung der Republikaner kritisiert sie kaum noch offen. Greene hat den Segen Donald Trumps. Und das ist entscheidend, wenn man zur Wahl antritt.

Gegenwind bekommt Marjorie Taylor Greene von einer kleinen Wählergruppe in Georgia, die von der Organisation «Free Speech for People» unterstützt wird. In ihr engagieren sich Menschen seit 2010 gegen Korruption in Regierungsämtern, gegen den Einfluss von großen Geldgebern auf Politik und für faire Wahlen. Die Organisation hat im April 2022 beim Gericht einen Antrag eingereicht, Greene als Kandidatin für einen Abgeordnetensitz auf Bundesebene zu disqualifizieren, weil sie einen friedlichen Machtwechsel gestört habe, indem sie in den Aufstand am 6. Januar involviert gewesen sei. In Georgia haben Wähler das Recht, die Qualifikation einer Kandidatin oder eines Kandidaten anzufechten. Eine Bundesrichterin hat dem Antrag stattgegeben und den Einspruch von Greene abgelehnt. Die muss sich daraufhin drei Stunden lang öffentlich befragen lassen, zu ihrer Rolle rund um den Sturm auf das Kapitol. Die umstrittene Politikerin lässt keinen Zweifel daran, dass sie das Ganze als Intrige wertet: «Ich kann nicht glauben, dass ich dazu gezwungen werde und die Richterin es nicht als das gesehen hat, was es ist, ein großer Betrug der Demokraten, die versuchen, unsere Wahlen zu kontrollieren.» Einige Tage später, Anfang Mai, entscheidet das Gericht zugunsten von Greene. Die Wähler, die die Klage eingebracht haben, hätten nicht ausreichend Beweise vorgelegt, dass die Politikerin an dem Aufstand beteiligt gewesen sei. Ihre Anhänger bestärkt das alles nur in ihrem Glauben an eine Verschwörung gegen ihre Kandidatin. Deren Gegner hoffen, ein Bewusstsein für Greenes antidemokratisches Gebaren zu schaffen.

Dass die Republikanische Partei sich nicht von den extremistischen Tendenzen in ihren eigenen Reihen distanziert, beunruhigt Elizabeth Neumann, die unter Trump eine Zeit lang im Heimatschutzministerium gearbeitet hat. «70 bis 75 Prozent seiner Wähler meinen, dass Trump der Wahlsieg gestohlen wurde. Das sind rund 50 Millionen Menschen in unserem Land, die glauben, dass unsere Regierung nicht rechtmäßig ist. Das sind sehr viele. Nur ein kleiner Teil davon wird sich radikalisieren und ein noch kleinerer Teil zu Gewalt greifen. Aber ein kleiner Prozentsatz von 50 Millionen Menschen ist immer noch sehr viel. Und es sind mehr, als unsere Sicherheitskräfte in den Griff bekommen können.»

Der Regierung unter Joe Biden ist es bisher nicht gelungen, QAnon bedeutungslos werden zu lassen. Zu den Verschwörungserzählungen gehört nicht zuletzt, dass der Präsident nicht viel mehr als eine Marionette ist, die von den Linken in der Demokratischen Partei gesteuert wird. Jene, die davon überzeugt sind, hoffen, dass dem bald ein Ende gemacht wird. Vielleicht glauben auch deshalb vor allem Republikaner, dass schon bald ein «Sturm» die Machtelite wegfegen und den rechtmäßigen Anführer wiedereinsetzen wird.

«Wir müssen eine Kultur zurückweisen, in der Tatsachen manipuliert und sogar fabriziert werden», erklärt Biden in seiner ersten Rede als vereidigter Präsident. «Die Antwort ist nicht, sich nach innen zu wenden, sich im Kreise Gleichgesinnter zurückzuziehen, all denen zu misstrauen, die anders aussehen, anders beten, ihre Nachrichten aus anderen Quellen beziehen als man selbst. Wir können das schaffen, wenn wir unsere Seelen öffnen, statt unsere Herzen zu verhärten.» Die Bitten, schon fast flehentlich, ähnlich denen eines Predigers, verhallen ungehört. Ihm wird nicht einmal abgenommen, dass er es ernst meint. Ein Gefühl, das Pastor Kubilus kennt.

Einmal im Jahr versammelt sich Kubilus' Kirche, um über Glaubensfragen zu diskutieren. Für das Treffen 2021 hat er eine Resolution vorbereitet, die «QAnon verurteilen und sich an die Seite der Opfer der Verschwörungstheorie stellen sollte». Kubilus will, dass seine Kirche die Gefahren von QAnon offen benennt und einräumt, dass die abhängig machende Ideologie die Kirchen infiltriert habe, Beziehungen und Familien zerstöre. QAnon bedrohe den Frieden in der Gesellschaft. Die Resolution scheitert knapp. 62 Prozent stimmen ihr zu, etwas weniger als die erforderliche Zweidrittelmehrheit. Kubilus, der seit zwölf Jahren als Pastor im Einsatz ist, sagt, er habe nicht damit gerechnet, dass sein Papier durchkomme, aber danach seien andere Mitglieder zu ihm gekommen, enttäuscht über das Ergebnis. Man habe doch nur mehr Bewusstsein für das Thema schaffen wollen.

Im Sommer 2022 zieht Pastor Kubilus in eine neue Gemeinde in Ohio. Ein regulärer Wechsel. Alle drei bis fünf Jahre werden die Pastoren der United Methodist Church innerhalb ihres Heimatstaates versetzt. Als wir im Januar miteinander sprechen, ist er sich unsicher, ob er den letzten Teil seines Podcast «Cross over Q» noch veröffentlichen wird. So wichtig ihm das Thema ist, so sehr ihn die Zukunft seines Landes beunruhigt, so sehr will er doch auch Abstand gewinnen. Er schreibt mir folgende Zeilen: «QAnon verändert und entwickelt sich ständig weiter. Hier in den USA wie anderswo. Mir macht Sorgen, dass die wirklich Radikalisierten die Verschwörungstheorien hinter sich lassen und sich um einen ultrarechten Nationalismus versammeln, der sich zum Faschismus entwickelt, obwohl sie diesen Begriff wohl nie benutzen würden und wohl auch nicht wissen, was er bedeutet. Es bricht mir das Herz zu sehen, was mit der Kultur und Gesellschaft geschieht, in der ich groß geworden bin. Ich mache mir große Sorgen um unsere Zukunft.»

Doch dann, am 2. März 2022, am Aschermittwoch, geht die neunte Folge seines Podcasts online. Nach einer siebenmonatigen Pause. Er will all denen, die unter QAnon leiden, Hoffnung machen. Was die Q-Welt zusammenhalte, seien Wut und Paranoia, die in den sozialen Medien ausgelebt werden. Ein Post, noch ein Post, und immer weiter. Die Menschen glaubten, ein Ventil für ihren Hass zu finden, doch stattdessen würden sie sich immer tiefer in ihrer Welt unter Gleichgesinnten eingraben. Ein Phänomen, das er übrigens auf beiden Seiten des politischen Spektrums ausmache. Die Wut verursache einen solchen Druck, dass immer die Gefahr da sei, dass der Mensch explodiere. Trump habe sich das zunutze gemacht, immer mehr Wut geschürt. QAnon funktioniere genauso. Für Kubilus macht das Faschismus aus. Unterdrückte Wut, die von bestimmten Leuten bewusst für ihre politischen Zwecke instrumentalisiert werde.

In seiner letzten Podcast-Folge zu QAnon fordert er seine Zuhörerinnen und Zuhörer auf, ernst zu nehmen, worunter andere leiden, ihnen nicht immer die schnelle Lösung zu versprechen – ob es der verlorene Arbeitsplatz sei, die finanzielle Not, Krankheit und Tod oder das Zerbröseln kultureller Gewissheiten, des Privilegs von Weißen, für die sich Gleichheit wie Unterdrückung anfühle, nicht weil es tatsächlich so sei, sondern weil früher das «Weiß-Sein» ein Privileg gewesen sei, das es so nicht mehr gebe. Man müsse aufhören, die Menschen dafür zu verurteilen, dass sie diese Gefühle hätten, und stattdessen einen Weg finden, wie man dem begegnen könne, ohne dass Verschwörungstheorien davon weiter profitieren. Kubilus' Antwort ist überraschend: Die Menschen müssten lernen, den Blues zu singen, bevor sie sich wieder als Sieger fühlen können. Der Blues mache den Menschen keine falsche Hoffnung, er nehme ihr Leiden ernst. Erst dann könne wieder echte Hoffnung keimen. Derek Kubilus ist Pastor. Daran gibt es keinen Zweifel. Und er will nicht aufgeben, auch wenn ihn sein Engagement gegen den Verschwörungsirrsinn ausgelaugt hat.

QAnon hat sich vom Rand der Gesellschaft in die Mitte vorgearbeitet. Möglich wurde das, weil sich anerkannte republikanische Politiker nicht länger ausreichend distanzieren, da sie QAnon-Anhänger nur dann für sich als Wähler gewinnen können, wenn sie ihnen bis zu einem gewissen Punkt nach dem Mund reden. Es gibt bereits zu viele Sympathisanten in den Parlamenten und anderen gewählten Gremien, auf verschiedenen Ebenen. Die nächste Stufe ist erreicht, wenn sich Menschen strategisch um Ämter bemühen, die den verschiedenen Verschwörungsideen anhängen, sie auch verbreiten wollen, ohne aber QAnon zu erwähnen, weil sie wissen, dass das für eine breitere Unterstützung eher abschreckend wirken könnte. Über lokale Ämter können sie dann Einfluss ausüben, zum Beispiel als Schulräte – eine schleichende Infiltration, die nicht nur Pastor Kubilus beunruhigt und die bei kommenden Wahlen eine große Rolle spielen wird. Man muss sich genau anschauen, wer wo kandidiert, und zwar auf allen Ebenen, nicht nur auf der «großen» politischen Bühne. Genau aus diesem Grund setzen sich – wie im Kapitel zum Wahlrecht gesehen – Aktivistinnen wie Crystal Mason aus Texas dafür ein, dass Menschen an allen Wahlen teilnehmen, auch für Ämter, die sie auf den ersten Blick für nicht so wichtig halten.

Wenn es rechten bis hin zu rechtsextremen Kräften – von den Evangelikalen über QAnon-Anhänger bis hin zur regulären Republikanischen Partei – gelingt, überall präsent zu sein, wo entschieden wird, über Geld für Schulen bis zur Besetzung im Obersten Gericht, dann kann das zu einem Rechtsruck führen, ohne dass die Mehrheit der amerikanischen Bevölkerung diesen unterstützt.

Die «Ursünde» der Vereinigten Staaten – Rassismus

Schwarzes Leben in Amerika

> «Wirkliche Gerechtigkeit wird es in Amerika erst geben, wenn schwarze Männer und Frauen keine Angst mehr haben müssen, nur wegen ihrer Hautfarbe von der Polizei getötet zu werden.»

Ben Crump, Bürgerrechtsanwalt

Es ist im Wahljahr 2020, in den Anfängen der Pandemie, als ich den amerikanischen Unabhängigkeitstag in Milwaukee verbringe und mit meinem Team bei Pastor Greg Lewis im Garten sitze. Er steht stundenlang in der Sonne am Grill, hat uns eingeladen, damit wir seine berühmten Ribs kosten können. Es ist ein perfekter 4. Juli, ein wunderschöner Sommertag. Lewis' Familie will zusammenkommen, trotz Corona. Doch anders als die meisten amerikanischen Familien am Unabhängigkeitstag dekoriert hier niemand das Haus in patriotischen Farben. «Der 4. Juli ist einfach ein Tag, an dem wir nicht arbeiten. Der Unabhängigkeitstag ist für uns kein Grund zum Feiern.» Mit «uns» meint der Pastor die schwarze Bevölkerung. Und er sagt bewusst «schwarz» und nicht «afroamerikanisch». Er will nicht die Herkunft seiner Vorfahren betonen. Er ist und fühlt sich als Amerikaner mit einer anderen Hautfarbe als jene, die das Leben in den USA mehrheitlich bestimmen. «Wir Schwarzen sind nicht wirklich unabhängig. Wir werden nicht so beachtet wie andere Menschen, bekommen auch nicht die gleiche Hilfe», erklärt er.

Mit der Wahl Donald Trumps hat sich diese Erfahrung noch einmal verstärkt. Dessen Slogan «Make America Great Again» empört den wortgewaltigen Prediger, vor allem an diesem wichtigen amerikanischen Feiertag. «Wenn Trump davon spricht, Amerika wieder groß zu machen – wann war es denn großartig? Als wir Sklaven waren? Unter der Rassentrennung? Als wir nach Einbruch der Dunkelheit nicht in die Stadt durften? Wann war dieses Land großartig?»

Für Greg Lewis eine rhetorische Frage. Er ist überzeugt, dass die USA für die Mehrheit der Schwarzen noch nie «großartig» waren. Der Mann, der inzwischen Pastor in einer Baptistengemeinde ist, hat früher alles versucht, um dazuzugehören, um teilzuhaben am Erfolgsmodell, am Ideal vom amerikanischen Traum. Er studiert Wirtschaftswissenschaften, berät Menschen, wenn sie Versicherungen abschließen wollen, nach Geldanlagen oder Immobilienkrediten suchen. Er ist erfolgreich und stößt doch immer wieder an Grenzen: Ein Experte mit seiner Hautfarbe wird von vielen Kunden kritischer beäugt als seine weißen Kollegen. Ob es ausschlaggebend ist, dass selbst seine Mutter ihn fragt, ob er das denn wirklich könne, als sie einmal Hilfe braucht, kann er rückblickend nicht mehr sagen. Aber irgendwann hat er genug davon, immer beweisen zu müssen, dass er gut ist, trotz seiner Hautfarbe. Lewis krempelt sein ganzes Leben um, wird Pastor und Aktivist für die Rechte seiner «schwarzen Gemeinde». Auf Englisch sagt er «black community», einer der Begriffe, die nur ungenau übersetzt werden können, denn mit «community» meint Lewis nicht nur die örtliche Gemeinde oder gar die Kirchengemeinde. Der Begriff beinhaltet viel mehr, auch die Gemeinschaft mit Gleichgesinnten, die Ähnliches erlebt und erlitten haben.

Greg Lewis bringt auf den Punkt, was ich immer wieder bei Drehs mit schwarzen Protagonisten erlebt habe: das Gefühl, nie ganz akzeptiert zu sein, immer besser sein zu müssen, die Last der Geschichte im Nacken, für die man sich oft auch noch rechtfertigen muss. Zum Essen betet Lewis: «Herr, segne uns mit deiner Kraft, um diese Zeiten zu überstehen und irgendwann diese verheerenden vierhundert Jahre hinter uns zu lassen.» Er meint die vierhundert Jahre seit Beginn der Sklaverei, als 1619 die ersten Sklaven nach Virginia gebracht wurden. Die Jahreszahl wurde zu einem wichtigen Symbol für schwarze Identität. Die «New York

Times» startete 2019 die Initiative «The 1619 Project», die in verschiedenen Formaten die Sklaverei und ihre Folgen bis heute in allen möglichen Lebensbereichen thematisiert. Die Essays des Projekts – ehrliche Texte, inzwischen in Buchform veröffentlicht – werden von Liberalen gepriesen und von vielen Konservativen als provozierend und falsch bezeichnet. Und so wird auch «The 1619 Project» im Kulturkampf um die richtige Deutung von Geschichte zerrissen. Für Lewis sind diese Zeiten ein klarer Beweis für die anhaltende Ungerechtigkeit zwischen Schwarzen und Weißen. Zeiten, die nicht zuletzt geprägt sind von einer unverhältnismäßig brutalen Polizeigewalt gegenüber Schwarzen, vor allem schwarzen Männern.

Am 25. Mai – nur wenige Wochen bevor ich den Pastor kennenlerne – stirbt der Schwarze George Floyd in Minneapolis, Minnesota, unter dem Knie des weißen Polizisten Derek Chauvin, nach einem acht Minuten und sechsundvierzig Sekunden währenden Todeskampf. Drei weitere Polizisten sehen zu, schreiten nicht ein. Floyds flehender Ruf «I can't breathe», «Ich kann nicht atmen», dokumentiert von Mobiltelefonen, erinnert viele an den Tod von Eric Garner, im Juli 2014 auf Staten Island. Polizisten hatten den asthmakranken Schwarzen von hinten in einen Würgegriff genommen, obwohl das bei der New Yorker Polizei schon seit Jahren verboten war. Auf Videos hört man Garner deutlich rufen: «Ich kann nicht atmen!» Selbst als er das Bewusstsein verlor, versuchte keiner der Polizisten, ihm zu helfen. Sie hatten den Mann im Verdacht, einzelne, nicht versteuerte Zigaretten zu verkaufen. Es gab keine Anklage gegen die beteiligten Polizisten. Sechs Jahre später verdächtigt ein Angestellter in einem Geschäft in Minneapolis George Floyd, mit einem falschen Zwanzig-Dollar-Schein bezahlt zu haben, und ruft die Polizei.

Floyds gewaltsamer Tod lässt viele Gräben in der amerikanischen Gesellschaft neu aufbrechen. Es geht um mehr als die unverhältnismäßige Polizeigewalt gegenüber Schwarzen, es geht um den nach wie vor herrschenden Rassismus im Land. Und der wird nicht allein dadurch beendet, dass der verantwortliche Polizist, anders als im Fall Eric Garner, angeklagt und ein gutes Jahr später wegen Mordes zu lebenslanger Haft verurteilt wird.

Es gibt unzählige Beispiele, in denen unbewaffnete Schwarze durch Polizeigewalt starben. Häufig kam es danach zu gewaltsamen Demonstrationen. Doch dieses Mal ist vieles anders. Die quälende Dokumentation auf Video, die angespannte Atmosphäre nach den Jahren der Trump-Regierung, die die Gesellschaft weiter gespalten haben, führen dazu, dass das ganze Land monatelang von Unruhen erschüttert wird. Es kommt zu Plünderungen, Häuser gehen in Flammen auf. Zwei Seiten stehen sich gegenüber: die Black-Lives-Matter-Bewegung und die Anhänger von Donald Trump, bewaffnete Milizen, die sich der Unterstützung des Präsidenten sicher sein können. Die Polizei, die den Auftrag hat, die Unruhen in den Griff zu bekommen, gerät immer wieder zwischen die Fronten. Von vielen in der Black-Lives-Matter-Bewegung wird sie als eine Ursache der Gewalt gesehen, manche fordern gar, die Polizei abzuschaffen oder ihr zumindest finanzielle Mittel zu entziehen. Die Trump-Regierung dagegen macht die Aktivisten für alles verantwortlich.

Als in Kenosha, Wisconsin, Ende August 2020 ein Polizist einen Schwarzen in den Rücken schießt, der seitdem gelähmt ist, verschärft sich der Konflikt weiter. Bei einem Protestmarsch in dem Ort erschießt ein Siebzehnjähriger, der sich als Ordnungshüter inszeniert und mit einem Gewehr durch die Straßen läuft, zwei junge Männer und verletzt einen dritten schwer. Kyle Rittenhouse wird vor Gericht gestellt und freigesprochen. Er habe aus Notwehr gehandelt, argumentiert der Angeklagte, denn in Wisconsin darf man tödliche Gewalt anwenden, um einen angedrohten Tod oder schwere Körperverletzung zu verhindern. Die Jury gibt ihm Recht. Selbst dass er als Siebzehnjähriger noch nicht berechtigt war, eine Waffe zu tragen, führt zu keiner Strafe. Heute ist Rittenhouse in der rechten Szene eine Art Star. Er wurde von

Trump empfangen, durfte sich auf dem Sender Fox News ausbreiten und wurde auf Veranstaltungen wie ein Rockstar gefeiert, zumindest in der ersten Zeit nach seinem Freispruch. Sein Sprecher ließ im Januar 2022 wissen, dass der inzwischen Neunzehnjährige darüber nachdenke, ein Buch zu schreiben, über seine «unorthodoxe Reise ins Erwachsenenalter». Rittenhouse selbst sagt, der Prozess gegen ihn sei ein Beleg dafür, wie die Linke die Menschen ihres Rechts berauben wolle, Waffen zu tragen.

Ebenfalls in dieser unruhigen Zeit im Sommer 2020 wird in Portland, Oregon, ein Mann aus dem rechten Lager von einem linken Aktivisten erschossen. Dieser stirbt später durch einen Schuss der Polizei. Überall im Land werden Innenstädte verwüstet, Geschäfte verbarrikadiert, wochenlang. Allein zwischen dem 26. Mai und dem 8. Juni kam es laut Versicherungsunternehmen zu Schäden in Höhe von ein bis zwei Milliarden Dollar, der höchste Versicherungsschaden, den es je in den USA bei zivilen Unruhen gab. Das Land ist gespalten zwischen Verständnis für die Demonstranten und Kritik an der Gewalt aller Seiten. Die Mehrheit aller Demonstrationen 2020 – Schätzungen gehen von mehr als neuntausend seit dem Tod von George Floyd aus – bleibt jedoch friedlich.

Zugleich entstehen an vielen Orten Mahnmale: «Black Lives Matter», «Schwarze Leben zählen», meist in riesigen gelben Blockbuchstaben auf die Straße gemalt. Etwa in Washington, D.C., auf einer Straße, die direkt aufs Weiße Haus zuführt und in «Black Lives Matter Plaza» umbenannt wird, oder in Lansing, der Hauptstadt von Michigan, auf der Straße vor dem Kapitol.

Der Tatort in Minneapolis, den ich im Oktober 2020 besuche, ist eine Pilgerstätte. Auf dem Asphalt ein mit blauer Kreide gemaltes Bild, der Umriss eines Körpers, genau an der Stelle, an der Floyd getötet wurde. Menschen aus dem ganzen Land reisen hierher, um sich den Ort anzusehen, der inzwischen wie kein anderer den Kampf gegen Polizeigewalt symbolisiert. Die Gegend ist zu der Zeit weiträumig abgesperrt, die früher belebte Kreuzung, an der das Geschäft liegt, wo die schreckliche Tat geschah, ist nur noch zu Fuß erreichbar. An einem der Zugänge heißt es: «Sie betreten jetzt den Freien Staat von George Floyd.» Es ist eine eigene kleine Welt entstanden. Auf einem der Wandgemälde mit dem Porträt des Getöteten steht «Du hast die Welt verändert, George». Es gibt eine Art Schrein mit Erinnerungsstücken, die Besucher mitbringen, Kuscheltiere, Blumen, Briefe. Eine Bank zum Innehalten. Aktivisten verharren rund um die Uhr an der ehemaligen Tankstelle gegenüber dem Geschäft, halten Wache, sprechen mit Journalisten – alles streng organisiert, obwohl es auf den ersten Blick improvisiert wirkt. Viele Geschäfte in der Straße mussten schließen, auch die Tankstelle. Ein finanzielles Überleben war mitten in dieser Sperrzone unmöglich. Ein Blumenbeet am Straßenrand, kurz vor der Tankstelle, frisch angepflanzt mit Kräutern und Gemüse. In der Mitte der Kreuzung eine Metallskulptur: die gen Himmel gereckte geballte Faust, die zum Symbol für die Black-Lives-Matter-Bewegung wurde. Wohl nicht zuletzt, weil die Faust schon einmal für Selbstbewusstsein und das Aufbegehren gegen Machtlosigkeit stand, damals in den sechziger Jahren, als «Black Lives Matter» zum politischen Slogan wurde.

Wie 2020 demonstrierten auch damals, in den Anfängen der Bürgerrechtsbewegung, nicht nur Schwarze. Martin Luther Kings Rede am 28. August 1963 vor dem Lincoln Memorial in Washington mit Blick auf das Kapitol ist wieder in aller Munde. «Ich habe einen Traum, dass eines Tages diese Nation aufstehen wird und die wahre Bedeutung ihres Glaubens leben wird. Wir glauben, dass diese Wahrheiten offensichtlich sind, nämlich dass alle Menschen gleich sind. Ich habe einen Traum, dass meine Kinder eines Tages in einer Nation leben werden, in der sie nicht aufgrund ihrer Hautfarbe, sondern aufgrund ihres Charakters beurteilt werden.» Man könne nie zufrieden sein, solange Schwarze Opfer unaussprechlicher Polizeibrutalität seien. Allerdings mahnt Martin Luther King sehr eindringlich zu friedlichem Protest. «Während wir unseren rechtmäßigen Platz erlangen, dürfen wir uns nicht unrechtmäßiger Taten schuldig machen.» Fast sechzig Jahre später machen sich Präsident Trump und andere republikanische Politiker Kings Mahnung zu eigen, um die Black-Lives-Matter-Proteste zu diskreditieren.

Die Geburtsstunde der Black-Lives-Matter-Bewegung liegt zehn Jahre zurück – erst oder schon, je nachdem, aus welcher Perspektive man es betrachtet (wobei manche früher ansetzen, mit der Tötung von Rodney King durch Polizisten im Jahr 1991 in Los Angeles). Am 26. Februar 2012 wird der schwarze Teenager Trayvon Martin in Sanford, Florida, erschossen. Der Siebzehnjährige besucht mit seinem Vater dessen Verlobte. Er kauft sich in einem Geschäft eine kleine Tüte Süßigkeiten und eine Büchse Eistee, dann macht er sich auf den Rückweg. Nachbarn rufen die Polizei. Ein verdächtiger schwarzer Mann laufe in der Gegend herum. Auch George Zimmerman ist unterwegs, der zum Nachbarschaftswachdienst des Wohnviertels gehört. Er spricht mit der Polizei, die ihn informiert, dass eine Streife unterwegs sei. Als er ihnen mitteilt, dass er den jungen Mann im Kapuzenpulli verfolge, sagen sie ihm: «We don't need you to do that», «Sie müssen das nicht tun» – ein klares Verbot hört sich anders an. Trayvon Martin selbst telefoniert mit seiner Freundin und sagt ihr, ein bedrohlicher weißer Mann sei hinter ihm her. Er rennt los. Kurze Zeit später ist der Junge, der unbewaffnet war, tot. Es soll eine Auseinandersetzung gegeben haben. Der Schütze wird ein Jahr später freigesprochen, mit dem Hinweis auf das Stand-your-Ground-Gesetz, das es in Florida wie auch in etlichen anderen Bundesstaaten erlaubt, sich aus Notwehr mit Waffengewalt zu verteidigen.

Ein Aufschrei geht 2012 durch große Teile der Bevölkerung. Viele werden aktiv, engagieren sich mit neu gefundener Energie für Bürgerrechte. Die Protestbewegung, die sich mit dem Tod Trayvon Martins formiert, gibt sich ein Jahr später, nachdem Zimmerman straffrei davongekommen ist, den Namen #BlackLivesMatter. Der damalige Präsident Barack Obama sagt: «Wenn ich einen Sohn hätte, würde er aussehen wie Trayvon.» Der Tod des Teenagers symbolisiert die Angst, mit der Eltern von schwarzen Söhnen tagtäglich leben – der Angst, dass ihr Kind allein wegen seiner Hautfarbe zur Zielscheibe wird. Zehn Jahre später, im Februar 2022, ist es wieder Obama, der in einem Interview mit der «New York Times» die Bedeutung von Trayvon Martins Tod für die USA beschreibt: «Wir haben noch einen langen Weg vor uns, aber meine Hoffnung ist, dass dieser Moment und die Bewegung, die dadurch entstand, ein weiterer Schritt auf der Reise unseres Landes sein werden, unsere Vergangenheit aufzuarbeiten. Meine Hoffnung ist, dass wir sagen können: Was mit Trayvon geschah, war der Anlass für Amerika, in sich hineinzuschauen und schrittweise das zu bewältigen, was immer unsere Ursünde war.»

Doch in den Wochen nach George Floyds Tod im Mai 2020 scheint das in Minneapolis noch ein weiter Weg. In einem kleinen Park um die Ecke von der Stelle, an der Floyd qualvoll starb, haben zwei junge Leute einen improvisierten Friedhof errichtet, mit mehr als hundert Grabsteinen. Auf jedem steht der Name eines schwarzen Menschen, den Polizisten – oder, wie im Fall von Trayvon Martin, selbst ernannte Wachleute – in den USA getötet haben. «Schau, einer war erst vierzehn Jahre alt», höre ich eine Frau zu ihrem Mann sagen. Auf jeder weißen Tafel stehen ein Geburts- und ein Todesdatum. Der Gang durch die vielen Reihen ist bedrückend. Michael Brown, achtzehn Jahre, erschossen, weil ein Polizist sich von ihm bedroht fühlte, obwohl er keine Waffe trug. Der zwölfjährige Tamir Rice, der mit einer Spielzeugwaffe auf einen Polizisten gezielt haben soll. Walter Scott, der bei einer Polizeikontrolle davonrannte und dem mehrfach in den Rücken geschossen wurde. Breanna Taylor, die zu Hause bei einem Polizeieinsatz getötet wurde. Die Polizisten waren in ihre Wohnung eingedrungen, hatten sich nicht ausgewiesen, Taylors Freund schoss, um sich selbst zu verteidigen; die Polizei suchte weder ihn noch Breanna Taylor. Alle Grabsteine erinnern an die Gewaltopfer einer Ordnungsmacht, bei der die Hautfarbe regelmäßig der Auslöser für unverhältnismäßige und tödliche Eingriffe ist.

Warum wird in den USA so schnell geschossen? Es gibt zu viele Waffen, die Ausbildung der Polizisten ist zu kurz und unzureichend, die Menschen haben Angst wegen der vielen Waffen, Rassismus, Vorurteile – es gibt viele Gründe. Natürlich werden bei Polizeieinsätzen längst nicht nur schwarze Menschen erschossen. In absoluten Zahlen sind es sogar mehr Menschen mit weißer Hautfarbe, aber eben nicht im Verhältnis zur Bevölkerung. Statistiken belegen ganz klar, dass überproportional viele unbewaffnete Schwarze erschossen werden – mehr als dreimal so viele wie weiße Menschen.

Diese Zahlen sind einer der Gründe, warum die Polizei an dem Ort, an dem Floyd starb, nicht erwünscht ist. Verschiedene Organisationen kontrollieren den Straßenblock. Arianna Nason ist eine der Aktivistinnen, die regelmäßig Journalisten Rede und Antwort stehen: «Es geht nicht nur um George Floyd, sondern um die systematische Gewalt gegen Schwarze und die Auslöschung anderer marginalisierter Gruppen. Wir müssen verstehen, wie wir zu diesem Punkt gekommen sind.»

Ein Mitglied des Stadtrats, der demokratische Lokalpolitiker Jeremiah Ellison, schildert die Frustration der schwarzen Bevölkerung, nicht nur in Minneapolis. «Es gibt diese vielen desillusionierten Menschen. Sie glauben nicht, dass Politik funktioniert, dass sich jemand für ihre wirtschaftliche Zukunft interessiert. Dafür, ob sie sauberes Wasser trinken oder saubere Luft zum Atmen haben. Sie werden nicht davon überzeugt sein, dass ihr Leben sich verbessert, wenn alles so weitergeht wie bisher.»

Er spielt auf Zustände an, die vor allem die schwarze Bevölkerung treffen. Verseuchtes Trinkwasser in Flint, Michigan, die Luft- und Wasserverschmutzung in der berüchtigten Cancer Alley am Mississippi in Louisiana, wo Ölraffinerien und andere Industrien beheimatet sind. Es gibt viele solcher Gegenden in den USA, in denen umweltschädliche Fabriken in der Nähe von armen Wohngebieten angesiedelt wurden, oft mit einer mehrheitlich schwarzen Bevölkerung.

Kurz bevor der Prozess gegen Derek Chauvin im März 2021 beginnt, fahre ich noch einmal nach Minneapolis und treffe vor einem Wandbild George Floyds, das gerade wieder frische Farbe erhalten hat, Odell Wilson. Anders als viele, die skeptisch sind, ist er voller Hoffnung. «Ich habe mich entschieden zu glauben, dass sich dieses Mal wirklich etwas ändert», erzählt er. Wilson ist Bewährungshelfer. Er habe sich bewusst entschieden, als Schwarzer im Bereich der Strafverfolgung zu arbeiten. Er weiß um die Ungerechtigkeiten des Systems, denn er hat sie selbst erlebt. Doch jetzt sieht er eine Chance für echte Reformen. Ihm macht es Mut, dass dieses Mal Schwarze und Weiße gemeinsam protestieren, dass die Proteste deutlich größere Teile der Bevölkerung erfassen.

Ebenfalls in Minneapolis lerne ich ein aus Äthiopien eingewandertes Ehepaar kennen. Die beiden betreiben eine Apotheke in der Lake Street, nicht weit von der Stelle entfernt, an der Floyd getötet wurde. Am Abend des 25. Mai 2020 ziehen randalierende Demonstranten durch die Straße. Viele Geschäfte gehen in Flammen auf. Elias Ussos Apotheke, die er erst ein Jahr zuvor eröffnet hat, wird verwüstet und geplündert. Als der Apotheker von einem Journalisten gefragt wird, wen er für den Schaden verantwortlich mache, überrascht er viele, weil er die Schuld den Polizisten gibt. Dazu steht er auch Monate später noch: «Vielleicht war das der Preis, den wir dafür bezahlen mussten, damit es Gerechtigkeit gibt, damit die Welt uns hört.» Mit Spenden und der Hilfe von Anwohnern gelingt es ihm, die Apotheke kurze Zeit nach den Unruhen wieder zu öffnen.

Er und seine Frau Mawerdi Hamid, eine Juristin, sind ein Vorzeigebeispiel für gelungene Einwanderung. Gebildet, erfolgreich, integriert. Solche Einwanderer wünschen sich die USA. «Das haben wir der schwarzen Bürgerrechtsbewegung zu verdanken», sind sie überzeugt. Früher hätten nur weiße Europäer in die USA einwandern können. Anfangs betrachtet das Ehepaar seine neue Wahlheimat voller Hoffnung und Enthusiasmus. Doch die Ernüchterung folgt. Aufgrund ihrer Hautfarbe seien sie wie im Land geborene schwarze Amerikaner behandelt worden, wie die Nachfahren von Sklaven. «Seitdem verstehen wir, warum Schwarzsein in den USA eine solch schmerzhafte Erfahrung ist.»

Der Rassismus sei tief in der amerikanischen Geschichte verwurzelt. Mawerdi Hamid ist in stetiger Sorge um ihren Mann. Was, wenn er eines Tages überfallen wird und die Polizei zu Hilfe ruft? Wenn er dann nicht seinen weißen Apothekerkittel anhat, könnte es gut sein, dass er selbst verhaftet wird oder, noch schlimmer, erschossen. Das sei die Realität, in der Schwarze in den USA leben. Ein Polizist sehe in einer schwarzen Person zuallererst einen Verbrecher. Dass er auch Geschäftsmann sein könnte, komme ihm nicht in den Sinn. Ihr Mann pflichtet ihr bei. Das müsse sich ändern. Nur dann könne dieses Land großartig werden. Elias Usso spielt ganz bewusst auf Trumps Slogan an. Aus seiner Sicht ging es dem früheren Präsidenten nie darum, das Land für alle Menschen, die in ihm leben, großartig zu machen, sondern nur für die weiße Bevölkerung, für die, deren Vorfahren ursprünglich aus Europa eingewandert waren. Das sieht er genauso wie Pastor Greg Lewis.

In diesen Tagen, Anfang März 2021, als die Mitglieder der Jury für den Prozess gegen Derek Chauvin ausgewählt werden, ist die Stimmung in Minneapolis wieder sehr angespannt. Das Gericht ist weiträumig abgesperrt. Überall in der Stadt wurde die Sicherheit erhöht. Die Sorge ist groß, dass es zu neuen Ausschreitungen kommen könnte. Verschiedene Organisationen rufen zu einer großen Demonstration im Zentrum auf. Sie ziehen mit einem weißen Sarg durch die Stadt, in Erinnerung an George Floyds Tod. Viele tragen Sweatshirts mit der Aufschrift «Ein Mann wurde gelyncht». Andere halten Plakate in die Höhe, auf denen steht: «Ich bin schwarz. Ich bedeute etwas.» Die Sorge in der schwarzen Bevölkerung ist groß, dass Floyds Tod unbestraft bleiben könnte, bis am 20. April die Jury ihr Urteil verkündet: schuldig des Mordes an George Floyd.

Gut zwei Monate später gibt der Richter das Strafmaß bekannt: zweiundzwanzig Jahre und sechs Monate Gefängnis, kürzer als die von der Staatsanwaltschaft geforderten dreißig Jahre. Floyds Familie, ihre Anwälte und manch andere sind enttäuscht. Zugleich sind viele erleichtert. Es ist eine der längsten Haftstrafen, die je gegen einen Polizisten verhängt wurde, der im Dienst einen Schwarzen getötet hat. Doch Ben Crump, der Anwalt von Floyds Familie, einer der bekanntesten Bürgerrechtsanwälte in den USA, beschreibt das Dilemma, in dem das Land trotz dieses Urteils, das an der Schuld des Polizisten im Einsatz keinen Zweifel lässt, steckt: «Wirkliche Gerechtigkeit wird es in Amerika erst geben, wenn schwarze Männer und Frauen keine Angst mehr haben müssen, nur wegen ihrer Hautfarbe von der Polizei getötet zu werden. Das wäre echte Gerechtigkeit.»

Joe Biden präsentiert sich von Anfang an als Politiker, der versteht, was die Schwarzen im Land bewegt, warum sie sich diskriminiert fühlen. Im Wahlkampf reist er auch nach Kenosha in Wisconsin, trifft die Familie von Jacob Blake, dem Mann, den ein Polizist angeschossen hatte. Dort platzt es bei einer Veranstaltung in einer Kirche aus einer jungen schwarzen Frau heraus. Mit bebender Stimme ruft sie Biden zu: «Unser Leben ist nicht, wie viele glauben. Wir wollen genau die gleichen Rechte wie andere. Wir wollen wie alle behandelt werden.» Von der Polizei, vor dem Richter, in der Schule und an der Universität, auf dem Arbeitsmarkt.

Biden hat oft erklärt, dass er sich entschieden habe, als Präsident zu kandidieren, weil Trump Rassisten nicht klar verurteile, sondern von guten Menschen auf beiden Seiten spreche, rechts wie links. Das schüre Rassismus. Biden verwendet ein Bild, das er bis heute immer wieder in Reden unterbringt: «Ich habe einen

Fehler gemacht. Ich dachte, man kann Hass besiegen. Dabei versteckt er sich nur. Wenn ein mächtiger Mensch Sauerstoff unter den Fels bläst, unter dem sich hasserfüllte Menschen verbergen, dann legitimiert er diese Leute, aus ihrem Versteck hervorzukommen.»

Als Präsident verspricht Biden, alles anders zu machen. Doch nichts scheint so recht zu gelingen. Eine Polizeireform blieb im Kongress hängen. Jetzt will er sie mit einem präsidialen Erlass doch noch durchsetzen, hat aber nicht zuletzt mit Gegenwind aus den eigenen Reihen zu kämpfen. Zwar ringen sich die Senatoren parteiübergreifend zu einer von Biden geforderten Verschärfung der Waffengesetze durch, nachdem es im Mai 2022 in Texas zu einem neuen schrecklichen Massaker an einer Grundschule gekommen war, aber für ein Verbot bestimmter Waffentypen wie den Schnellfeuergewehren findet sich keine Mehrheit. Die striktere Regulierung von «Ghost Guns» kann Biden selbst anordnen, ohne den Kongress, aber mehr auch nicht. Der erfahrene Politiker ist hart gelandet, trotz des erreichten Kompromisses im Senat. Große Teile der schwarzen Bevölkerung sind enttäuscht. Er trifft zwar oft den richtigen Ton, die Menschen fühlen sich wahrgenommen, aber reden allein reicht nicht, heißt es inzwischen immer häufiger.

Am 1. Juni 2021, in Tulsa, Oklahoma, trifft er den richtigen Ton. An dem Tag wird in der Stadt eines Massakers an Schwarzen gedacht. Vor hundert Jahren gab es dort ein wohlhabendes Geschäfts- und Wohnviertel, bekannt als «Black Wall Street» – eine Ausnahme in der damaligen Zeit. Bis es von einem weißen Mob dem Erdboden gleichgemacht wurde. Mehr als tausend Wohnungen, unzählige Geschäfte und Betriebe wurden zerstört. Hunderte Menschen ermordet. Sie wurden gar aus der Luft beschossen, aus einem kleinen Flugzeug. Der Mob fühlte sich im Recht, weil es das Gerücht gab, ein schwarzer Junge habe ein weißes Mädchen unsittlich berührt. Der Aufzug in einem Geschäftshaus, in dem der Junge einen Botengang erledigen musste, war stecken geblieben.

Dabei griff er aus Schreck nach dem Arm des Mädchens, das aufschrie. Später bezeugte sie, dass ihr nichts passiert sei, aber das spielte keine Rolle. Im Nachhinein scheint es, als habe der Mob nur nach einem Vorwand gesucht.

Obwohl es eines der schlimmsten Massaker an Schwarzen war, wissen bis heute nur wenige in den USA davon. In Schulen wird die Geschichte so gut wie nie erwähnt. Auch deshalb ist Biden an diesem Tag in Tulsa. Er will, dass alle davon erfahren, und mahnt, nur Erinnerung könne Wunden heilen. «Wir können nicht nur das lernen wollen, was wir wissen wollen, und das, was wir wissen sollten, nicht lernen wollen. Wir müssen alles kennen, das Gute und das Schlechte. Große Nationen stehen zu ihren dunklen Seiten.» Er verspricht mehr wirtschaftliche und soziale Gerechtigkeit und warnt vor anhaltendem Rassismus. «Die Ideologie der weißen Vorherrschaft ist laut der Geheimdienste die größte Bedrohung für die innere Sicherheit unserer Nation. Nicht die Terrorgruppen IS und al-Qaida, sondern weiße Rassisten.» Klare Worte, gerichtet an jene, die meinen, das Land habe Rassismus als gesellschaftliches Problem hinter sich gelassen.

Doch während Biden für eine intensivere Auseinandersetzung mit der Vergangenheit wirbt, werden, wie bereits geschildert, überall im Land Bücher aus Schulbibliotheken und aus dem Unterricht verbannt, die sich kritisch mit dem Thema Rassismus auseinandersetzen; werden wie in Florida Gesetze verabschiedet, die eine kritische Auseinandersetzung mit Rassismus untersagen. Gegen solche Gesetze kann Präsident Biden nicht viel unternehmen, denn Schulpolitik ist Sache der Bundesstaaten. Den republikanisch regierten Staaten dient Trumps Vorstoß für «patriotische Bildung» an Schulen – wie im Kapitel über Fake News erwähnt – als Blaupause. Während dieser Vorstoß auf Bundesebene keine Rolle mehr spielt, wird in einzelnen Staaten mit Inhalten für den Schulunterricht Wahlkampf gemacht. Der Präsident kann zwar versuchen, gegen einzelne Vorhaben der Bundesstaaten zu klagen, bis vor das Oberste Gericht, aber dort ist mit Widerstand der deutlichen konservativen Mehrheit zu rechnen, die ja auch auf Trump zurückgeht.

«Schwarze Leben zählen», «Black Lives Matter» – eigentlich ist das offensichtlich, so wie Martin Luther King es 1963 für offensichtlich hielt, dass alle Menschen gleich seien. Eine Selbstverständlichkeit, die aber die Betroffenen als nicht selbstverständlich erleben. Während die Idee von den USA als Ort der Verheißung für die schwarze Bevölkerung noch immer eine Illusion ist, setzen sich zu viele Amerikaner nicht mit der «Ursünde» der Vereinigten Staaten auseinander, von der Barack Obama an Trayvon Martins zehntem Todestag sprach. Das Land geraubt; die ursprünglichen Bewohner vertrieben oder ermordet; den Reichtum aufgebaut, indem man für minderwertig erklärte Menschen versklavte; die hehren politischen Grundrechte mit Füßen getreten, wenn sie nicht zu den machtpolitischen Zielen passten – Anspruch und Wirklichkeit der amerikanischen Identität und Geschichte klaffen seit jeher auseinander. Doch anstatt diese Widersprüchlichkeit auszuhalten und sich mit der eigenen Verantwortung auseinanderzusetzen, beschwören Politiker wie Trump und Co. einen Patriotismus, der keinen Zweifel kennt. Alle, die diesen Patriotismus infrage stellen, werden zu Gegnern, je nach Sichtweise gar zu Feinden, die bekämpft werden müssen. Paradoxerweise haben gerade diejenigen Angst, ihre Vormachtstellung zu verlieren, die sie in Wirklichkeit nie hatten. Denn es sind vor allem wirtschaftlich abgehängte Menschen, oft – wenn auch nicht nur – mit weißer Hautfarbe, die instrumentalisiert werden von denen, die die gesellschaftliche Teilhabe so vieler anderer Gruppen ablehnen.

Die Journalistin Nikole Hannah-Jones hat die Einstellung dieser Menschen gegenüber Schwarzen in einem Twitter-Post vom 11. Februar 2022 so zusammengefasst: «Wenn jemand schwarz ist und nicht jedes Hindernis überwinden konnte, um sich selbst hochzuziehen, ist er faul und wollte nicht hart arbeiten. Wenn man schwarz und erfolgreich ist, dann, weil man ein Förderprogramm aufgrund der Hautfarbe erhalten hat und das gar nicht verdient hatte.» So wie es bei der Anhörung der neuen Supreme-Court-Richterin Ketanji Brown Jackson geschehen ist. «Das spricht von einer tiefen Unsicherheit in einer Gesellschaft, von der die Leute wissen, dass sie nicht fair ist, aber sie müssen so tun als ob, um ihren eigenen Erfolg zu rechtfertigen.» Die Autorin von «The 1619 Project», der erwähnten Studie über die Geschichte der Sklaverei und der Schwarzen in den USA, ist aufgrund ihrer Arbeit ins Kreuzfeuer geraten. Der Vorwurf: Sie vermittle ein einseitiges, verzerrtes Bild der Geschichte.

Menschen, die die von Hannah-Jones beschriebene Meinung vertreten, erreicht Präsident Biden bisher nicht. Und – das ist sein Dilemma – er erreicht auch zu große Teile der schwarzen Bevölkerung nicht mehr, weil sie nicht länger darauf vertrauen, dass er seine Versprechen ihnen gegenüber noch einlösen wird, beziehungsweise kann, es vielleicht noch nicht einmal mehr will. Warum sollen sie sich also erneut für die Partei dieses Politikers stark machen, warum mit viel Aufwand andere motivieren, zur Wahl zu gehen, mit welchen Argumenten? Mahnmäler allein reichen nicht.

In Minneapolis ist die Kreuzung 38th Street, Chicago Avenue inzwischen bekannt als George Floyd Square. Die Stadt bezeichnet den Platz als «sacred space for racial healing», als einen heiligen Ort, um das Verhältnis zwischen Menschen verschiedener ethnischer Herkunft zu heilen. Auf Wunsch der Anwohner ist die Ecke seit Sommer 2021 wieder für den Straßenverkehr offen. Die verschiedenen Gruppen, die seit Floyds Tod hier aktiv sind, planen gemeinsam mit der Stadt ein Denkmal. Die Stiftung der Familie des Getöteten hat fünfhunderttausend Dollar für die Gestaltung zugesagt.

In der Hauptstadt Washington ist der gelbe Black-Lives-Matter-Schriftzug bereits ein dauerhaftes Monument. Bürgermeisterin Muriel Bowser hatte die gemalten Buchstaben schon im Juni 2020 in Auftrag gegeben, als die Straße in Black Lives Matter

Plaza umbenannt wurde. 2021 folgte der Beschluss, das Ganze dauerhaft anzulegen. Die Straße wurde erneuert, rechts und links je eine Spur für Autos, in der Mitte ein Fußweg, damit Passanten zwischen den Buchstaben gehen können. Eine Erinnerung an die Proteste nach dem Tod von George Floyd, eine Mahnung an Politiker – unabhängig davon, wer gerade im Weißen Haus sitzt –, dass es noch viel zu tun gibt, wenn man mehr Gleichberechtigung erreichen will. Und ein beliebtes Touristenziel. Aber was ändert das an der Lebenswirklichkeit schwarzer Menschen?

Pastor Greg Lewis in Wisconsin ist eineinhalb Jahre, nachdem ich ihn kennengelernt habe, pessimistischer als je zuvor. Dabei hat er in der letzten Zeit so viel versucht. Er will die schwarze Bevölkerung in seiner Heimatstadt Milwaukee motivieren teilzuhaben, mitzuentscheiden, Einfluss auf Lokalpolitik zu nehmen. Dann habe man auch die Chance, die Prämissen für Polizeiarbeit mitzugestalten. Deshalb hat er in Milwaukee die Gruppe «Souls to the Polls» gegründet, eine lockere Organisation, die Wähler aufklärt, ihnen beim Registrieren hilft oder dabei, den in Wisconsin für die Teilnahme an einer Wahl notwendigen Ausweis zu besorgen. 2020 war sein Ziel, einhunderttausend Schwarze in Milwaukee an die Wahlurnen zu bringen. Jeden Tag telefonierte er sich die Finger wund, um Geistliche in der ganzen Stadt davon zu überzeugen mitzumachen. Kirchen können Menschen bewegen, ihr Wahlrecht auszuüben, davon ist Lewis überzeugt. Ihn wundert es nicht, dass in manchen Bundesstaaten alles getan wird, um zu verhindern, dass der Sonntag landesweit Wahltag wird. Einige Politiker hätten wohl Angst davor, dass Menschen direkt vom Gottesdienst zum Wählen gehen könnten.

Im Februar 2022 erreiche ich ihn im Auto. Er ist auf dem Weg zu einer Veranstaltung. An dem Tag findet in Milwaukee der erste Wahlgang für einen neuen Bürgermeister statt. Nach der Präsidentschaftswahl 2020 sei es auch in Wisconsin schwerer geworden, seine Stimme abzugeben. Der Bundesstaat hat eine republikanische Mehrheit im Parlament und gehörte zu den Staaten, die entscheidend für Bidens Wahlsieg waren. Nun gebe es weniger Wahlbriefkästen. Die Menschen bräuchten einen Ausweis, um wählen zu gehen, und noch manch andere Regel wirke einfach abschreckend. «So was Dummes. Warum macht man es den Menschen schwerer zu wählen? Die meisten in der schwarzen Bevölkerung gehen doch eh nicht wählen, und schon gar nicht zweimal.» Ihn ärgert, dass die Politiker gerade den schwarzen Wählerinnen und Wählern die Absicht zu betrügen unterstellen. «Die trauen dem System doch sowieso nicht. Die haben längst aufgegeben.» Er weiß, wie schwer es ist, Menschen aus seiner Gemeinde davon zu überzeugen, dass es wichtig ist, zur Wahl zu gehen. «Sie sind zu sehr damit beschäftigt, sich ums tägliche Essen zu kümmern, als dass sie sich für Politik interessieren könnten.»

Lewis ist wütend. «Es ist eine sehr schlechte Zeit in Amerika, die schlimmste in meinem Leben.» Er erzählt von der Gewalt in seiner Heimatstadt, von Schießereien, Morden. Überall herrsche Hoffnungslosigkeit. Viele würden beschließen wegzuziehen. Seine eigene Tochter habe Milwaukee verlassen und sei nach Houston in Texas gezogen. «Von allen Orten ausgerechnet Texas», stöhnt Lewis auf. Aber in gewisser Weise kann er sie auch verstehen. Milwaukee sei eine solch rassistische Stadt. Ein Schwarzer mit einem Masterabschluss verdiene nicht mehr als ein Weißer mit einem Highschool-Zeugnis. Und das sei nur eines von vielen Beispielen. Alles Geld gehe in die Entwicklung des Stadtzentrums. Die Wohnviertel armer Menschen werden dagegen vernachlässigt. «Die Weißen tun alles, um ihre Privilegien zu erhalten.»

In seiner Gemeinde gehen viele Kinder gar nicht mehr zur Schule. Von klein auf fehlt es ihnen an Bildung. Ein enormer Schaden sei das. «Diese Kinder sind intelligent», sagt er fast flehentlich, «aber ohne Schulbildung haben sie keine Zukunft.» In Milwaukee, aber auch anderswo habe man die schwarze Bevölkerung immer wieder so behandelt, als sei sie nichts wert. Das rächt sich. Wenn Menschen an nichts mehr glauben, dann schlagen sie nach allen Seiten, wie eine Katze mit dem Rücken zur Wand. Es gebe so viel Hass. Deshalb spricht er von den «gescheiterten Vereinigten Staaten» – gescheitert im Umgang mit Rassismus. Das schwäche das Land: Russland oder auch China hätten keine Angst mehr vor den USA, weil das Land nicht einmal in der Lage sei, eine Lösung für die Probleme zu Hause zu finden.

Das macht Lewis bitter und verzweifelt. Seine Gesundheit leidet darunter. Er, der sehr früh an Corona erkrankt und dem Tod gerade noch einmal von der Schippe gesprungen ist, leidet bis heute unter Spätfolgen. Trotzdem will er nicht aufgeben, wegziehen, wie es andere tun. Er habe schon so viel investiert. Er wolle und müsse das zu Ende bringen.

Menschen wie Greg Lewis haben das Gefühl, dass sie gegen Windmühlen ankämpfen. Bisher hat die Biden-Regierung nur wenig Greifbares, Spürbares erreicht. Die Verabschiedung eines Gesetzes, das «Lynchjustiz» zu einer bundesweiten Straftat erklärt, gehört zu den kleinen Erfolgen. An dem Gesetz war schon seit mehreren Jahren parteiübergreifend gearbeitet worden, aber Biden konnte es schließlich unterzeichnen. «Lynchjustiz war der reine Terror, um der Lüge Nachdruck zu verschaffen, dass nicht jeder zu Amerika gehört», erklärt Biden bei der feierlichen Unterzeichnung. Vizepräsidentin Harris macht deutlich, dass Lynchjustiz nicht der Vergangenheit angehöre, damals, als der Ku-Klux-Klan sein Unwesen in aller Offenheit getrieben habe. «Rassistischen Terror gibt es in unserer Nation immer noch. Wenn das passiert, dann müssen wir alle den Mut haben, diese Verbrechen zu benennen und die Täter zur Rechenschaft zu ziehen.»

Der Tod von George Floyd ist für viele ein Fall von Lynchjustiz der Gegenwart, ausgeübt von Menschen, die das Gesetz auf ihrer Seite glauben. Genauso wie der Mord an Ahmaud Arbery, der in Brunswick, Georgia, drei Monate vor Floyd getötet wurde, im Februar 2020. Anfangs weigerte sich die örtliche Staatsanwaltschaft, den Fall zu verfolgen, was landesweit für Empörung sorgte. Der schwarze Arbery, fünfundzwanzig Jahre alt, war abends durch ein Wohngebiet gejoggt. Zwei weiße Anwohner, Vater und Sohn, verfolgten ihn in ihrem Pick-up, ihr Nachbar war mit einem zweiten Auto dabei. Sie schnitten Arbery den Weg ab. Nach einer Rangelei erschoss ihn der Sohn. Der dritte Mann filmte alles mit seinem Handy. Erst, als dieses Material an die Öffentlichkeit gelangte, kam es zur Festnahme der bekannten Verdächtigen. Die verwiesen auf Einbrüche und Diebstahl in der Nachbarschaft und beriefen sich auf das in Georgia zu diesem Zeitpunkt noch gültige «Jedermannsrecht», das es Zivilisten erlaubt, verdächtige Personen festzunehmen. Das Gesetz wurde wenige Monate später abgeschafft, wohl auch wegen des Mordes an Arbery. Was dieser falsch gemacht hatte? «Ein schwarzer Mann rennt die Straße runter.» Mit diesen Worten hatte der Vater einen Notruf abgesetzt. Alle drei Männer wurden schließlich zu lebenslangen Haftstrafen verurteilt, Vater und Sohn ohne Aussicht auf Bewährung.

Floyd und Arbery, zwei Fälle, bei denen Recht gesprochen wurde. Für viele Schwarze ein Hoffnungsschimmer. Doch zur gleichen Zeit gab es unzählige andere Fälle, bei denen keine Anklage erhoben wurde. Nicht zuletzt deshalb ist ein bundesweites «Anti-Lynching-Gesetz» so wichtig, zumindest symbolisch. Ein Gesetz, das überall im Land einen gemeinsamen Standard festlegt. Die Frage bleibt, warum es so lange gedauert hat. Mehr als hundert Jahre, an die zweihundert vergebliche Versuche, ein Gesetz zu verabschieden, das zur Botschaft hat, dass auch schwarzes Leben etwas bedeutet und dass Nichtachtung nicht länger geduldet wird. Es ist ein Versprechen, nicht weniger, aber auch nicht mehr. Noch nicht.

Und dann fährt am 14. Mai 2022 ein achtzehnjähriger weißer Mann mehr als dreihundert Kilometer in die Stadt Buffalo im Bundesstaat New York in ein Viertel, in dem vor allem Schwarze leben, und tötet in einem Supermarkt zehn schwarze Menschen. Seine Tat überträgt er live im Internet. Ein junger Mann, der – wie im Eingang des Buches erwähnt – an die Verschwörungstheorie des «Great Replacement», des «Großen Bevölkerungs-austauschs» glaubte, die unter anderem von Fernsehmoderator Tucker Carlson auf dem konservativen Fernsehsender Fox News öffentlichkeitswirksam verbreitet wurde. Der Täter schrieb im Netz, dass die Kunden des Supermarkts allesamt zu einer Kultur gehören würden, die das Ziel habe, «mein eigenes Volk ethnisch zu ersetzen». Diese Ansichten sind inzwischen im politischen Mainstream angekommen, durch Leute wie Tucker Carlson, aber auch durch republikanische Politiker.

Die Verzweiflung unter den Schwarzen ist groß. Garnell Whit-field, der Sohn einer im Supermarkt getöteten Frau, der sechsund-achtzigjährigen Ruth Whitfield, sieht seine Mutter nicht nur als Opfer des Schützen, sondern einer Politik, die auf eine «Vorherr-schaft der Weißen» setzt. «Wir tun unser Bestes, um gute Bürger, gute Menschen zu sein. Wir glauben an Gott, wir vertrauen auf ihn. Wir behandeln Menschen mit Anstand, und wir lieben sogar unsere Feinde. Und ihr erwartet von uns, dass wir das immer und immer wieder tun, vergeben und vergessen. Während die Men-schen, die wir wählen und denen wir vertrauen, ihr Bestes geben, um uns nicht zu beschützen, uns nicht als gleichwertig zu be-handeln, uns nicht in gleicher Weise zu lieben. Was sollen wir mit all dieser Wut tun, mit all diesem Schmerz?» Garnell Whitfield, ein Feuerwehrkommandant im Ruhestand, weiß, dass er darauf keine Antwort bekommen wird, auch nicht von Biden, der nach Buffalo kommt, um mit den Angehörigen zu trauern. Was bringt es, dass der Präsident die Tat klar als Terrorismus verurteilt? Biden wirkt zwar mitfühlend bei seinem Besuch, vor allem aber wirkt er ohnmächtig. Rassismus in den USA ist ein Problem, das nicht kleiner wird.

Ungleiche Chancen

«Eine der größten Epidemien hier in der Gegend
ist Gewalt, Gewalt mit Waffen.»

Joe Houston, Aktivist aus Washington, D.C.

Joe Houston Jr. hat viele Träume. Schauspieler werden ist einer.
Im April 2022 steht er zum ersten Mal auf einer Bühne vor Publikum. Er spielt den Edelmann in Shakespeares «King Lear». Eine
kleine Rolle, aber für den jungen schwarzen Mann aus Washington, D.C., ein großer Schritt. Gefragt danach, wo der König sei, sagt
er: «Er will in seiner kleinen Menschenwelt des Sturms und Regens Wettkampf übertrotzen.» Ein passendes Motto für Joe selbst,
oder JoJo, wie ihn seine Freunde und seine Familie nennen, und
wie auch wir ihn nennen sollen, als wir ihn kennenlernen. Auch
er will das «übertrotzen», was sich ihm in seiner Menschenwelt
entgegenstellt. Mit viel Energie und Willenskraft. Vom Leben auf
der Straße ins Gefängnis, vom Gefängnis in die Universität und
auf die Theaterbühne.

Die Geschichte hat einen Anfang, ganz zu Beginn der Coronapandemie. Ab März 2020 herrschte in den USA Lockdown. Fernsehproduktionen waren nur noch schwer möglich. Reportagen
leben davon, dass die Protagonisten uns, die Reporter, die Kamerateams, in ihr Leben lassen, uns ein Stück ihrer Welt zeigen, zugänglich machen. Sie öffnen uns ihr Zuhause. Wir begleiten sie in
ihrem Alltag, bei all dem, was sie tun, drinnen wie draußen. Wenn
jemand bereit war, sich filmen zu lassen, weil er seine Geschichte
erzählen wollte, dann war diese Nähe vor Corona geradezu selbstverständlich. Jetzt war sie tabu.

In diese Zeit fällt ein Beitrag über Männer in Washington, die
versuchen, etwas gegen die oft tödliche Gewalt in den Straßen

einzelner Stadtviertel zu unternehmen. Alles Ecken, in denen fast ausschließlich Schwarze leben. Diese Gewalt verschwindet nicht mit der Pandemie, im Gegenteil, es wird über die Monate immer schlimmer. Jedes Jahr neue Rekordzahlen, ob in Washington, Baltimore oder Chicago. Die Opfer sind fast immer junge Männer oder Unbeteiligte, Kinder am Straßenrand, Frauen auf dem Gehweg, irgendwo in die Schussbahn geraten, wenn jemand aus einem fahrenden Auto schießt.

Dieser Beitrag ist keine einfache Aufgabe, denn viele Schwarze schotten sich gegenüber solchen Interviewanfragen ab. Sie wollen nicht immer wieder in Verbindung mit Gewalt und Kriminalität gebracht werden, schon gar nicht aus einer «weißen» Perspektive, auch wenn es darum geht, die positiven Entwicklungen zu zeigen. Es gibt Misstrauen, leider zu Recht. Das ist nicht einfach zu überwinden. Doch eine Kollegin hat gute Kontakte zu schwarzen Aktivisten, die sich gegen die Gewalt im Osten der Hauptstadt engagieren. Sie schlägt vor, Joe Houston zu kontaktieren. Er ist damals sechsundzwanzig und feiert gerade seinen «zweiten» Geburtstag. Den Tag, an dem er aus dem Gefängnis entlassen wurde, vor zu dem Zeitpunkt fünf Jahren. Seitdem setzt er sich dafür ein, dass andere nicht reinkommen. Joe ist schnell begeistert von unserer Anfrage, immer auf der Suche nach neuen Erfahrungen.

Joe hilft, Lebensmittel zu verteilen. Während der Pandemie, in der das öffentliche Leben zum Stillstand gekommen ist, versuchen Organisationen, die Menschen in den Schwarzenvierteln von Washington mit dem Nötigsten zu versorgen. Unser Kameramann kann mit Joe im Auto mitfahren. Wir filmen Joe beim Sport. Übers Internet coacht er andere Ex-Häftlinge, hilft ihnen, eine Ausbildung zum Personal Trainer zu machen. In dieser Zeit sind persönliche Treffen nicht möglich. Joe fürchtet, dass mancher wegen der fehlenden direkten Kontakte abrutschen könnte.

Unter der schwarzen Bevölkerung grassiert das Virus viel stärker als im wohlhabenden, weißen Teil der Hauptstadt. Die Menschen leben dicht aufeinander, sie haben Jobs, bei denen sie den Kontakt zu anderen nicht vermeiden können. «Homeoffice» gilt hier als Luxus, der nur bittere Reaktionen oder resigniertes Achselzucken auslöst. Auch weil sie trotz Corona noch ganz andere Sorgen haben, wie Joe uns unverblümt schildert: «Eine der größten Epidemien hier in der Gegend ist Gewalt, Gewalt mit Waffen. Wir töten einander. Das geht so, seit ich denken kann. Das ist das schlimmste Virus. Ich verstehe, wie ernst Corona ist, aber am schlimmsten ist für uns die Gewalt von Schwarzen gegen Schwarze. Wir bringen uns gegenseitig um. Das sind so hilflose und zugleich abscheuliche Verbrechen.»

Joe weiß, wovon er redet. Er steckte mittendrin. Aufgewachsen bei einer alleinerziehenden Mutter, mit Geschwistern, die andere Väter haben. Die Mutter konsumiert Drogen, stirbt jung, er vermutet, an den Folgen von Aids. Eine ältere Schwester nimmt den Jungen zu sich. Sie leben in einer Sozialwohnung. Joe will uns zeigen, wo er groß geworden ist. Auf den ersten Blick eine normale Nachbarschaft, sie wirkt nicht sonderlich heruntergekommen, aber für die, die dort leben, ist es ein gefährliches Pflaster. Drogen, Gangs, Schießereien. Das war in Joes Kindheit so. Und so ist es noch heute. «Manchmal war es schrecklich, dann hat es auch wieder Spaß gemacht. Wenn man in einer solchen Gegend aufwächst, weiß man nie, wann jemand vorbeifährt und plötzlich anfängt zu schießen.»

Neben dem Haus, in dem Joe aufwächst, ist ein Parkplatz. Dort spielt er mit Freunden Fußball, als plötzlich ein paar Typen angerannt kommen und um sich schießen. Einer seiner Freunde wird getroffen und stirbt. Joe versteckt sich unter einem geparkten Auto. «Gewalt war die Regel. Man konnte sich nirgends sicher fühlen.» Heute ist ihm bewusst, dass ihn diese Erlebnisse traumatisiert haben. Damals griff er selbst zur Waffe. «Man musste ‹tough› sein. Es gab diese Linie, zwischen Räuber und Beute, Täter und Opfer. Ich wollte eine Waffe. Wenn ich sie in der Hand hielt, fühlte ich mich stark und mächtig.» Da war er zwölf. «Es gab

Leute, die machten mir Angst. Mit der Waffe konnte ich ihnen auch Angst machen. Es ging um Macht. Sicher, ich konnte immer noch getötet werden, aber viele fürchteten mich jetzt. Ich wollte sie kriegen, bevor sie mich kriegten.»

Die Gründe für tödlich endende Streitereien – oft so lächerlich. «Beefing» nennen sie das. Einer schaut die Freundin eines anderen schräg an, einem gefällt etwas nicht, sie streiten um Klamotten, einer tritt einem anderen auf die Schuhe, wer ist besser, schöner, größer, mutiger? «Wir streiten wegen nichts», gesteht Joe, selbst beschämt, dass solche Kleinigkeiten ausreichen, um tödliche Schießereien auszulösen. Eine Zankerei, dann fallen schon Schüsse, und als Nächstes muss man sich rächen. Ein Kreislauf, aus dem es in der Logik der Straße kein Entkommen gibt. Joe erzählt von Wohnvierteln, in denen Leute seit vierzig, fünfzig Jahren zerstritten sind. Es geht einfach immer weiter. Fast hört es sich an wie das Prinzip der Blutrache.

Als Joe uns mitnimmt auf den Parkplatz, wo vor vielen Jahren sein Freund starb, spielen Kinder dort, wie damals. Ein kleiner Kerl kommt gleich auf uns zu, mit großer Klappe, vielleicht sechs Jahre alt, die Haare schick nach hinten frisiert, ein weißes Feinrippunterhemd, strotzend vor Selbstbewusstsein. Er zieht ein Bündel Dollarscheine aus der Hosentasche, will uns wohl zeigen: Ich bin hier wer, mit mir müsst ihr rechnen, und versucht großspurig, den kleinen Jungen in sich zu verbergen.

Seit Joes Kindheit scheint die Zeit stehen geblieben zu sein. Er vermutet, dass der Junge für die Drogenhändler der Gegend kleine Botengänge erledigt, und wenn es nur zur nahe gelegenen Tankstelle ist, um ihnen Getränke zu holen. Dafür gibt es dann jeweils einen Dollar. Damit, erklärt Joe, ziehen sie sich die Jungs heran. «Es ist so einfach, da hineinzugeraten. Der Lebensstil ist attraktiv. Ich weiß, wie das ist. Du magst es, high zu sein, zu rauchen, Sex zu haben. Es sieht leicht aus und fühlt sich gut an, nicht von neun bis fünf arbeiten zu müssen. Stattdessen kann man Drogen verkaufen.»

Wir bleiben nicht lange in der Gegend. Joe will nicht, dass wir zu viel Aufmerksamkeit erregen. Die Erinnerung an seine Kindheit lässt ihn nicht los. «Ich weiß noch genau, wie ich aus dem Fenster schaute. Ich war vielleicht elf. Draußen würfelten ein paar, als plötzlich andere dazukamen und ohne Grund anfingen zu schießen. Das war einfach normal. Wow, wieder einer erschossen, hab ich mir damals gesagt.» Und dann der Gruppendruck. «Ich wollte Geld, neue Basketballschuhe, Jordans mussten es sein, ich wollte Mädchen. Wenn man nicht mitmachte, wurde man schikaniert.»

Auch der Tod seines Freundes rüttelt ihn nicht wach. Ihm kommt nicht in den Sinn, weg zu müssen. «Es ging darum, wer der Stärkste ist. Nur der würde überleben. Als sie um sich schossen, kroch ich unter ein Auto, überall Scherben. Ich zitterte, hatte solche Angst, wusste nicht, was tun. Mir war klar, ich brauche eine Waffe, damit ich nicht der Nächste bin.» Es gibt zu dem Zeitpunkt niemanden, der ihm eine Alternative aufzeigt, aber er ist sich auch nicht sicher, ob er überhaupt zugehört hätte. «Als ich dann abrutschte, in die ersten Schießereien geriet, von der Polizei gejagt wurde, auf der Straße lebte, da war ich eine Art Monster. Niemand konnte mir was anhaben, niemand konnte mich aufhalten. Ich hatte schöne Schuhe. Die Mädchen wollten mich. Die Leute hatten Angst vor mir, weil sie dachten, ich könnte schießen. Ich fühlte, dass ich Macht hatte.»

Joe ist sechzehn, als er für acht Jahre ins Gefängnis muss. Er hatte an einem bewaffneten Raubüberfall teilgenommen. Sein Glück war, dass niemand ernsthaft verletzt wurde. Harte Landung in der Realität, die Illusion vom coolen Gangleben verpufft. «Viele Jungs denken: Ich bin doch noch ein Kind, mir tun sie nichts, ich komme mit einer Verwarnung davon, wenn sie mich erwischen. Aber so war das nicht.» Joe wird mit erwachsenen Männern eingesperrt. «Ich habe viel gesehen. Vielen wurde wehgetan. Viele wurden getötet.» Wenn er heute Jungs trifft, die so sind wie er damals, fragt er sie, ob sie wirklich viele Jahre hinter Gittern verbringen wollen. Und doch sagt er, für ihn sei die Zeit im Gefängnis sehr wichtig gewesen. «Es war mit das Beste, was mir passiert ist.» Er habe begriffen, dass er es nicht mochte, eingesperrt zu sein. «Also musste ich mich ändern. Es war hart, als ich rauskam. Man braucht einen starken Willen, aber den habe ich. Ich habe erkannt, wer die falschen Freunde waren. Ich wusste, ich will ein anderes Leben.»

Mit einundzwanzig wird er nach fünf Jahren Gefängnis vorzeitig entlassen. Seine Bewährung hat er inzwischen auch hinter sich. Immer wieder frage ihn jemand, warum er nicht rückfällig geworden, nicht eine weitere Nummer in der Statistik sei. Er zuckt mit den Schultern. «Da ist irgendetwas. Mir ist klar geworden, es gibt eine Wahl. Und ich hab mich mit den richtigen Leuten umgeben.» Außerdem sei ihm im Gefängnis klar geworden, wie wichtig Schule sei, Bildung. Dass sie auch Macht bedeuten könne, dass sie die Chance biete, den Lauf der Geschichte zu ändern. Muss ein schwarzer Junge aus dem Südosten von Washington, D.C., zwangsläufig auf der Straße landen? Er muss es nicht, findet Joe. «Wir brauchen Geld, um die Jungen auszubilden. Sie müssen sich öffnen, mehr reisen. Wir müssen aus unseren Vierteln raus und Erfahrungen sammeln. Als Kind war ich nie in den Museen. Wir müssen uns etwas Besseres für unsere Kinder wünschen.»

Als er das sagt, steht er am Ufer des Anacostia River, der den schwarzen Südosten der Hauptstadt vom hippen Stadtteil Navy Yard trennt. Auf Joes Seite der Brücke gelten andere Gesetze als dort drüben, wo ein schickes, teures Appartementhaus nach dem anderen gebaut wird, wo es elegante Restaurants und angesagte Bars gibt. Das Baseballstadion, die Fußballarena und über allem thronend die Kuppel des Kapitols. Als wir uns im April 2020 das erste Mal treffen, macht er noch häufig Sport am Anacostia River – das gute Leben im Blick und doch so unerreichbar für die meisten auf seiner Seite des Flusses.

Am Abend treffen wir Joe zusammen mit anderen Aktivisten

vor dem Gefängnis der Hauptstadt. Sie wollen die Nacht über dort campieren, direkt vor dem Schild «Department of Corrections», der Abteilung für Korrekturen, wie die zuständige Behörde ironischerweise heißt. Wobei, für Joe hat es gepasst. Hinter den Gefängnismauern grassiert das Coronavirus. Die kleine Gruppe Demonstranten will auf die mangelnden Schutzvorkehrungen für die Insassen aufmerksam machen. Joe trägt ein Schild mit der Aufschrift «Was sind wir für Menschen, wenn wir das Leiden anderer ignorieren?». An der Aktion nehmen nur Schwarze teil. So wie sich unter den Insassen amerikanischer Gefängnisse überproportional viele Schwarze finden. Unter Erwachsenen landen fünfmal mehr Schwarze hinter Gittern als Weiße. Insgesamt geht die Zahl der Häftlinge zurück, wie das Umfrageinstitut Pew 2019 herausgefunden hat, aber der Anteil Schwarzer bleibt im Vergleich zu Weißen dennoch deutlich höher. Daran hat sich kaum was geändert.

Die schwarze Bürgerrechtsorganisation National Association for the Advancement of Colored People (NAACP) hat sich die Zahlen für männliche schwarze Jugendliche genauer angesehen. Demnach muss einer von drei damit rechnen, im Gefängnis zu landen, gegenüber einem von siebzehn bei weißen Jugendlichen. Obwohl schwarze Kinder und Teenager nur 14 Prozent der jungen Bevölkerung ausmachen, stellen sie 32 Prozent der Verhafteten, 42 Prozent derer, die in Gewahrsam genommen werden, und 52 Prozent der Jugendlichen, deren Fall vor einem Strafgericht landet.

Die Zahlen spiegeln wider, wovon zwei Drittel der Amerikaner überzeugt sind, nämlich dass Schwarze weniger fair von der Polizei und im Rechtssystem behandelt werden als Weiße. Auch das ist ein Ergebnis einer Pew-Umfrage. Darin stimmen sogar weiße und schwarze Amerikaner überein, wenngleich mehr Schwarze diese Ungerechtigkeit anmerken als Weiße. Die Zahlen unterscheiden sich jedoch stark, wenn man sich anschaut, wie weiße Demokraten und weiße Republikaner zu dieser Frage stehen.

Letztere sagen weitaus seltener, dass Schwarze von Polizei und Justiz unfairer behandelt werden als Weiße.

Joe Houstons persönliche Erfahrung deckt sich mit diesen Zahlen. Und er weiß auch, dass das dramatische Konsequenzen für das Leben nach dem Gefängnis haben kann: Jemand, der in den USA inhaftiert war, muss fast immer mit Nachteilen im Beruf, bei der Ausbildung oder auch beim Wahlrecht leben. Insgesamt hat die Organisation NAACP fünfzigtausend rechtliche Beschränkungen im ganzen Land aufgelistet. Joe hatte Glück. Da er noch Jugendlicher war, als er ins Gefängnis kam, sich dort gut geführt hat, wurde sein Vorstrafenregister gestrichen. Das hilft, und er ist stolz darauf. Solange er nicht selbst darüber redet, kann niemand über eine Online-Überprüfung herausfinden, dass er im Gefängnis war. Ein gutes Gefühl, wenngleich er kein Geheimnis aus seiner Vergangenheit macht.

Nach seiner Zeit hinter Gittern arbeitet er anfangs für ein Tourismusunternehmen. Da sei er zum ersten Mal in die Stadtteile gekommen, in die es die Besucher von Washington zieht. Dort sei alles so sauber und sicher gewesen, kein Vergleich zu seinem Stadtteil. «Wir brauchen Vorbilder hier bei uns. Aber wenn es mal jemand aus den ärmeren Vierteln, aus der ‹Black Community›, schafft, dann kommt er selten zurück.»

Das will er anders machen. Im Südosten der Stadt geboren und aufgewachsen zu sein, das gebe ihm ein ganz besonderes Gefühl, er sei fast süchtig nach seiner Heimat, seinem Ursprung, nach dem, was ihn geprägt habe, das lasse ihn nicht mehr los, im Positiven wie im Negativen. «Ich fühle mich manchmal unsicher, scanne meine Umgebung.» Der ständige Blick über die Schulter, immer auf der Hut sein, das gehört in seinem Viertel für ihn zum Alltag. Seine Vergangenheit als einer der coolen Jungs mit Waffe fordert ihren Tribut. Es könnte immer noch jemand eine Rechnung mit ihm offen haben. Oder jemandem könnte es missfallen, dass er sich von der Straße abgewandt hat. Da heißt es dann schnell: Denkt der etwa, er sei etwas Besseres? Das Leben mit der

Angst hat ihn geprägt. Joe spricht nicht viel darüber, aber die Erfahrungen aus seiner Kindheit und die Zeit im Gefängnis haben deutliche Spuren hinterlassen. Der junge Mann leidet unter einer posttraumatischen Belastungsstörung.

An manchen Orten, zu denen uns Joe mitnimmt, als er Lebensmittel für eine Hilfsorganisation ausliefert, bittet er uns, nicht zu filmen. Ihm ist wichtig, nicht zu provozieren. Niemand soll das Gefühl haben, er wolle Menschen schlecht aussehen lassen. Jemand wie er kommt schnell in den Verdacht, mit der Polizei zusammenzuarbeiten. Das würde ihm schaden.

Auf einem Basketballplatz unterhält sich Joe mit ein paar Jungs, will wissen, was sie später einmal werden wollen. Ohne Zögern kommt die Antwort: Sportler, Footballspieler – der Traum vieler schwarzer Jugendlicher. Joe redet auf sie ein: Ihr müsst lernen, nur dann könnt ihr auch erfolgreich sein. Wirklich begeistert sind die Jungs nicht von der Predigt, die da mit Wucht über sie hereinbricht. «Versucht, anders zu sein. Ihr müsst nicht cool sein wie alle anderen. Wisst ihr, was dann passiert? Ihr werdet getötet, geht ins Gefängnis. Nutzt es, dass ihr eine Ausbildung bekommen könnt. Wenn ihr älter seid, müsst ihr Verantwortung übernehmen. Wollt ihr etwa, dass eure Kinder euch später einmal sagen ‹Wir haben keine Lust zu lernen›? Sagt ihr ihnen dann ‹Bleibt doch zu Hause›? Ihr seid ihr Vorbild. Ihr könnt so vieles tun. Lasst euch von niemandem sagen, dass ihr etwas nicht schaffen könnt.»

Joe kann sich kaum bremsen. Er sieht sich selbst in ihnen und redet sich in Rage. Es ist ihm ein so großes Anliegen, die Jungs zu überzeugen, dass er gar nicht zu merken scheint, wie sie ihm immer weniger zuhören. Doch dann erzählen sie, dass der Jüngste unter ihnen gerade erst seinen besten Freund verloren hat. Erschossen an einer Tankstelle. Zufällig oder gezielt, niemand weiß es. Ein Opfer mehr, und wenn es so läuft wie oft, wird die Polizei noch nicht einmal die Schuldigen finden.

Sicher denkt Joe in solchen Situationen auch an seine eigenen Kinder. Er war vierundzwanzig und noch nicht lange aus der Haft entlassen, als seine neue Freundin schwanger wird. Als sie es ihm sagt, schneidet sich Joe seine Haare ab, die geliebten Dreadlocks. Sie gehören zu einem anderen Leben. «Ich wollte ein neuer Mensch sein. Ich wollte Verantwortung übernehmen, ein guter Vater sein. Meine Kinder sollen es einmal besser haben als ich.» Dem ersten Kind, einem Mädchen, folgt bald ein zweites, ein Junge. Seine Freundin hat noch einen Jungen aus einer früheren Beziehung.

Nach unserem Beitrag im Frühjahr 2020 treffe ich Joe Houston im Oktober 2021 für ein längeres Gespräch wieder. Er hat den Absprung aus dem Südosten von Washington geschafft, lebt inzwischen mit seiner Familie in einer Wohnung in Arlington, Virginia, nimmt Schauspielunterricht und hat soeben ein Stipendium für einen Lehrgang an der George Washington University ergattert, wie man ein erfolgreiches Unternehmen gründet.

Seinen Lebensunterhalt verdient Joe weiterhin vor allem als Personal Trainer. Er hat die Organisation «WeFitDC» gegründet, mit der er anfangs vor allem kostenlose Work-outs angeboten hat, gemeinsam mit anderen Trainern und immer im Südosten von Washington. Inzwischen ist daraus ein Unternehmen geworden. Mit einem Team führt er Einzel- und Gruppentrainings durch, gibt Ernährungskurse, vermittelt psychologische Unterstützung. Und der Schriftzug prangt in bunten Farben auf Sportkleidung, die er verkauft. Schon vorher hat er eine gemeinnützige Organisation gegründet, die inzwischen den stolzen Namen «WeFitUniversity» trägt und mit der er anderen ehemaligen Häftlingen hilft, die Prüfung zum Fitnesstrainer abzulegen.

Joe betont immer wieder, er wolle seiner Community etwas zurückgeben. Er wolle anderen helfen, damit es ihnen nicht so ergehe wie ihm selbst. «Ich glaube, mit mehr Menschen, die im Bereich Fitness arbeiten, können wir das Umfeld verbessern, besonders in diesen unterversorgten Gebieten.» Auch wenn er selbst dort nicht mehr wohnt – sein neues Zuhause Arlington bietet deutlich bessere Schulen und mehr Sicherheit für seine Kinder –, ist er weiter in dem Stadtteil seiner Kindheit präsent, in den ärmsten Vierteln von Washington, in denen es keine Fitnessstudios gibt, keinen Supermarkt, in dem man frisches Essen einkaufen kann, nur Shops an den Tankstellen, keine reguläre ärztliche Versorgung. Das seien Gesundheitswüsten, klagt Joe. Die Menschen, die dort leben, erkranken überproportional häufig an Asthma und Bluthochdruck, sind übergewichtig. Viele wissen gar nicht, was es heißt, sich gesund zu ernähren, aber vor allem können sie es sich nicht leisten. All das müsse sich ändern, fordert Joe.

Es ist ein Teufelskreis, den McKinsey in einer Studie vom Juni 2021 über die «wirtschaftlichen Verhältnisse des schwarzen Amerika» nachzeichnet. In allen gesellschaftlichen Bereichen gibt es enorme Ungleichheiten zwischen Schwarzen und Weißen. Ein schwarzer Haushalt verfügt durchschnittlich nur über ein Achtel des Vermögens eines vergleichbaren weißen Haushalts, gerade einmal 24 000 Dollar im Vergleich zu 188 000 Dollar. Noch dramatischer ist die Lücke bei den Ärmsten in der Gesellschaft. Hier haben weiße Familien im Vergleich zu schwarzen das Vierzigfache an Geld zur Verfügung. Letztere können sich auch viel seltener eine Wohnung oder gar ein Haus leisten. Die meisten mieten eine Unterkunft, wodurch ihnen schnell Obdachlosigkeit drohen kann, da in den USA kein Mieterschutz herrscht, wie es ihn etwa in Deutschland gibt. Und das hat Auswirkungen auf die Qualität der öffentlichen Schulen, da diese mehr als 80 Prozent ihrer lokalen Einnahmen aus der Grundsteuer beziehen. Wenn in einem Gebiet nur wenige Menschen Häuser mit einem guten Wert besitzen, folgen daraus geringe Steuereinnahmen, was sich wiederum in einer mangelhaften Ausstattung der Schulen niederschlägt, auch Förderprogramme für Kinder fallen oft weg. Im Durchschnitt werden in Schulbezirken, in denen mindestens 75 Prozent der Schüler schwarz sind, 1800 Dollar pro Schüler weniger ausgegeben als in mehrheitlich weißen Schulbezirken. Das betrifft fast acht Millionen Kinder im ganzen Land. All das wird zusätzlich dadurch verschärft, dass Schwarze überdurchschnittlich wenig verdienen, dass schwarze Väter zu Hause oft fehlen, nicht zuletzt, weil sie überdurchschnittlich häufig im Gefängnis landen. Kurzum: In den USA haben schwarze Kinder unendlich viel schlechtere Startbedingungen als weiße.

Weil Joe Houston in seiner eigenen Kindheit genau in diesem Teufelskreis feststeckte, will er es besser machen. Ich frage ihn, wie er denn all seine Aktivitäten unter einen Hut bekomme und dabei auch noch ein guter Vater sein könne. «Ich will die Zeit optimal nutzen, in der ich jung bin. Jetzt habe ich noch die Kraft, all das zu machen», lacht er. Joe träumt davon, reich zu sein. Er weiß, Geld ist nicht alles, aber er will ein gutes Leben, will reisen, seinen Kindern eine Zukunft bieten. Aber er wolle nichts geschenkt bekommen, das ist ihm wichtig. Er will es aus eigener Kraft schaffen. Als er klein war, habe ihn ein Lehrer einmal an die George Washington University mitgenommen. Damals realisierte Joe nicht, dass dieser Mann ein Vorbild hätte sein können. Der kleine Junge konnte sich nicht vorstellen, dass ihm an so einem Ort ein Platz zustehen könnte. Jetzt hat er es geschafft. Dass es in einem Spezialprogramm für «Returning Citizens», ehemalige Strafgefangene, ist, mit dem sich die Universität schmückt, stört ihn nicht.

In die Politik setzt Joe Houston nicht viel Vertrauen. Er glaubt nicht daran, dass sie benachteiligten Stadtteilen wie dem seiner Kindheit wirklich helfen wollen. Hin und wieder gebe es Versprechen, die sich gut als Schlagzeilen eigneten, aber bisher habe sich nichts geändert. «Sie lassen uns im Stich», klagt er, doch zugleich will er die Menschen, die dort leben, nicht aus der Verantwortung entlassen. «Niemand geht zu den Haushaltssitzungen im Stadtrat.» Man müsse sich doch für das interessieren, was einen betreffe. Es gebe Möglichkeiten, Dinge mitzugestalten.

Und dann erzählt er noch, wie er mit meiner Kollegin, die mich mit Joe bekannt gemacht hat, immer wieder heftig diskutiert habe. Sie habe die Schuld der Weißen gegenüber Schwarzen kritisiert, die Sklaverei, den Rassismus. Ja, das stimme alles, und es gebe immer noch Rassismus, aber eben auch viele Möglichkeiten, etwas zu ändern. Sein Ziel sei es, dass die, die es schaffen, aus dem Teufelskreis von Armut und sozialer Benachteiligung herauszukommen, Verantwortung übernehmen. Sie sollen Vorbilder für die Jugendlichen sein, ihnen beweisen: Auch ihr habt eine Chance, ergreift sie.

Auf der Straße habe neulich ein Kind, als es Joe gesehen hat, zu seiner Mutter gesagt: «Guck mal, da ist Mister WeFit.» Joe war gerührt. Ein Mann mit Kinderträumen: einmal Superheld sein. Für seine Schauspielerei probiert er sich ständig in neuen Kostümen aus – Black Panther, Spiderman oder ein Angestellter ganz im Stil der siebziger Jahre. «Ich will Spaß haben. Mir ist egal, was andere denken.» Und das öffne ihm viele Türen. Inzwischen wird er oft angerufen, um Rollen als Statist zu übernehmen. Der heute Achtundzwanzigjährige hat einen weiten Weg zurückgelegt, von der Straße, vom coolen Kid, das Drogen verkauft, zum zielstrebigen Wirtschaftsstudenten, Jungunternehmer, Personal Trainer, Aktivisten. Er habe lernen müssen, dass es in Ordnung ist, anders zu sein, auch wenn das dann nicht alle cool finden.

Shakespeare statt Hip-Hop, Rap oder GoGo. Im vierten Akt von «King Lear» hat Joe Houston noch einmal einen Auftritt als Edelmann, und irgendwie passt auch dieser Satz, die Antwort auf die Frage, warum der König von Frankreich so schnell zurück in die Heimat gereist sei und seine Truppen, die gegen England zogen, allein gelassen habe: «Es war ein Staatsgeschäft noch nicht vollendet, das nach der Landung er bedacht; es drohte dem Königreich so viel Gefahr und Schrecken, dass eigne Gegenwart höchst dringend schien. Und unvermeidlich.» Was immer der König von Frankreich retten wollte, Biden will es ihm im Amerika von heute nachtun. Vieles bedroht die Demokratie, wie sie jahrhundertelang überdauert hat. Biden hat nicht weniger versprochen, als genau diese Demokratie zu bewahren, aber er hat ihre Feinde nicht in den Griff bekommen, und die, die ihn mit der schwierigen Aufgabe betraut haben, scheint er inzwischen verloren zu haben. Die Truppen werden weniger und erscheinen an vielen Orten in den USA müde. Eine erfolgreiche Amtszeit sieht anders aus.

JoJo wird wohl zur Wahl gehen, und es steht für ihn außer Frage, dass er den Demokraten nahesteht, aber Begeisterung lösen Politiker bei ihm nicht aus. Es ist eher die Entscheidung für das kleinere Übel. Nichts, worauf Biden stolz sein kann – ein Präsident, der Menschen wie Joe Houston und all den anderen in den benachteiligten Stadtteilen im ganzen Land versprochen hat, ihnen solle es unter seiner Regierung deutlich besser gehen als unter Trump.

Tage des nationalen Traumas – 11. September und 6. Januar

9/11 – zwanzig Jahre danach

«Wir sehnen uns nach dem 12. September
zurück, dem Tag, an dem wir alle geeint waren.
Leider sind wir das heute nicht.»

Gordon Felt aus New York State

Es ist der 11. September 2021. Die Gedenkstätte in Shanksville,
Pennsylvania, ist ein besonderer Ort – mehr eine Landschaft, um
sich zu erinnern und der Toten zu gedenken, als steinernes Denkmal. Nachdenklichkeit statt Heroismus. Die Anlage zeichnet die
Flugbahn nach, die letzten Momente des United-Airlines-Fluges
93, bevor der Aufprall die Maschine regelrecht pulverisierte. Ein
gepflasterter Weg führt Besucher bis zu einer Aussichtsplattform.
Ihr Blick schweift über sanfte Hügel, die weiten Felder bis zum
Waldrand. Dort liegt ein Findling, der die Absturzstelle markiert.
«Das ist wohl das, was die Passagiere als Letztes gesehen haben»,
schaudert es eine Frau, mit der ich mich unterhalte. Zugleich aber
sei es doch tröstlich zu wissen, dass die Opfer des Anschlags noch
einmal einen freien Blick in die Weite gehabt hätten. Genau dieses Gefühl wollten die Architekten erreichen.

Hier wird der Menschen gedacht, die dem ideologischen
Kampf islamistischer Terroristen zum Opfer fielen. Diese griffen
ein Land an, das für ein anderes Gesellschaftsmodell stand, das
sich als Großmacht für unbesiegbar hielt, das so noch nie auf eigenem Boden angegriffen worden war.

Das Gelände rund um die Absturzstelle darf nur von Angehörigen der Opfer betreten werden. Das sei wie ein großes Grab, erzählt Gordon Felt, der Bruder eines Mannes, der gemeinsam mit
anderen Passagieren und Besatzungsmitgliedern versuchte, die
Entführer zu überwältigen. Die Explosion des Flugzeugs war so

heftig, dass kaum noch menschliche Überreste gefunden wurden. Felt stemmt an diesem besonderen Jahrestag ein Interview nach dem nächsten. Für ihn selbst spiele es keine Rolle, welcher Jahrestag es sei, jeder 11. September führe ihm den Verlust des Bruders vor Augen. Aber er weiß um die Spaltung in seinem Land, die nach dem Abzug der amerikanischen Truppen aus Afghanistan wieder besonders deutlich wird, angeheizt von Donald Trump, der nicht müde wird zu behaupten, unter ihm wäre der Abzug nie so chaotisch verlaufen. Felts Mahnung richtet sich auch an ihn: «Wir alle würden uns wünschen, dass wir den 11. September nie hätten erleben müssen. Zugleich aber sehnen wir uns nach dem 12. September zurück, dem Tag, an dem wir alle geeint waren. Leider sind wir das heute nicht.»

Zwanzig Jahre nach 9/11, zwanzig Jahre nachdem sich die USA und mit ihnen die ganze Welt verändert hat. Zwanzig Jahre, seitdem der Westen auf einmalige Weise infrage gestellt, herausgefordert, gedemütigt wurde. Jeder Jahrestag erinnert die jeweilige US-Regierung an den Moment, in dem eine gewisse Sorglosigkeit in der amerikanischen Öffentlichkeit endete, genauso wie das Gefühl der Unbesiegbarkeit im eigenen Land. Sicher, die USA hatten Niederlagen erlebt, in Vietnam vor allem, aber nicht zu Hause. Der Anschlag vom 11. September änderte das auf dramatische Art und Weise. Danach war nichts mehr, wie es einmal gewesen war.

Über viele Jahre hinweg pausierte der parteipolitische Streit zwischen Demokraten und Republikanern an diesem Tag. Die Politiker hielten, vor allem an den «runden» Gedenktagen, in gemeinsamer Trauer inne, im Entsetzen über das auch nach langer Zeit immer noch Unfassbare. Doch im September 2021 ist das anders. In New York tritt Präsident Biden gemeinsam mit seinen Vorgängern Obama und Clinton auf. In Shanksville, Pennsylvania – dem Ort, an dem die vierte Maschine abstürzte, die ihr Ziel, vermutlich das Kapitol in Washington, verfehlte –, spricht der ehemalige republikanische Präsident George W. Bush nach der demokratischen Vizepräsidentin Kamala Harris. Nur Donald Trump bleibt den offiziellen Gedenkfeiern fern. Er entscheidet sich für einen unangekündigten Besuch auf dem 17. Polizeirevier in Manhattan und einer benachbarten Feuerwache und wird begeistert empfangen.

Der zwanzigste Gedenktag soll zugleich der Stichtag für den Truppenabzug aus Afghanistan sein. Das legt Biden in einem Moment fest, in dem er wohl hofft, dieses Wahlkampfversprechen, das er mit seinem Konkurrenten Trump gemein hat, in einen innenpolitischen Erfolg verwandeln zu können. Doch es kommt alles anders. Statt Triumph – Demütigung. Der Truppenabzug gleicht einer Flucht. Hinzu kommt ein verheerender Selbstmordanschlag am Zugang des Flughafens in Kabul, bei dem am 26. August 2021 neben vielen Afghanen, einhundertsiebzig wurden gezählt, auch dreizehn Angehörige des Militärs sterben. In den wenigen verbleibenden Tagen bis zum erklärten letzten Tag des Einsatzes in Afghanistan spielen sich dramatische Szenen am Flughafen ab. Menschen hängen sich verzweifelt an ein startendes Flugzeug. Kameras halten fest, wie einige in den Tod stürzen.

Gerade unter Polizisten und Feuerwehrleuten in New York gibt es in den Wochen vor dem 11. September 2021 etliche, die fordern, Biden solle der Gedenkveranstaltung fernbleiben. Sie machen ihn für das Debakel in Afghanistan verantwortlich, er sei nicht ihr Präsident, klagen sie und werfen ihm vor, die Erinnerung an ihre verstorbenen Familienangehörigen, ihre Freunde, ihre Kollegen mit dem jetzt entstandenen Bild der ohnmächtigen Supermacht in den Schmutz gezogen zu haben. Die Art des Abzugs, der aussah wie eine Niederlage in einem seit zwanzig Jahren andauernden Krieg, hat bei vielen Amerikanerinnen und Amerikanern die nur mühsam verheilte Wunde der Terroranschläge wieder aufgerissen. Der Konsens, dass man zusammensteht angesichts von Bedrohungen und gemeinsam erlebten Katastrophen – dieser Konsens ist genauso verloren wie viele frühere Gewissheiten, die die Bevölkerung der Vereinigten Staaten seit dem Ende des Zweiten Weltkriegs prägten.

Doch Biden lässt sich am 11. September 2021 von der Kritik, die ihm entgegenschlägt, nicht beirren. Er kommt nach New York, nach Pennsylvania, auch zu einer Feuerwache in Shanksville, einer Gemeinde gut hundert Kilometer südöstlich von Pittsburgh, mitten in einer Region, die bis heute als Trumpland gilt. Trump selbst wütet derweil in New York gegen seinen Nachfolger. Er nutzt den Gedenktag, um mit einer erneuten Präsidentschaftskandidatur im Jahr 2024 zu kokettieren. Ein Polizist fragt ihn, ob er denn noch einmal antreten wolle. Trump meint, das sei eine harte Frage. Wobei, verbessert er sich, für ihn selbst sei es eigentlich eine leichte Frage. «Ich weiß, was ich tun werde. Ich denke, ihr werdet glücklich sein. Lasst es mich so sagen. Ihr werdet sehr glücklich sein.»

Außerdem kritisiert er Bidens Afghanistan-Abzug. «Das ist der zwanzigste Jahrestag dieses Krieges. Das hätte ein Jahr des Sieges, der Ehre und der Stärke sein sollen. Stattdessen haben Biden und seine unfähige Regierung eine Niederlage erlitten und sich ergeben.» Das sagt Trump in einem Video, das er zu diesem 11. September 2021 veröffentlicht. Er erwähnt nicht, dass er selbst in Verhandlungen mit den Taliban, an denen die afghanische Regierung nicht beteiligt war, den Rahmen für den Abzug gesteckt hatte und dabei unter anderem vereinbarte, dass die Taliban bis zum Abzug der Truppen keine US-Soldaten mehr angreifen sollten. Als Datum für den Abzug wurde in dem Abkommen der 1. Mai festgelegt. Die neue Regierung unter Biden hielt an der Übereinkunft fest, nur der Termin wurde verschoben. Der neue Stichtag sollte ein symbolischer Tag sein, und die Wahl fiel auf den 11. September 2021. Der einmal in Gang gesetzte Abzug wird so beschleunigt, dass in der Nacht auf den 31. August die letzten amerikanischen Soldaten vom Flughafen in Kabul abheben – nicht einmal zwei Wochen vor den großen Gedenkfeiern zum zwanzigsten Jahrestag des nationalen Desasters, das zwei Jahrzehnte lang die Außenpolitik der USA geprägt hat.

Trump ist sich der großen Aufmerksamkeit an diesem Tag bewusst. Fox News überträgt seinen Auftritt vor New Yorker Polizisten live. Bis zu einem Punkt, der selbst diesem Fernsehsender zu weit geht. Fox News bricht die Übertragung ab; der Moderator begründet das nüchtern: «Trump hat keine Gelegenheit ausgelassen, seine Klagen zu verbreiten, inklusive der Behauptung, dass es bei der Präsidentschaftswahl nicht mit rechten Dingen zugegangen sei, was nicht stimmt. Das ist vor Gericht mehrfach bewiesen worden.» Die Menschen in der Feuerwache dagegen jubeln. Trump ist ihr Held. Sein Verhalten wird nicht hinterfragt. Für jemanden wie mich, die das Ganze von außen betrachtet, ist das eine groteske Situation. Ich frage mich, wie es sein kann, dass Trumps Auftritt an diesem Tag so unterschiedlich wahrgenommen wird. Am Abend dann kommentiert der frühere Präsident einen Boxkampf. Für viel Geld, wie er selbst im Vorfeld zugegeben hat.

Es ist ein Republikaner, Trumps Vorgänger George W. Bush, der in seiner Rede offen anspricht, wie sehr sich die USA in den letzten Jahren verändert haben. Er, der als Präsident einen großen Teil der Verantwortung trägt für das, was in den Jahren nach den Anschlägen außenpolitisch falschlief. Gemeinsam mit seinem Verteidigungsminister Donald Rumsfeld und dem Vizepräsidenten Dick Cheney stand Bush im Ruf eines Kriegstreibers um jeden Preis. Vor allem wegen des Krieges im Irak, den er 2003 begann, ohne Beweise dafür zu haben, dass das Land Massenvernichtungswaffen besitzt – obwohl das von Außenminister Colin Powell vor den Vereinten Nationen als Grund angegeben worden war, warum man den Irak angreifen müsse. Auch dafür, dass der Irak die Terrororganisation al-Qaida unterstützte, die für die Anschläge am 11. September verantwortlich war, gab es keine Belege.

Bushs Regierung verfolgte nach den Anschlägen am 11. September eine Agenda, die mit der Ursache des Terrors nur wenig zu tun hatte, und dieses aggressive Vorgehen brachte die USA außenpolitisch in Misskredit. Mit dem Konsens, der nach den Anschlägen herrschte, als die USA sich auf die Beistandsverpflichtung der NATO im Falle eines Angriffs auf einen NATO-Partner berief, Artikel 5 des Verteidigungsbündnisses, war es spätestens ab diesem Zeitpunkt vorbei. Im Sicherheitsrat der Vereinten Nationen lehnte eine deutliche Mehrheit eine Resolution zum Irak-Krieg ab. Bush umgab sich stattdessen mit einer Koalition der Willigen, zu der sich zum Beispiel Deutschland ausdrücklich nicht zählte.

Zwanzig Jahre später ist es nun ausgerechnet George W. Bush, der die Hand zur Versöhnung im eigenen Land ausstreckt. Immer häufiger findet sich Bush inzwischen an der Seite von Demokraten und wendet sich entschieden gegen Politiker seiner Partei, vor allem gegen Donald Trump. Bush geht an diesem 11. September nicht so weit, eigene Fehler einzuräumen. Nur so viel: Die Militäraktionen der letzten zwanzig Jahre, um den Terror an der Quelle zu bekämpfen, hätten zu Debatten geführt. Er nutzt seine Rede, um an die Einheit Amerikas zu erinnern, die nach den Anschlägen geherrscht habe. «Diese Tage scheinen im Vergleich zu heute sehr weit weg. Eine unheilvolle Macht scheint unseren Alltag zu beherrschen. Sie verwandelt jede Meinungsverschiedenheit in einen Streit, jeden Streit in einen Kulturkampf. Ein großer Teil unserer Politik ist ein ungeschminkter Aufruf zu Wut, Angst und Missgunst.»

Die Gefahr komme nicht nur von außen, jenseits der Grenzen des eigenen Landes, sondern auch von innen, von der Gewaltbereitschaft mancher Amerikaner. Das macht dem früheren Präsidenten Bush offenkundig Sorgen. «Es gibt kaum kulturelle Gemeinsamkeiten zwischen gewalttätigen Extremisten im Ausland und denen in den USA. Aber in ihrer Verachtung für Pluralismus, in ihrer Missachtung menschlichen Lebens, in ihrer Entschiedenheit, nationale Symbole zu schänden, sind sie Kinder desselben verdorbenen Geistes.»

Bush gesteht, er habe keine Lösung parat, aber er empfinde es als Pflicht, sich diesen Leuten entgegenzustellen. Auch indem er von seinem Amerika erzähle. Das Amerika, das er kenne, sei ein solidarisches, wenn es geprüft werde. Es habe Vorurteile zurückgewiesen, sei trotz allem offen für Einwanderer und Flüchtlinge geblieben, habe selbstlos geholfen. «Das ist nicht nur Nostalgie. Es ist die aufrichtigste Version dessen, was wir sind. Es ist das, was wir waren, und was wir wieder sein können.»

Donald Trump antwortet auf die ihm eigene Art. In einer E-Mail vom 13. September 2021 – sie kommt von «Save America PAC», seiner Plattform, auf der er Spenden sammelt – kritisiert er Bush. Es sei interessant zu beobachten, heißt es dort, dass Bush, der verantwortlich dafür sei, dass die USA in den Treibsand des Nahen Ostens geraten seien – und der diesen Konflikt auch noch verloren habe –, die Amerikaner nun belehre, dass die Terroristen von rechts ein größeres Problem seien als die aus fremden Ländern, die Amerika hassen und jetzt ins Land kommen würden. Das World Trade Center sei unter Bushs Regierung gefallen. Seine Präsidentschaft sei misslungen gewesen, er habe niemanden inspiriert und solle dementsprechend niemanden belehren.

Eines der wenigen Themen, bei dem bisher noch weitgehend parteipolitische Einigkeit herrschte, ist nun ebenfalls ein Zankapfel. Die innenpolitische Spaltung der USA, vorangetrieben von Donald Trump, seinen Anhängern und vielen in der Republikanischen Partei, spielt sich so auch in der Außenpolitik ab. Auf die Frage, wer die Interessen der USA in der Welt am besten vertreten könne, gibt Trump eine klare Antwort: Das könne nur einer sein, er selbst. Von der Zurückhaltung, in der sich frühere Präsidenten normalerweise gegenüber der Politik ihrer Nachfolger übten, ist bei Trump nie etwas zu spüren gewesen. Am zwanzigsten Jahrestag der terroristischen Anschläge auf die USA wird das einmal mehr deutlich.

Joe Biden, dem bewusst ist, dass der chaotisch verlaufene Abzug aus Afghanistan seine Präsidentschaft belastet, hält sich an diesem Gedenktag zurück. Den Sieg über den Terror kann er nicht vollmundig verkünden. Zu präsent sind die erschütternden Bilder aus Afghanistan. Eine Großmacht, besiegt, gedemütigt, in ihrem Selbstverständnis zutiefst erschüttert, zwanzig Jahre Militäreinsatz in ihrer Sinnlosigkeit vorgeführt. All das Leiden, wofür?

Biden zeigt sich bewusst an allen drei Anschlagsorten, spricht mit Angehörigen der Opfer, hält aber selbst keine Rede. Erst in Shanksville, beim Besuch der Feuerwache, deren Löschzug zu den ersten Einsatzkräften am Absturzort gehörte, antwortet er kurz auf Fragen von Reportern.

Seit dem Absturz des United-Airlines-Fluges 93 treffen sich die Feuerwehrleute jedes Jahr am 11. September mit ihren Familien zu Hotdog und Burger. Manchmal kommen auch Angehörige der Opfer vorbei, der Menschen, die damals im Flugzeug verhindert haben, dass die vierte entführte Maschine ihr eigentliches Ziel erreichte. Bis heute ist man sich nicht sicher, ob die Terroristen das Weiße Haus oder das Kapitol im Visier hatten. Als ich wenige Tage zuvor in Shanksville war, sagte der frühere Feuerwehrchef mir, bei den jährlichen Treffen wollten nicht die Feuerwehrleute selbst im Mittelpunkt stehen, sondern es gehe um den Mut der vierzig, die an dem Tag in den Tod flogen. «Unser Job ist es, ihre Geschichte zu erzählen, sicherzustellen, dass sie nicht vergessen werden.» Eine Geschichte, die sie bestimmt auch Joe Biden erzählt haben.

Parteipolitik soll am Jahrestag in der Feuerwache keine Rolle spielen. Trotz vieler Trump-Sympathisanten in dieser ländlichen Ecke von Pennsylvania kommt es zu keinen Protesten, niemand berichtet von Buhrufen. Eine mitreisende Journalistin erzählt später lediglich von einigen Anwesenden mit roten «MAGA»-Kappen, «Make Amerika Great Again». Sie berichtet auch, dass Biden die Feuerwehrleute gefragt habe, ob die USA ihrer Meinung nach in den nächsten fünf, sechs, zehn Jahren zeigen werden, dass sie als Demokratie weiterhin funktionieren – oder eben nicht mehr. Eine Antwort ist nicht überliefert, aber Bemerkungen wie diese machen deutlich, dass Biden die Demokratie in den USA für sehr gefährdet hält. Bei der Auseinandersetzung zwischen der Trump-Welt und allem, wofür Biden steht, geht es für ihn um die Frage, welches politische System eine Zukunft hat, ob sich Autokratien oder Demokratien durchsetzen werden. An der Stelle sind für ihn Innen- und Außenpolitik nicht zu trennen.

Vor den Journalisten versucht der Präsident, den Abzug aus Afghanistan zu rechtfertigen. «Siebzig Prozent der US-Bevölkerung denken, dass es Zeit war, Afghanistan zu verlassen und nicht länger all dieses Geld auszugeben, aber die Kehrseite ist, dass ihnen nicht gefällt, wie wir rausgegangen sind. Es ist schwer, das jemandem zu erklären, aber wie hätten wir sonst herauskommen können?» Und er schiebt noch hinterher: «Jetzt haben wir zwanzig Jahre lang dreihundert Millionen Dollar täglich ausgegeben, um Afghanistan zu einen, nachdem wir Osama bin Laden erwischt hatten, nachdem al-Qaida dort vernichtet worden war. Kann al-Qaida trotzdem zurückkommen? Ja. Stellen Sie sich vor, die Terrororganisation ist bereits zurück, aber an anderen Orten. Was ist dann die Strategie? Sollen wir überall, wo al-Qaida ist, einmarschieren und Truppen stationieren? Also echt!»

Biden flüchtet sich immer wieder in einen flapsigen, beleidigt-defensiven Ton, wenn es um Fehler seiner Regierung geht. Fehler, die er nicht einräumen will. In diesem Fall die falsche Einschätzung, dass die von den USA so lange unterstützte afghanische Regierung und das afghanische Militär den Taliban länger standhalten könnten.

Angetreten war Biden mit dem Versprechen: «America is back», Amerika ist zurück. Ein Versprechen gerade auch gegenüber den internationalen Verbündeten. Er schien sagen zu wollen: Ihr könnt euch wieder auf uns verlassen. Wir stehen an eurer Seite. So wie ihr an unserer Seite wart, damals, als die Terroranschläge am 11. September die ganze Welt erschütterten.

Unter Beweis stellen kann er das, als er im Juni 2021, nach fast fünf Monaten im Amt, zu seiner ersten großen Auslandsreise aufbricht, nach Europa. Ich habe die Möglichkeit, ihn zu begleiten, und kann so aus der Nähe miterleben, wie er sich auf der internationalen Bühne schlägt. Vor dem Abflug sagt mir ein guter Bekannter, ein ehemaliger Postangestellter, mit der politischen Weisheit seiner fünfundachtzig Jahre: «Man braucht Freunde in der Politik, es geht nicht mehr ohne Freunde.» Eine Überzeugung, die auch zu Bidens Plänen passt. Im englischen Cornwall will er am G7-Gipfel teilnehmen. Dann geht es weiter nach Brüssel, zur NATO und zur EU. Schließlich zum Höhepunkt in Genf, dem mit großer Spannung erwarteten Aufeinandertreffen mit Wladimir Putin. Trump hat den russischen Präsidenten beim ersten offiziellen Treffen der beiden Regierungschefs am 16. Juli 2018 in Helsinki regelrecht hofiert. Vor der versammelten internationalen Presse düpierte er seine eigenen Geheimdienste, indem er feststellte, Präsident Putin sage, dass Russland sich nicht in die amerikanischen Wahlen eingemischt habe. «Ich sehe keinen Grund, warum Russland das getan hätte.» Er stellte damit die Glaubwürdigkeit Putins über die der US-Geheimdienste. Biden will nun einen konfrontativeren Ton wählen, Grenzen aufzeigen. Doch bietet er Putin mit dem Treffen zugleich eine Bühne, die dessen Ego mit Sicherheit auch schmeichelt.

Reisen mit dem Weißen Haus bedeutet nicht, dass man in einer Maschine mit dem US-Präsidenten fliegt, obwohl die Air Force One Platz genug hätte. Die meisten der begleitenden Journalisten fliegen in einer Chartermaschine, die dem Präsidenten vorausoder nachreist, je nachdem, was die Berichterstattung erfordert. Den Ton geben dabei die größten amerikanischen Medien an. Parallel dazu gibt es immer eine kleine Gruppe, die in der Präsidentenmaschine sitzen darf, der sogenannte Pool, jemand fürs Fernsehen, jemand fürs Radio, jemand für die Nachrichtenagenturen, Zeitungsjournalisten. Doch auch sie haben selten direkten Kontakt zum Präsidenten. Manchmal kommt die Pressesprecherin vorbei oder jemand anderes aus der Delegation, aber der Präsident selbst macht sich rar.

Die amerikanischen Pressevertreterinnen und -vertreter sind eine eingeschworene Gemeinschaft. Sie kennen sich von früheren Reisen, sitzen Tag für Tag im Pressezentrum im Weißen Haus zusammen, denn diese erklärten «White House Correspondents» haben vor allem eine Aufgabe – über den Präsidenten zu berichten. Ihr Interesse an der Sicht von uns europäischen Journalisten ist begrenzt, obwohl wir gemeinsam auf dem Weg nach Europa sind, wo Biden den Verbündeten eigentlich nur eine Botschaft überbringen will: Amerika ist zurück.

Es ist das erste persönliche Treffen von Regierungschefs und -chefinnen seit langer Zeit, nachdem Corona alle monatelang in die virtuellen Räume gezwungen hat. Der britische Premier Boris Johnson will der Erste sein, der ein infektionsfreies Treffen veranstaltet. Die Regierenden von sieben wichtigen westlichen Industrieländern sitzen an einem Tisch. Für Biden ist das eine wichtige Gelegenheit herauszufinden, ob es ihm gelungen ist, die Zweifel an der Verlässlichkeit der USA zu zerstreuen.

Bei den ersten Terminen geht es um harmonische Bilder und um viel Atmosphäre. Differenzen dringen nicht nach draußen. Biden hat das Ziel, alle Partner darauf einzuschwören, dass China die Bedrohung der Zukunft sei, als Macht, deren Einfluss in der Welt Paroli geboten werden müsse. Russland spielt eher eine Nebenrolle. Dass ausgerechnet der alte Gegner, den Barack Obama einmal schon zur Regionalmacht herabgestuft hatte, zur größten Bedrohung für die europäische und transatlantische Sicherheitsordnung werden sollte, sieht zu dem Zeitpunkt niemand voraus.

Biden trifft sich mit Putin auf neutralem Gebiet, in der Schweiz. Es folgen mehrstündige Gespräche mit einem lächerlich wirkenden Machtspiel zum Abschluss. Putins Pressekonferenz dauert deutlich länger als geplant. Immer weitere Fragen lässt der Kreml-Chef zu, wohl wissend, dass Biden erst dann vor die Journalisten treten wird, wenn sein Auftritt geendet hat.

In seiner eigenen Pressekonferenz, den Genfer See dekorativ im Rücken und damit im Bildhintergrund, an einem herrlichen Frühsommertag, lobt Biden zuallererst das Treffen an sich: Nichts gehe über einen Dialog von Angesicht zu Angesicht. «Wir teilen die einzigartige Verantwortung, die Beziehungen zwischen zwei mächtigen und stolzen Ländern hinzubekommen. Diese Beziehungen müssen stabil und vorhersehbar sein.» Er habe dem russischen Präsidenten versprochen, dass die Politik der Vereinigten Staaten sich nicht gegen Russland richte, sondern ausschließlich an den Interessen des amerikanischen Volkes orientiert sei. Die beiden Staatschefs hätten verabredet, verstärkt über strategische Stabilität zu sprechen, auch über Waffenkontrolle. Er habe klargemacht, betont Biden, dass die USA sich weiterhin der Souveränität und territorialen Integrität der Ukraine verpflichtet fühlen. Darüber wolle man im Gespräch bleiben. Er glaube, Putin verstehe, dass es weder in seinem noch im Interesse der USA sei, in einen neuen Kalten Krieg zu steuern. Aber noch sei der Kreml-Chef nicht bereit, die Waffen niederzulegen. Putin fühle sich «eingekreist» und sei beunruhigt, dass man ihn entmachten wolle. Biden meint noch, in sechs Monaten werde man wohl wissen, wohin sich die Beziehungen mit Russland weiterentwickeln.

Inzwischen kennen wir die Antwort. Alle verhalten optimistischen Hoffnungen haben sich zerschlagen. In der Ukraine tobt ein von Russland entfachter Krieg, den Putin genau mit den Argumenten rechtfertigt, die er bei dem Treffen mit Biden angebracht hatte – Russland sei umzingelt, der Westen habe nur eines im Sinn, nämlich Russland zu zerstören. Von der «guten Atmosphäre» zwischen den beiden Staatschefs, die Biden im Juni 2021 beschreibt, ist nichts geblieben.

So ähnlich verläuft das erste persönliche Treffen zwischen Biden und den G7-, NATO- und EU-Partnern. Anfängliche Euphorie, zumindest ein erstes Aufatmen. Bidens Parteifreund Emanuel Rahm, Obamas früherer Stabschef, beschreibt seinen Eindruck so: «Biden hat während der ganzen Reise auf dem Fah-

rersitz gesessen. Amerikaner mögen das.» Dann kurze Zeit später
der Afghanistan-Abzug, der eine andere Sprache spricht. Die Verbündeten, die vor zwanzig Jahren so große Solidarität gezeigt hatten und seitdem an der Seite der USA am Hindukusch stationiert
waren, erfahren zu wenig zu spät. Der Abzug hat Bidens Image
nicht nur im eigenen Land beschädigt, sondern auch in den Mit-
gliedstaaten der NATO und der EU. Die joviale Stimmung, die
er auf dem G7-Treffen in Cornwall verbreitet hat, weicht großer
Ernüchterung. Und einer Einsicht, die Trump in den Jahren
zuvor immer wieder von den NATO-Partnern gefordert hatte,
allen voran von Deutschland, nämlich dass sie mehr Geld in die
Verteidigung investieren und das von der NATO beschlossene
Zwei-Prozent-Ziel erfüllen müssten, zwei Prozent des Brutto-
inlandsprodukts: «Wer will, dass wir künftig mehr selbst können,
muss tief in die Tasche greifen», gestand die damalige deutsche
Verteidigungsministerin Annegret Kramp-Karrenbauer ein. Ziel
müsse sein, die Bundeswehr besser in Form zu bringen und ein-
satzbereit zu machen.

Das war im September 2021. Monate später ist der unerwartete
Tiefschlag in den transatlantischen Beziehungen, der Abzug aus
Afghanistan, vergessen, denn als im Februar 2022 Russland die
Ukraine angreift, ist es vorbei mit amerikanischen Alleingängen.
Anfangs fragen sich manche noch, ob sie der neuen Abstimmungs-
politik trauen können, aber alles spitzt sich so schnell zu, dass
Zögern nicht mehr möglich ist. Auf deutscher Seite wird das, was
nach dem unrühmlichen Ende des Afghanistan-Einsatzes nur Ab-
sichtserklärungen waren, Realität und findet den Beifall der USA:
hohe Investitionen in die Verteidigung und ins Militär.
    Die Biden-Regierung tut alles, damit sich der Westen nicht von
der russischen Politik auseinanderdividieren lässt. Dieses Mal
funktioniert die Abstimmung mit den Verbündeten. So gut wie
alles wird im Gleichklang koordiniert und beschlossen. Alle Seiten beschwören die neu gestärkten transatlantischen Beziehun-

gen. Weitgehend geschlossen steht der Westen Russland gegenüber. Auch die republikanische Opposition im amerikanischen Kongress unterstützt finanzielle und militärische Hilfen für die Ukraine. Zumindest in den ersten Wochen des Krieges herrscht hier ein inzwischen seltener parteiübergreifender Konsens.

Dass Republikaner an der Seite von Demokraten für die Unterstützung der Ukraine stimmen und große Summen bewilligen, heißt nicht, dass sie Bidens Ukraine-Politik gutheißen. In einer Anhörung im Senat klagt Ted Cruz, Senator aus Texas, dass der Krieg in der Ukraine «das direkte Resultat wiederholter Fehler von Präsident Biden und seiner Regierung» sei. Das Trump-Lager – und das erstreckt sich ja über einen sehr großen Teil der Republikanischen Partei – ist überzeugt, Bidens Schwäche sei dafür verantwortlich, dass Putin die Ukraine überhaupt angegriffen habe. Unter einem starken Präsidenten wie Trump wäre das nicht passiert, heißt es dort. Das, was sich in Afghanistan abgespielt habe, habe Amerika schwach aussehen lassen und den russischen Präsidenten geradezu ermutigt, die Ukraine anzugreifen. Demgegenüber stehen extreme Trump-Unterstützer, meist Anhänger von QAnon-Verschwörungstheorien, die den russischen Angriffskrieg nicht einmal verurteilen, sondern Putin recht geben und das Gerücht verbreiten, die Ukraine sei im Besitz von Biowaffen. Doch diese Gruppe ist die Ausnahme.

Allerdings wächst inzwischen die Kritik unter Republikanern am Ausmaß der Unterstützung für die Ukraine. Als im Mai Repräsentantenhaus und Senat ein Hilfspaket in Höhe von 40 Milliarden Dollar beschließen und damit die von den USA geleistete Hilfe auf insgesamt mehr als 53 Milliarden Dollar erhöhen, sind es ausschließlich republikanische Politiker, die dagegen stimmen. Es habe immer isolationistische Stimmen in seiner Partei gegeben, winkt Mitch McConnell, Minderheitsführer im Senat, ab. Doch den Ton hatte Trump vorgegeben: «Die Demokraten senden 40 Milliarden Dollar in die Ukraine. Dabei haben amerikanische Eltern damit zu kämpfen, ihre Kinder ernähren zu können.» Sprich, die Regierung müsse sich angesichts der Inflation mehr um innenpolitische Prioritäten kümmern als um den Krieg in einem fernen Land.

Große Teile der Bevölkerung unterstützen jedoch Bidens Ukraine-Politik. Eine knappe Mehrheit ist sogar bereit, aufgrund der Sanktionen gegenüber Russland wirtschaftliche Einbußen im eigenen Land in Kauf zu nehmen. Laut einer Umfrage von The Associated Press-NORC Center for Public Affairs Research denken im April 2022 54 Prozent der Amerikaner, dass Biden gegenüber Russland nicht hart genug agiere. Die schrecklichen Bilder aus der Ukraine werfen bei vielen die Frage auf, ob nicht gerade die USA mehr tun müssten – das Land, das die Verteidigung der Freiheit zum eigenen Selbstverständnis erklärt hat. Allerdings gilt das nur, solange es um Waffenlieferungen und finanzielle sowie wirtschaftliche Sanktionen geht. Manche können sich sogar vorstellen, mehr ukrainische Flüchtlinge im Land aufzunehmen. Nur: Einen Einsatz von US-Soldaten auf der anderen Seite des Atlantiks – den lehnt eine Mehrheit klar ab. Die Nachrichtenagentur AP zitiert in einem Beitrag einen Mann, der stellvertretend für die Stimmung vieler sagt: «Ich wünschte, wir könnten den Menschen in der Ukraine helfen, aber wir haben schon so lange gekämpft.» Die Amerikaner sind der militärischen Einsätze im Ausland müde. Das weiß Biden, und er spielt nicht mit dem Gedanken, Soldaten in das von Russland angegriffene Land zu schicken. Wenn allerdings ein NATO-Mitglied von Russland angegriffen werde, dann ändere das alles. Für die USA sei das Beistandsgebot des NATO-Vertrags eine «heilige Verpflichtung», sagt Biden bei seinem Besuch in Polen Ende März 2022.

Die Diskussion über das Beistandsgebot erinnert die Amerikaner an den 11. September 2001, das erste und bisher einzige Mal, dass die NATO den Bündnisfall ausgerufen hat – weniger als vierundzwanzig Stunden nach den terroristischen Anschlägen. Doch die Ukraine ist kein NATO-Mitglied. Während das Land von vielen Ländern große Unterstützung erfährt, wird zugleich der militärische Einsatz im Land ausgeschlossen. Dazu gehört auch die Sicherung des Luftraums über der Ukraine, eine der dringendsten Forderungen des angegriffenen Landes. Die NATO, allen voran die USA, versucht, die Balance zu halten zwischen einer Unterstützung mit schweren Waffen und der klaren Ansage, sich nicht so weit einzumischen, dass Russland die Waffenlieferungen als militärische Aktion gegen die eigenen Truppen interpretieren könnte – ein Drahtseilakt. Den Ton geben die Vereinigten Staaten vor – etwas, das die heutige Situation mit der vor einundzwanzig Jahren gemein hat. Am 21. März 2022 hat Biden vor den Vorstandsvorsitzenden großer Unternehmen über die sich verändernden Zeiten gesprochen. Sie seien vergleichbar mit den Jahren nach dem Zweiten Weltkrieg: «Es wird eine neue Weltordnung geben, und wir müssen die Führung übernehmen und dabei den Rest der freien Welt zusammenbringen.»

Doch innenpolitisch hilft ihm der Anspruch der internationalen Führungsrolle nicht. Dem relativ positiven Image im Ausland in den Monaten seit Beginn des Ukraine-Kriegs stehen miserable Umfragewerte im eigenen Land gegenüber. Nach einzelnen Aspekten von Bidens Ukraine-Politik gefragt, äußern viele Menschen Zustimmung, aber wenn es um eine Gesamtbewertung seiner Politik geht, dann kommt der Präsident nicht aus dem Keller. Er weiß allerdings auch, dass Wahlen in der Regel nicht mit außenpolitischen Themen gewonnen werden. Das Leiden unter der galoppierenden Inflation hat für die Bevölkerung einen deutlich höheren Stellenwert als außenpolitisches Agieren mit Bedacht.

Für den Moment ist es Biden gelungen, die NATO-Staaten nach dem Debakel in Afghanistan zu einen. Der Krieg in der Ukraine schweißt die Länder zusammen, doch immer mit der Einschränkung: für den Moment. Die Lage ist zu sehr im Fluss, als dass langfristige Vorhersagen getroffen werden können. Das gilt auch für die USA selbst. Der parteiübergreifende Konsens scheint zu bröckeln, wie man an der unter Republikanern zaghaft lauter werdenden Kritik an der Unterstützung der Ukraine spürt.

Zwar gilt für das Land nach wie vor, dass sich die Menschen – so wie Gordon Felt, der seinen Bruder bei den Terroranschlägen am 11. September verloren hat – danach sehnen, sich wieder eins zu fühlen. Doch davon scheinen die Vereinigten Staaten weiter entfernt zu sein als zu Beginn von Bidens Amtszeit.

Der Sturm auf das Kapitol

«Der Präsident der Vereinigten Staaten hat
soeben zwanzigtausend Menschen auf mich
gehetzt. Wow!»

Mike Quigley, demokratischer Abgeordneter

Die Anschläge vom 11. September waren ein Angriff auf die USA
im Land, der aber von außen kam, von Fremden. Am 6. Januar dagegen waren es Amerikaner, die einen Aufstand gegen das Symbol für einen friedlichen demokratischen Wechsel wagten. Zwei
nationale Traumata, die das Land zutiefst erschütterten. Doch
während das, was 2001 geschah, die Menschen enger zusammen-
rücken ließ, hat der Sturm auf das Kapitol keine einigende Wir-
kung.

Der letzte Schritt, um die Wahl eines Präsidenten feierlich abzuschließen, ist die gemeinsame Sitzung der Abgeordneten des
Repräsentantenhauses und aller hundert Senatoren, die kurz
zuvor vereidigt wurden, am 6. Januar. Die Sitzung beginnt immer
um 13 Uhr. Der Vizepräsident hat den Vorsitz. Die Bundesstaaten
werden in alphabetischer Reihenfolge aufgerufen. Der Vizepräsident öffnet den Umschlag mit den Stimmen, der dann von vier
Kongressmitgliedern geprüft wird. Es handelt sich dabei um zwei
Abgeordnete aus dem Repräsentantenhaus und zwei Senatoren,
jeweils ein Demokrat und ein Republikaner. Sie verlesen das
Ergebnis. Wenn alle Staaten aufgerufen wurden, verkündet der
Vizepräsident den Namen des Präsidenten. Eigentlich ein rein ze-
remonieller Akt, denn das Wahlergebnis ist zu diesem Zeitpunkt
längst bekannt.

Am 6. Januar 2021 wissen jedoch alle, dass ihnen eine lange Sitzung bevorsteht. Mehrere Politiker haben im Vorfeld Einsprüche

gegen einzelne Wahlergebnisse angekündigt. Wie zuvor nur in den Jahren 1969 und 2005. Der erste erfolgt gegen das Ergebnis aus Arizona. Um sich mit dem Einspruch zu befassen, muss die Sitzung unterbrochen werden. Draußen, vor dem Kapitol, hat derweil der Sturm auf das Kapitol bereits begonnen.

Ein Jahr später frage ich mich: Wie wird es sein, wie sich anfühlen an diesem 6. Januar? Als wir uns auf die Berichterstattung vorbereiten, ist klar, dass es kein gewöhnlicher Gedenktag sein wird. Denn es geht für uns nicht nur darum, mit dem Blick «von außen» zu berichten. Wir, die Kolleginnen und Kollegen des ARD-Studios in Washington, die am 6. Januar 2021 auf der Wiese vor dem Kapitol standen, steckten damals mittendrin, waren Teil des Geschehens, das wir jetzt, ein Jahr später, einordnen sollen.

Ich will mit jemandem sprechen, der den Sturm auf das Kapitol im Gebäude erlebt hat. Mit einem Politiker, einer Politikerin, jemandem von der Polizei. So kommen wir bei uns im Büro auf den demokratischen Abgeordneten Mike Quigley, der einen Bezirk im Bundesstaat Illinois vertritt. Anfang Dezember 2021 treffen wir ihn im «Rayburn», einem Gebäude für die Abgeordneten des Repräsentantenhauses – ein monumentaler, etwas einschüchternder Bau aus den sechziger Jahren mit überdimensionierten Säulen am Eingang. Drinnen endlose breite Gänge. Hinter jeder braunen Holztür verbirgt sich das Reich eines Abgeordneten, links von der Tür im Gang eine US-Flagge und das Schild «Welcome, please come in», rechts die Flagge des Bundesstaates, den der Politiker vertritt. Bei Quigley steht daneben noch eine Regenbogenflagge, als Symbol dafür, dass er die LGBTQ-Bewegung unterstützt. Quigley macht kein Geheimnis daraus, dass er sich eher zum linksliberalen Flügel der Demokraten zählt. Am 6. Januar spielte das keine Rolle. Der Mob sei eine Gefahr für alle gewesen, erzählt er gleich, für Demokraten wie Republikaner. Man habe gemeinsam Angst gehabt, sich gegenseitig geholfen, getröstet und zusammen nach einem Ausweg gesucht.

Mike Quigley will das Gespräch nicht in einem anonymen Besprechungsraum führen. «Lasst uns das in meinem Büro machen», schlägt er vor, einen Moment lang in Sorge, dass es vielleicht zu chaotisch sein könnte. Ein großer Raum, ganz in Dunkelblau gehalten, der Teppich, die Wandfarbe, viel Papier und dazwischen zwei Fahrräder, ein Eishockey-Tor, ein paar Schläger und Erinnerungsfotos. Quigley ist selbst begeisterter Spieler, wirklich gut sei er aber nicht. Wir sind kaum eingetreten, als er eine Ausgabe der «Washington Post» vom 7. Januar hervorzieht. Auf der Titelseite ein Foto, das zeigt, wie ein paar wenige Sicherheitskräfte in Zivil mit gezogener Pistole auf eine Tür zielen, in angespannter Haltung, es wirkt, als könnte sofort ein Schuss losgehen. Die Tür ist mit einer Art Anrichte notdürftig verbarrikadiert. Es handelt sich dabei um eine zweiflügelige Holztür, mit zwei Scheiben und rautenförmiger Gitterverzierung, definitiv keine Sicherheitstür. Das erste Glas ist bereits gesplittert. Hinter der Tür erkennt man auf dem Foto schemenhaft Leute, die in den Plenarsaal des Repräsentantenhauses eindringen wollen. Sie hätten an die Tür gehämmert, erzählen später die, die drinnen waren. Auch ein paar Abgeordnete und eine Polizistin scheinen sich bereitzuhalten, sollte es den Aufständischen gelingen durchzubrechen. Sie alle fürchten, dass die Tür nicht lange standhalten wird. «Genau das hab ich gesehen, dieses Bild», bricht es aus Quigley heraus, «wie ein paar Polizisten versuchen, uns mit einem Möbelstück vor dem Mob zu schützen.»

Es handelt sich um eine hochsymbolische Tür. Einmal im Jahr tritt durch sie der Präsident, um vor allen Kongressmitgliedern die «State of the Union Address» zu halten, die Rede zur Lage der Nation. Strahlend läuft er dann durch ein Spalier von ihm meist wohlgesonnenen Politikern, die ihm die Hand schütteln oder auf die Schulter klopfen wollen. Oft sind sie bereits Stunden vor der Rede da, um einen der begehrten Plätze zu ergattern. An diesem besonderen Tag kommt der Präsident zum Parlament, um vor beiden Kammern, dem Repräsentantenhaus und dem Senat,

Rechenschaft abzulegen und sich zugleich feiern zu lassen. Weil der Plenarsaal im Repräsentantenhaus groß genug ist, um alle gewählten Kongressmitglieder zu fassen, finden in ihm alle gemeinsamen Sitzungen statt, auch die am 6. Januar. Die «State of the Union Address» war bis vor nicht allzu langer Zeit ein symbolischer überparteilicher Moment. Der jeweilige politische Gegner rafft sich dazu auf zu klatschen, nicht bei allen Themen, aber doch so oft, dass man für einen Tag ein Bild der relativen Einigkeit vermitteln kann.

Genau diese Tür versuchen ein paar Sicherheitskräfte in Zivil am 6. Januar 2021 verzweifelt zu verteidigen, nachdem die Sitzung unterbrochen worden ist. Quigley sitzt auf der Empore im Plenarsaal fest. Eine Falle, ohne Ausgang, ohne Fluchtweg. «Ich fasste nach dem Arm einer Person, die neben mir stand. Sie zitterte. Als ich hinüberschaute, sah ich, dass es eine Polizistin war. Sie hatte genauso viel Angst wie wir anderen. Das gab einem nicht gerade ein beruhigendes Gefühl.»

Nach dem Sturm auf das Kapitol haben viele gefragt, warum die Behörden nicht besser vorbereitet waren. Mike Quigley ist sich sicher, dass sie die Gefahr zumindest hätten ahnen können. Am Vorabend des 6. Januar, dem Tag, an dem der Wahlsieg Joe Bidens offiziell erklärt werden soll, fährt Quigley mit seinem Rad noch mal durch die Gegend rund ums Kapitol. «Überall lungerten Leute herum, die man gar nicht übersehen konnte, allein schon wegen ihrer Klamotten und dem, was sie riefen. ‹Lyncht Pence›, ‹Erschießt Nancy›. Sie haben ihre Drohungen nicht versteckt.» Der damalige Vizepräsident Mike Pence und die Vorsitzende des Repräsentantenhauses, Nancy Pelosi, sind die Feindbilder der campierenden Trump-Anhänger. Quigley geht davon aus, dass die für das Kapitol zuständige Polizei auf alles gefasst ist. Die Bedrohung sei ja deutlich gewesen.

Als er am nächsten Morgen die Strecke noch einmal mit dem Rad abfährt, sieht er deutlich mehr Menschen als am Abend zuvor. Das sei kein gutes Gefühl gewesen, erzählt er. Vor dem Beginn der Sitzung schreibt er Handynachrichten an Mitglieder seines Teams: «Ich glaub nicht, dass wir ausreichend Sicherheitskräfte haben.» Quigley lacht auf, als er sich daran erinnert. Heute sei das so offenkundig, aber damals habe er sich nicht vorstellen können, dass die Sicherheit unzureichend sei. Früher hätten viele Mitglieder des Parlaments immer gesagt, sie seien im Kapitol wahrscheinlich am sichersten, so sicher, wie man nur sein könne. Das habe sich nach den Anschlägen am 11. September in den Köpfen festgesetzt. Dieses Grundvertrauen sei weg. Und so etwas komme auch nicht wieder zurück.

Bevor die Sitzung an besagtem 6. Januar um 13 Uhr losgeht, verfolgt Quigley den Auftritt Trumps vor seinen Anhängern. Als dieser die Tausenden, die aus dem ganzen Land nach Washington gekommen sind, regelrecht auffordert, zum Kapitol zu marschieren, habe er sich gedacht: «Der Präsident der Vereinigten Staaten hat soeben zwanzigtausend Menschen auf mich gehetzt. Wow!» Als Quigley mir das sagt, merke ich, wie er selbst ein Jahr später noch nicht wirklich fassen kann, was Donald Trump damals getan hat. Die Zahl zwanzigtausend beschreibt die erwartete Menge an Demonstranten. Berichte gehen heute davon aus, dass es deutlich mehr gewesen sein müssen.

Quigley ist einer von ungefähr zwanzig demokratischen Abgeordneten, die schließlich oben auf der Galerie des Sitzungssaals Platz nehmen, da sie erst später reden sollen. Aus Sorge vor dem Coronavirus versuchen alle, Abstand zu halten. Auch ein paar Journalisten sind dort, ansonsten ist die Empore leer. Wegen der Pandemie haben nur wenige Zutritt. Heute ist die Gruppe, die oben festsaß, bekannt als die «Gallery Group». Sie vertreten unterschiedliche politische Lager in der Demokratischen Partei und sind doch ein eingeschworener Kreis. Auch ein Jahr später halten viele noch Kontakt, verbringen Zeit miteinander, verarbeiten gemeinsam das Trauma des 6. Januar. Zwischen ihnen ist eine starke Verbindung entstanden.

Sie kauerten gemeinsam auf dem Boden der Empore, rechneten jeden Moment damit, dass die schreiende Masse durch die Tür brechen würde. Während die anderen im Plenarsaal Fluchtwege hatten, war die Gruppe oben gefangen. «Ich weiß, es ist nicht richtig, aber ich habe darüber nachgedacht, was mir als Waffe dienen könnte. Ich wollte nicht schutzlos sein. Ich war so wütend.» Aber da oben habe es nichts gegeben, was man hätte herausreißen können. Quigley ertappt sich bei dem Gedanken, einen Eindringling notfalls über die Brüstung zu stoßen. Trotz allem, was ihm durch den Kopf schießt, schafft er es nicht, das ganze Ausmaß zu erfassen. Erst als er den Schuss hört, der eine Frau tötet, wird ihm bewusst, dass sie umzingelt sind. «Wir saßen in der Falle.»

Das Interview mit Mike Quigley soll eigentlich nicht lange dauern. Sein Büro hat uns eine knappe halbe Stunde eingeräumt, doch Quigley erzählt und erzählt. Alles steht wieder vor seinem inneren Auge; er scheint die schrecklichen Stunden noch einmal zu durchleben. Trotz der Angst seien alle oben auf der Galerie ruhig gewesen. Viele hätten mit ihren Familien telefoniert und versucht, sie zu beruhigen. Nicht anders herum, was doch eigentlich naheliegender gewesen wäre. Aber es habe auch Chaos geherrscht: die Schreie, das Tränengas, Alarmglocken an den Türen, Feueralarm, überhaupt der ganze Lärm, eine Kakofonie. Das ging ihm durch jede Faser seines Körpers. Die Sicherheitskräfte rufen, man solle Gasmasken aufsetzen, als sie befürchten, dass der Saal gestürmt werden könnte. Ein enormes Durcheinander an Befehlen, Ratschlägen. Verunsicherung, das Gefühl, ausgeliefert zu sein. Dann der traumatische Moment, als das Glas splittert, Explosionen zu hören sind, und er denkt, jetzt ist es so weit, jetzt kommen sie.

Trotz all dem scheint Quigley gefasst, als er von dem Erlebten spricht. Manchmal wirkt es fast so, als ob er sich dabei von außen betrachte. Schließlich entscheidet die Polizei, die auf der Empore Eingeschlossenen herauszuholen. Die kleine Gruppe gehört mit zu den Letzten, die in Sicherheit gebracht werden sollen. «Ich habe gehört, was aus den Funkgeräten kam: ‹Die Luft ist noch nicht rein.› Immer wieder», erzählt er. «Als ich in den Gang kam, standen dort Aufständische, die von Polizisten in Schach gehalten wurden. Sie hatten ihre Waffen auf deren Köpfe gerichtet. Uns riefen sie zu, wir sollten uns beeilen. Sie wussten nicht, wie lange sie die Stellung würden halten können. Wir liefen eine Treppe runter, weg von den Leuten, die uns töten wollten, und wussten nicht, welche Tür wir öffnen konnten. Hätten wir die falsche Tür aufgemacht, dann wäre das eine ganz andere Geschichte geworden.»

Zu keinem Zeitpunkt kommt es Quigley so vor, als sei das nicht ernst, als zögen da ein paar Touristen durchs Kapitol, so wie es Trump danach immer wieder auf seinen Wahlkampfveranstaltungen darstellt. Als die kleine Gruppe versucht, sich in Sicherheit zu bringen, klagt eine der Abgeordneten, die an einem Stock geht, weil sie sich kurz zuvor einer Operation hatte unterziehen müssen, sie würden sie alle schnappen, weil sie viel zu langsam sei. Da hakt einer ihrer Kollegen sie auf der linken Seite unter, Quigley auf der rechten. «Wir gehen zusammen», sagt sein Kollege. Keiner hätte angesichts der Gefahr nur an sich gedacht, auch über Parteigrenzen hinweg habe man sich geholfen. Quigley kann nicht verstehen, wie das alles wie ausgelöscht sein kann, als ob die republikanischen Abgeordneten sich nicht mehr an das erinnern können oder wollen, was ihm selbst und vielen anderen so deutlich vor Augen steht.

Der Jurist, der seit 2009 im Repräsentantenhaus sitzt, will wirklich seine ganze Geschichte erzählen. Minutiös geht er noch einmal den Ablauf des Tages durch. Ich weiß in dem Moment, dass ich keine Chance haben werde, all das in meinen Beitrag aufzunehmen, aber so detailliert zu hören, was im Gebäude des Kapitols geschah, während wir draußen ausharrten, von schreienden Trump-Anhängern umgeben, ist auch für mich wichtig. Es ist der Teil, der meiner Geschichte fehlt. Trotz der Bilder, die ich von den Überwachungskameras kenne, oder der Bilder und Videos, die Eindringlinge selbst stolz veröffentlicht haben.

Später sitzen Quigley und seine Kolleginnen und Kollegen in einem Raum, in Sicherheit, warten darauf, zurück in den Plenarsaal zu können. Dort sollen sie noch in der Nacht ihre Aufgabe zu Ende bringen und die Stimmen für den Präsidenten für rechtmäßig erklären. Die Mehrheit der Politiker ist sich einig, dass sie denen, die das Kapitol gestürmt haben, nicht den Triumph gönnen werden, die Sitzung, in der Biden als nächster Präsident benannt wird, auch nur um einen Tag verschoben zu haben. Das sei schließlich noch nie vorgekommen. Sie sind fest entschlossen, in den Sitzungssaal zurückzukehren, wenn es wieder sicher ist. Obwohl Quigley zu diesem Zeitpunkt noch nicht weiß, ob das wirklich gelingen wird, gibt er einem Radiosender ein Interview. «Dabei sagte ich das für mich Traurigste an diesem Tag: ‹Was soll der Rest der Welt davon halten, dass ich hier sitze und auf die Nationalgarde warte, damit ich für einen friedlichen Machtwechsel stimmen kann?›»

Während Quigley auf diesen Moment wartet, wird Trump von vielen gedrängt, sich in einer Fernsehansprache ausdrücklich gegen die Gewalt auszusprechen. Ein kurzer Videoauftritt auf Twitter ist alles, wozu er sich überreden lässt. Später um 18 Uhr, als viele im Kapitol noch in bewachten Räumen bangen, schreibt der abgewählte Präsident wiederum auf Twitter: «Solche Dinge und Ereignisse geschehen, wenn kurzerhand und boshaft ein heiliger Erdrutschsieg großartigen Patrioten entrissen wird, die so lange schlecht und unfair behandelt wurden. Geht mit Liebe und in Frieden nach Hause. Erinnert euch für immer an diesen Tag!» Kurz danach sperrte Twitter Trumps Account, mit der Begründung, dass er weiterhin Lügen über den Wahlausgang verbreite.

Inzwischen weiß man, wie sehr Vizepräsident Mike Pence unter Druck gesetzt worden ist, Bidens Wahl nicht zu zertifizieren. Die Drohungen waren so ernst, dass sein Stabschef einen Tag zuvor bereits die Secret-Service-Mitarbeiter, die für Pence zuständig waren, vor einer drohenden Gefahr für seinen Chef informiert hatte, wie die «New York Times» Anfang Juni 2022 berichtete.

Der Vizepräsident hält dem Druck stand. Laut seines Stabschefs soll Pence gesagt haben: «Ich werde nicht zulassen, dass die freie Welt sieht, wie wir aus dem Kapitol fliehen. Ich bleibe.» Um 20 Uhr ruft er den Senat wieder zusammen.

Auf meine Frage, was der 6. Januar aus seiner Sicht verändert habe, gibt Quigley seine Angst preis. «Ich fürchte, dass viele es heute als normaler empfinden als früher, wenn immer mehr Abgeordnete bedroht werden, und dass Gewalt als Mittel akzeptiert ist.» Ihn erinnere das an den Aufstieg der Nationalsozialisten. Während des Interviews zeigt er auf ein Buch von 1935, das in einem Regal hinter seinem Schreibtisch steht, eine Satire von Sinclair Lewis mit dem Titel «It Can't Happen Here», «Das ist bei uns nicht möglich». Darin stehe, dass das, was in Deutschland passiert sei, in Amerika nicht passieren könne. Eine Gewissheit, die er so nicht mehr teilen könne. «Unsere Demokratie ist wohl zerbrechlicher, als wir glauben wollten.» Dass er für sich zu diesem Schluss kommt, hat vor allem mit einigen seiner republikanischen Kollegen zu tun. Nur wenige Wochen nach dem 6. Januar leugnen jene, die den Schrecken mit ihm durchlebten, dass er überhaupt stattgefunden habe, oder sie behaupten, es sei doch gar nicht so schlimm gewesen.

«In unserem Land sind Menschen mit der Idee aufgewachsen, etwas zu glauben, wenn sie es sehen. Heute müsste das wohl heißen, ich sehe es, wenn ich daran glaube. Man vergisst, was man direkt vor Augen hat, die Nachrichten, die Fakten, die Wissenschaft. Wir sind so polarisiert, so verfeindet, leben nur noch in unserer eigenen Blase. An die glauben wir. Es gibt so viel Wut; alles ist so verzwickt. Das hat unsere Grundüberzeugungen und die Regeln für unser Zusammenleben erschüttert. Dabei sind diese wichtiger als unsere Gesetze. Für mich ist es heute etwas ungewisser, was die Menschheit eigentlich ausmacht.» Ich habe den Eindruck, der Abgeordnete aus Illinois würde sich gut mit Derek Kubilus, dem Pastor aus Ohio, verstehen, der versucht, der Frage auf den Grund zu gehen, warum Menschen Verschwörungstheorien verfallen.

Quigley wird ja im Repräsentantenhaus selbst mit einigen Abgeordneten wie Marjorie Taylor Greene konfrontiert, die Positionen verbreiten, die direkt von QAnon-Anhängern stammen könnten.

Trotz seiner tief empfundenen Skepsis will Quigley nicht als Pessimist gesehen werden. Man müsse optimistisch sein. Dafür aber müsse man erst einmal realisieren, wie schlimm die Lage sei, wie zerbrechlich die Demokratie, bevor man etwas ändern könne. Ihn treibt um, dass er auf Reisen in andere Länder Entwicklungen miterlebt hat wie in den USA. Er ist Mitglied des Geheimdienstausschusses und reist in dieser Funktion immer wieder in osteuropäische Länder, vor dem Beginn des Ukraine-Kriegs auch nach Russland. An vielen Orten herrsche solch große Wut, oft sei sie rassistisch motiviert. Sie richte sich gegen Wahrheit, Gerechtigkeit, Gleichheit. Während der dreizehn Jahre, die er bereits im Kongress sitze, seien diese Tendenzen immer stärker wahrnehmbar geworden. Auch in den USA halten immer weniger Menschen die Demokratie für die beste Regierungsform. Es seien noch rund dreißig Prozent, berichtet er. Genauso wie damals in Europa, bevor dort die Diktatoren die Macht übernommen hätten. Die Erosion einer positiv besetzten Demokratie als Vorbote ihres möglichen Endes.

Deshalb müsse der vom Repräsentantenhaus eingesetzte Untersuchungsausschuss dem, was am 6. Januar geschah, auf den Grund gehen. Damit so etwas nie wieder passiere. «Trump hat die Welt verändert, als er mit der Lüge durchkam, bei der letzten Präsidentschaftswahl sei betrogen worden. Wenn so etwas möglich ist, und die Menschen glauben es, dann kann man alles machen. Das hat uns das 20. Jahrhundert gelehrt.» Doch wenn man das alles an den Wurzeln bekämpfen wolle, dann müsse man es gemeinsam tun, beide Parteien. Dass das zurzeit nicht möglich sei, mit der Republikanischen Partei in ihrem gegenwärtigen Zustand, mache die Demokratie so verwundbar.

Das ist Mike Quigleys Sicht auf das Geschehen vom 6. Januar. Seine Erinnerung ist nicht verblasst. So etwas verschwindet nicht mehr. Auch deshalb treffen sich einige aus der Gallery Group noch immer regelmäßig. Politische Differenzen, die es in der Demokratischen Partei zuhauf gibt, spielen bei diesen Treffen, nach allem, was man hört, keine Rolle. Auf der anderen Seite die Republikaner. Sie schweigen, reden klein, greifen die Demokraten an, der Untersuchungsausschuss sei lediglich politisch motiviert und habe nichts mit wirklicher Aufklärung zu tun.

Am 6. Januar 2022 stehe ich wieder am Kapitol. Am Vortag hat es heftig geschneit. Als wir im Kongress im zuständigen Büro anrufen, ob wir mit der Kamera an der üblichen Stelle stehen können, raten sie uns, eine Schneeschaufel mitzubringen, da wir wahrscheinlich nur auf dem Rasen Platz finden würden. Ein guter Tipp. Die Nässe des tauenden Schnees wäre uns sonst in die Glieder gezogen. Wir werden mehrere Stunden dort ausharren, für diverse Sendungen.

Es ist ein sonniger, ruhiger Tag. Immer wieder kommen Spaziergänger vorbei, führen ihre Hunde aus, ein paar Jogger sind zu sehen. Die Stimmung ist entspannt, obwohl das Kapitol weiträumig abgesperrt ist. Mit meinem Presseausweis komme ich ins Gebäude. Ich frage die Polizisten an der Sicherheitsschleuse, wie es ihnen an diesem Tag geht. Auch sie erinnern sich, als sei es gestern gewesen. Jeder weiß noch genau, wo er wann war. Einer sagt gleich: «Sie waren doch mindestens genauso bedroht wie wir.»

Als ich drinnen durch die menschenleeren Korridore laufe, ist die Ruhe fast gespenstisch und doch zugleich wohltuend. In der Rotunde unter der Kuppel des Kapitols begegne ich einem Polizisten mit einem «Comfort Dog», einem Therapiehund. Zusammen mit ein paar Kollegen und weiteren Hunden ist er den ganzen Tag im Gebäude unterwegs, falls jemand Trost sucht. Es ist unwirklich. Vor einem Jahr zogen johlende Gruppen mit Trumps roten «MAGA»-Kappen durch die altehrwürdigen Hallen, über den Marmorboden, vorbei an den Statuen, die Amerikaner zeigen, die sich für die Demokratie eingesetzt haben. Draußen hatte ich sie an dem Tag immer wieder schreien hören: «Das ist unser Haus», «Wir sind das Volk».

Später am Abend, es ist bereits dunkel, wir haben das letzte Schaltgespräch für diesen Tag hinter uns, da findet auf den Stufen, die zu dem Eingangsportal hinaufführen, das die Trump-Anhänger damals durchbrochen haben, ein kurzes Gedenken an die Opfer des Sturms auf das Kapitol statt. Ein Priester, Nancy Pelosi, Chuck Schumer, die Spitzen der Demokratischen Partei im Kongress, viele demokratische Abgeordnete, Mitarbeiterinnen und Mitarbeiter aus ihren Büros stellen sich auf, eingerahmt von elektronischen Kerzen. Ihnen gegenüber viele Polizisten. Ein paar Journalisten sind auch da. Nur keine Republikaner. Nicht einmal in diesem Moment können beide Seiten die Gräben überwinden.

Das angestrahlte Kapitol, die Kerzen, die Hymne, ein Gebet. Es berührt mich, und ich spüre, wie wohltuend dieser Moment auch für mich selbst ist. Vor einem Jahr haben zu diesem Zeitpunkt Militär und Polizei die Lage gerade einigermaßen unter Kontrolle gebracht, sind plötzlich überall und in großer Zahl sichtbar. Ganz anders als wenige Stunden zuvor, als eine von Trump aufgehetzte Menschenmenge alles überrennt.

Niemand rechnete damit, dass am Jahrestag sich das einmal Geschehene wiederholen würde, aber kann man sich wirklich sicher sein? Es ist, wie Mike Quigley gesagt hat: Das, was am 6. Januar geschah, hat vielen ihr Grundvertrauen in die Unantastbarkeit des Kapitols geraubt, Politikern, Polizisten, Journalisten oder Angestellten. So viele saßen ein Jahr zuvor in der Falle und bangten stundenlang um ihr Leben. Ein großes Wort, sagen jetzt vielleicht die, die das alles eher verharmlosen. Doch wie anders soll man es beschreiben, wenn mir die zu Beginn des Buches erwähnte Frau, die als Reinigungskraft im Kapitol arbeitet, am Tag nach dem Sturm auf das Kapitol erzählt, dass sie viele Stunden in einem Kellerraum auf dem Boden saß – dorthin hatte man sie in Sicherheit gebracht –, nicht wissend, was vor sich ging? Sie fürchtete um ihr Leben.

Inzwischen überlagert auch für Mike Quigley der Ukraine-Krieg die Aufarbeitung der Ereignisse vom 6. Januar. Als Abgeordneter, der große Teile der Metropole Chicago im Bundesstaat Illinois vertritt, hat er eine besondere Beziehung zu dem Land, das von russischen Truppen zusammengebombt wird. In seinem Wahlbezirk liegt das «Ukrainian Village», eine der größten ukrainischen Communitys im Ausland. Die ukrainische Hauptstadt Kiew ist eine der Partnerstädte von Chicago. Quigley war deshalb schon häufig dort. Seit Beginn des Krieges ist er immer unter den Ersten, die noch schärfere Sanktionen gegen Russland und mehr Mittel für die Ukraine fordern. «Der Ausgang dieses Krieges wird nicht nur darüber entscheiden, ob die Demokratie in der Ukraine die Oberhand behält, sondern auch über die Zukunft der Demokratie auf der ganzen Welt.» An dem Punkt schließt sich für ihn ein Kreis, denn auch der Aufstand im eigenen Land – und das war der Sturm auf das Kapitol für ihn – hat die Zukunft der Demokratie infrage gestellt.

Als am 10. Juni 2022 der Untersuchungsausschuss zum 6. Januar nach fast einem Jahr Arbeit, die vor allem hinter verschlossenen Türen stattfand, eine Reihe von öffentlichen Sitzungen startet, ist Quigley froh. Auf Twitter schreibt er, es sei wichtig, dass der Ausschuss dem amerikanischen Volk die ganze Geschichte mitteile und Vorschläge mache, damit so etwas nie wieder geschehe. «Ich bin zuversichtlich. Wenn der Ausschuss all seine Beweise präsentiert hat, dann wird es für jeden Amerikaner klar sein, dass Donald Trump und führende konservative Politiker die Regierung stürzen wollten.» Die öffentliche Sitzung am 10. Juni ist bewusst auf 20 Uhr abends angesetzt worden, damit sie zur besten Sendezeit übertragen werden kann. Viele Fernsehsender machen das. Nicht Fox News. Der trumpnahe Sender zeigt auf seinem Hauptkanal, der landesweit am Abend die meisten Zuschauer erreicht, nur eine Zusammenfassung spät in der Nacht. Während der ersten Stunde der Anhörung läuft auf Fox News Tucker Carlson, einer der bis heute wichtigsten Unterstützer Trumps. Die Sendung läuft ohne Werbeunterbrechung, damit niemand versucht sein könnte, zur Übertragung auf einem anderen Kanal zu wechseln.

An die zwanzig Millionen Menschen verfolgen die Anhörung live, mit neuen Bildern vom Sturm auf das Kapitol, mit bisher unbekannten Zeugenaussagen, mit dem früheren Justizminister William Barr und Trumps Tochter Ivanka, die sich klar von der Behauptung distanzieren, es könnte Wahlbetrug gegeben haben, mit Aussagen von Mitgliedern der Milizen «Proud Boys» und «Oath Keepers», dass sie glaubten, das zu tun, was Trump wollte. Die Einschaltquote am 10. Juni ist zwar schlechter als bei Bidens erster Rede an die Nation, da waren es 38 Millionen, aber trotzdem relativ hoch für einen Abend mitten in der Woche. Doch ob es die Meinung der Menschen ändert? Vor allem jener, die Trump vertrauen und glauben, dass das alles nicht so schlimm war?

Die Frage stellt sich wieder, als Cassidy Hutchinson, eine frühere Mitarbeiterin des damaligen Stabschefs des Weißen Hauses, Mark Meadows, Trump Ende Juni bei ihrer öffentlichen Aussage schwer belastet. Er habe gewusst, dass einige seiner Anhänger bewaffnet waren. Und er wollte wohl tatsächlich mit zum Kapitol fahren, sei aber vom Secret Service daran gehindert worden. Darauf soll Trump gesagt haben: «Ich bin der Präsident, verflucht noch mal, bringt mich zum Kapitol!», und dem Fahrer ins Lenkrad gegriffen haben. Manche vermuten bereits, dass Aussagen wie diese eine Anklageerhebung gegen Trump doch realistischer werden lassen könnten. Und seine Anhänger? Werden sie ihn dann nicht erst recht als Märtyrer sehen? Für Mike Quigley bestätigt das einmal mehr, dass Trump den Sturm auf das Kapitol und damit einen versuchten Umsturz bewusst angestachelt hat.

Auch wenn Biden in Quigleys Augen manchmal nicht weit genug geht, in der Ukraine-Politik wie innenpolitisch, so steht er doch fest zu ihm. Nicht zuletzt, weil Biden genauso besorgt ist um die Demokratie wie der Abgeordnete, der die Bilder vom 6. Januar 2021 nicht vergessen kann und nicht vergessen will.

Das Land der vielen – Immigration, Minderheiten, indigenes Leben

An der Grenze

«Ich habe aufgehört zu hoffen, ich vertraue
Biden nicht mehr. Er strengt sich nicht wirklich
an, etwas zu verändern.»

Joe Frank Martinez, Sheriff aus Texas

Im September 2021 gehen die Bilder von Tausenden gestrandeter
Flüchtlinge am Rio Grande um die Welt. Del Rio, eine Grenzstadt
in Texas, erlangt traurige Berühmtheit. Die Menschen campieren
im Niemandsland zwischen Mexiko und den USA. Es sind vor
allem Haitianer, geflohen vor Gewalt, politischer Unsicherheit,
Armut in ihrer Heimat. Sie alle glauben, dass sich mit Präsident
Biden etwas geändert hat und sie in die Vereinigten Staaten ein-
reisen dürfen, fehlgeleitet von Facebook-Einträgen, die sie in
diesem Irrglauben bestärken. Weil die Sonne unerträglich brann-
te, haben Schlepper die Menschen wohl in den Schatten der Brücke geführt, die bei Del Rio den Fluss überquert. Sie sitzen fest,
wollen nicht zurück nach Mexiko, können aber auch nicht weiter.
Die Bilder sind nur schwer zu ertragen, nicht zuletzt für den zuständigen Sheriff von Del Rio, Joe Frank Martinez. Als ich Monate
später mit ihm an dem Zaun stehe, der das Grenzgebiet zu Mexiko weiträumig absperrt, zeigt er auf die Brücke, wo viele Flüchtlinge tagelang ausharrten, und sagt, noch immer erschüttert:
«Kein Bild kann das wiedergeben, was die Polizisten dort erlebt
haben. Der Anblick, der Geruch, die schreienden Babys. Meine
Kollegen mussten dafür sorgen, dass ausreichend Wasser da war.
Man muss dabei gewesen sein, um zu verstehen, was sie geleistet
haben.» Das Chaos, die unwürdigen Zustände, unter denen Menschen über Tage leiden, hochschwangere Frauen, Kinder, Jugendliche – diese Bilder verfolgen Joe Bidens Regierung bis heute. Als

Grenzpolizisten auf Pferden die Flüchtlinge ins Wasser zurück-
drängen, geht ein Aufschrei durch das Land.

Die eine Hälfte der amerikanischen Bevölkerung ist genauso
entsetzt wie die andere, aber jede aus ganz eigenen Gründen. Die
einen kritisieren einen Präsidenten, von dem sie sich eine neue
Flüchtlings- und Einwanderungspolitik erhofften, mitfühlender,
menschlicher und ganz anders als die seines Vorgängers Donald
Trump. Diese Hoffnung hat Aktivisten, vor allem junge Linke,
dazu gebracht, Biden zu wählen, wenn auch nur zähneknirschend; eigentlich hätten sie viel lieber Bernie Sanders als Präsidentschaftskandidaten gesehen. Für die anderen ist Bidens laxe
Haltung schuld daran, dass das Drama an der Grenze überhaupt
erst möglich wurde. Unter Trump wäre so etwas nicht geschehen,
klagen sie. Dessen Politik habe Menschen davon abgehalten, den
Grenzfluss zu überqueren. Seit Biden herrsche Chaos.

Ein Dilemma für den Präsidenten, der vor der Frage steht, die
die Bevölkerung in den USA spaltet wie kaum eine andere: Was
für ein Land wollen die USA künftig sein? Offen oder abgeschottet? Die Idee des amerikanischen Traums steht auf dem Prüfstand. Alle wissen, dass das Selbstverständnis ihres Landes von
Einwanderern geprägt wurde, dass ihre Heimat ohne Menschen,
die in Amerika auf eine neue Chance hofften, in der heutigen
Form nicht existieren würde, im Positiven wie im Negativen. In
den USA leben mehr legale Einwanderer als in jedem anderen
Land der Welt. Fast 45 Millionen waren es 2019, so Zahlen des Mi-
gration Policy Institute, 13,7 Prozent der Bevölkerung und rund
17 Prozent aller verfügbaren Arbeitskräfte. Die größte Gruppe
kommt aus Mexiko. Das Institut schätzt, dass ungefähr elf Millionen davon «illegal», das heißt ohne Aufenthaltsgenehmigung,
im Land leben, die meisten in Kalifornien und Texas. Menschen,
die gebraucht werden, vor allem für schlecht bezahlte Jobs, die oft
niemand anders machen will, in den Küchen teurer Restaurants,
im Servicebereich, im Baugewerbe. Überall dort ist Spanisch
längst die vorherrschende Sprache, auch in Bundesstaaten fernab

der Grenze zu Mexiko. Doch darüber reden viele nur hinter vorgehaltener Hand.

Für die USA stellt sich die Frage: Was ist in der heutigen Zeit die «richtige» Form von Einwanderung? Wie viele neue Immigranten kann das Land noch verkraften? Und vor allem: Welche Einwanderer sind erwünscht? Aus welchen Nationen, Kulturen, mit welcher Religion? Fragen, mit denen spätestens seit den Terroranschlägen vom 11. September in jedem Wahlkampf Emotionen geschürt werden. Die Terroranschläge haben die Einwanderungspolitik verändert. Präsident George W. Bush, der sich eigentlich eine Einwanderungsreform zum Ziel gesetzt hatte, schafft stattdessen 2003 mit dem Immigration and Customs Enforcement (ICE) eine Polizei- und Zollbehörde des Ministeriums für Innere Sicherheit. Sie soll das Land vor terroristischen Gefahren schützen, die, so die Überzeugung nach den Anschlägen, besonders von Einwanderern ausgehe. Die Ausrichtung der neuen Behörde stigmatisiert viele Menschen aus dem Ausland, vor allem wenn sie muslimischen Glaubens sind.

Barack Obama setzt die Abschiebepolitik seines Vorgängers zunächst fort. Er hofft, die Republikaner für seine geplante Reform gewinnen zu können – vergeblich. Und so setzt Obama in seiner zweiten Amtszeit Veränderungen im Alleingang durch, mithilfe präsidialer Erlasse. Auf diese Weise bietet er 2012 jungen Menschen, die im Ausland geboren, aber als Kinder mit ihren Eltern illegal in die USA gekommen sind und seit vielen Jahren im Land leben, ein Bleiberecht. Bekannt ist der Erlass als «Deferred Action for Childhood Arrivals» (DACA). Mit ihm werden die eigentlich geltenden Maßnahmen bei Ankunft im Kindesalter ausgesetzt. Diese Migranten können sich nun um eine Aufenthalts- und Arbeitsgenehmigung bewerben.

Dann kommt Donald Trump an die Macht, mit dem Ziel, die Einwanderungspolitik wieder drastisch zu verschärfen. Im Wahlkampf diffamiert er alle «Illegalen» als Verbrecher, Drogenhändler, Vergewaltiger. Er verspricht seinen Wählern eine Mauer an der Grenze zu Mexiko, schürt ganz bewusst Fremdenfeindlichkeit. Einmal im Amt, drängt er die Behörde ICE, möglichst viele ohne Aufenthaltsgenehmigung abzuschieben, egal ob sie vorbestraft oder gut integriert sind. Mütter und Väter von in den Vereinigten Staaten geborenen Kindern müssen das Land verlassen, selbst Ehepartner von Mitgliedern der US-Streitkräfte, Menschen mit sicheren Jobs, die Steuern gezahlt haben. Obwohl seine Rhetorik etwas anderes vermuten lässt, bleibt Trump jedoch unter den Abschiebezahlen von Obama. Mit seinem Versuch, die DACA-Regelung abzuschaffen, scheitert er vor Gericht. Den Versuch, Immigranten abzuschrecken, indem Eltern wegen illegalen Grenzübertritts ins Gefängnis kommen und von ihren Kindern getrennt werden – das Justizministerium nannte das «Zero Tolerance»-Politik –, muss Trump im Juni 2018 abbrechen. Nachdem Bilder von Kindern in Käfigen öffentlich werden, ist der Aufschrei in der Öffentlichkeit zu groß. Laut Gerichtsdokumenten sollen bis zu fünftausend Kinder von ihren Eltern getrennt worden sein. Auch Jahre später sind noch nicht alle wieder vereint.

2019 schnellt die Zahl der ins Land kommenden Flüchtlinge in die Höhe. Die Gründe sind vielfältig. Es gibt die Angst, dass Trump die Grenze komplett schließen könnte, aber ausschlaggebend ist in erster Linie die Situation in den Heimatländern, die Bandenkriminalität, die fehlenden Jobs, die Armut. Anders als früher kommen vor allem Familien. Sie stellen einen Asylantrag, um so das Recht zu erhalten, im Land auf ihr Verfahren zu warten. Familien dürfen maximal zwanzig Tage lang festgehalten werden. Trumps restriktive Einwanderungspolitik hat die Menschen nicht von dem Versuch abgehalten, in die USA zu kommen.

Ab dem 21. März 2020 nutzt die Regierung eine Verordnung der Gesundheitsbehörde, um Menschen, die Asyl beantragt haben, gleich wieder abschieben zu können, mit Verweis auf die Coronapandemie, man müsse die Menschen in den USA schützen. Diese Regelung ist als «Title 42» bekannt. Seitdem sind laut Heimatschutzministerium monatlich mehrere Zehntausend Menschen abgewiesen worden, insgesamt weit mehr als eine Million. Die Regierung unter Joe Biden muss diese Regelung vorerst beibehalten. Eigentlich wollte der Präsident sie, wie im Wahlkampf angekündigt, zum 23. Mai aufheben. Doch der Versuch scheitert erst einmal, vierundzwanzig Bundesstaaten klagten gegen diese Entscheidung und bekamen Recht. Mit der Aufhebung von «Title 42» drohe eine Zunahme der illegalen Einwanderung. Diese wiederum belaste die Bundesstaaten mit hohen Kosten für Unterbringung, medizinische Versorgung, Schulunterricht für Kinder.

Biden hatte, ähnlich wie Obama, im Wahlkampf eine umfassende Einwanderungsreform versprochen. Doch als er mit der rasant wachsenden Zahl von Menschen, die über die Grenze drängen, konfrontiert wird, überwiegt Hilflosigkeit. Biden überträgt seiner Vizepräsidentin Kamala Harris die Aufgabe, eine Lösung für die illegale Einwanderung zu finden. Bisher ist sie erfolglos. Das schadet der Regierung insgesamt, aber vor allem Harris' Ansehen im Land. Und so scheint es, dass auch diese Regierung – wie alle anderen vor ihr in der jüngeren Vergangenheit – daran scheitern wird, dem Mythos von den USA als Einwanderungsland eine neue Richtung zu geben und eine echte Reform in Gang zu bringen. Das liegt nicht zuletzt daran, dass bei Republikanern und Demokraten die Kompromissbereitschaft fehlt.

Das texanische Del Rio ist einer der Orte, an dem sich das Drama der amerikanischen Einwanderungspolitik immer wieder von Neuem abspielt. Ende 2021 fliegen wir in die Grenzstadt. Ich will wissen, wie die Menschen dort Bidens Politik sehen. Aus dem Flugzeug blicke ich über die unendliche Weite von Texas, flach, trocken, kaum Ortschaften. Das kann gut und schlecht zugleich sein für Menschen, die illegal ins Land kommen wollen. Wir landen auf einem winzigen Flughafen, mit dem kleinsten Gepäckband, das ich bisher auf meinen Reisen durch die USA gesehen habe. Del Rio ist kein touristischer Hotspot, obwohl es ganz in der

Nähe berühmte Höhlenzeichnungen eines indigenen Stammes gibt, die Tausende Jahre alt sind.

Es war weder einfach noch günstig, ein Zimmer zu buchen. Als wir ankommen, wird uns schnell klar, warum. In unserem Hotel sind Polizisten aus ganz Texas untergebracht, von Gouverneur Greg Abbott an die Grenze verlegt, um für Sicherheit zu sorgen. Eigentlich nicht die Aufgabe der State Trooper. Viele sind einfache Verkehrspolizisten, aber das spielt für den republikanischen Gouverneur keine Rolle. Er will Tatkraft demonstrieren und erklärt, die Grenzpolizei, die dem Bund, also Washington, unterstellt ist, sei der Aufgabe nicht gewachsen. Das bestätigen schon bald Menschen, die wir treffen. Der Grund: Es seien einfach zu wenige Polizisten im Einsatz.

Sheriff Joe Frank Martinez kümmert sich um die Sicherheit in Val Verde County, dessen Verwaltungssitz in Del Rio liegt. Wir sind auf ihn aufmerksam geworden, weil er einerseits Demokrat ist, mehrfach wiedergewählt – in den USA werden Sheriffs gewählt und kommen nicht über eine Karriereleiter –, und weil er andererseits gern gesehener Gast in konservativen Fernsehsendungen ist. Denn Martinez kritisiert Präsident Biden offen und unverblümt. In seinem Reich, der Polizeistation, treffen wir ihn zu einem ersten Gespräch. An der Eingangstür ein Aufkleber: «The American Sheriff just gets it done», der amerikanische Sheriff schafft das. Ein Motto, das sich Martinez zu eigen gemacht hat. Stolz erzählt er uns gleich zu Beginn, der Sheriff sei der mächtigste Mann bei der Polizei; schließlich sei er direkt vom Volk gewählt, anders als der Polizeichef. Der werde ernannt und sei dem Sheriff unterstellt. Doch diese Macht, auf die Martinez so selbstbewusst verweist, hat Grenzen, gerade wenn es um die vielen Menschen geht, die in seinem Bezirk illegal in die USA kommen. Zuständig sind eigentlich die nationalen Grenzpolizisten, aber da sie zu wenige sind, brauchen sie die Unterstützung der lokalen Polizei. Die ist inzwischen selbst völlig überfordert. Doch Martinez' Hilferufe nach mehr Personal verhallen in Washington ungehört. Im September, als Tausende kamen, genauso wie jetzt, im Dezember, als die Medien nicht mehr täglich über die Situation in Del Rio berichten. Dabei werden noch immer an die zweihundert Menschen am Tag aufgegriffen und festgenommen.

Die Wahl zum Sheriff war für Joe Frank, wie sie ihn hier alle nennen, die Erfüllung eines lang gehegten Traums. Auch weil er damit das Ziel seines früh verstorbenen Vaters verwirklichen konnte. Martinez ist der erste hispanische Sheriff in Val Verde County. Eigentlich heißt er José Francisco nach seinen beiden Großvätern, aber man habe ihn von klein auf immer nur Joe Frank gerufen. Er ist in Del Rio geboren und aufgewachsen, wie er gleich stolz erklärt, «born and raised» – eine Formulierung, wie ich sie sehr oft in den USA höre. Menschen wollen damit sagen: Hier komm ich her, hier gehör ich hin, das hat mich geprägt und zu dem gemacht, was ich bin. Martinez ist in einem Stadtteil an den Eisenbahngleisen groß geworden, zusammen mit neun Geschwistern, stammt aus einfachen Verhältnissen, wie alle aus dem Viertel, wo die endlosen Güterzüge von Küste zu Küste fahren. Bis heute keine wirklich einladende Gegend. Martinez erinnert sich noch gut, wie die Rassentrennung seine Kindheit beherrschte. Das Schwimmbad, in das weder Schwarze noch Latinos oder Mexikaner durften, also auch er nicht. Seine Familie lebte zwar schon lange auf der amerikanischen Seite der Grenze, aber wirklich dazu gehörte sie trotzdem nicht.

Der Vater ist Joe Franks Vorbild. Ein engagierter Mann, der armen hispanischen Familien half, ihr Wahlrecht wahrzunehmen. Eigentlich war es nur eine Kleinigkeit, die ihnen das Wählen erschwerte. «Viele hatten damals keine Briefkästen», erklärt Martinez. Die brauchten sie aber, um Wahlbenachrichtigungen oder Briefwahlunterlagen zugestellt zu bekommen. Deshalb sei sein Vater von Familie zu Familie gegangen, um sie zu überzeugen, einen Briefkasten anzubringen. Joe Frank hat dann geholfen, Holzpfosten in den Boden zu schlagen, an denen die Kästen befestigt werden konnten. Schon Martinez' Vater war Demokrat. Das bedeutete für ihn, denen zu helfen, die es nicht so leicht hatten, sie zu beraten, wenn sie zum Beispiel einen Kredit beantragen wollten und von der lokalen Bank abgewiesen wurden. Vor Kurzem, erzählt Martinez stolz, habe ihn eine ältere Frau darauf angesprochen, wie sein Vater ihr geholfen habe. Jahrzehnte später. So will auch Joe Frank den Menschen in Erinnerung bleiben, als einer, der anderen hilft, der nicht gleichgültig ist ihnen gegenüber. Das Leid derer, die illegal über die Grenze kommen, empört ihn. Verantwortlich macht er dafür die Einwanderungspolitik der Regierung, nicht nur die der jetzigen, sondern auch die aller Regierungen, die vorher im Amt waren.

Seit seiner Wahl zum Sheriff 2009 hat Martinez jedes Mal locker die Wiederwahl geschafft. Zuletzt 2020, als Biden Präsident wird. Nicht überraschend, denkt man im ersten Moment, die Demokraten hatten ja an vielen Orten die Nase vorn. Jedoch nicht in Val Verde County. Dabei war das eigentlich immer einer der wenigen Wahlbezirke in Texas, in dem traditionell die demokratischen Präsidentschaftskandidaten das Rennen machten. 2020 aber hat sich die Stimmung gedreht, und die Bevölkerung entschied sich mehrheitlich für Donald Trump. Der Grund dafür, davon ist der Sheriff überzeugt, ist die Situation an der Grenze. Bei den parallel zur Präsidentschaftswahl stattfindenden Wahlen auf County-Ebene dagegen bekommen die Demokraten viele ihrer Kandidaten durch. Auch Sheriff Martinez bleibt im Amt. Wohl nicht zuletzt, weil er nie ein Geheimnis daraus gemacht hat, dass er bei der Einwanderungspolitik vielen Republikanern nähersteht als den Demokraten.

In der Hauptstraße präsentierte sich Del Rio bis Ende der Siebziger als boomende Stadt. Der Ort profitierte von seiner Lage an der Grenze. Die Menschen bewegten sich frei zwischen Acuña, der Nachbarstadt auf der anderen Seite des Rio Grande, und Del Rio hin und her. Auf der amerikanischen Seite ging man einkaufen, auf der mexikanischen Seite amüsierten sich die Menschen in Restaurants und Bars oder gingen zum Arzt. Man musste ja nur über die Brücke, brauchte nicht einmal einen Pass. Ein kleiner Grenzverkehr. Heute hingegen nehmen die Menschen aus Del Rio den inzwischen beschwerlichen Weg nur noch für die in Mexiko deutlich günstigeren Arztbesuche auf sich.

Das Zentrum von Del Rio wirkt wie ausgestorben. Die meisten Geschäfte stehen leer, ihre Auslagen sind verstaubt. Ein paar junge Leute versuchen, die Innenstadt wiederzubeleben. Sie stemmen sich gegen den Trend, dass alle nur wegwollen. Vor Kurzem wurden eine Bar und eine Bierkneipe mit integrierter Boutique eröffnet. Noch wirken diese Orte wie kleine Fremdkörper, hippes Design zwischen Secondhandshops und Sportstudios. Aber die, die wir darauf ansprechen, freuen sich über die kleinen Veränderungen, auch wenn die Gegend jungen Menschen ansonsten wenig Perspektive bietet.

Joe Frank Martinez nimmt uns mit zur Grenze. Allerdings kommen wir nicht sehr weit; die Brücke und den Fluss sehen wir nur aus der Ferne. Hinter einem mächtigen Zaun beginnt das Gebiet, für das die Border Patrol zuständig ist, die Bundespolizei. Journalisten haben zu dem Gelände keinen Zugang, und auch der Sheriff darf es nur mit einer speziellen Genehmigung betreten. Es liegt außerhalb seines Einflussbereichs. Der Zaun an dieser Stelle stammt übrigens nicht von Donald Trump, sondern bereits von einem seiner Vorgänger, George W. Bush.

Direkt am Zaun steht verlassen und verfallen eine Tankstelle, an der Joe Frank als kleiner Junge für 25 Cent pro Stunde tankenden Autos die Scheibe geputzt hat. Die Zapfsäulen sind noch da, aber stillgelegt. Der meterhohe Zaun hat die einstige Durchgangsstraße vom Grenzübergang abgeschnitten. Hier kommt niemand mehr vorbei, um zu tanken oder einzukaufen. Auch der Supermarkt neben der Tankstelle steht schon lange leer, die Fenster sind mit Brettern zugenagelt. Ein bisschen wehmütig erzählt Martinez von seinen Kindheitserinnerungen. Aber das gehöre alles der Vergangenheit an, wischt er schnell jede Sentimentalität beiseite. «Die Zeiten, in denen wir frei hin und her gehen konnten, die sind seit Langem vorbei.»

Vorne am Zaun, mit Blick auf die internationale Brücke von Del Rio, erinnert er sich an die Tage im September, als so viele hier Zuflucht suchten. Es schaudert ihn noch immer. Ihn ärgert, dass viele nur noch die Bilder im Kopf haben, wie Polizisten mit ihren Pferden Menschen bedrängen. Der Stress sei riesig gewesen. Unter der Brücke hätten bis zu tausendneunhundert Menschen gleichzeitig ausgeharrt. So etwas habe er in seinen mehr als vierzig Jahren Polizeidienst noch nicht erlebt. Dafür sei alles recht glimpflich abgelaufen, ohne Verletzte oder Tote, auch weil die verschiedenen Einheiten – Bund, Staat und lokale Polizei – zusammengearbeitet hätten. Martinez erzählt von elf Babys, die in diesen Tagen zur Welt gekommen seien. Die meisten Frauen konnten rechtzeitig ins Krankenhaus gefahren werden, aber ein Baby sei unter der Brücke geboren worden, mithilfe von Polizisten. Das sei doch nicht deren Aufgabe, sagt er entschieden und ist voller Lob für jene, die das gemacht haben.

Martinez ist überzeugt, dass die USA dringend eine umfassende Einwanderungsreform brauchen. Aber weder Trumps noch Bidens Regierung habe das ernsthaft in Angriff genommen. «Beide Seiten spielen mit dem Thema politischen Fußball», beschwert er sich. «So wie alle anderen Regierungen in den letzten dreißig bis vierzig Jahren.» Die einen hätten sich als Hardliner präsentiert, die anderen hätten zu harte Maßnahmen abgelehnt. Zielführend sei beides nicht gewesen. Unter Trump sei lediglich die Grenze geschlossen worden, mehr habe seine Regierung nicht getan. Biden habe dann signalisiert, die USA heißen Flüchtlinge willkommen, habe aber nichts unternommen, um ein geordnetes Verfahren zu entwickeln. «Wir brauchen doch eine Politik, mit der Demokraten wie Republikaner leben können.» Das ist Martinez wichtig. Er gehört nicht zu denen, die alle, die illegal ins Land kommen, als Kriminelle bezeichnen. Er weiß um die Verzweiflung vieler, die aus ihrer Heimat fliehen, vor Gewalt, korrupten

Regierungen. Diese würden immer versuchen zu kommen, und er verstehe sie. Gerade deshalb brauche man ja eine Einwanderungsreform. Nur könne es die nicht von heute auf morgen geben. «Es ist unmöglich, in, sagen wir, dreißig Tagen eine Lösung parat zu haben, aber wenn man nie damit anfängt, dann schafft man das auch nicht. So etwas braucht bestimmt zwei bis drei Jahre. In der Zwischenzeit muss man die Grenze schließen. Sonst ändert sich nie etwas.» Und dann sagt Martinez noch etwas, das ich von den unterschiedlichsten Menschen in vielen Teilen dieses großen Landes immer wieder höre, seit ich über die USA berichte: «Es muss doch etwas in der Mitte geben, nicht nur die Extreme. Man muss Menschen finden, die miteinander eine Lösung suchen.» Die Sehnsucht nach einem Mittelweg in einem Land, in dem oft nur noch die extremen Ansichten gehört werden.

Am nächsten Morgen sind wir früh unterwegs, ohne den Sheriff. Die Sonne geht gerade auf, pinkfarbene Streifen ziehen über den Himmel. Wir fahren auf einer holprigen Straße, wollen den Zaun und den Sonnenaufgang filmen. Da sehen wir plötzlich einige Fahrzeuge der State Trooper. Vielleicht sind sogar welche darunter, die in unserem Hotel untergebracht sind. Dass Verkehrspolizei für den Schutz der Grenzen sorgt, verwundert hier keinen mehr. Den Mangel an Sicherheitskräften nutzen seit einiger Zeit private Milizen für sich. Im Nachbarbezirk von Val Verde County sind die «Patriots for America» bereits im Einsatz. Der dortige Sheriff begrüßt ihre Präsenz, ebenso wie viele Farmer, die Land am Rio Grande haben. Während wir in Del Rio sind, führen die Milizionäre erste Gespräche mit den Verantwortlichen in Val Verde County. Sheriff Martinez sieht jedoch keinen Bedarf. Er habe die Farmer in seinem Gebiet gefragt, erklärt er in einer Sitzung des Bezirksrats. Niemand habe an einem Einsatz des selbst ernannten Wachdiensts Interesse.

Wir fragen uns, wie die Milizionäre wohl mit einer Situation umgehen würden, wie wir sie an diesem Morgen erleben. Hinter den Polizeifahrzeugen erkennen wir eine Gruppe von Migranten, umringt von Sicherheitskräften. Wir halten an, bleiben aber auf Abstand. Meine Kollegin geht zu ihnen, fragt, ob wir ein paar Bilder machen dürfen, aus der Ferne, ohne dass man Gesichter erkenne. Das ist normalerweise kein Problem, solange man die Persönlichkeitsrechte beachtet. Doch dieses Mal wollen uns die Uniformierten nicht dabeihaben. Er empfehle uns, nicht zu filmen, antwortet einer. Eine seltsame Ausdrucksweise. Kein eindeutiges Verbot, aber auch kein Ja. Über ihre Beweggründe können wir nur spekulieren. Ein, zwei Aufnahmen aus dem Auto machen wir, dann fahren wir zurück. Doch wir haben gesehen, wovon uns der Sheriff bereits berichtet hatte: dass immer noch viele Menschen über die Grenze kommen. Die einen legen es darauf an, gefasst zu werden. Sie wollen Asyl beantragen und hoffen, dass sie in den USA auf ihr Verfahren warten können. Viele haben bereits Verwandte im Land, bei denen sie erst einmal unterkommen können. Andere gehen bewusst an Stellen über den Fluss, die nicht permanent überwacht werden und wo das Risiko, erwischt zu werden, eher gering ist.

«Das sind Kriminelle, Drogenschmuggler», erzählt uns Diane Schroeder. Wir treffen die Frau an diesem Morgen zufällig. An ihrem Grundstück direkt am Rio Grande prangt in großen Buchstaben «Let's Go Brandon», ein Slogan, mit dem Trump-Anhänger Präsident Biden verschmähen, ohne seinen Namen zu nennen. Gemeint ist: «Fuck you Biden!» Inzwischen gibt es T-Shirts, Aufkleber und Mützen mit «Let's go Brandon», zusätzlich zu den roten Baseballkappen mit der Aufschrift «Make America Great Again». Entstanden ist der Spruch, als eine Reporterin Anfang Oktober 2021 bei einem NASCAR-Autorennen den Fahrer Brandon Brown interviewt. Im Hintergrund hört man «Fuck Joe Biden!»-Schreie, so laut, dass die Reporterin damit rechnen muss, dass das auch bei der Fernsehübertragung zu verstehen ist. Ob sie sich bewusst oder unbewusst verhört, ist nicht überliefert. Jedenfalls münzt sie die Beleidigung in Anfeuerungsrufe für den von ihr Interviewten um: «Let's go Brandon». Die Trump-Anhänger im

Stadion fühlen sich hintergangen, den Medien gehe es nur darum, die Anti-Biden-Stimmung im Land zu verheimlichen. Seitdem nutzen viele den unschuldig daherkommenden Spruch, um den Präsidenten zu beleidigen.

Überall in den USA finden sich «Let's go Brandon»-Schilder. Genauso wie an vielen Ecken noch Trump-Fahnen wehen, zum Teil aus dem letzten Wahlkampf, zum Teil schon neue, auf denen «2024» zu lesen ist – Ausdruck der Hoffnung auf eine erneute Kandidatur Trumps. Wir sind daher nicht überrascht, den Spruch auch am Rio Grande zu finden. Als wir ihn von der Straße aus filmen, kommt Diane dazu. Sie zögert nicht, uns zu erzählen, warum sie eine riesige Wut auf Präsident Biden hat. «Seit er im Amt ist, kommen hier so viele Illegale durch. Ich trage daher oft eine Waffe.» Sie zeigt uns ihre Pistole, ein 9-Millimeter-Kaliber. «Die haben keine Angst, vor allem nicht, wenn sie eine Frau vor sich haben.» Meist kämen sie in der Nacht, erzählt sie. Einmal hätten sie versucht, ihr Pferd zu stehlen. Sie hat daher inzwischen Bewegungsmelder und Strahler installiert.

Diane Schroeder ist nach Del Rio gezogen, um auf dem Grundstück am Fluss ihren Ruhestand zu genießen. Ihr kleines Paradies mit Wasserblick. Ein einfacher Wohntrailer auf einem schönen Stück Land, erschwinglich, weil dicht an der Grenze. Unter Trump sei das kein Problem gewesen. Da habe kaum jemand versucht, über den Fluss zu kommen. Aber damit sei es vorbei. Vor Kurzem hätten die Anwohner aus Sorge um ihre Sicherheit ein Treffen mit Sheriff Martinez gehabt. Sie schätze ihn sehr, obwohl er Demokrat sei. Joe Frank sei es gewesen, der ihr geraten habe, eine Waffe zu tragen. Möglichst überall. Wenn sie spazieren gehe, selbst wenn sie sich in einem Reifen den Fluss hinuntertreiben lasse. Das könne nicht schaden, habe er ihr gesagt. «Aber das mache ich nicht. So macht das doch keinen Spaß mehr.»

Ihr Grundstück liegt etwas außerhalb von Del Rio. Soldaten oder Polizisten patrouillieren hier nur selten. Deshalb würden in dieser Ecke auch nur wirklich Kriminelle durchkommen und nicht Familien wie weiter unten am Fluss, wo die meisten Sicherheitskräfte präsent seien, um die Illegalen festzunehmen und sie an die Einwanderungsbehörde zu übergeben. Manchmal finde sie eine schwarze Plastiktüte auf der Straße; die bitte bloß nicht anfassen, warnt sie uns. In der könnten Drogen sein, fallen gelassen von einem Kurier, damit sie später ein anderer mitnehmen könne. Sheriff Martinez bestätigt, dass die Gefahr durch mexikanische Drogenkartelle immer wieder bis in die USA reiche.

Nach der Begegnung mit Diane fahren wir noch ein paar Meilen an der Grenze entlang. Nur wenige Abschnitte in Val Verde County sind öffentlich zugänglich, die meisten Grundstücke am Rio Grande gehören Privatleuten. Am Fluss stehen Häuser, viele Ferienunterkünfte, dahinter verläuft der öffentliche Weg, eine Schotterstraße, erst dann kommt ein Zaun, oben gesichert mit Stacheldraht. Auf der Fahrt sehen wir Soldaten, die neuen Zaun ziehen. Noch gibt es viele Lücken. Die Drahtbarriere soll den Weg ins Hinterland blockieren und zugleich die Bewohner der Häuser auf dieser Seite der Straße vor unerwünschten Eindringlingen schützen, die aber über die Grundstücke direkt am Fluss, die nicht von einem Zaun abgeschirmt werden, bereits ihr Ziel, die USA, erreicht haben. Nicht alle auf der dem Land zugewandten Straßenseite scheinen davon begeistert, einen engmaschigen Zaun vor der Nase zu haben, statt den freien Ausblick auf den Fluss genießen zu können. Der Zaun ist ein weiteres Prestigeprojekt des derzeitigen texanischen Gouverneurs Greg Abbott. Kaum war er errichtet, zeigte sich, wie wenig er ausrichten kann. Immer wieder sehen wir rote Plastikbänder, Stellen, die repariert werden müssen, weil sich jemand mit einer Drahtschere Zugang verschafft hat. Es war offenbar kein Polizist in der Nähe, um sie aufzuhalten.

Die Grenzstadt Del Rio hat viele Zäune. County Commissioner Robert «Beau» Nettleton zeigt sie uns. Er ist Republikaner und so etwas wie ein Kreistagsabgeordneter. Nettleton hält Grenzzäune eigentlich für sinnvoll, aber nicht so wie in seinem Bezirk. Dort steht seit Langem ein Zaun, den George W. Bush errichten ließ, auf der Grundlage eines 2006 verabschiedeten Gesetzes, dem «Secure Fence Act». Dieser Zaun ist hoch genug, um zu verhindern, dass jemand hinüberklettert. Trotzdem hat Präsident Trump direkt davor noch seine sogenannte Border Wall gesetzt, wörtlich übersetzt eine Mauer, tatsächlich aber ebenfalls ein Zaun, bloß noch etwas höher als der von Bush und rostfarben statt schwarz. Das sei ein wahrer Egotrip von Trump gewesen, lacht Nettleton, nach dem Motto: Meine Mauer ist größer als dein Zaun. Dieses Ding mache an der Stelle überhaupt keinen Sinn. Ein Teil des ersten Zauns sei sogar abgebaut worden, damit die Trump-Barrikade errichtet werden konnte. Als dann Biden Präsident wurde, erzählt Nettleton weiter, habe dieser die Bauarbeiten gestoppt, obwohl sie längst in Auftrag gegeben worden waren. Jetzt müsse man jeden Monat Strafe an die Firmen zahlen. Damit niemand auf die ungesicherte Baustelle geht, steht vor Trumps Mauer noch ein Zaun aus Maschendraht. Der stamme wiederum von der Biden-Regierung.

Als ich Nettleton frage, ob ein Zaun an der Grenze denn überhaupt etwas bringe, meint er: «In bestimmten Ecken ja, zum Beispiel an der Stelle, an der wir jetzt stehen, dicht bei der Brücke, wo gleich der Ort beginnt. Aber weiter im Westen, in den ländlichen, unzugänglichen Gebieten, dort macht es keinen Sinn, Zäune zu errichten.» Ähnliches hat uns bereits Sheriff Martinez erzählt. Die beiden Männer sind zwar in verschiedenen Parteien, doch sie schätzen sich, sind in vielen Fragen einer Meinung, auch darin, was sie von Washington halten: «Dort reden sie von Einwanderung, seit ich denken kann. Aber sie haben nie etwas unternommen, um das Problem in den Griff zu bekommen. Jede Partei war schon mal an der Macht, doch keine hat sich ernsthaft um die Themen Einwanderung und Asyl gekümmert.»

Ganz in der Nähe, hinter der Grenzbrücke und den Kontrollstellen, steht ein großes Schild: «Willkommen in Texas. Fahren Sie freundlich, auf texanische Art.» Nettleton betont, er sei nicht gegen Einwanderung an sich. Die USA seien von Einwanderern gegründet worden. Aber die Menschen müssten auf legalem Weg kommen. «Wir können doch nicht die ganze Welt in Amerika willkommen heißen.» Für Biden und Vizepräsidentin Kamala Harris hat der republikanische Politiker kein gutes Wort übrig. Als sich im September 2021 das Drama an der Brücke zuspitzte, hätte er sich gewünscht, dass zumindest einer der beiden nach Del Rio gekommen wäre, um sich ein eigenes Bild von der Lage zu machen. Jetzt brauche niemand mehr zu kommen. Aus seiner Sicht gibt es nur eine Botschaft für die Menschen, die in Mittelamerika leben: «Wenn ihr illegal in unser Land kommt, dann werdet ihr abgeschoben.» Solange Biden und Harris das nicht klar kommunizieren würden, würden sich immer neue Menschen auf den Weg machen.

Nettleton geht davon aus, dass die Einwanderungsproblematik eines der wichtigsten Themen bei den nächsten Wahlen sein wird. Wenn man in den Gegenden an der Grenze zusammensitze, sei es egal, ob jemand Republikaner oder Demokrat sei, alle seien sich einig, das müsse endlich aufhören. «Wir brauchen eine Atempause. Wir kämpfen mit der Pandemie. In dem Moment, in dem die Lage sich verbessert, kommt ein neuer Schwung Illegaler über die Grenze. Dann müssen wir das wieder bewältigen. Es geht einfach immer weiter. Dabei brauchen wir hier ganz andere Dinge. Wir sollten uns endlich wieder darum kümmern können, Straßen zu reparieren.»

Am Nachmittag treffen wir Sheriff Martinez noch einmal auf der Polizeistation. Er hat 80 Mitarbeiter. 48 sind Polizisten. Patrouille fahren pro Schicht aber nur vier. Und das bei 110 Meilen Grenzgebiet mit Mexiko. Val Verde County ist riesig, mehr als 8000 Quadratkilometer groß. Bereits Anfang April 2021 hat Martinez in einem Gastartikel für die überregionale Tageszeitung «USA Today» davor gewarnt, dass die Polizei an den Rand ihrer Möglichkeiten komme. «Ich weiß nicht, ob ich lachen oder weinen soll, wenn ich die Politiker in Washington darüber streiten höre, ob die Zahl der Migranten, die über unsere südliche Grenze kommen, den Punkt erreicht hat, an dem man von einer Krise sprechen kann», schreibt er. «Ich weiß, dass es eine Krise gibt. Wir leben mittendrin, Tag für Tag. Um eines festzuhalten, nicht dass es wichtig wäre: Ich bin stolzer Demokrat.»

Martinez erzählt, wie schwierig es sei, frei gewordene Stellen zu besetzen. Niemand hier in der Region wolle mehr zur Polizei. An ihm selbst liegt es eher nicht. Wen auch immer wir fragen – sie allen loben den Sheriff, er sei ein toller Chef. Er klagt, dass seine Leute überlastet seien. Für ihre eigentlichen Aufgaben – von Verkehrsunfällen über Kleinkriminalität – hätten sie kaum noch Zeit. Immer wieder müssten sie sich um Migranten kümmern, die an improvisierten Bushaltestellen sitzen und hoffen, weiterreisen zu können, nachdem einmal ihre Daten aufgenommen wurden.

Er ist hin- und hergerissen zwischen den Sorgen der Bevölkerung, die vor allem Angst vor Drogenkurieren und anderen Kriminellen hat, und der Sorge um Flüchtlinge, die beim Versuch, den Fluss zu überqueren, ihr Leben riskieren. Nicht überall ist das ungefährlich. Martinez erzählt, immer noch erschüttert, vom ersten Zwischenfall im Jahr 2021: «Am 18. Januar ertrank eine Frau aus Haiti. Sie war schwanger, mit Zwillingen. Insgesamt sind allein in meinem Bezirk elf Menschen ertrunken. Andere starben durch Naturgewalten, neun bei Autounfällen.» Das belaste ihn. Auch deshalb sei er enttäuscht von der Biden-Regierung. Sie sei für diese Toten mitverantwortlich.

Bei der letzten Präsidentschaftswahl 2020 ist für den gläubigen Katholiken noch ganz klar gewesen, wen er wählen würde. Er hielt es für richtig, dass die Trump-Regierung die Grenze zu Mexiko rigoros dichtgemacht hatte, doch er konnte den Präsidenten nicht mehr ertragen. Trumps Rhetorik, seine ständigen Beleidigungen. Das sei nicht mehr auszuhalten gewesen. Aber ein Jahr später fragt er sich, ob er die richtige Entscheidung getroffen hat. «Ich habe aufgehört zu hoffen, ich vertraue Biden nicht mehr. Worte sind nichts als Worte. Er strengt sich nicht wirklich an, etwas zu verändern.» Als ich ihn jedoch frage, ob er überlege, die

Partei zu wechseln, kommt ein klares Nein. «Ich werde mich doch nicht von denen abwenden, die gemeinsam mit meinem Vater so hart gearbeitet haben, um armen Menschen hier in Del Rio zu helfen, wählen zu können.» Es gebe viele gute Demokraten und viele gute Republikaner. Und es gebe solche, die zu weit links, und solche, die zu weit rechts stünden. Mit beiden könne er nichts anfangen. «Wenn ich meine Partei verlasse, nur weil sie hier gerade nicht beliebt ist, wer bleibt dann, um die Partei wieder auf Vordermann zu bringen?» Martinez ist prinzipientreu. Er mag es nicht, wenn Menschen ihre Meinung nach dem jeweiligen Trend ausrichten. Man könne doch nicht zwischen zwei Parteien hin und her wechseln, wie es einem gerade passe. Energisch wiederholt er mehrfach: «Ich bleibe, wo ich bin.» Bisher konnte er sich immer darauf verlassen, dass die Menschen ihn und seine Leistung als Sheriff bewerten und nicht seine Parteizugehörigkeit.

Sein Büro ist voller Erinnerungen. Er sammelt Zeichnungen von Windrädern, nicht den modernen, sondern den kleinen, alten, die man überall in der texanischen Weite erspähen kann. Die Fenster sind abgeklebt. Die Sonne, erklärt Martinez. Die scheine ihm immer direkt in die Augen, wenn er an seinem Schreibtisch sitze. Im Fernseher läuft Fox News, stumm. Als ich ihn darauf anspreche, betont er, in den USA dürfe man keinem Nachrichtensender trauen, die seien alle parteiisch. In der Ecke ein Hutständer. Darauf die obligatorischen Cowboyhüte, einen für den Winter, einen für den Sommer. Doch während wir ihn begleiten, setzt er keinen auf. Er trage eigentlich nur Hut, erklärt er, wenn er das County verlasse. Seine Mutter habe ihm beigebracht, dass man zu Hause die Kopfbedeckung absetze. Val Verde County sei sein Zuhause, der ganze Bezirk. Martinez ist tief verbunden mit seiner Heimat. Ein alter Revolver, aufwendig gerahmt, hängt wie eine Art Mahnmal an der Wand. Den habe er von einer Frau geschenkt bekommen. Sie wollte sich vor sich selbst schützen, denn sie hasste ihren Schwiegersohn so sehr, dass sie sich davor fürchtete, in einem unbedachten Moment zur Waffe zu greifen.

Martinez ist voller Geschichten. Es ist faszinierend, ihm zuzuhören. An der Grenze zu Mexiko gibt es keine einfachen Wahrheiten, nichts ist nur schwarz oder nur weiß. Das wird uns auch klar, als wir noch einmal den republikanischen County Commissioner Nettleton treffen. Der Mann ist ein Vorzeige-Texaner. Er kokettiert mit Klischees, etwa wenn er den ganzen Tag an einer Zigarre herumkaut, ohne sie anzuzünden. Er habe sich so das Rauchen abgewöhnt. Anders als der Sheriff trennt er sich nie von seinem Hut, trägt meist Jeans. Er hat eine Farm, siebzig Kilometer von Del Rio entfernt. In der Stadt selbst verdient er Geld mit einer Art Gartenbaubetrieb. Sein Büro ist in einer kleinen Holzhütte auf einem riesigen Gelände mit viel Platz für Trucks und Baumaschinen. Rund um einen Bretterverschlag drapiert sehe ich ein altes Trump-Wahlplakat, nicht sehr stolz präsentiert, in der Mitte vertikal geknickt, damit es um den Stapel herumpasst. «Ich war glücklich mit seiner Politik. Nicht so sehr mit einigen seiner Sprüche, aber seine Politik stimmte. Ich konnte es mir leisten, meinen Truck vollzutanken, unsere Grenzen waren nicht offen, wir wurden nicht überrannt von Migranten. Trumps Politik war genau richtig für dieses Land.»

Nettleton hofft auf die nächsten Wahlen. Da werde sich zeigen, ob die Bevölkerung Biden möge oder nicht. Er ist sich sicher, dass der Präsident eine Niederlage erleiden wird, und schwärmt, genau das sei das Gute in diesem Land, man habe die Wahl. «Wenn man den Weg, den eine Regierung einschlägt, nicht mag, dann geht man zur Wahl.» Eine Vorlage für die nächste Frage. Ich will wissen, wie er es unter den Umständen bewertet, dass Ex-Präsident Trump bis zu diesem Tag seine Wahlniederlage nicht akzeptiere. «Das ist mir zu rückwärtsgewandt», räumt Nettleton ein. «Das gab es doch oft in der Geschichte, dass Menschen das Gefühl hatten, mit einer Wahl stimme etwas nicht. Am Ende des Tages müssen wir akzeptieren, was passiert ist, und müssen nach vorne schauen. Wir können doch nicht immer damit weiter machen, dieses Land zu spalten.» Die USA seien so polarisiert. Es gebe nur noch Extreme, die Mitte sei sehr klein. Da geht es Nettleton wie dem Sheriff. «Wir müssen uns darüber klar werden, wohin wir mit diesem Land wollen.»

Bei seiner Amtseinführung hat Joe Biden versprochen, er wolle ein Präsident für alle Amerikaner sein, er wolle das Land einen. Ein Jahr später hat er das noch nicht erreicht. Beau Nettleton wundert das nicht, er fragt sich, wie ein Mann überhaupt glauben könne, das Land wieder einen zu können. Das könne nur das Land selbst, die Bevölkerung. Er erinnert an die Anschläge vom 11. September 2001. Damals sei das Land geeinter gewesen als davor und danach. Da müsse man wieder hin. Nur das Volk könne sagen: Wir haben genug von all den Versprechen und Parolen. «Wenn wir glauben, ein Mann könne das bewältigen, dann verschwenden wir unsere Zeit.» Nettleton setzt stattdessen auf Gott.

Der Demokrat Martinez und der Republikaner Nettleton – beide kommen zu ein und demselben Schluss: Wir müssen zusammenarbeiten, auch wenn wir unterschiedlicher Meinung sind. «Deshalb brennen wir doch die Scheune nicht nieder», schmunzelt Nettleton. Beide Männer versichern, dass das auf Bezirksebene wunderbar funktioniere. Es gebe Gutes auf beiden Seiten, und Schlechtes. Keine Seite sei perfekt. Nettleton erinnert daran, wie die Republikaner in Washington die Mehrheit im Repräsentantenhaus und im Senat hatten, zu Beginn von Trumps Präsidentschaft, und trotzdem hätten sie keine Einwanderungsreform verabschiedet. In der Hauptstadt würden sich die Parteien immer nur gegenseitig die Schuld zuschieben, in der Hoffnung, dass die Bevölkerung ihnen das abnehme. Doch dieser gehe langsam auf, dass das Problem Washington sei, wo die Lobbyisten mehr Macht hätten als das Volk. Allerdings seien die Menschen selbst dafür verantwortlich, wenn viel zu wenige zur Wahl gingen.

Da ist der Unternehmer und Lokalpolitiker wieder sehr nah bei Trump, der das Machtzentrum in Washington bis heute als Sumpf bezeichnet, der trockengelegt werden müsse. Aber Nettleton geht darüber hinaus, er will, dass die Menschen sich informieren, dass sie teilnehmen an Entscheidungsprozessen, dass sie einfordern, gehört zu werden. Hinter all dem steckt die Idee, die Menschen wüssten selbst, was am besten für sie sei, eine Vorstellung, die vor allem unter Republikanern weitverbreitet ist. «Die meisten Amerikaner wollen einfach nur frei sein», erklärt Nettleton. «In Washington versuchen sie, uns zu sagen, wie wir leben sollen, was wir tun dürfen und was nicht. Sie glauben zu wissen, was für uns richtig ist. Wir aber wissen selbst, was wir mit unserem Leben machen wollen.» Die Regierung habe einen Platz in der Gesellschaft. Sie solle sich um Straßen kümmern, um Trinkwasser, um Müll, die Grundversorgung eben. Außerdem natürlich auch das Land gegen Angriffe von außen verteidigen. Die persönliche Gesundheit dagegen sei Sache jedes Einzelnen. Nettleton ist klar gegen eine Masken- oder Impfpflicht und spannt einen großen Bogen – ein geschlossenes Wertesystem. «Die Leute sind doch klug genug, selbst zu entscheiden, was gut für sie ist.»

Es ist eine feine Linie, die er versucht, nicht zu überschreiten. Es sei nicht falsch, Menschen wieder auf die Beine zu helfen, gerade in diesen Pandemiezeiten, aber das dürfe nicht zu weit gehen. Nettleton begründet seine Haltung mit dem Gründungsmythos der USA. Der besteht für ihn vor allem darin, dass jeder seines eigenen Glückes Schmied sei, dass der Willen des Einzelnen über dem der Gemeinschaft stehe. Das sei unbegrenzte Freiheit, alles andere dagegen Diktatur oder Sozialismus – das Schreckgespenst, das heraufbeschworen wird, wenn man fest daran glaubt, dass der Staat zu viel Macht anhäuft.

Am Tag unserer Abreise aus Del Rio treffen wir Sheriff Martinez in unserem Hotel. Er ist zwei- bis dreimal pro Woche da, frühstückt mit einer Runde schon etwas älterer Männer. Die meisten sind bekennende Republikaner, aber es sitzen auch Unabhängige mit am Tisch, solche, die sich nicht für eine Partei registrieren lassen, sondern erst bei der Wahl entscheiden, für wen sie stimmen werden. «Ich will den Puls meiner Wähler fühlen», lacht

Martinez. Oft sitzen sie bereits um sechs Uhr morgens zusammen. Der Sheriff ist der einzige Demokrat. «Aber er ist ein sehr konservativer Mensch», lobt ihn einer. «Wir alle unterstützen unseren Sheriff. Er macht einen klasse Job, vor allem mit den Mitteln, die er hat.» Ihnen ist wichtig, dass ich nicht denke, sie wären ausländerfeindlich oder generell gegen Einwanderer. «Wir sind doch alle von irgendwoher eingewandert, aber es gibt eben einen richtigen und einen falschen Weg.» Als ich in die Runde frage, ob sie sich wünschen würden, dass Joe Biden die Grenze besucht, ernte ich lautes Gelächter. Von allen. Auch der Sheriff schüttelt den Kopf. «Nein, Präsident Biden wäre hier nicht willkommen.» Doch als Martinez dann noch einmal mit uns alleine spricht, klingt er etwas differenzierter. Er glaube zwar tatsächlich nicht, dass es etwas bringen würde, wenn der Präsident selbst käme, aber die, die Entscheidungen vorbereiten, müssten sich vor Ort ein Bild machen, um zu begreifen, was an der Grenze vor sich gehe, wie belastend das für die Menschen hier sei. Zu viele würden über die Lage in Del Rio reden, ohne je da gewesen zu sein.

Martinez wünscht sich nichts sehnlicher als eine Rückkehr zu dem, was er unter ein bisschen Normalität versteht. Für sein «hidden gem», das versteckte Juwel, wie er Val Verde County nennt. Seine Heimat. Und dann beginnt er zu schwärmen, von der Natur, der Geschichte, den Höhlenzeichnungen in der Nähe. Das alles würde man zerstören, wenn man überall Zäune errichtet. Nein, er will nicht hinter Zäunen leben. Auch wenn er sie an manchen Stellen für notwendig hält wie der republikanische Lokalpolitiker Nettleton.

Martinez appelliert an den für ihn so fernen Präsidenten: «Menschen verlieren ihr Leben, weil sie versuchen, in dieses Land zu kommen, weil sie ihren Traum verwirklichen wollen. Ich würde es wirklich schätzen, wenn Sie, Herr Präsident, eine Gruppe von Menschen finden könnten, aus beiden Lagern, die gemeinsam an unserer Einwanderungspolitik arbeiten.» Doch die Regierung in Washington befindet sich längst wieder im Modus der

Schadensbegrenzung. Das kleinstmögliche Ziel ist es, wenn «Title 42» doch noch aufgehoben werden sollte, die ins Land kommenden Menschen zu erfassen, ihre Asylanträge schnellstmöglich zu bearbeiten und Chaos zu vermeiden. An eine wirkliche Reform wagt sich momentan niemand.

Um unter anderem schneller auf falsche Informationen und Versprechungen im Netz reagieren zu können, mit denen Menschen in großer Zahl an die Grenze gelockt werden, so wie die haitianischen Flüchtlinge im September 2021, hat die ICE-Behörde ein «Disinformation Governance Board» eingesetzt, eine Art Kontrollgremium, dessen Ziel es ist, Desinformationen aufzudecken. Die Regierung geht davon aus, dass vor den Kongresswahlen im November ganz bewusst Falschinformationen unter der Spanisch sprechenden Bevölkerung gestreut werden, damit Schlepper ein Geschäft mit den geschürten falschen Hoffnungen machen können. Doch die Kritik gegen dieses Gremium war so heftig – die Regierung wolle einen Orwell'schen Überwachungsstaat schaffen, hieß es vor allem, aber nicht nur aus dem rechten Lager –, dass der zuständige Minister Alejandro Mayorkas es nur wenige Wochen später wieder auf Eis legte. Die Ende April ernannte Direktorin legte daraufhin ihr Amt nieder. Sie war selbst Opfer von Angriffen im Netz geworden. Mayorkas räumte ein, dass bei der Information über das Gremium Fehler gemacht worden seien, aber der Vorgang zeigt eben auch, wie schwierig es ist, systematisch gegen Falschinformationen im Netz vorzugehen, wenn dort sofort Gegenangriffe gestartet werden, unter anderem mit Falschinformationen, die das Gremium eigentlich bekämpfen wollte. Die Opposition reibt sich derweil die Hände über das Geschenk eines Wahlkampfthemas, das eher den Republikanern helfen dürfte. Denn anders als bei den ukrainischen Flüchtlingen, die quer durch das Land willkommen geheißen werden, ist die Ablehnung gegenüber all denen, die aus dem Süden kommen, nach wie vor groß.

Die umkämpfte Minderheit

«Sie nennen uns den schlafenden Giganten. Sie
müssen begreifen, dass wir ihre Zukunft sind.»

Reggie Carrillo, Lehrer aus Arizona

Jorge Rivas hat einen Traum, und er ist überzeugt, dass er seinen
Mut, diesen Traum umzusetzen, Donald Trump zu verdanken hat.
Rivas ist Mitte fünfzig und will für die Republikanische Partei ins
Repräsentantenhaus von Arizona einziehen. Der Einwanderer
aus El Salvador, einst vor Gewalt und Armut in seiner Heimat geflohen, betreibt in der Kleinstadt Catalina ein kleines Restaurant
am Highway. Nun will er politische Verantwortung übernehmen.
Zuerst hat er sogar über den Gouverneursposten nachgedacht.
Eine Organisation hatte ihn angesprochen, aber das wäre ihm zu
teuer geworden. Wahlkämpfe für Gouverneursposten können in
die Millionen gehen. Um als einfacher Abgeordneter zu kandidieren, brauche man höchstens fünfzigtausend Dollar. Das sei zwar
auch nicht wenig, doch mithilfe von Spenden könne er das leicht
erreichen. «Leute wie ich müssen sich einsetzen», liebäugelt er
mit der politischen Arena. Aber zunächst muss er die Hürde der
Vorwahl nehmen. Vier Republikaner treten an; nur zwei werden
am Ende auf dem Stimmzettel stehen. Als Erstes muss er fünfhundert Unterschriften sammeln. Rivas ist zuversichtlich. Er sei
in seinem Wahlkreis sehr bekannt. Und das ist er tatsächlich. In
Catalina, nicht weit von Tucson entfernt, ist er eine Berühmtheit.

Wir lernen Jorge Rivas vor der Präsidentschaftswahl 2020
kennen. Donald Trump hat ihn über seine Heimat hinaus bekannt
gemacht, als er den Restaurantbesitzer im September 2020 zu
einer Diskussionsrunde über Wirtschaftspolitik einlädt. Warum
er das tat? Er erkannte in Rivas einen begeisterten Unterstützer,

der ihm den Zugang zu einer wichtigen Wählergruppe erleichtern sollte, den Latinos in den USA, die lange Zeit als sichere Wählerschaft der Demokraten galten.

Auf dem Weg nach Catalina fällt uns ein riesiges Werbeplakat ins Auge. Werbung für Rivas' Buch: «Modern Patriots», moderne Patrioten. Im Untertitel heißt es: «Wie eine hispanische Familie sich gegen Angriffe wehrt, nachdem sie den Mann unterstützt hat, der der nächste amerikanische Präsident wurde.» Ein Buch im Eigenverlag, veröffentlicht im Juni 2020, mit guten Bewertungen im Internet. Es erzählt von den Vorwürfen, denen sich Jorge Rivas ausgesetzt sah, weil er mit der Unterstützung Trumps 2016 politisch einen anderen Weg einschlug als viele Latinos in seiner Umgebung.

Als wir bei Sammy's Mexican Grill ankommen, sehen wir schon von Weitem Trump-Fahnen, eine Pappfigur des Präsidenten in Lebensgröße neben dem Eingang des Lokals, ein riesiges selbst gemaltes Plakat mit Trumps Haartolle auf einem Totenkopf in den Farben der amerikanischen Flagge. Devotionalien, die jedem Gast zeigen sollen, für wen das politische Herz der Betreiber schlägt. Das war im September 2020 so, und so ist es noch heute. Trump ist zwar schon über ein Jahr nicht mehr im Amt, doch Rivas hält ihm die Treue, auch auf der Speisekarte. Die ist zunächst ganz klassisch, authentisches mexikanisches Essen, heißt es, überliefert von Generation zu Generation, so wie Großmutter gekocht hat, Burritos, Enchiladas, Tacos. Und das obwohl Jorge aus El Salvador stammt. Die Küche in beiden Ländern sei ähnlich, sagt er. Nur ein Gericht fällt aus der Reihe: der «Special MAGA Burger» für 7 Dollar 99. Dazu passend ein T-Shirt mit der Aufschrift «The Food at Sammy's Mexican Grill is Great!», ein Zitat von Donald Trump, der aber selbst nie in dem kleinen Lokal eingekehrt ist.

Im September 2020 begrüßt uns Jorge Rivas noch immer unter dem Eindruck des Treffens mit seinem Helden. «Ihr braucht keine Masken, ich war gerade beim Coronatest. Ich hatte ja vor ein paar Tagen einen Termin mit Donald Trump.» Wir tragen natürlich trotzdem Masken, in Arizona gibt es zu dieser Zeit sehr hohe Infektionszahlen. Rivas ist einer der ersten Latinos in seiner Gegend, der sich klar hinter Donald Trump stellt. «Ich habe lange die Demokraten gewählt, aber dann», will er seinen Sinneswandel erklären, «sind sie immer weiter nach links gerückt.»

Als junger Mann flüchtet Jorge aus El Salvador in die USA. Nie hätte er sich träumen lassen, dass er eines Tages dem mächtigen Präsidenten der Vereinigten Staaten persönlich begegnen würde. Er, ein Mann, der ohne Hab und Gut in das Land kam, noch einmal ganz von vorn anfangen musste und lange Jahre nicht viel besaß. Doch als 2016 Trump auf die politische Bühne tritt, ärgert sich Jorge, dass viele sagen, Latinos würden den Milliardär aus New York nicht mögen. Für einen Wahlkampfauftritt des unorthodoxen republikanischen Kandidaten in der knapp vierzig Kilometer entfernten größeren Stadt Tucson bastelt er auf die Schnelle ein Plakat, «Latinos Support D. Trump», und bittet seine Frau Betty, in die Wahlkampfhalle zu gehen. «Versuch ganz nach vorne zu kommen, dann sieht er es, und sag ihm, dass wir hinter ihm stehen.» Betty ist unerschrocken und schafft es tatsächlich, Trump auf sich aufmerksam zu machen. Er hält das handgeschriebene Plakat in die Kameras. Betty bekommt ein Foto mit dem Mann, der schon bald Präsident sein wird. Es folgen weitere Treffen. Nach der Wahl. Zum Beispiel das bereits eingangs erwähnte Gespräch mit zwölf Kleinunternehmern in Arizona. Jorge sitzt ganz nah bei Trump, angekommen in seinem persönlichen amerikanischen Traum.

Dabei schadet es dem Ehepaar anfangs, dass es sich so eindeutig auf Trumps Seite schlägt. Sie werden beschimpft, gar bedroht. Jorge bestätigt das eher in seiner politischen Haltung, als dass es ihn ins Wanken bringt. Und er schreibt seine Erfahrungen in dem Buch «Modern Patriots» nieder. Um ihn zu unterstützen, demonstrieren einmal die Woche Trump-Anhänger vor seinem Lokal, neue Freunde, nur wenige sind Einwanderer. Jorge sei ein

Held, erzählen sie. Er habe immer hart gearbeitet. Sein Restaurant wird damals zur Basis für die Trump-Gemeinde rund um Tucson. Die Familie verliert Kunden, die nicht verstehen, wie jemand mit Rivas' Geschichte sich für einen Mann begeistern kann, der an der Grenze der USA eine Mauer bauen will. Dafür aber gewinnt Rivas neue Gäste. Die seien geblieben, auch über die Präsidentschaftswahl hinaus, erzählt er, als ich Anfang Februar 2022 wieder mit ihm spreche. Noch immer ist er begeistert von Trump.

Auf seiner Internetseite wirbt Rivas damit, ein moderner Patriot zu sein, ein frisches Gesicht für Arizona. Er ist ganz auf der Linie der Republikaner im ganzen Land, die fest zu Donald Trump stehen. Er teilt ihre politischen Argumente. Die Biden-Regierung habe versagt, von Anfang an. Warum er jetzt selbst Politiker werden wolle, frage ich ihn. Nach der letzten Wahl habe er sich gesagt, es brauche jetzt «gute Menschen mit hohen Moralvorstellungen», und das passe zu ihm. «Ich will nicht Millionär werden. Ich finde es wichtig, mein Land und meine Kinder zu schützen.» Deshalb wolle er ins Parlament. Reich werde man dabei nicht. Man bekomme maximal bis zu fünfundzwanzigtausend Dollar im Jahr und müsse sich eine Wohnung in Phoenix suchen, der Hauptstadt von Arizona. In den Sitzungswochen herrsche Anwesenheitspflicht. Phoenix sei zu weit weg, um jeden Tag fahren zu können. Doch das sei es ihm wert. «Ich werde das genießen», freut sich Jorge schon jetzt, obwohl er noch einige Hürden nehmen muss, bevor der Traum vom Abgeordnetensitz Realität werden könnte. Aber er hat schon alles genau geplant. Sollte er gewählt werden, wird einer seiner Söhne das Restaurant übernehmen.

Jorge und seine Frau Betty sind konservativ, gläubige Katholiken. So haben sie ihre drei Söhne erzogen. Wenn man zur Schule gehe, einen Job habe, dann sei man verantwortungsbewusst, erklärt uns Jorge. Man besuche den Gottesdienst, achte seine Nachbarn, respektiere die Polizei. Grundsätze, die ihm auch in der Politik wichtig sind. Der Demokrat Biden erfülle diese nicht. Als ich nachfrage, präsentiert Jorge ein Weltbild, wie ich es schon häufiger von Republikanern geschildert bekommen habe, vor allem von Trump-Anhängern.

«Es ist traurig, jemandem im Weißen Haus zu haben, der völlig unfähig ist, der keine Ahnung hat, was im Land passiert, der nicht auf der Höhe der Zeit ist und in allem versagt.» Weder körperlich noch geistig sei Biden fit genug, um Präsident zu sein. Wie er zu dieser Einschätzung komme, will ich wissen. Er schaue die Nachrichten. Die Themen, die Rivas wichtig sind: Bidens Versagen in Afghanistan, die zunehmende Kriminalität im ganzen Land, die Lage an der Grenze zu Mexiko.

Rivas glaubt an Trumps Rede vom Wahlbetrug. In Arizona seien dafür genügend Beweise gefunden worden. Als ich entgegne, dass die Gerichte auch in seinem Bundesstaat bestätigt hätten, dass bei der Wahl alles mit rechten Dingen zugegangen sei, antwortet er: Die Stimmen seien richtig gezählt worden, das sei wahr, aber es gehe darum, wer abgestimmt habe, darunter seien Tote gewesen und viele Menschen ohne Wahlberechtigung. All das müsse untersucht und verfolgt werden. Er trete daher dafür ein, dass jeder, der zur Wahl gehe, seinen Ausweis vorzeigen müsse, ein Mensch, eine Stimme, dann gebe es keinen Betrug. Die Haltung von Jorge Rivas hört sich aus deutscher Sicht zunächst nachvollziehbar an. Ohne Ausweis keine Stimmabgabe. Aber in den USA ist das nicht so einfach, nicht zuletzt weil nicht jeder einen Ausweis hat, vor allem unter den Ärmeren, egal ob unter Latinos oder in der schwarzen Bevölkerung, wie ja auch Pastor Greg Lewis in Milwaukee beklagt hatte. Es gibt eine lange Tradition, sich mit Rechnungen auszuweisen, die zwar kein Lichtbild haben, aber auf Ämtern belegen, dass ein Mensch existiert und eine Wohnung hat. Schließlich würde man sonst weder Strom, Gas oder Wasser bezahlen.

Die Abneigung gegenüber einem nationalen Ausweis ist bei Republikanern wie Demokraten verbreitet. Auf konservativer Seite rechtfertigen sich viele damit, dass die Bundesstaaten ja auch Ausweise ausstellen würden, man also keinen vom Bund brauche, während die Liberalen versuchen zu erklären, warum ein Lichtbildausweis ganz generell Bevölkerungsgruppen benachteilige. Es gibt in den USA tatsächlich Menschen, die weder einen Pass noch einen Führerschein oder einen Veteranenausweis haben, einige der gängigen Lichtbildausweise. Die Gründe dafür sind vielfältig. Die einen können die anfallenden Gebühren nicht bezahlen, andere können es sich nicht erlauben, von einem schlecht bezahlten Job freizunehmen, um auf eine Behörde zu gehen, wieder andere haben Scheu vor der Bürokratie. Auch wenn es für viele in Deutschland unvorstellbar sein mag, schreckt der aufwendige Prozess, Ausweise zu beantragen, Menschen in den USA ab. Es geht selten darum, etwas verbergen zu wollen, was oft unterstellt wird. Gemessen an der Gesamtbevölkerung sind es nicht viele, die gar keinen Ausweis haben, es geht um ein paar Millionen im ganzen Land, aber es handelt sich überproportional um Angehörige von Minderheiten. Bei knappen Wahlergebnissen können diese Stimmen den Ausschlag geben. Wenn es also in einzelnen Bundesstaaten zur Bedingung gemacht wird, nur nach der Vorlage eines Lichtbildausweises wählen zu dürfen und nicht mehr aufgrund der Registrierung, des Vergleichs von Unterschriften und Adressen, werden in den USA Menschen von der Wahl ausgeschlossen. Rivas kann nicht verstehen, warum das für manche solch eine Hürde ist. Es würde doch alles viel nachvollziehbarer machen.

Der Restaurantbetreiber, der sich aus einfachen Verhältnissen hochgearbeitet hat und nach wie vor Tag für Tag in seiner Küche steht, fürchtet um das, was er erreicht hat. Die Inflation mache so vielen zu schaffen, alles sei teurer geworden, seit Biden an der Macht sei, Essen, Benzin. Man könne sich nicht mehr sicher fühlen. Als Rivas wiederholt auf seine moralischen Werte verweist, die in seinem katholischen Glauben wurzeln, frage ich ihn, ob das nicht etwas sei, wo er und Biden etwas gemeinsam hätten. Der Präsident sei ja auch gläubiger Katholik, gehe regelmäßig in die Kirche, so, wie Rivas sich das wünsche. Doch der lässt dieses

Argument nicht gelten. Bidens Katholizismus sei «fake». «Er ist kein echter Katholik. Ich glaube, dass das Leben mit dem ersten Herzschlag beginnt.» Biden hingegen toleriere Abtreibung. Dass sich so jemand katholisch nenne, sei heuchlerisch.

Die Latinos und die hispanische Gemeinde in den USA sind, wie viele andere Bevölkerungsgruppen auch, beim Thema Abtreibung gespalten. Laut einer Umfrage des Pew-Instituts vom März 2022 ist eine Mehrheit der Latinos dafür, dass Abtreibungen legal bleiben. Auch eine erste Erhebung einer eher den Demokraten nahestehenden Organisation sieht Anfang Juni unter Latinos eine klare Mehrheit für das Recht auf Abtreibung, nachdem ein Urteilsentwurf des Obersten Gerichts die Abschaffung des nationalen Abtreibungsrechts realistisch werden ließ. Vor allem in den bei kommenden Wahlen besonders umkämpften Bundesstaaten. Doch trotz dieser Mehrheit ist auch die Gruppe der Abtreibungsgegner unter den vielen katholischen Latinos laut Pew mit vierzig Prozent recht groß. Es wird also davon abhängen, wer seine Anhängerinnen und Anhänger mithilfe des Themas Abtreibung stärker mobilisieren kann, nachdem das Oberste Gericht das Recht auf Abtreibung Ende Juni 2022 schließlich für verfassungswidrig erklärt hat – die Demokraten oder die Republikaner.

Bei Gesprächen mit Menschen wie Jorge Rivas über Biden kommt es mir immer wieder so vor, als ob ich die Antworten bereits kenne. Ich zweifle nicht daran, dass Rivas und andere, die so denken wie er, zutiefst von ihren Aussagen überzeugt sind. Aber zu viele Aussagen gleichen bis aufs Komma denen, die Trump, der Nachrichtensender Fox News oder andere Meinungsmacher des rechten Lagers vertreten. Abweichungen, eigene Gedanken, in sich nicht so geschlossene Weltbilder, die kleinen Zweifel – all das scheint bei vielen Menschen in den USA in dem Moment, in dem es um Politik geht, kaum noch möglich zu sein. Das gilt für beide Seiten, aber auf der republikanischen Seite scheren deutlich weniger Menschen aus als auf der demokratischen. Dort herrscht mehr Vielfalt – oder mehr Chaos, je nachdem aus welcher Perspektive man es betrachtet. Weder Politiker noch Wähler der Demokratischen Partei sind sich so einig wie Menschen im republikanischen Kosmos. Präsident Biden macht das bei der Umsetzung seines politischen Programms bekanntermaßen zu schaffen.

Rivas ist überzeugt, dass die Republikaner die richtigen Antworten auf die Probleme der Zeit bieten, damit seine persönliche Erfolgsgeschichte nicht droht zusammenzubrechen. Er ist glücklich mit dem, was er und seine Frau für ihre drei Söhne erreicht haben. Die ganze Familie unterstützt ihn bei seiner Kandidatur. Ein Sohn hat die Internetseite und die Wahlbroschüren für den Vater gestaltet. Ein anderer hilft ihm bei Texten und Reden, damit sie gut klingen, gesteht Jorge lachend. Sein ganzer Stolz gilt dem Jüngsten. Der schließt in diesem Jahr sein Studium ab – Politikwissenschaft und Arabisch – und träumt von einer Stelle im Außenministerium, am liebsten an einer Botschaft. Familie Rivas hält zusammen. Politische Streitigkeiten, falls es denn überhaupt welche geben sollte, dringen nicht nach außen. «Sie denken wie ich», schwärmt Jorge. Sie seien ja auch mit seinen Werten aufgewachsen. Aber ich solle das bitte nicht falsch verstehen. Er sage keinem seiner Söhne, was er wählen solle, das sei deren Entscheidung.

In den USA ist der Trend zu beobachten, dass sich die hispanische Community, die eher konservative Werte hochhält, der Republikanischen Partei zunehmend öffnet. Die Demokraten, die lange Zeit automatisch davon ausgingen, dass sie von einer Wählerschaft profitieren, die weniger weiß und diverser ist, mussten bei der letzten Präsidentschaftswahl erkennen, dass sie sich darauf nicht verlassen können. Trump war unter Latinos relativ erfolgreich, vor allem in den Bundesstaaten, die an der Grenze zu Mexiko liegen, und in Florida, wo viele Menschen leben, die vor linken Regierungen in ihren Heimatländern geflohen sind und für die jeder Hinweis, dass die Demokraten stärker nach links rücken, abschreckend wirkt.

2020 hatte Biden noch einen komfortablen Vorsprung; rund 61 Prozent der Latinos hatten für ihn gestimmt. Doch während die Demokraten ihren Wählerstamm behalten haben – Latinos gehören seit Langem zu ihrer festen Wählerschaft –, konnten die Republikaner in besonders umkämpften Bundesstaaten neue Wählerinnen und Wähler hinzugewinnen. Chuck Rocha, ein demokratischer Stratege in Texas, erklärte dem Fernsehsender NBC, je besser es den Republikanern gelinge, auch nur ein paar Punkte in Staaten gutzumachen, in denen die Latino-Bevölkerung ziemlich groß sei, wie in Kalifornien, Arizona, Colorado, Texas, New Mexico, Nevada oder Florida, desto eher könne das einen Unterschied bei den Kongresswahlen bewirken. «In den letzten zwanzig Jahren haben Republikaner keinen Cent für spanischsprachiges Wahlkampfmaterial für Latinos ausgegeben, aber dann haben sie realisiert, dass sie zwei, drei, fünf oder zehn Punkte mehr bekommen können. Also wurden sie klüger und haben die Demokraten kalt erwischt.» Politische Strategen wie Rocha sind überzeugt, dass die Demokraten sich stärker um diese große Wählergruppe bemühen müssen, auch wenn die Zustimmungswerte für Biden auf den ersten Blick auf eine solide Mehrheit zu deuten scheinen. Latinos stellen inzwischen die größte Minderheit in den USA – sie einfach als gegeben zu betrachten, reiche nicht mehr.

Ein großer Teil der hispanischen Bevölkerung fühlt sich mit politischen Schlagworten linker Demokraten unwohl. Etwa wenn es um den Ruf geht, der Polizei finanzielle Mittel zu entziehen oder sie gar ganz abzuschaffen – «Defund the Police», «Abolish the Police» –, oder um die Einführung des genderneutralen Begriffs «Latinx» für die hispanische und Latino-Bevölkerung. Nach einer Umfrage, die von einem Institut für das konservative, spanischsprachige Medienunternehmen «Americano Media» im März 2022 in 15 Bundesstaaten mit großer hispanischer Bevölkerung durchgeführt wurde, identifizieren sich 60 Prozent mit dem Begriff «hispanic», 30 Prozent sehen sich als «Latino». Den

Begriff «Latinx» nehmen demnach lediglich 1,7 Prozent für sich an. Dabei macht es keinen Unterschied, ob jemand eher zu den Republikanern oder den Demokraten tendiert oder sich als unabhängig beschreibt. Auch Jorge Rivas kann mit diesem Begriff nichts anfangen.

Im September 2020 lädt uns Jorge zu sich nach Hause ein. Seine Frau Betty feiert Geburtstag. Ein Fest zu ihren Ehren, aber zugleich ganz im Zeichen von Donald Trump. Als wir ankommen, ist Rivas gerade dabei, eine Trump-Fahne an der Einfahrt anzubringen. Darauf steht: «A Hero Will Rise», ein Held wird auferstehen. Er hat noch zwei andere Fahnen dabei. Eine allein ist nie genug, findet er. Die Auffahrt führt über ein großes Grundstück zu einem allein stehenden Wohnhaus mit riesigen Garagen, weitläufigem Garten und einem wunderschönen Blick auf die Berge. Familie Rivas hat es geschafft. Mitten im Wohnzimmer steht ein Flügel. Der jüngste Sohn präsentiert sein musikalisches Können, spielt virtuos klassische Musik. Bettys Schoßhund steckt passend zum Anlass in einem Trump-Hundekleidchen. An einer Wand, in goldenem Rahmen, extra angestrahlt, das kleine Plakat, mit dem Betty Trumps Aufmerksamkeit bei seinem Wahlkampfauftritt errungen hatte. Auch das Foto von ihr mit Trump, als er ihr Plakat in die Kamera hält, ist gerahmt, gleich zwei leicht unterschiedliche Abzüge. An einem Rahmen hängt ihre Zugangskarte zu einer Trump-Rally mit dem Zauberwort «expedited entry», bevorzugter Eintritt. Das stammt von einer späteren Veranstaltung, als die Familie schon zum engeren Kreis der Unterstützer gehörte. Die Ecke im Wohnzimmer, in der der Schreibtisch steht, gleicht einer Art Schrein.

Die Besucher scharen sich um den Gastgeber, lassen sich noch einmal erzählen, wie er mit dem von allen hier bewunderten Präsidenten an einem Tisch saß. Rivas strahlt vor Stolz. Er sei aufgeregt gewesen, erzählt er, aber dann habe er Trump gesagt, dass er ihn nicht nur unterstütze und wähle, sondern auch für ihn bete. Das sei ihm wichtig gewesen. «Wenn er so etwas hört, das gibt ihm immer ein gutes Gefühl», lobt ein Gast Rivas, «ich kann mich noch genau an die Stelle erinnern.» Trumps Treffen mit den Kleinunternehmern in Arizona wurde im Internet übertragen. Im Garten spielt eine Band, Country-Musik. Der älteste Sohn zieht sich eine Trump-Maske aus Gummi über, schlüpft in einen schwarzen Anzug und bindet sich die obligatorische rote Krawatte um. Der improvisierte Auftritt als Präsident – eine Überraschung für seine Eltern.

All das liegt bald zwei Jahre zurück, und doch könnte es jederzeit wieder so stattfinden. Jorge Rivas' Vertrauen in den früheren Amtsinhaber im Weißen Haus ist ungebrochen. Er sieht keinen Grund, seinen Helden infrage zu stellen. Dass Menschen wie er nicht mehr als sichere Bank für die Demokraten gelten, hat viel mit ihrer Religion, ihrem strengen Glauben zu tun, mit ihren traditionell konservativen Wertvorstellungen, aber auch mit der Politik an der Grenze zu Mexiko. Menschen wie Jorge haben den Eindruck, dass sie sich ihre Zukunft in den USA hart verdienen mussten, dass sie viel dafür gegeben haben. Sie haben gearbeitet, die Gesetze respektiert, schwere Zeiten in Kauf genommen. Sie wollten Vorzeigebürger sein, besser als die, die im Land geboren waren. Immer wieder verweisen sie darauf, dass sie legal über die Grenze gekommen seien, anders als die vielen, die in den letzten Jahren mithilfe von Schleppern illegal in den USA gelandet seien. In vielen Köpfen hat sich der Glaube festgesetzt, dass Menschen, die heute in einer ähnlichen Situation sind, wie Jorge Rivas es vor langer Zeit war, etwas geschenkt bekommen, dass sie es leichter haben, dass sie sich nicht ausreichend anstrengen, dass sie nicht gesetzestreu seien. Nein, man wolle ihnen nicht das Recht auf eine bessere Zukunft in den USA absprechen, aber legal müsse es zugehen. Das sagt Jorge Rivas, das betont seine Frau, das wiederholen Rivas' Gäste. Und es gleicht dem, was uns die Menschen in der texanischen Kleinstadt Del Rio erzählt haben.

Den Demokraten ist es 2020 nicht gelungen, diesen Menschen ihre Einwanderungspolitik nachvollziehbar zu erklären, und es gelingt ihnen noch immer nicht. Für Jorge Rivas ist es kein Widerspruch, dass er, der selbst als Flüchtling in die USA kam, sich nun hinter eine rigorose Abschottungspolitik stellt, die den Bau einer Mauer einschließt. Schließlich könnten die USA nicht die Armutsprobleme ganz Lateinamerikas lösen.

Wir haben in den Monaten vor der Präsidentschaftswahl auch viele Latinos getroffen, die das ganz anders sehen, die es ärgert, wenn solche Argumente kommen. Einer war Reggie Carrillo, ein Lehrer in Phoenix. Er versteht nicht, wie seine Landsleute so denken können. Er ist sich sicher, dass republikanische Politiker Latinos nur so lange hofieren, wie sie sie brauchen. «Sie sehen uns als Kakerlaken und Hunde. Sie wollen zwar unsere Kultur und unser Essen, aber nicht uns selbst.»

Carrillo unterrichtet an einer Schule in einem der ärmeren Viertel der Großstadt Phoenix. Dort leben viele Latinos. Kaum einer konnte den so oft beschworenen amerikanischen Traum verwirklichen. Es ist der Teil der Stadt auf der anderen Seite der Eisenbahngleise, abgeschnitten von den Gegenden, die sich gut entwickeln. Das wohlhabende Zentrum mit teuren Hotels und einigen Hochhäusern im Blick, eigentlich so nah und doch weit weg. Ein Bild, das sich in vielen amerikanischen Metropolen bietet. Oft wurden lebendige, pulsierende Stadtteile durch große Infrastrukturprojekte – Highways wie Eisenbahnstrecken – ins Abseits gerückt. Die Brücken, um schnell von A nach B zu kommen, fehlen. Die unendlich langen Güterzüge, die vielleicht für Touristen malerisch sein mögen, behindern Menschen in ihrem Alltag. Die Fahrt zur Arbeit, zum Supermarkt, zum Arzt (das gibt es meist nicht auf der ärmeren Seite der Gleise) – alles braucht deutlich länger. Die Lobby, die für diese Gegenden eine bessere Verkehrsanbindung durchsetzen könnte, fehlt.

Das bestimmt Carrillos Alltag. Er ist überzeugt, Latinos, die jemanden wie Trump unterstützen, fühlen sich eher als Weiße. Als würden sie ihre Identität verleugnen. «Sie tun alles, um in dieser weißen hegemonialen Gesellschaft akzeptiert zu werden, die uns einmal gesagt hat, so wie wir seien, sei es nicht in Ordnung.» Bei der Volksbefragung alle zehn Jahre, wenn es darum gehe anzukreuzen, welcher Ethnie man sich zugehörig fühle, würden viele den Haken bei «weiß» setzen statt bei «andere». Carrillo versteht das nicht. «Wir sind doch nie wie Weiße behandelt worden», empört er sich. Er selbst hat sich immer irgendwo dazwischen gefühlt. «Für die einen war ich nicht mexikanisch genug, für die anderen nicht ausreichend amerikanisch. Deshalb nenne ich mich ‹Mexican American›. Ich muss mit dem doppelten Bewusstsein leben.» Er hat aber auch keine Scheu, den noch relativ neuen Begriff «Latinx» zu verwenden.

Seine größte Sorge ist, dass dunkelhäutige Menschen weiter als Sündenböcke benutzt werden, als Ausrede für Probleme, mit denen die USA konfrontiert sind. Ein Muster, das vor allem auf die angewendet werde, die illegal über die Grenze kommen. Die Latino-Wählerschaft könnte aus seiner Sicht richtig mächtig sein. «Sie nennen uns den schlafenden Giganten», lacht er. «Wenn sie diese Nation nach vorne bringen wollen, dann müssen sie sich uns öffnen. Sie müssen uns an ihren Tisch lassen und begreifen, dass wir ihre Zukunft sind.» Er hofft, dass dieser Gigant sich, einmal erwacht, für die Demokraten und gegen die Republikaner entscheidet. «Wir werden uns an die erinnern, die uns als Kriminelle beschimpft haben, die uns sagten, wir sollten zurück in unser Land gehen. Daran werden wir uns erinnern, wenn wir zur Wahl gehen.»

Deshalb geht Reggie Carrillo in seiner freien Zeit durch die Stadtviertel, in denen vor allem arme Latinos leben. Er will sie überzeugen, sich als Wähler registrieren zu lassen. Viel zu wenige würden zur Wahl gehen. Ihm geht es ähnlich wie Crystal Mason, die in Texas versucht, Schwarze dazu zu bewegen, ihr Wahlrecht auszuüben. Ohne Aktivisten wie die beiden würden viel mehr Menschen in den USA keinen Sinn darin sehen, an Wahlen teilzunehmen.

Damit das anders werde, müsse der Gigant richtig wach werden. Der Gigant, die Minderheiten in den USA, die einen deutlich größeren Teil an der Gesamtbevölkerung ausmachen als die von Europäern abstammenden «Weißen». Dabei gehe es nicht in erster Linie darum, für Menschen zu stimmen, die aussehen wie man selbst, sondern darum, dass diese verstehen, unter welchen Bedingungen viele Latinos leben, sagt Carrillo. Das beansprucht er für sich und kandidiert daher für den Schulrat, als Unabhängiger, der jedoch den Demokraten nahesteht. Diese Menschen zu verstehen, das beansprucht aber auch Jorge Rivas für sich, der für die Republikaner ins Repräsentantenhaus einziehen will.

In der Großstadt Phoenix, wo Carrillo Grundschüler unterrichtet, stehen die meisten Latinos nach wie vor fest an der Seite der Demokraten. Wie in anderen Bevölkerungsgruppen gibt es auch hier ein Stadt-Land-Gefälle. Doch in Rivas' Heimat Catalina ist das schon nicht mehr so eindeutig. Er glaubt nicht, dass Republikaner ihn nur so lange um sich haben wollen, wie er ihnen nützt. Seine neu gewonnenen Freunde aus der Zeit, als sich andere Latinos wegen seiner Begeisterung für Trump abwendeten, führt er als Beweis an.

Die hispanische Bevölkerung in den USA – der Teil, der seit Generationen im Land lebt, ebenso wie der, der erst vor einigen Jahren eingewandert ist – zeigt sich genauso gespalten wie andere Teile der amerikanischen Gesellschaft. Sie sind eine wichtige Wählergruppe, besonders in Bundesstaaten wie Arizona, wo sie fast 25 Prozent der registrierten Wähler stellen. Die landesweit größte Minderheit, vor der schwarzen Bevölkerung, waren hispanisch stämmige Amerikaner erstmals 2020. Ein Trend, der anhalten wird, vor allem wenn sich immer mehr als Wähler registrieren lassen. Viele waren lange Jahre zögerlich, zur Wahl zu gehen, aber 2020 gab es einen Rekord: Von 32 Millionen wahlberechtigten Latinos gaben 16,5 Millionen ihre Stimme ab, ein Anstieg um die 30 Prozent im Vergleich zu 2016. Trump wie Biden haben die hispanische Bevölkerung an die Wahlurnen gelockt.

Insgesamt ist es den Demokraten bei der letzten Präsidentschaftswahl noch besser gelungen, Stimmen für sich zu mobilisieren, bis auf ein paar wenige Staaten wie Florida oder Nevada, aber darauf ausruhen können sie sich nicht. Beide Parteien müssen begreifen, dass Minderheiten keine monolithischen Blöcke sind. Die Republikaner haben ein nationales Komitee, das Senatskandidaten unterstützt. Seit Anfang April 2022 läuft ein Programm unter dem spanischen Namen «Vamos», Los geht's, das ganz bewusst die Latino-Wählerschaft in den umkämpften Staaten Arizona, Nevada und Florida anspricht. In allen drei Bundesstaaten machen Latinos mindestens 20 Prozent der Wahlberechtigten aus. Mit viel Geld und Personal aus der Hauptstadt wollen die Republikaner hier siegen, um die Mehrheit im Senat zurückzuerobern.

Auch die Demokraten haben zum Beispiel in Arizona deutlich früher als bei vorausgegangenen Kongresswahlen begonnen, spanischsprachige Wahlkampfwerbung zu verbreiten. Experten rechnen damit, dass der Wahlkampf in so heftig umkämpften Bundesstaaten sehr teuer wird. Der Demokrat Mark Kelly hatte den früheren Senatssitz von John McCain, eigentlich ein republikanischer «Erbhof», mit dem knappen Vorsprung von 79 000 Stimmen erobert. Die Republikaner werden nichts unversucht lassen, den Senatorenposten in Arizona zurückzugewinnen.

Jorge Rivas hat sich unterdessen still zurückgezogen und darauf verzichtet, seine Kandidatur für die Vorwahlen einzureichen. Er konzentriert sich wieder ganz auf sein Restaurant. Jetzt, nach der Pandemie, sei es so schwer, gutes Personal zu finden. Und er wolle seine Söhne nicht mit der Verantwortung allein lassen. Es sei einfach nicht der richtige Zeitpunkt, um seine politische Karriere voranzutreiben. Aber er wird den Republikanern treu bleiben und sie unterstützen, auch in der Hoffnung, dass 2024 sein persönlicher Favorit Donald Trump wieder antreten wird. Anfang Mai ist Rivas mit seiner Familie zu Gast in Mar-a-Lago, Trumps

Anwesen in Florida, auf einer Spendenveranstaltung seines Helden. Für ihn ein ganz besonderer Moment, auf den er stolz ist.

Derweil hat Reggie Carrillo im November 2020 die Wahl zum Schulrat gewonnen und engagiert sich seither für eine bessere Bildung der Kinder in den Armenvierteln und für eine nachhaltigere Finanzierung von öffentlichen Schulen in Phoenix. Von Biden ist er wohl ähnlich enttäuscht wie Jorge Rivas, nur aus anderen Gründen. Es wird für die Demokraten schwer, die hispanische Wählerschaft zu überzeugen, wenn an den Rändern, rechts wie links, die Unterstützung wegbricht.

Verdrängte Geschichte

«Wir sind die Opfer eines Genozids!»

Deb Haaland

Deb Haaland, die Innenministerin der Biden-Regierung und erste Indigene, die einen Ministerposten innehat, will nichts beschönigen. Auf die Frage von Seth Meyers, ein Late-Night-Talker im amerikanischen Fernsehen, wie es für sie sei, ein Ministerium zu leiten, das eine lange und gewaltsame Geschichte mit Indigenen verbinde, antwortet sie: «Eine von Gewalt geprägte Geschichte? Gelinde gesagt, sind wir Opfer eines Genozids, seit die Europäer auf diesen Kontinent kamen und uns, die ‹Native Americans›, die hier geborenen Amerikaner, kolonisiert haben.» Eine ehrliche Antwort in einer satirischen Nachrichtenshow zu später Stunde. Haaland legt den Finger in die Wunde des amerikanischen Gründungsmythos. Die Verfassung, auf die sich viele voller Stolz berufen, gerade auch Menschen zwischen konservativ und rechtsaußen, wie in diesem Buch an verschiedenen Stellen beschrieben, hat einen Makel, denn sie schloss viele von den Grundrechten aus, die doch für alle gelten sollten. Indigene, Schwarze, Frauen.

Ich höre das Gegenargument: Man müsse das im historischen Kontext sehen, die amerikanische Verfassung sei trotzdem revolutionär. Das stimmt. Aber es erklärt nicht, warum bis in die heutige Zeit die Versäumnisse der Vergangenheit nie grundlegend aufgearbeitet wurden, höchstens scheibchenweise und mit vielen Rückschlägen. Das gilt für die Geschichte der Schwarzen, der Sklaverei, der Indigenen. Und seit Jüngstem auch wieder für Rechte von Frauen, nachdem das Oberste Gericht Ende Juni 2022 das nationale Recht auf Abtreibung – bekannt als «Roe versus

Wade», die Grundsatzentscheidung zum Abtreibungsrecht von 1973 – für verfassungswidrig erklärt hat.

Präsident Biden überrascht viele, als er Deb Haaland als Innenministerin nominiert. Eine Indigene und ausgewiesene Linke, die sich bisher vehement für Klima- und Umweltschutz eingesetzt hat. Ihr Ministerium ist für viel zuständig, für den Schutz von Nationalparks genauso wie für die Genehmigung von Öl- und Gasbohrungen. Und zu ihm gehört auch das Bureau of Indian Affairs, die Behörde, die sich um die Angelegenheiten der indigenen Bevölkerung kümmern soll, die Reservate, die Einhaltung der Verträge, die zwischen der Regierung und den Stämmen geschlossen wurden, schlicht um alle Belange der Indigenen. Ein Ministerium, das lange Zeit von Politikern als Unterdrückungsinstrument genutzt wurde, wird jetzt von einer Angehörigen der Laguna Pueblo geleitet, eines indigenen Stammes, der in New Mexico zu Hause ist. Haalands eigene Großmutter war eines der Kinder, die systematisch ihren Eltern weggenommen wurden. Auf einer katholischen Schule sollte das Mädchen ihre Sprache und ihre Kultur vergessen und an die europäische Lebensart angepasst werden. Mit acht Jahren entriss man sie ihrem Zuhause. Fünf Jahre lang war sie ohne jeden Kontakt zu ihrer Familie. Andere Kinder kehrten nie wieder zu ihren Angehörigen zurück. Verbrechen, die in Kanada wie in den USA bis heute Spuren hinterlassen haben und erst jetzt nach und nach aufgearbeitet werden. «Das hat Generationen traumatisiert.» Die Ministerin verharmlost nichts. Immer wieder machen Horrormeldungen Schlagzeilen, wenn bei derartigen Internaten Gräber gefunden werden, in denen indigene Kinder verscharrt wurden.

Haaland weiß aus eigener Erfahrung, wie schwer es ist, sich aus diesem Kreislauf zu befreien. «Ich habe mit Obdachlosigkeit gekämpft. Ich war auf Lebensmittelmarken angewiesen und habe mein Kind allein großgezogen. Dieser Kampf gibt mir eine andere Perspektive. Jetzt kann ich Menschen helfen, Erfolg zu haben.» In ihrer Nominierungsrede beschrieb sie ihren weiten

Weg. Eine alleinerziehende Mutter, die schließlich Jura studiert und 2018 ins Repräsentantenhaus einzieht. Die heute Einundsechzigjährige will sich dafür einsetzen, dass mit der Regierung unter Biden tatsächlich eine neue Ära für die Indigenen in den USA beginnt.

Vielleicht war es nur ein symbolischer Akt, aber 2021 hat Präsident Biden das erste Mal den «Indigenous Peoples' Day», den Tag der indigenen Völker, der wie der «Columbus Day» immer am zweiten Montag im Oktober gefeiert wird, mit einer präsidialen Proklamation offiziell anerkannt. Seit 1992, dem fünfhundertsten Jahrestag von Kolumbus' Reise nach Amerika, hatten Indigene immer vehementer gefordert, den «Columbus Day» im ganzen Land durch einen «Indigenous Peoples' Day» zu ersetzen. Ein Vorbild ist der Bundesstaat South Dakota, wo seit 1990 der zweite Montag im Oktober nur noch als «Native Americans' Day» gefeiert wird. Bidens Verkündung war ein erster Schritt für sie, reichte aber nicht aus, da der «Columbus Day» erhalten bleibt, trotz Bidens deutlicher Kritik an dem Erbe des Entdeckers. «Heute erkennen wir die schmerzhafte Geschichte der Fehler und Gräuel an, die viele europäische Entdecker den Indigenen angetan haben. Es ist ein Zeichen für die Größe unserer Nation, dass wir nicht versuchen, die beschämenden Teile unserer Vergangenheit zu begraben, sondern uns ihnen ehrlich stellen, sie ans Licht bringen und alles tun, damit wir sie aufarbeiten können.» So zunächst Bidens mahnende Worte zum «Columbus Day» 2021. In seiner Erklärung zum «Indigenous Peoples' Day» wird er noch deutlicher. «Unser Land fußt auf dem Versprechen von Gleichheit und Chancen für alle Menschen. Ein Versprechen, dem wir nie völlig gerecht wurden, trotz außerordentlicher Fortschritte. Das gilt ganz besonders, wenn es um die Rechte und Würde der indigenen Völker geht, die lange vor der Kolonisierung Amerikas hier waren. Die Politik unseres Landes hat systematisch versucht, Indigene zu assimilieren und zu vertreiben und ihre Kultur auszulöschen. Heute erkennen wir ihre Widerstandskraft an, ihre Stärke sowie den unermesslichen positiven Einfluss, den sie auf die amerikanische Gesellschaft ausüben.»

Indigene Aktivisten wollen jedoch nach wie vor, dass der «Columbus Day» ersatzlos gestrichen wird, zugunsten eines echten und für das ganze Land verpflichtenden Feiertages für die «Native Americans». Undenkbar für viele Konservative in den USA, jene, die auch gegen die «Critical Race Theory» sind oder verhindern wollen, dass sich Kinder im Schulunterricht verstärkt kritisch mit der amerikanischen Geschichte befassen. Die Unterdrückung und Vernichtung der Indigenen ist ebenfalls Teil des viel beschworenen Kulturkampfs, nur wird die Auseinandersetzung nicht so laut und selbstbewusst ausgetragen und findet wohl auch weniger Gehör als die Debatte über Rassismus gegenüber der schwarzen Bevölkerung. Die Indigenen in den USA sind keine homogene Gruppe. Sie werden selten als Einheit wahrgenommen und begreifen sich zu oft auch selbst nicht als eine. Das ist immer wieder von Nachteil, wenn sie für ihre Interessen kämpfen.

Seit 2021 gelten die Navajo als der größte indigene Stamm in den USA. Mehr als vierhunderttausend sind als Mitglieder der «Navajo Nation», so der offizielle Name, registriert, womit sie das Volk der Cherokee an der Spitze abgelöst haben. Eine wichtige Zahl, denn davon hängt ab, wie viel finanzielle Unterstützung aus Washington kommt. Irene Bennalley ist Navajo. Sie lebt tief im Reservat in New Mexico. Im März 2019 fahren wir über mehrere «Indian Service Routes», ungeteerte Straßen, bis wir unser Ziel erreichen. Ohne Vierradantrieb kommt man hier nicht weit. Das kleine Haus, das einst ihrem Vater gehörte, liegt in einer staubigen Ebene. In der Ferne zwei große, imposante Felsen, typisch für diese Gegend. Eine einfache Behausung: Bretterboden, Holzofen, Wohn- und Schlafraum sind eins, der zweite Raum ist die Küche, dann noch das Bad. Ein Sturm hat das Dach beschädigt. Irene fehlt das Geld, um es richtig reparieren zu lassen. Seitdem wehen Staub und Sand durch jede Ritze, in einer Gegend, in der es immer viel Wind gibt. Immerhin hat Irene fließendes Wasser, eine Ausnahme im Reservat. An vielen Orten gibt es keine Wasserleitungen, höchstens einen Tank vor dem Haus. Der Hof ist keine klassische Farm. Überall wuseln Tiere herum, Hühner, Truthähne, Gänse, mehr als zwanzig Hunde, die Angoraziege Iddy, die glaubt, sie gehöre zu den Menschen. Irenes Sohn Channing hat sie mit der Flasche aufgezogen. Seitdem will sie nicht mehr im Pferch leben, eingesperrt mit den anderen Ziegen, den Schafen und Alpakas.

Irene war fünfunddreißig, als ihr Vater schwer erkrankte. Sie kam zurück, um ihn zu pflegen, nach vielen Jahren außerhalb des Reservats. Von einem Tag auf den anderen änderte sich ihr ganzes Leben. Sie ließ die Bequemlichkeit der Stadt hinter sich. Nach dem Tod ihres Vaters blieb sie. Das ist inzwischen fast dreißig Jahre her.

Das Gebiet der Navajo Nation ist das größte Reservat indigener Völker in den USA, ungefähr vergleichbar mit der Größe Bayerns. Es erstreckt sich über Teile von Utah, Arizona, New Mexico und Colorado. Dort leben die «Diyin Diné», wie sich viele Navajo in ihrer Sprache selbst nennen, was gewöhnlich mit «Heiliges Volk» übersetzt wird. Die Spanier, die vor den Amerikanern in ihr Land drangen, nannten sie Navajo, nutzten den Namen eines anderen Stammes, der «Platz der großen bepflanzten Felder» bedeutet. Der Name steht bis heute in allen Verträgen.

Der erzwungene Weg der Navajo von einem unabhängigen Volk ins Reservat war lang. Auf den Kampf gegen die Spanier vom Ende des 17. bis in die frühen Jahre des 19. Jahrhunderts – sie hatten den Süden des amerikanischen Kontinents kolonisiert – folgten Auseinandersetzungen zwischen verschiedenen Stämmen, die dort lebten. Ab 1848, nach dem Sieg im Mexikanisch-Amerikanischen Krieg, drangen die USA immer weiter Richtung Südwesten vor. Mehrfach versuchten sie, mit den Diné Verträge abzuschließen. 1863 beschloss die Regierung in Washington Militäreinsätze, um das Volk unter die Vorherrschaft der Vereinigten Staaten zu zwingen. Statt offen zu kämpfen, vernichtete das Militär Häuser und Felder, fällte Obstbäume, tötete Herden, vergiftete Brunnen. Der Stamm verlor seine Lebensgrundlage, viele ergaben sich. 1864 wurden sie zwangsumgesiedelt, gut fünfhundert Kilometer weiter östlich, nach Bosque Redondo.

Die Vertreibung von mehr als zehntausend Navajo ist bekannt als «Der lange Marsch». Bis auf Alte und Kranke mussten alle zu Fuß gehen, bewacht und angetrieben von Soldaten. Das Ziel: ein sandiger, unfruchtbarer Streifen Land an einem Fluss mit ungesundem alkalischen Wasser. Viele starben, zuerst auf dem Marsch, dann an dem unwirtlichen neuen Ort. Seuchen, Missernten – es war ein unvorstellbares Grauen, das in diesen Jahren viele Stämme erlitten. Die Diné nennen den Ort, an den man sie zwang, nur «the suffering place», Ort des Leidens. Die Regierung sah schließlich ein, dass die Umsiedlung gescheitert war. Am 1. Juni 1868 unterzeichneten die Indigenen einen Vertrag, der ihnen die Rückkehr in einen Teil ihrer Heimat ermöglichte, wenngleich dieser deutlich kleiner war als ihr ursprüngliches Land. Seitdem ist der Stamm als «Navajo Nation» anerkannt, als eine von mehr als 570 indigenen Nationen in den USA. 9,6 Millionen Menschen haben bei der jüngsten Volksbefragung angegeben, «American Indian/Alaska Native» zu sein, ganz oder zu einem Teil. In der Verfassung der Vereinigten Staaten steht, dass diese «First Nations» als souveräne Staaten anerkannt sind. Das haben die Verträge festgelegt, aber bis heute ist die Einhaltung ebendieser Verträge immer wieder ein umstrittenes Thema.

Das Reservat – atemberaubende Landschaften, Felsformationen, die im Sonnenlicht rot glühen, endlose Weiten, aber karg. Der Stamm erhielt die Souveränität über das Land, musste dafür jedoch garantieren, sich dem Bau einer Eisenbahn auf diesem Land nicht zu widersetzen, und den Anspruch auf Gebiete außerhalb des Reservats aufgeben. Der Vertrag von 1868 legte vieles fest, auch zum Nachteil der Diné, aber es war ihnen gelungen, sich ein Stück ihrer Heimat zu sichern, im Unterschied zu vielen anderen indigenen Völkern, deren Umsiedlung endgültig war. Doch die Souveränität über das Land bedeutet nicht, dass es dem Volk gehört. Es ist im Besitz der amerikanischen Regierung und wird vom Bureau of Indian Affairs treuhänderisch verwaltet. Das macht vieles kompliziert, denn um das Land bewirtschaften zu können – ob für Wohnungsbau oder die Ansiedlung von Unternehmen –, braucht man jedes Mal das Einverständnis aus Washington.

Die Navajo Nation hat ihre eigene Regierung, eigene Gerichte, eine eigene Polizei, eigene Universitäten. 1923 wurde die erste Stammesregierung einberufen, um unter anderem mit Unternehmen zu verhandeln, die Land der Navajo pachten wollten, um Öl zu fördern. Der Stamm selbst preist auf seiner Internetseite die eigene als die ausgeklügeltste unter den amerikanisch-indigenen Regierungen. Es gibt 88 Ratsdelegierte, die 110 sogenannte Chapter der Navajo vertreten, so etwas wie die kleinsten Regierungs- oder Verwaltungseinheiten, am ehesten einem Kreisrat vergleichbar. Diese Chapter werden alle vier Jahre gewählt, genauso wie der Präsident der Navajo Nation. Es gibt Vorwahlen wie im amerikanischen System; Wählerinnen und Wähler müssen sich ebenfalls registrieren. Die Ratsversammlung tritt in der Regel viermal im Jahr zusammen. Die Regierung ist der größte Arbeitgeber, die wichtigsten Wirtschaftsbereiche sind Landwirtschaft, Bergbauindustrie, auch der Verkauf indigener Kunst.

Souveränität ist ein großes Wort, aber wirklich unabhängig entscheiden können indigene Nationen in vielen Fällen nicht. Ihre Souveränität wird durch die Gesetze der Bundesstaaten und des Bundes begrenzt, auch wenn der Stammesrat in der Regel die Rechtsprechung im Reservat beherrscht. Die Verträge sind komplizierte Gebilde mit Fallstricken und Ausnahmen.

Viele Navajo leben in großer Armut, haben weder Wasser- noch Stromanschluss. Oft fehlt der Zugang zu Bildung; mehr als vierzig Prozent haben nicht einmal einen Highschool-Abschluss. Nicht wenige Stammesangehörige leiden unter Alkohol- und Drogensucht, häuslicher Gewalt, dem Verlust des Familienzusammenhalts. Oft hört man auch Klagen über die Regierenden des Reservats, über Unfähigkeit und Korruption. Es gibt Erfolgsgeschichten wie florierende landwirtschaftliche Projekte, aber zugleich einen Mangel an guten Jobs, sodass die, die woanders eine Perspektive finden, selten zurückkommen.

Irene Bennalley ist zurückgekommen und hat die Schafe ihres Vaters übernommen. Heute ist sie eine im gesamten Reservat und darüber hinaus bekannte Schafzüchterin. Denn sie besitzt inzwischen gut zweihundert Churros, eine besonders zähe Rasse, geeignet für diese Gegend. Ihre Herde bietet einen ganz anderen Anblick als die in Deutschland bekannten Schafherden. Das Fell der Tiere hat verschiedene Farben, schwarz, weiß, braun, mitunter auch mehrfarbig. Und manche Böcke haben vier statt zwei Hörner, ein imposant gebogener Kopfschmuck.

Die Geschichte der Churros ist typisch für die Geschichte der Indigenen in den USA. Spanische Eroberer brachten die Tiere einst aus ihrer Heimat mit. Die Navajo nahmen die neuen Möglichkeiten an, entwickelten sich zu guten Schafzüchtern, doch dann wurde ihnen diese Lebensgrundlage nach und nach geraubt. Zunächst, während des Goldrauschs in Kalifornien Mitte des 19. Jahrhunderts, dienten die Schafe als Fleischlieferanten, was die Herden dramatisch dezimierte. 1863 dann tötete die US-Armee viele Tiere, um sich für Überfälle der Indigenen zu rächen, die sich der Vertreibung entgegenstemmten und ihr Land nicht kampflos aufgeben wollten. In den dreißiger Jahren des 20. Jahrhunderts beschloss die Regierung in Washington, dass die Herden reduziert werden mussten, anfangs freiwillig, dann erzwungen. Als Grund wurde unter anderem die Erosionsgefahr nach Dürren genannt; vermutlich wurde aber auch der besondere Wert dieser Tiere für das unwirtliche Land nicht erkannt. Bis zu einer Million Tiere wurden in den folgenden Jahren getötet. Die Entscheidung raubte vielen Navajo ihr Einkommen. Außerdem waren die Tiere für die Indigenen mehr als nur ein Handelsgut – aber dafür fehlte der Regierung in der fernen Hauptstadt das Verständnis. Als die Churros in den siebziger Jahren schließlich kurz vor dem Aussterben standen, setzte sich ein Professor für Veterinärwesen das Ziel, die Schafzucht unter den Navajo wiederzubeleben, und gründete das «Navajo Sheep Project». Dass die Churros in den USA mittlerweile nicht mehr als bedroht gelten, liegt auch an Menschen wie Irene.

Der Tag der Schafzüchterin beginnt gegen fünf Uhr morgens. Sie muss die Tiere versorgen. Die Wollmütze hat sie tief ins Gesicht gezogen, ein kariertes Flanellhemd über dem Sweater, Handschuhe. Sie ruft nach den Hunden: «White Man, komm her.» Das soll keine Anspielung auf den «weißen Mann» sein; es ist einer ihrer Hütehunde, ein Pyrenäenberghund, mit weißem Fell. Es gibt die Hunde, die sie braucht, um die Schafe zusammenzutreiben, und es gibt die, die ihr zugelaufen sind. In der Gegend wissen alle, dass Irene keinen Hund wegschickt. Oft werden in der Nähe ihres Hauses Tiere ausgesetzt. Und so muss sie jeden Morgen viele Futternäpfe füllen.

Inzwischen ist Irene über sechzig. Die Arbeit auf dem Hof fällt ihr nicht mehr so leicht wie früher, deshalb ist sie froh, dass ihr Sohn wieder zu ihr gezogen ist. Er hatte wie sie selbst das Reservat verlassen, als er erwachsen war. Auch ihm war es zu eng geworden, er wollte unabhängig sein, sich entwickeln, wie es im engen Familien- und Stammesverbund wohl nicht möglich war. Channing fand eine Stelle in einem Büro, verdiente gutes Geld, aber irgendwann erfüllte ihn das nicht mehr. Irene gibt zu, dass es sie überrascht hat, doch ihrem Sohn gefällt sein neues Leben auf dem Land – von der sauberen Büroarbeit zum körperlich harten Farmerdasein, von der modernen Stadtwohnung zur staubigen Behausung ohne Komfort. Er erzählt, wie er als Kind immer seinen Großvater besucht habe. «Es war nicht schwer, wieder reinzukommen. Die Tiere machen mir Freude. Ich bin immer glücklich, sie zu sehen.» Irene lacht in sich hinein. «Seit mein Sohn hier ist, bin ich ein bisschen mollig geworden. Er hat angefangen zu kochen. Ich hab mich wieder an den Webstuhl gesetzt und mich nicht mehr so viel bewegt.» Die beiden sind ein eingespieltes Team. Von einem Generationen- oder Mutter-Sohn-Konflikt, den es vielleicht früher einmal gegeben hat, ist nichts zu spüren.

Als ich Irene im Frühjahr 2019 kennenlerne, ist die Region seit fünf Jahren einer ungewöhnlichen Dürre ausgesetzt. Churros sind wie gemacht für schwierige Bedingungen. «Ein Merkmal der Tiere ist, dass sie eine doppelte Fellschicht haben. Innen ist das Haar feiner, außen bietet grobes Haar Schutz. Das macht sie widerstandsfähig. Die Art ihrer Wolle schützt sie vor rauen Wintern und Kälte. So können sie nicht erfrieren.» Man merkt Irene ihre Faszination an. Doch jetzt leidet sie mit den Tieren. «Seht ihr das Schaf dort? Dem fallen die Haare aus. Der Winter und dann die Dürre, das war zu viel Stress. Deshalb verlieren die Tiere ihr Fell.» Stress, der nicht zuletzt die Qualität der Wolle beeinträchtigt, aus der Irene Wandbehänge und Teppiche webt. Die Navajo sind nicht nur für die Schafzucht bekannt, sondern auch für ihre Webkunst. Ein wichtiger Zusatzverdienst für Irene.

Doch obwohl es Navajo-Familien mit berühmten Webern gibt, die mit ihren Arbeiten viel verdienen können, machen es wenige ausschließlich fürs Geld. Auch die Schafe sind für Irene nicht einfach nur ein Geschäft wie für etliche der weißen Farmer, die sie kennt. Die Tiere bedeuten ihr mehr. «Ich stell mich einfach mitten in die Herde. Dann schauen sie mich an oder reiben sich an mir. Als ob sie mir sagen wollen: Alles wird gut, mach dir keine Sorgen. Es ist wie Telepathie. Ich kann es fühlen. Und dann geht es mir gleich wieder besser.» Sie aufzugeben, kommt für Irene nicht infrage, egal wie viel es sie kostet, die Tiere zu halten. Weil die Schafe seit Beginn der Dürre nicht mehr genug zu fressen finden, müssen viele Navajo Futter zukaufen, auch Irene. Doch das Heu ist teuer, die Schafzüchter brauchen Hilfe. Das «Navajo Sheep Project» unterstützt sie beim Futterkauf. Da die älteren Navajo nicht ausreichend Englisch sprechen, übersetzt Irene für die Organisation, kümmert sich darum, dass der subventionierte

Handel mit den Heuverkäufern, Landwirten aus Utah, die große Ladungen ins Reservat bringen, reibungslos abläuft.

Irene nimmt uns mit zu einer abgelegenen Ecke des Reservats, die bisher nur wenige, die nicht zum Stamm gehören, besuchen konnten. Im Navajo Canyon lebt Sarah. Irene hat der älteren Frau versprochen, Heu und Lebensmittel zu bringen. Wir fahren drei Stunden lang über unbefestigte Straßen. Nervenaufreibend. Dass ein Fahrzeug es überhaupt in den Canyon schaffen kann, und danach vor allem auch wieder raus – unvorstellbar, als wir auf dem Weg nach unten sind, über eine ausgewaschene Strecke mit riesigen Felsbrocken. Am Ende müssen wir noch über eine Furt durch den Fluss, der nur wenig Wasser führt, und dann liegt da ein enges, verwunschenes Tal. Obstbäume haben gerade angefangen zu blühen. Ein kleines grünes Paradies nach der langen Fahrt durch staubige, unwirtliche Natur. Sarah baut Gemüse an und hält eine kleine Herde Churros. Aber auch hier war es unverhältnismäßig trocken. Deshalb braucht sie das Heu für ihre Tiere.

Sarah hat schon immer in diesem Tal gelebt, ein heiliger Ort für die Navajo. In den Felsen gibt es Höhlen, die zur Zeit des «Langen Marschs» den Stammesangehörigen Schutz vor den Soldaten boten. Für die Menschen in Sarahs Canyon ist dieses dunkle Kapitel der Vergangenheit bis heute sehr präsent. Die Soldaten, die sie aus ihrem Land vertrieben, haben diesen abgeschotteten Zufluchtsort nie entdeckt. Heute werden die wenigen Menschen, die noch in dem Tal leben, von der Navajo-Regierung unterstützt. Es wurden feste Häuser gebaut und Solarpaneele für die Stromversorgung installiert.

Als Irene ankommt, ist Sarah überglücklich, ihr sonnengegerbtes Gesicht strahlt. Ihr Alter will sie uns nicht verraten, sie kichert. Englisch spricht sie nicht, Irene übersetzt. «Sarah sagt, dass sie nie daran gedacht habe, die Schafe aufzugeben. Wenn es noch schlechter wird, will sie ihren Schmuck verpfänden, um Heu zu kaufen. Die Schafe sind ihr Trost. Das hält sie am Leben.» Sarah, die selbst kaum etwas hat, schenkt Irene als Dankeschön eine Decke. Sarah gehört zu den Ältesten des Stammes, die die Navajo-Tradition nach wie vor nur mündlich überliefern. Viel zu wenig wird aufgeschrieben. Wie verhängnisvoll das sein kann, wird ein Jahr später deutlich, als die Coronapandemie im Reservat wütet.

Die Indigenen sind von dem Virus stärker betroffen als alle anderen Bevölkerungsgruppen in den USA. Ihr Sterberisiko im Vergleich zur weißen Bevölkerung ist fast dreimal höher. In den Reservaten leben große Familien auf engstem Raum zusammen, Jung wie Alt; die erforderliche Hygiene kann wegen des viel zu oft fehlenden Wassers nicht eingehalten werden; die nächste Krankenstation ist meist mehrere Fahrstunden entfernt; viele leiden an Vorerkrankungen. Obwohl sich die Reservate rigoros abriegeln, mit Kontrollen an allen Zufahrten, verbreitet sich das Virus schnell. Als es eine Impfung gibt, starten umfassende Impfkampagnen. Heute haben die indigenen Gebiete mit die höchste Impfquote in den USA.

Doch als wir Sarah kennenlernen, ist eine Pandemie noch unvorstellbar. Ihre Schafe folgen der kleinen Frau auf Schritt und Tritt. Die Tiere gehören bei den Navajo zu ihrem Glauben und ihrer Gründungsgeschichte. «Das Heilige Volk hat uns die Schafe gegeben. Deshalb sind sie uns heilig», erklärt Irene. «Wenn jemand keine Verwandten hat, dann sind die Schafe seine Eltern, denn sie werden für ihn sorgen. Durch ihre Wolle und ihr Fleisch. Und dann treibt man sie nach draußen. Das hält in Bewegung. Schafe sind gut für Körper und Geist, für die Gefühle und die Seele. All das finden wir in den Tieren.» Genauso wirkt Sarah auf mich, beeindruckend, berührend. Egal wie hart es wird, Sarah will bleiben. Nichts soll sie aus ihrem Tal vertreiben können. Ein Lebenswunsch, der ihr nicht erfüllt wird.

Wieder zu Hause, zeigt uns Irene einen kleinen Wandteppich, an dem sie gerade arbeitet, eine Auftragsarbeit für eine Ärztin. Sie verwendet nur natürliche Farben, das, was ihr die Churros bieten, Braun, Schwarz, Grau, Weiß. Färben ist in der Gegend um die «Two Grey Hills» tabu – das Markenzeichen der Weberei in dieser Region, ebenso wie ein besonders fein gesponnener Faden. Das macht Arbeiten wie die von Irene so begehrt. Für den kleinen Wandteppich wird sie mehr als tausend Dollar erhalten. Das Muster entwickelt sie frei im Kopf. Irene weiht uns in ein Geheimnis ein: «In der Kultur der Navajo ist nichts perfekt. Das einzig perfekte Wesen ist unser Schöpfer. Deshalb muss ich beim Weben ein paar Fehler machen. Absichtliche Fehler, denn wir Menschen sind ja nicht Gott.»

Wenn sie die Wolle ihrer Schafe nicht selbst verwebt, dann gibt sie sie beim «Toadlena Trading Post» in Kommission. Ein Handelsposten wie aus der Zeit des Wilden Westens, ein bisschen Museum, ein bisschen Treffpunkt und für viele das einzige Lebensmittelgeschäft in der Nähe. Von der Tüte Chips bis zur einzeln verkauften Essiggurke gibt es hier alles, nur keinen Alkohol, dessen Verkauf im Reservat verboten ist. Betrieben wird der Laden noch immer von einem «Anglo», wie die «Weißen» hier genannt werden. Aber Mark Winter ist heute nur noch der Pächter. Das Geschäft gehört dem Stamm. Alle Angestellten müssen Navajo sein. Ungefähr seit 1900 handeln an diesem Ort «Anglos» mit Indigenen. Früher waren es Fallensteller und Jäger, heute sind es Touristen, auf der Suche nach handgewebten Teppichen oder typischem Silberschmuck. Die Navajo vertrauen Mark Winter. Er zahle ihnen einen fairen Preis. Ihn selbst fasziniert die Geschichte der Navajo-Teppiche. Er hat in einem Nebenraum des Handelspostens sogar ein kleines Museum eingerichtet und organisiert Webvorführungen. «Das Volk der Navajo ist nicht feindselig. Es gibt Stämme, die für eine ‹rote› Herrschaft eintreten und nicht gerade viel von uns ‹Weißen› halten. Und wenn man bedenkt, wie schlecht die ‹Weißen› die Navajo behandelt haben, ist es überraschend, aber die Navajo sind ohne Vorurteile.»

Irenes Land ist nur gepachtet, von der Navajo Nation, die auch bestimmt, wie viele Tiere Irene halten darf, wegen des Risikos der

Überweidung in diesem trockenen Landstrich. Sie versucht, unabhängig zu leben. Ihre Hühner helfen ihr dabei. Sie legen so viele Eier, dass Irene sie an die Nachbarn verkaufen kann. «Wir haben all die Tiere, damit wir uns von dem ernähren können, worum wir uns kümmern. Sie geben uns etwas zurück, und wir müssen nicht zum Supermarkt.» Irene versucht sogar, Salat und Gemüse anzupflanzen, Zucchini, Melonen. Kein einfaches Unterfangen. Sie muss die Setzlinge vor den Hühnern schützen und vor Staub und Wind. Abends isst sie meistens mit ihrem Sohn. Die beiden reden bisher nicht viel über das, was die Kultur der Navajo ausmacht. Channing müsse aus eigenem Antrieb fragen, wenn er etwas wissen wolle. Irene wurde von ihrem Vater in Geschichte, Religion, die Bräuche der Diné eingeweiht. Nun ist es an ihr, das alles weiterzugeben. Doch noch sei Zeit, erzählt sie.

Die größte Überraschung für uns ist, als Irene in diesem Frühjahr 2019 vor dem Essen begeistert von Donald Trump erzählt. Sie sitzt mit ihrem Handy auf dem Hof und verfolgt eine seiner Reden. Ihr gefällt, dass er bisher nicht Teil des politischen Establishments war. «Seht doch, was die Regierungen mit uns gemacht haben. Man will, dass wir von der Regierung abhängig sind. Wir aber wollen selber denken, selber entscheiden, was gut für uns ist.» Ihre Wut auf Washington speist sich aus der desolaten Lage vieler Menschen im Reservat, aus der überall herrschenden Armut. Dafür macht sie die Politiker verantwortlich, nicht zuletzt die der Navajo-Regierung. Wohl auch, weil sie Politikern generell misstraut. Irene weiß, dass sie unter den Navajo eine Ausnahme ist, dass der Großteil der Indigenen zu den Demokraten tendiert, aber das irritiert sie nicht. Auch nicht, dass Trump vehement den Klimawandel leugnet, dessen Folgen sie durch die anhaltende Dürre am eigenen Leib erfährt. «Die Menschen müssen unserer Mutter Erde mehr Wertschätzung entgegenbringen. Alles ist zubetoniert», klagt sie, «von einem Ende der Stadt bis zum anderen. Die Erde kann nirgendwo atmen. Das ist schlecht. Mutter Erde schreit um Hilfe, und kaum einer hört es.»

Trumps Politik wird von vielen als Missachtung der Rechte von Indigenen gesehen. Er öffnete Gebiete, die ihnen heilig sind und geschützt waren, für Bohrlizenzen. Er erteilte erneut die Genehmigung für die Keystone-XL-Pipeline, gegen die Indigene lange protestiert hatten und die von Obama gestoppt worden war. Trump drohte damit, die Krankenversicherung für Indigene einzuschränken. Mit manchen Bemerkungen stellte er ihren Status als eigene Nationen infrage, legte nahe, sie seien «nur» eine Ethnie. Die «Tribal Nations Conference», unter Obama einmal im Jahr einberufen, um einen anhaltenden Dialog zwischen den indigenen Völkern und der Regierung zu ermöglichen, fand unter Trump nicht mehr statt. Hatte sein Vorgänger versucht, den Indigenen mehr Autonomie zu geben, war davon ab 2017 nichts mehr spürbar. Indigene schienen Trump kein besonderes Anliegen zu sein, im Gegenteil. Doch Irene ficht das alles nicht an.

Eine Antwort auf die Widersprüche, die ich empfinde, bekomme ich nicht. Auch nicht zwei Jahre später, als ich Irene wiedersehe. Sie findet Trump immer noch gut, aber sie will zurzeit nichts mit Politik zu tun haben. Mit dem neuen Präsidenten Biden kann sie nicht viel anfangen. Ebenso wenig wie mit der indigenen Innenministerin Deb Haaland. Zu links, zu sehr von sozialistischen Kräften beeinflusst. Irenes Argumente gleichen denen, die ich von vielen anderen kenne, die Trump unterstützen. Dabei hat Biden einige seiner Versprechen bereits erfüllt. Er stoppte den Bau der Keystone-XL-Pipeline erneut, stellte zwei für Indigene wichtige «National Monuments» wieder unter Schutz. Er hat neben Innenministerin Haaland weitere Indigene für wichtige Posten ernannt, der Gipfel mit den indigenen Nationen findet wieder statt, und die Regierung hat die Reservate zügig mit Impfstoff versorgt und sie während der Pandemie finanziell unterstützt.

Die Hilfe gegen das Virus erkennt Irene an. Auch sie hat sich schnell impfen lassen, hat den Sinn der Impfung nicht infrage gestellt, anders als so viele Trump-Anhänger. Erst als Mitglieder der Regierung sich über die Bedeutung der Auffrischimpfung nicht einig werden konnten, es immer wieder widersprüchliche Meldungen gab, fing sie an zu zweifeln, fragte sich, ob sie einer Lüge aufgesessen sei und die Impfung gar nichts bringe. Aber sie zweifelt nicht an der Gefahr des Virus. Sie ist weiterhin vorsichtig, egal wie sehr das Leben in der Pandemie an ihren Kräften zehrt. Gemeinsam mit ihrem Sohn lebt sie so abgeschottet wie möglich. Sie hat eine Schwester bei sich aufgenommen, die dement ist und für die sie keinen Platz in einem Heim fand.

Irene hat Freunde und Verwandte an die Pandemie verloren. Auch Sarah im abgelegenen Navajo Canyon ist an dem Virus gestorben, ebenso wie ihr Bruder, der ebenfalls in dem Tal lebte. Der Navajo-Regierung war bewusst, dass vor allem die Ältesten gefährdet waren, weshalb sie das Reservat gegenüber Außenstehenden abgeriegelt hatte. Trotzdem starben viele und mit ihnen die Erinnerung, die Gesänge, das Wissen, das noch nicht weitergegeben worden war. Junge Navajo haben inzwischen begonnen, Interviews mit ihren Verwandten aufzuzeichnen, obwohl das die Traditionen ihres Volkes eigentlich untersagen.

Ihren Gemüsegarten, auf den sie zwei Jahre zuvor so stolz war, hat Irene aufgegeben. Stattdessen zieht ihr Sohn Channing nun Blumen. Eine Farbenpracht inmitten der kargen Landschaft, die Kolibris magisch anzieht. Und dann weht plötzlich eine Windhose aus Sand und Staub heran, aus heiterem Himmel. Irene schreit ihr entgegen, sie solle verschwinden. Tatsächlich dreht der Sandwirbel ab. Ein Navajo-Geheimnis oder Zufall? Jedenfalls müssen wir lachen, als Irene uns erzählt, was diesen «Windteufeln» gemäß eines Brauchs entgegenzurufen sei: «Schwiegereltern, fort mit euch!» Was auch immer es war, es hat funktioniert.

2019 führt mich eine andere Geschichte erneut ins Navajo-Reservat. Ende August bin ich wieder in New Mexico. Ich weiß nicht mehr, wo ich das erste Mal etwas über das Thema erfahren habe. Eine kleine Zeitungsnotiz, ein Fernsehbeitrag? Jedenfalls hat es meine Neugier geweckt: ein Schönheitswettbewerb in einem

Indigenenreservat. Von welchem Reservat die Rede war, weiß ich nicht mehr, aber das Besondere war: Es ging dabei nicht um makellose Gesichter mit gewinnendem Lächeln und Körper, die sich im Badeanzug auf einem Laufsteg präsentieren und möglichst politisch unbedenkliche Antworten geben, die niemandem wehtun. Es ging um Sprache, Tradition und um den Kampf gegen das Aussterben einer Kultur. Solche Wettbewerbe gibt es im ganzen Land unter vielen Stämmen, für die ganz Kleinen wie für junge Frauen.

Auf unserer Suche nach einem solchen Wettbewerb landen wir schließlich in der Stadt Gallup, eine gute Autostunde von dem Ort entfernt, an dem Schafzüchterin Irene lebt. In Gallup wird einmal im Jahr im Rahmen eines zeremoniellen Festes, an dem verschiedene Stämme teilnehmen, die «Miss Gallup Inter-Tribal Indian Ceremonial Queen» gekürt. Als wir dort sind, findet das Fest zum achtundneunzigsten Mal statt.

Gallup liegt am Rande des Navajo-Reservats, an der Eisenbahnstrecke «Atlantic and Pacific Railroad» und an der Route 66. Bis heute säumen viele Geschäfte die Hauptstraße, in denen vor allem Schmuck und Töpferkunst der Indigenen verkauft werden, zu oft irrwitzig teuren Preisen. Die Händler sind allerdings auch hier keine Indigenen. Ein Wandbild im Zentrum der kleinen Stadt erinnert an die berühmten «Navajo Code Talker», die im Zweiten Weltkrieg dem US-Militär halfen, Nachrichten zu verschlüsseln, indem sie ihre Muttersprache benutzten. Eine Sprache, die heute von immer weniger Menschen beherrscht wird. Im Reservat sind sie stolz auf die «Code Talker». In einem Fast-Food-Restaurant in der Stadt Kayenta hat der Pächter zur Erinnerung an ihre Leistung ein kleines Museum eingerichtet.

Nach jüngsten Zahlen lebt knapp die Hälfte der Navajo in ihrem Reservat. In den USA gibt es mehr als dreihundert Reservate. In den meisten leben nicht mehr als gut zwanzig Prozent der Angehörigen des jeweiligen Stammes. Der Rest ist übers Land verteilt, so disparat, dass es schwer ist, sich zusammenzufinden, um gemeinsame Interessen zu verteidigen. Die Reservate sind, wie erwähnt, auf finanzielle Unterstützung der Regierung in Washington angewiesen. Vielerorts sind die Haupteinnahmequellen Tourismus und Glücksspiel, auch weil die Ansiedlung anderer Wirtschaftsbereiche oft mit großen Hürden verbunden ist.

Tyneesha Charlie ist im Reservat der Navajo groß geworden. Wie vielen jungen Leuten fällt es ihr nicht leicht, die Sprache ihrer Vorfahren zu lernen. Als sie zu Beginn des Schönheitswettbewerbs, der mehrere Tage dauert, das erste Mal vor einem großen Publikum steht, ist sie aufgeregt. Die Zweiundzwanzigjährige macht eine Ausbildung zur Schweißerin, in dem Betrieb, in dem auch ihr Vater arbeitet. Dort bewegt sie sich nur unter Männern. Die Bühne des Schönheitswettbewerbs ist für sie eine ganz neue Welt. Zwei Minuten lang soll sie erklären, wie sie ein Vorbild für die jüngere Generation ihres Stammes sein kann. Tyneesha spricht über die Bedeutung der Navajo-Kultur für die Gegenwart. Sie schafft es, das Publikum in ihrer Sprache zu begrüßen und zu erklären, von welchen Clans sie abstammt, dann wechselt sie schnell ins Englische.

Die junge Frau hat immer davon geträumt, einmal Prinzessin zu sein und eine Krone zu tragen. Ihre Großmutter gibt Tyneesha das Geld für die Aufnahmegebühr. Anders als ihre Konkurrentinnen, die schon mehrere Wettbewerbe hinter sich haben, ist der Auftritt in Gallup ihr erster. Sie trägt ein «Blanket Dress», ein traditionelles Kleid aus handgewobenem Stoff in Rot und Schwarz. Es gleicht einer Decke und wird getragen wie ein Poncho, dazu Schmuck aus Silber und Türkis. Die Haare sind auf Art ihres Stammes streng hinter dem Kopf mit einem Tuch zu einem Knoten zusammengebunden. Dann noch Mokassins, die bis über die Waden gewickelt werden. Vieles von dem, was Tyneesha über ihre Kultur weiß, hat sie von ihrer Großmutter und ihrem Großonkel gelernt. «Unsere Vorfahren haben stets gekämpft, um unsere Traditionen am Leben zu erhalten. Wir Jungen haben das als gegeben angenommen und uns immer weniger dafür interessiert. Wir finden immer eine Entschuldigung dafür, warum wir gerade keine Zeit haben, uns mit unserer Geschichte zu beschäftigen.»

Der Wettbewerb findet in einem alten Kinosaal statt. Der erste Teil besteht aus einem Vortrag, in dem Tyneesha über den Genozid an den Indigenen spricht. Zuerst habe man ihr Volk getötet, und heute gehe die Kultur verloren, das sei wie ein zweiter, ein kultureller Genozid. Sie erzählt, dass es manchen Eltern nicht wichtig sei, ihre Kinder in die Kultur einzuführen. Alkohol sei ein großes Problem. Manche würden trinken, sie hätten keinen Respekt vor sich selbst. Ihre eigene Generation lerne lieber die Sprachen anderer Länder, die seien aufregend und, das würden sie zumindest glauben, viel wichtiger als die Sprache ihres eigenen Volkes. Wenn das so weitergehe, sei die in dreißig bis sechzig Jahren vergessen. Tyneesha plädiert dafür, die Sprache spielerisch zu unterrichten, nicht zuletzt an Schulen, sodass es Spaß mache. Und nicht nur die Sprache, sondern auch das Weben, Töpfern, die Medizinpflanzen, all das, was bisher nur die Älteren überliefern, zu Hause in der Familie, wenn es diese Gemeinschaft denn überhaupt gebe.

Die junge Frau beschreibt das Ringen um die eigene Kultur als Überlebenskampf der Indigenen. Es sei wichtig, dass die Gesellschaft wisse, dass ihr Volk noch immer kämpfe. Es leide unter einem historischen Trauma, flüchte sich in Alkohol- und Drogensucht. «Historisches Trauma ist Schmerz. Und wie gehen die Menschen mit Schmerz um? Sie wollen ihn verbergen. Sie wollen ihn ignorieren. Sie wollen nichts damit zu tun haben. Aber wenn unsere Generation ihre Kultur verliert, wer ist dann noch da, um unsere Geschichte zu erzählen?» Vor einer aufmerksamen Jury hält sie ihren Vortrag mithilfe eines selbst gemalten Plakats, auf dem sie ihre wichtigsten Punkte notiert hat. Es sei nie zu spät oder zu früh herauszufinden, wer man sei, was einen zu einem selbst mache, aber «am Ende des Tages ist es unsere Sprache, die uns mit unserer Vergangenheit verbindet». Sie sei wie eine Mauer, die zwischen dem Verlust der eigenen Geschichte und deren Bewahrung in der Zukunft stehe.

Nach dem Vortrag müssen die Kandidatinnen noch etwas Traditionelles präsentieren. Eine singt ein altes Fruchtbarkeitslied; die nächste zeigt einen Kampftanz, der eigentlich Männern vorbehalten ist; eine weitere zeigt, wie man auf traditionelle Weise ein Schaf schlachtet – in diesem Fall an einem improvisierten Modell aus Stoff, aber es gibt auch einen dieser Wettbewerbe, bei dem die Kandidatinnen lebende Tiere schlachten und häuten. Tyneesha hat sich für Töpferkunst entschieden. Ihre Familie ist bekannt für ihre Kunstfertigkeit. Im Publikum reagieren viele überrascht, da die meisten Töpfern eher mit den Pueblo-Stämmen in New Mexico verbinden. Doch die Muster und die Technik unterscheiden sich.

Die Jury entscheidet, welche der jungen Frauen ihre Kultur und Tradition am authentischsten und kenntnisreichsten vermitteln kann. Den Vorsitz hat Virginia Ballenger, die «Miss Gallup» von 1980. Heute arbeitet sie als Modedesignerin, mit einem eigenen Label, das sie in ihrem eigenen Geschäft betreibt: «Navajo Spirit». Dort können sich Navajo-Frauen einkleiden, traditionell oder mit modernem Touch. Frauen wie Ballenger wollen in der amerikanischen Öffentlichkeit ein neues Image von Indigenen vermitteln, weg von den stereotypen Bildern von Armut, Alkoholsucht, Perspektivlosigkeit. Dieses Elend existiert – unsere Fahrten durch Reservate sind oft erschütternd –, aber es gibt eben auch eine andere Realität. Eine Frau, die ihre eigene Kosmetiklinie aufgebaut hat, Schriftsteller wie Tommy Orange, der inzwischen auch auf Deutsch übersetzt ist, Künstler, Lehrer. Oder eben ein erfolgreicher Schweißer wie Tyneeshas Vater, der Aufträge aus dem ganzen Land bekommt, sogar aus Kalifornien, weil er so gut ist.

Nach ihrem Auftritt sagt mir Tyneesha, wie wichtig ihr all das sei. «Unsere Kultur stirbt langsam. Ich hoffe, dass ich das den Menschen klarmachen konnte. Ich will allen begreiflich machen, dass unser Volk noch nicht Geschichte ist, dass es uns noch gibt und dass wir genauso wichtig sind wie alle anderen Menschen und ethnischen Gruppen.»

Außerhalb des Reservats jedoch fühlen sich junge Indigene wie Tyneesha oft als Menschen zweiter Klasse. Ungeschützt und fremd. Sie kommunizieren anders, haben Sorge, sich nicht richtig ausdrücken zu können, denken auf ihre Art, fürchten, sich lächerlich zu machen. Codes der westlichen Welt sind ihnen fremd, auch wenn sie genauso routiniert mit Handys und Tablets umgehen wie Jugendliche außerhalb des Reservats, Rap-Musik hören oder selbst produzieren. Manchen fehlt es an Selbstbewusstsein. Wenn sie auf weiterführende Schulen wollen, dann müssen sie das Reservat verlassen, sich mit Studenten anderer Herkunft messen und sich behaupten. Ein Lehrer an einer Highschool im Reservat erzählte mir einmal, dass eine zu große Zahl seiner früheren Schülerinnen und Schüler zurückkommt, ohne einen Abschluss gemacht zu haben – weil sie Heimweh hatten, mit der Welt außerhalb des Reservats nicht zurechtkamen.

Aber es gibt auch eine ganz konkrete Bedrohung, vor allem für Mädchen und junge Frauen. Jedes Jahr verschwinden unzählige Indigene in den USA. Manchmal werden ihre Leichen gefunden; oft bleiben sie für immer verschwunden. Das FBI hat 2021 rund 9500 vermisste Personen erfasst, mehr als 5000 davon Frauen, der größte Teil unter achtzehn. Das sind deutlich mehr als bei anderen Bevölkerungsgruppen. Außerdem gehen alle, die solche Zahlen erfassen, von einer hohen Dunkelziffer aus, weil es großes Misstrauen gegenüber Polizisten gibt. Das liegt nicht zuletzt daran, dass die Officer viel zu selten intensiv ermitteln, unter anderem wegen unklarer Zuständigkeiten zwischen der Polizei im Reservat und den Dienststellen außerhalb. Hinzu kommt, dass es bis Juni 2021 Stammespolizisten untersagt war, gegen nichtindigene Straftäter im Reservat vorzugehen. Das hat das Oberste Gericht mittlerweile geändert.

Innenministerin Deb Haaland will dafür sorgen, dass die Untersuchung von Vermisstenfällen und Verbrechen im Reservat verbessert werden. Sie hat dafür eine Task Force, die bereits 2019 unter Trump eingerichtet worden war (eine der wenigen politischen Entscheidungen Trumps zugunsten der Indigenen), zu einer eigenen Einheit im Bureau of Indian Affairs weiterentwickelt und mit deutlich mehr Geld ausgestattet. Die Einheit, die im April 2021 beschlossen wurde, soll auch eine bessere Zusammenarbeit mit Bundesbehörden gewährleisten. «Viel zu oft werden Morde und Vermisstenfälle von Indigenen nicht gelöst. Man befasst sich gar nicht erst mit ihnen. Zurück bleiben Familien und Gemeinden, die am Boden zerstört sind», sagt Haaland. Doch ein Jahr später kommt aus manchen Reservaten Kritik. An dem Wirrwarr an Zuständigkeiten habe sich nicht viel geändert, heißt es, trotz einer indigenen Innenministerin.

Nach dem ersten Tag des Schönheitswettbewerbs nimmt uns Tyneesha mit zu ihrer Großmutter. Bei ihr hat sie, genauso wie viele andere Mitglieder der Familie, die Kunst des Töpferns gelernt. Susie Charlie ist eine Meisterin indianischer Keramik. Sie lebt im Reservat weit abgelegen von asphaltierten Straßen, auf einem Hügel, von dem aus man die Weite der Landschaft spürt. Wir werden von mehreren «Rezdogs» kläffend empfangen, Hunden, die im Reservat leben.

In einem kleinen Gebäude hat sich Susie eine professionelle Töpferwerkstatt eingerichtet. Hier bringt sie ihrer Enkelin nicht nur bei, aus Ton Kunstwerke zu formen, sondern spricht mit ihr auch in der Sprache ihres Volkes. Die junge Frau, die gerne mit den Händen arbeitet, schließlich lernt sie ja Schweißerin, erinnert sich, wie sie als Kind mit Tonfiguren spielen wollte. Ihre Großmutter pfiff sie zurück. «Wenn du damit spielen willst, dann kannst du auch lernen, wie sie gemacht werden.» Es sei faszinierend, wie viele Ideen in so einem kleinen Gegenstand stecken. Mit einem Stück Keramik könne man eine ganze Geschichte erzählen, jedes Design habe eine Bedeutung.

In der Werkstatt stehen unzählige Rohlinge bereit: kleine zeremonielle Hochzeitsvasen mit zwei Öffnungen, viele Tierfiguren, Echsen, Bären, Pferdeköpfe. Sie werden mit geometrischen Mustern verziert oder mit Pferdehaaren, die auf eine traditionelle Weise eingebrannt werden. In besonders wertvolle Stücke arbeitet Susie Edelsteine ein, meist Türkise. Keramiken mit ihrer Signatur garantieren einen guten Preis, für die Familie eine lukrative Einkommensquelle. Sie verkaufen die Stücke inzwischen übers Internet, von Christbaumkugeln in Großproduktion bis hin zu aufwendigen Einzelstücken auf Bestellung. Eine von Susies Töchtern, selbst inzwischen eine bekannte Töpferin, erzählt ihren Freunden in einem Post auf Facebook, wie sie in einem Geschäft auf dem Flughafen eine ihrer Arbeiten fand und ungläubig auf den Preis starrte. Der sei so hoch gewesen, dass sie sich das Stück Töpferarbeit nicht hätte leisten können. Wohl auch deshalb hat die Familie das Geschäft weiterentwickelt, und es lohnt sich.

Ich frage Susie, was es für sie bedeuten würde, wenn die Kultur der Navajo und die der anderen Stämme in den USA nach und nach verloren ginge? «Es würde mich traurig machen, wenn die Leute die Bräuche der hier Geborenen vergessen und damit auch, wie unsere Vorfahren den Weißen geholfen haben, Land zu finden und zu überleben. Wir gaben ihnen zu essen, als sie hier durchkamen. Wenn das, was uns ausmacht, verloren geht, dann werden sie eines Tages denken, dass sie die Ersten waren, die hier gelebt haben. Wir stehen ja noch nicht einmal in den Geschichtsbüchern.» Sie sagt diese Ungeheuerlichkeit einfach so dahin, ohne Entrüstung oder Empörung in der Stimme. Ich versuche, mich zu erinnern, aber laute Töne habe ich von den Navajo, die ich kennengelernt habe, nie gehört. Dabei hätten sie allen Grund dazu, gegen die systematische Unsichtbarmachung der indigenen Völker ihre Stimme zu erheben.

Viele haben den Satz schon einmal gehört: «Töte den Indianer in ihm, um den Menschen zu retten.» Er stammt aus dem Jahr 1892 von Offizier Richard Henry Pratt. Er hatte das erste Internat für indigene Schüler gegründet, überzeugt, dass Assimilierung und Verzicht auf die eigene Kultur den Indigenen einen Platz in der amerikanischen Gesellschaft sichern könne. Bis heute gibt es überall in den USA Schülerinnen und Schüler, die erstaunt sind, wenn sie erfahren, dass es immer noch indigene Stämme in ihrem Land gibt. In manchen Bundesstaaten, an manchen Schulen wird ihre Geschichte unterrichtet, aber oft nur beschränkt auf das 19. Jahrhundert; 87 Prozent der staatlichen Schulbücher erwähnen die Geschichte der Native Americans nach 1900 nicht, so eine Studie des «Reclaiming Native Truth Project». In 27 US-Bundesstaaten findet sich kein einziger Indigener und keine Indigene in den Lehrplänen vom Kindergarten bis zum zwölften Schuljahr. In jüngster Zeit hat es in mehreren Staaten Versuche gegeben, die Geschichte und Kultur der indigenen Bevölkerung zum festen Bestandteil des Unterrichts zu machen. In Connecticut ist das gelungen. Ab 2023 müssen dort die Schulen «Native American Studies» unterrichten. In Minnesota dagegen ist ein ähnliches Vorhaben gescheitert. Doch selbst an Orten, wo indigene Geschichte und Kultur gelehrt wird, werden viel zu oft nur Mythen und Stereotype verbreitet, statt zu einer ehrlichen Auseinandersetzung zu ermutigen.

Susie Charlie erinnert ihre Enkelin daran, dass sie sich mehr bemühen müsse, die Sprache der Navajo zu lernen. Tyneesha nickt, sie weiß, das ist ihre Schwäche. Ihre Großmutter ist stolz darauf, was die Sprache ihres Stammes für die USA erreicht hat, wie sie den amerikanischen Soldaten im Zweiten Weltkrieg geholfen hat, Botschaften zu verschlüsseln, und warnt zugleich: «Wenn unsere Sprache eines Tages verloren ist und sie uns dann wieder brauchen, dann wird niemand mehr da sein, der ihnen helfen kann.»

Als Tyneesha sich für den entscheidenden Moment fertig machen muss, die Preisverleihung am Abend, ist es nicht die Großmutter, sondern ihr Großonkel, der ihr hilft, die Haare zu binden. «Ich mache einen Knoten an der Stelle, an der Frauen ihre Gedanken sammeln. Der Knoten hilft, die Gedanken zusammenzuhalten, damit man sie nicht verliert.» Der Familienschmuck liegt bereit. Eine wertvolle Kette, die einst die Urgroßmutter getragen hat, ein spezieller Gürtel, wieder die aufwendig gebundenen Mokassins, ein buntes Tuch mit Blumenmuster. Tyneesha trägt einen langen Rock mit Volants und eine lilafarbene Bluse aus Samtvelours, die Festtagskleidung von Navajo-Frauen.

Im Modegeschäft der Jury-Vorsitzenden Virginia Ballenger gibt es diese Kleidung zu kaufen. Dort erfahre ich, was es mit dem samtigen Stoff auf sich hat, der heute bei besonderen Anlässen der Navajo nicht wegzudenken ist. Der Stamm hat diese Art Stoff 1868 von der damaligen US-Regierung geschenkt bekommen. Die Europäer verwendeten das samtige Tuch, um die feinen Sitze in Eisenbahnwaggons zu beziehen. Virginia Ballengers Mann erzählt, dass die beschenkten Indigenen damals wohl glaubten, es handle sich um einen Luxusgegenstand. Dabei hatte die Regierung sicher einfach nur Stoffballen übrig und konnte leicht darauf verzichten. Die Navajo haben für sich das Beste daraus gemacht und den für sie eigentlich fremden Stoff in ihre Kultur integriert und zur Festtagskleidung gemacht.

Etwas Ähnliches ist mir später in Montana begegnet, im Fort-Peck-Reservat. Dort tragen Frauen Röcke, die mit bunten Bändern verziert sind. Die sind eigentlich kein Schmuck, sondern dienten früher dazu, Säume zu verstärken. Auch sie seien ein Geschenk der europäischen Siedler gewesen, erzählt mir eine Frau, die diese Röcke stolz trägt. Es waren billige Kurzwaren, die die Weißen im Gepäck hatten, bunter Tand als Tauschware. Die Indigenen wissen, dass sie damals übervorteilt wurden. Trotzdem haben mehrere Stämme in verschiedenen Ecken der USA, darunter die Assiniboine und Lakota in Montana, die Bänder in etwas Positives verwandelt, das sie heute mit Stolz und nicht mit Bitterkeit erfüllt. Eine Abgeklärtheit, die bei den Nachfahren aufseiten der Siedler nicht existiert. Dort fehlt die selbstkritische Auseinandersetzung mit der Vergangenheit noch immer.

Als ich Tyneesha frage, was andere Menschen von den Navajo lernen könnten, sagt sie selbstbewusst: «Wir haben vieles anzubieten.» Besonders stolz ist sie auf die traditionelle Medizin. «Das, was herkömmliche Ärzte verschreiben, hilft uns oft nicht. Deshalb haben wir unsere eigene Medizin. Die Menschen könnten von uns lernen, wann bestimmte Pflanzen helfen und wie man sie nutzen kann, denn wir sind verbunden mit Mutter Erde und wissen, wie wir uns auf traditionelle Art heilen können.» Medizinmänner und Medizinfrauen haben eine herausgehobene Stellung in indigenen Gesellschaften. Es gibt Bücher über indigene Medizin, doch diese sind nicht sehr verbreitet.

Die Verbindung zur Natur gehört zum Selbstverständnis der Indigenen. Wenn das so ist, fragen manche westliche Reisende, warum geht ihr dann so nachlässig mit eurer Umgebung um? Der Anblick vermüllter, verwahrloster Grundstücke und Häuser begegnet einem oft auf Fahrten durch Reservate. Die Armut, die oft fehlende Infrastruktur, um Abfall zu entsorgen, in Gegenden, wo es weder fließend Wasser noch Strom gibt, Gleichgültigkeit, ausgelöst durch Perspektivlosigkeit – es gibt keine einfache Erklärung. Viele Indigene scheinen mir auf gewisse Weise gefangen zu sein, zwischen der westlichen Welt und den Überresten ihrer eigenen Kultur. Das historische Trauma, von dem Deb Haaland spricht, ist meiner Ansicht nach mit dafür verantwortlich, aber nicht allein. Denn auch dort, wo es eine Müllabfuhr gibt, funktioniert sie nicht immer. Tyneeshas Vater klagt über die Reservatsverwaltung, die das nicht ordentlich organisiere.

Ihn habe ich auch gefragt, ob er sich Denkmäler wünschen würde, mit denen der ermordeten Indigenen gedacht werden könne. Er verneinte das. Er will nicht, dass das Leid, das seinem Volk angetan wurde, in Stein gehauen wird und seine Kinder permanent daran erinnert werden. Ihnen sei bewusst, was geschehen sei, dafür brauche es kein Monument. Wichtig sei, dass es eine Zukunft für sie gebe, dass die Bedingungen für Indigene besser würden, sicherer, gleichberechtigter, im Reservat wie außerhalb.

Bessere Schulen, Jobs mit Perspektive, mehr Anerkennung für die eigenen Leistungen, mehr Respekt gegenüber den Menschen, die als erste auf dem Kontinent gelebt haben.

Der Höhepunkt der indianischen Festivitäten in Gallup ist immer ein Festzug durch die Stadt. Viele Stämme reisen extra von weit her an, um ihre traditionellen Tänze, Bräuche, ihren Schmuck, ihre Kunst zu präsentieren. Hunderte Menschen nehmen teil – ein Fest der Farben, des kulturellen Reichtums. Für die nichtindigenen Besucher aus dem ganzen Land, die sich am Straßenrand drängen, ist es eine fremde Welt. Viele bestaunen die Indigenen wie exotische Wesen, dabei sind sie Teil der amerikanischen Gesellschaft, ihrer Heimat.

Auch die Kandidatinnen aus dem Schönheitswettbewerb laufen mit, begleitet von der Königin aus dem letzten Jahr und der Jury-Vorsitzenden Virginia Ballenger. Sie sieht die größte Gefahr für ihre Kultur in der Trennung zwischen Jungen und Alten. «Wenn Familien sich nicht mehr darum bemühen, dass die Kinder Zeit mit ihren Großeltern verbringen, ihnen zuhören, wenn sie ihre Geschichten erzählen, dann geht viel verloren.» Ein weiteres Risiko seien die sozialen Medien. Dort werde zum Beispiel gegen die jungen Frauen gehetzt, weil sie sich traditionell kleiden, sich für Bräuche interessieren. Zugleich bieten die sozialen Medien aber auch die Möglichkeit, Traditionen weit über das Reservat hinaus bekannt zu machen. Die Sängerin Talibah Begay hat zum Beispiel angefangen, Lieder der Stammesältesten übers Internet zu verbreiten. Sie hat Videos mit ihrer Großmutter aufgenommen, die rituelle Gesänge vorträgt. Vor allem seit Beginn der Pandemie ist die positive Seite der sozialen Medien den Indigenen stärker bewusst geworden. Es starben so viele Ältere an dem Virus, dass Traditionen und Geschichten nicht mehr mündlich überliefert werden konnten, wie es eigentlich vorgeschrieben ist. Ohne ein Umdenken würde vieles unwiederbringlich verloren gehen.

In der Arena von Gallup, wo sonst Rodeoreiter die Zuschauer

begeistern, wird es jetzt ernst. Tyneeshas ganze Familie sitzt auf den Rängen und fiebert mit. Doch sie schafft es nicht. «Das war meine erste Erfahrung. Nur weil ich nicht erfolgreich war, gebe ich nicht auf.» Ein Strahlen vertreibt die Traurigkeit, als sie den Trostpreis sieht: ein Tablet. Ihre Großmutter ist nicht so begeistert. Sie erlebt bei all ihren Enkeln, wie das Internet immer mehr Raum einnimmt. Das Tablet verkörpert einen Teil der modernen, westlich geprägten Welt, von der manche Ältere aus Tyneeshas Familie glauben, dass sie das Ende der indigenen Welt beschleunigt, weil mit ihr das, was das eigene Volk von der restlichen Bevölkerung im Land unterscheidet, was seine Identität ausmacht, verloren gehe. Die jungen Frauen müssen permanent einen Spagat bewältigen zwischen der indigenen und der «weißen» Welt. Das Leben im Reservat bietet Schutz, aber es kann auch einengen.

Über die sozialen Medien dringt die westliche Welt ins Reservat, viel zu selten jedoch die Welt des Reservats nach draußen, in den Rest des Landes. Aber das ändert sich langsam, und es geht dabei nicht nur darum, Traditionen zu bewahren. Junge Indigene nutzen zunehmend Internetplattformen wie Instagram oder Tik-Tok, um ihre Sicht auf die Dinge zu verbreiten, indem sie den traditionellen Blick modernisieren und zugänglicher machen, nicht zuletzt für ihre eigene Generation. Manche wollen die Klagen der Älteren nicht mehr hören. Keine Folklore, sondern etwas Eigenes, etwas Neues, das zeigt, dass es die Möglichkeit gibt, sich zu öffnen, ohne die jahrhundertelang überlieferte Kultur und das Selbstverständnis zu verlieren. Dafür muss allerdings erst noch der flächendeckende Aufbau eines funktionierenden Breitbandnetzes in den Reservaten umgesetzt werden. Der fehlende Zugang zum Internet hat in der Pandemie alle indigenen Schülerinnen und Schüler extrem benachteiligt. Bidens «Build Back Better»-Programm wollte das ändern; die technische Versorgung der «Tribal Lands» war ein Bestandteil des Pakets, das jedoch im Kongress gescheitert ist, unter anderem an einem demokratischen Senator und einer demokratischen Senatorin.

Die jeweiligen Regierungen haben in den letzten Jahrzehnten nur wenig an der oft desolaten Lage in den Reservaten geändert. Es gibt Leuchtturmprojekte, eindrucksvolle Einzelgeschichten. Viele Indigene identifizieren sich inzwischen mit den Vereinigten Staaten, sehen die Regierung in Washington als ihre an, singen die amerikanische Nationalhymne, auch in ihrer eigenen Sprache. Doch wenn es um ihre gleichberechtigte Teilhabe geht, dann haben sie oft das Nachsehen. Biden versucht, ihnen das Gefühl zu geben, respektiert zu werden, aber bei künftigen Wahlen wird das nicht reichen. Auch nicht, dass er erstmals in der Geschichte der USA ein Mitglied eines indigenen Volks zur Ministerin gemacht hat.

Die Rückkehr der Bisons

«Dieses Land ist groß genug für uns alle, aber
das sehen sie nicht.»

Robbie Magnan aus Montana

Schnee, Berge, unbewohnte Landschaft, so weit das Auge reicht.
Das Flugzeug überquert soeben Wyoming, einen dieser Bundesstaaten, die zwar dünn besiedelt sind, aber genauso viel politische
Macht in Washington haben wie Kalifornien, Texas oder Florida.
Das hat ja einem der Milizionäre, die wir in Arizona getroffen
haben, so gut gefallen. Jeder Staat ist mit zwei Sitzen im Senat
vertreten, ob das nun Wyoming mit an die 600 000 Einwohnern
ist, Kalifornien mit gut 39 Millionen, Texas mit 29 oder Florida
mit gut 21 Millionen. Das wird mir, als ich über diese unendlich
erscheinenden Flächen schaue, wieder einmal sehr bewusst. Ich
kann mich nicht erinnern, während des gesamten Flugs auch nur
eine Ortschaft gesehen zu haben. Die Weite der USA – scheinbar
grenzenlos und doch voller Hürden. Für manche zumindest. Um
solche Hürden geht es in diesem Kapitel. Es erzählt die Geschichte von Bisons, die langsam zurückkehren, und von dem kleinen
Stück indigener Selbstbehauptung, die das bedeutet.

Unser Ziel ist Montana, nördlich von Wyoming. Noch so ein
bevölkerungsarmer Staat. Im Fort-Peck-Reservat der Assiniboine und Sioux gibt es ein Projekt, das möglichst vielen Stämmen im ganzen Land die Chance geben will, eigene Bisonherden
aufzubauen. Wir möchten wissen, warum sie das machen und wie
es funktioniert. Robert Magnan ist einer der Köpfe hinter dem
Projekt. Am Abend unserer Ankunft treffen wir ihn in der Hotel-
bar. Er ist komplett in Camouflage gekleidet und erzählt, dass er
direkt von einer Büffeljagd komme. Unter dem Basecap schaut ein

dünner Zopf hervor, das Haar bereits grau. Robbie, wie ihn alle im Reservat nennen, ist halb Sioux, halb Assiniboine. Er arbeitet seit mehr als dreißig Jahren für die Abteilung «Jagd und Fischerei», die er inzwischen leitet. Ein Mann, der die Büroarbeit scheut und am liebsten draußen ist, bei den Bisons im Reservat. Bisons, die er Büffel nennt. Den korrekten biologischen Begriff würden doch nur Wissenschaftler und Politiker in den Mund nehmen, erklärt er uns gleich zu Beginn – zumindest in der englischen Sprache. In den verschiedenen Sprachen seines Volks heißen die Bisons und Büffel «Tatanka» oder «Tatonka». Das werden wir auf dieser Reise noch häufiger hören.

Mit am Tisch sitzt Chamois Andersen von der Tier- und Umweltschutzorganisation Defenders of Wildlife. Schnell wird klar, wie viele Menschen an einem Strang ziehen, um den Bisons eine Zukunft zu bieten, die nicht auf Nationalparks und Zoos beschränkt ist. Dazu gehören der Intertribal Buffalo Council und die Biologen vom Yellowstone-Nationalpark. Dorthin hatte sich Ende des 19. Jahrhunderts eine kleine Gruppe wilder Bisons gerettet, als die Tiere auszusterben drohten. Nachdem sie in den Prärien der USA zu Zehntausenden von Pionieren und Siedlern abgeschlachtet worden waren, lebten 1902 gerade noch zwei Dutzend der ursprünglichen nordamerikanischen Bisons im Nationalpark. Ein Foto symbolisiert bis heute für viele Menschen in den Indianerreservaten das Unrecht, das den Tieren und damit auch den Indigenen angetan wurde. Es zeigt einen Jäger triumphierend auf einem riesigen Berg von Schädeln. Indem die «Weißen», die aus Europa stammenden Einwanderer, Bisons töteten, raubten sie den Indigenen ihre Lebensgrundlage. Die Jagd auf die Tiere war zugleich eine Jagd auf die Menschen. Eine verheerende Hungersnot folgte; viele starben. Ähnlich war die US-Regierung, wie erwähnt, gegen die Navajo vorgegangen, als sie ihre Schafe tötete und ihre Felder zerstörte.

Robbie erklärt uns, warum die Bisons – wie die Schafe für Irene Bennalley im Navajo-Reservat – in der indigenen Welt so viel mehr sind als nur Nutztiere. «Wir sehen Büffel als unsere vierbeinigen Verwandten. Sie sind Teil unserer Schöpfungsgeschichte. Als Gott uns Menschen auf die Erde setzte, waren wir dumm und nicht überlebensfähig. Deshalb schickte der Schöpfer uns die Büffel, damit sie uns helfen zu überleben. Seitdem folgen wir ihnen.» Wenn ein Stammesmitglied ein Tier erlegt, dann versucht er oder sie auch heute noch, nichts zu verschwenden. Das Fleisch, das Fell, die Knochen, alles wird verwendet, aus Respekt davor, dass der Büffel sein Leben für das der Menschen gegeben hat.

Am nächsten Morgen treffen wir Robbie schon früh an einem Gehege. Dort warten gut sechzig Bisons auf den Weitertransport in andere Teile der USA. Doch bevor sie verladen werden können, müssen sie einen letzten Gesundheitstest bestehen. Robbie instruiert sein Team. Mit drei Pick-ups wollen sie die Tiere zusammentreiben, um dann jedem noch einmal Blut abzunehmen. Die Blutproben werden auf Brucellose-Bakterien getestet, die für herkömmliches Vieh eine große Gefahr darstellen. Wenn es einen Befall gibt, muss oft die ganze Herde geschlachtet werden. Die Ironie der Geschichte: Eingeschleppt wurden die Bakterien von Vieh, das Siedler aus Europa mitbrachten. Diese Tiere übertrugen die Krankheit auf Bisons, die seitdem die Bakterien in sich tragen, während sie in Viehherden eigentlich nicht mehr vorkommen. Farmer, unterstützt von der Landwirtschaftslobby und dementsprechend auch von Politikern, sind daher vehement dagegen, dass Bisons wieder frei herumlaufen können. Sie fürchten eine Ansteckung, obwohl es bisher keine nachgewiesenen Fälle gibt. Wenn Vieh sich ansteckt, dann eher über den Kot von Elchen, die ebenfalls Brucellose-Bakterien in sich tragen.

Denjenigen, die dabei helfen wollen, dass sich die Bisons wieder verbreiten können, ist klar, dass ihr Projekt ohne die Zustimmung der Farmlobby und der Politiker schnell vor dem Aus stehen könnte. Die Biologen im Yellowstone-Nationalpark haben daher ein komplexes Quarantäneprogramm ausgetüftelt. Bis zu drei Jahre leben Bisons, die für eine neue Heimat bestimmt sind, komplett abgeschottet, ihr Blut wird regelmäßig getestet, und erst wenn alle notwendigen Tests negativ sind, werden die Tiere freigegeben. Das «Bison Conservation Transfer Program» gab es anfangs nur im Nationalpark selbst, denn es erfordert ein eingezäuntes Gelände, das groß genug ist, damit die Bisons in Quarantäne überleben können. Dann fand der zuständige Biologe Chris Geremia in Robbie Magnan und dem Fort-Peck-Reservat geeignete Partner. Die Reservatsverwaltung investierte eine Million Dollar in eine eigene Quarantäneanlage, mit viel Unterstützung von außen. Seit 2019 ist sie in Betrieb. Sie sei auf dem modernsten Stand, erzählt Robbie stolz, und habe die strenge Prüfung durch die Landwirtschaftsbehörde in Montana bestanden.

Robbie nimmt uns mit auf die Weide, um die Bisons in den Korridor zu treiben, der in die Anlage führt. «Ich arbeite jeden Tag mit den Büffeln. Ich weiß, wie aggressiv ich sie behandeln kann. Diese Tiere sind sehr klug. Man darf ihnen keine Zeit zum Nachdenken geben. Sonst greifen sie an.» Er kurbelt das Fenster herunter, mit der flachen Hand schlägt er rhythmisch außen auf die Tür. Die zwei anderen Fahrer machen es ihm nach. Immer wieder schimpft Robbie über seine Kollegen. Sie sind ihm zu zurückhaltend. Man müsse die Büffel überlisten. «Die bekommt man nicht müde. Sie können meilenweit rennen. Seht doch! Sie lassen immer wieder welche entwischen.» Doch schließlich haben sie die erste Gruppe zusammen. Jetzt beginnt der schwierigere Teil: Die Tiere müssen getrennt werden. Die Helfer versuchen, die Bullen von Kühen und Kälbern zu separieren, denn die männlichen Tiere können am gefährlichsten werden. Auch wenn sie nun schon jahrelang in Quarantäne leben, sprich auf relativ begrenztem Raum, bleiben sie doch wilde Tiere. Sie sind es nicht gewohnt, gefangen zu sein. Die Männer spannen Planen und bemühen sich, die Büffel mit Rasseln und Schreien in die richtige Richtung zu lenken. Sie selbst bleiben geschützt hinter einer Absperrung. Robbie ist der Einzige, der sich in die Gänge wagt. Er versichert, er kenne die

Körpersprache der Tiere; er wisse, wann ihm Gefahr drohe. «Sie haben größere Angst vor Menschen als vor irgendetwas anderem. Einige werden nervös. Sie sind schnell gestresst. Wir müssen deshalb zügig arbeiten, damit keines der Tiere einen Herzinfarkt bekommt.»

Am Behandlungsstand wartet schon der Tierarzt mit der Spritze. An der Unterseite des Schwanzes, wo eine Vene verläuft, nimmt er Blut ab. Zum Teil ist es schwer mitanzusehen, wie sehr die Tiere in Panik verfallen, wenn sie alleine durch eine der Kammern zum Blutabnehmen müssen. Ein Jährling, ein Tier, das erst ein Jahr alt ist, rennt immer wieder mit seinem Schädel gegen die Metalltür. Manche verletzen sich die Hörner. Das sehe schlimmer aus, als es ist, beruhigt der Tierarzt, in den Hörnern seien Blutgefäße, deshalb blute es stark, aber die Hörner würden wieder nachwachsen. «Sie wissen halt genau, was auf sie zukommt. Ihnen wurde schon so oft Blut abgenommen. Und jedes Mal mussten sie in den Behandlungsstand. Wie würde es denn Ihnen gehen», fragt er mich, «wenn Sie jedes Mal, wenn Sie durch eine bestimmte Tür gehen, ein unangenehmes Erlebnis haben?»

Hier gehen alle davon aus, dass die Blutproben mit negativem Ergebnis zurückkommen. Aber ein Rest Anspannung bleibt. Nur ein positiver Test, und die Mühe der letzten drei Jahre wäre vergeblich gewesen. Megan Davenport, die Biologin des Intertribal Buffalo Council, erzählt, dass die Tiere meist schon nach den ersten Monaten Quarantäne durchgängig negative Testergebnisse hätten, aber das reiche den Behörden nicht. Also müssen die Büffel bis zu sechzehn Tests über sich ergehen lassen. Alles wird minutiös dokumentiert. Megan wünscht sich, dass mehr Bisons die Chance auf das Quarantäneprogramm im Fort-Peck-Reservat bekommen als bisher – Platz wäre hier für sechshundert Tiere. Doch die zuständigen Behörden in Montana bestehen bisher darauf, dass die ersten beiden Quarantänestufen, bei denen sehr viel engmaschiger getestet wird, im Yellowstone-Nationalpark in Wyoming stattfinden, unter Aufsicht der nichtindigenen Ranger und Tierärzte. Dabei können dort wesentlich weniger Tiere gleichzeitig in Quarantäne sein, bisher achtzig, künftig, nach einer Erweiterung, bis zu zweihundert. Nur für die dritte Quarantänestufe – das sind dann noch zwei Tests – dürfen die Tiere nach Fort Peck gebracht werden. Als ich wissen will, was der Grund dafür ist, zucken alle mit den Schultern. «Ich habe nicht wirklich eine Antwort», sagt Megan etwas resigniert. Es gebe ein Gemisch an Zuständigkeiten, auf Bundes-, Staats- und Stammesebene. In jedem Fall ist es eine Regelung von Politikern, die, ohne es offen zuzugeben, den Native Americans wohl nicht vertrauen.

Nach ein paar Stunden hat der Tierarzt alle Blutproben zusammen. Die Bisons können noch einmal auf die Weide, bevor sie drei Tage später in Viehtransporter verladen werden müssen. Das Warten beginnt. Und auch wenn es niemand recht zugeben mag, wirklich erleichtert werden alle erst sein, wenn aus dem Labor grünes Licht für den Transport der Bisons kommt. Die Tiere werden in sogenannten Familiengruppen weitergegeben, das sind größere Gruppen, bestehend aus Bullen, Kühen, Jährlingen und Kälbern, die trotz der Bezeichnung als Familie nicht unbedingt alle voneinander abstammen. Eine Gruppe wird zum Reservat der Yakama Nation im Bundesstaat Washington gebracht, eine andere zur Modoc Nation nach Oklahoma. Beide Stämme hatten seit der Vernichtung der großen Herden keine eigenen Bisons mehr.

Wie wichtig die Bisons für die verschiedenen indigenen Völker sind, lernen wir am nächsten Tag in der Schule. Winona Runs Above von der Abteilung für Sprache und Kultur im Reservat unterrichtet regelmäßig an der Wolf Point School. Dafür wählt sie traditionelle Kleidung: ihre Mokassins, perlenbestickte Kunstwerke, die noch von ihrer Großmutter stammen, und einen sogenannten Ribbon-Rock, ein traditioneller weiter Rock, der über die Knie reicht und mit bunten Bändern benäht ist. Dazu trägt Winona Ohrringe und bindet ihr Haar auf traditionelle Weise zusammen – sie will den Kindern alles nahebringen, was die Kultur ihres Stammes ausmacht.

An diesem Tag geht es um Bisons. «Erinnert ihr euch, wie wir Büffel in unserer Sprache nennen?», fragt Winona Runs Above die Kinder. «Wenn ihr vom Stamm der Dakota seid, dann heißen Büffel ‹Tatanka›. Wenn ihr Lakota seid, dann ‹Tatonka›.» In der Sporthalle sitzen die Schüler auf dem Boden. Winona hat ein Fell auf einem Tisch ausgebreitet. Darauf steht die sogenannte Büffelkiste, die aus Büffelhaut gemacht ist. In ihr finden sich Trinkgefäße aus Hufen, Türglocken aus Klauen, Brennstoff aus getrocknetem Kot. Mal staunen die Kinder, mal kichern sie. Winona will, dass sie das Tier respektieren. Sie sagt ihnen, dass der Büffel wie ein Verwandter sei, den man ehre. «Ich will, dass sie wissen, wie es ist, wenn unser Verwandter auf den Jäger zukommt. Das ist doch Teil unseres Lebens. Es ist wichtig, dass wir zumindest wissen, woher wir stammen. Für unser Volk war das Leben sehr hart. Wenn meine Vorfahren nicht ihre Gebete, ihre Sprache und Kultur gehabt hätten, wäre ich wohl heute kaum hier.» Winona ist – wie die junge Navajo Tyneesha oder Innenministerin Deb Haaland – überzeugt, dass das Wissen um die eigene Identität das beste Mittel gegen die Probleme ist, die so viele im Reservat in eine Abwärtsspirale treiben: Drogen- und Alkoholsucht, Perspektivlosigkeit, fehlende Väter, alleinerziehende Mütter, die neben ihren Jobs keine Zeit für die Kinder haben, eine hohe Selbstmordrate. «Wenn wir einen Bezug zu unserer Kultur haben, dann können wir unser Leben meistern.»

Die Verbrechen aus der Vergangenheit wirken nach, in Winonas Stamm genauso wie bei den Navajo, die wir besucht haben, und anderen indigenen Nationen in vielen Teilen der USA. «Von Anfang an wurden wir hier in Nordamerika mit dem falschen Etikett versehen. Sie bezeichneten uns als ‹Indianer›, nur weil sie eigentlich ein anderes Land erobern wollten. Als unser Reservat gegründet wurde, waren die Bisons tot, und wir hatten nichts mehr zu essen.» Viele Kinder aus den Reservaten kennen die eigene Kultur nicht, nicht zuletzt weil die Eltern sie ihnen nicht nahebringen, sondern mit dem eigenen Überleben überfordert sind.

Da setzt Winonas Abteilung im Reservat an. Künftig soll es auch Sprachkurse in den Schulen geben.

Zum Ende ihrer Stunde übt Winona mit den Kindern immer traditionelle Tänze der Lakota und der Dakota. Ein Tanz ist dem Bison gewidmet. Leicht setzt sie ihre Füße auf. «Ihr sollt nicht trampeln. Die Tiere tun das auch nicht.» Geschmeidig bewegt sie sich quer durch die Turnhalle. Die meisten Kinder tun sich schwer, genieren sich. Sie sind nicht anders als Kinder sonst in den USA. Das Smartphone ist wichtiger als alles andere, die Kapuzenjacken, die angesagten Turnschuhe. Nur auf die Frage, ob sie schon mal draußen bei den Bisons, mit auf der Jagd waren, gehen relativ viele Arme nach oben. Winona, die Ende dreißig ist, kann sich noch gut an die Zeit erinnern, als kaum ein Kind diese Erfahrung machte. Doch seit wieder Bisons im Reservat leben, hat sich das verändert. Ohne Robert Magnan wäre das wohl nicht möglich gewesen. Und ohne die Spenden aus dem ganzen Land, eingeworben vor allem von Defenders of Wildlife und anderen Nichtregierungsorganisationen.

2012 wurden die ersten Bisons aus dem Yellowstone-Nationalpark im Fort-Peck-Reservat freigelassen. Das war der Beginn der sogenannten Kulturherde – einer Herde, die nur für die Indigenen da ist und mit der kein Geld verdient wird. Die heute fast vierhundert Tiere haben ein großes Gelände für sich, sechs Meilen in die eine, sechs in die andere Richtung. Es ist fast so, als ob sie wieder frei über die Prärie ziehen könnten. Robbie nimmt uns mit, um die Tiere zu beobachten. Er findet sie immer, egal in welchem Tal sie sich gerade zusammengezogen haben. Wir sehen große Gruppen, alle grasen mit gesenktem Kopf und ziehen gemächlich weiter, der Leitkuh folgend, die die Richtung vorgibt. Seit die Büffel auf dem Grasland leben, sind hier wieder viel mehr Pflanzen heimisch geworden – ein wichtiger Aspekt, wenn es um den Erhalt der Artenvielfalt geht. Denn die braunen Riesen transportieren Samen: Im Rahmen einer Studie wurden in Bisonhaar mehr als zweitausendsiebenhundert Samen von mindestens sechsundsiebzig verschiedenen Pflanzen gefunden. Deshalb gab es früher, als die Bisons noch frei übers Land ziehen konnten, eine vielfältigere und fruchtbarere Prärie.

Neben der Kulturherde gibt es in Fort Peck schon seit 1999 eine kommerzielle Herde, mit der das Reservat Geld verdient, um sich den Ausbau der Kulturherde leisten zu können. Die zwei Herden leben völlig voneinander getrennt, aber beide haben ausreichend Platz. Der einzige, für die Indigenen aber wichtige Unterschied: Die kommerzielle Herde ist nicht genetisch ursprünglich, stammt also nicht von den Yellowstone-Bisons ab, sondern hat das ein oder andere Kuhgen. Die Tiere sind etwas kleiner und haben dunkleres Fell als die ursprünglichen Büffel. Die werden mächtiger und haben einen hellen Fleck auf dem Rücken. Nur Tiere der kommerziellen Herde dürfen von Menschen, die nicht den Sioux und den Assiniboine angehören, gejagt werden. Für den «Non-Member Outdoorman», wie es auf der Internetseite des Reservats heißt, also für Jäger und Menschen, die gerne draußen sind, biete sich hier «eine einzigartige kulturelle Erfahrung». Um eine Jagderlaubnis zu bekommen, muss man allerdings an einer Lotterie teilnehmen, da die Nachfrage das Angebot bei Weitem übersteigt – je nach Alter des Tiers kostet die Jagd ein paar Tausend Dollar. Will man eine Trophäe ergattern, einen großen Bullen schießen, dann geht das nur über eine Auktion. Das Einstiegsgebot liegt bei fünftausend Dollar. Die Jagd finde in einem mehr als fünfzig Quadratkilometer großen Gebiet statt und gehe durch schwieriges Gelände. Das sei eine «faire Verfolgungsjagd». Man müsse bereit sein, sich auf die Lauer zu legen, da es sich nicht um eingepferchte Büffel handle: Versprechen und Warnung zugleich. Diese Jagdausflüge gehören zu Robbie Magnans Aufgaben. Als wir ihn das erste Mal trafen, kam er gerade von einer dieser finanziell lukrativen Jagden zurück, nicht für ihn persönlich, aber für das Reservat.

Das Ganze ist streng organisiert. Auch die Stammesmitglieder müssen sich über eine Lotterie bewerben, um ein Tier der ihnen vorbehaltenen Kulturherde jagen zu dürfen. Das kostet eine Gebühr. Jonny BearCub Stiffarm, eine Stammesälteste der Assiniboine- und Sioux-Stämme, die das System mit entwickelt hat, war wichtig, dass es keine Günstlingswirtschaft gibt. Sie weiß, dass geschlossene Gesellschaften wie Reservate dafür anfällig sein können. Die Frau, die früher in der freien Wirtschaft gearbeitet hat, brachte ihre Managementerfahrung mit zurück, vor ihr haben alle Respekt. Sie glaubt, dass die Rückkehr der Büffel ihrem Volk Hoffnung gibt, es inspiriert. «Es gibt eine Prophezeiung, die besagt, dass, wenn die Büffel zurückkommen, unser Volk gesund wird und wieder an Bedeutung gewinnt. Die indigene Bevölkerung der USA ist in den letzten zwanzig, dreißig Jahren sehr gewachsen. Viele sind jung. Sie werden unsere Kultur und Religion wiederbeleben.» Jonny BearCub Stiffarm weiß aber, dass es mehr braucht als Spiritualität. Die Jungen müssen die Chance auf Bildung ergreifen. Das Reservat brauche Biologen, Tierärzte, Spezialisten für wilde Tiere und mehr Land, um die Büffelherden besser halten und vergrößern zu können. Dafür müssen sie aber auch die indigenen Farmer überzeugen, die wie die weißen Viehzüchter die Büffel als Gefahr sehen.

Als wir mit Robbie über das weite Land schauen, ganz in der Nähe der kanadischen Grenze, gesteht er: «Ich bin ein Träumer.» Er wünscht sich, dass die Büffel eines Tages wieder ganz frei von Norden nach Süden ziehen. Er weiß, dass dies in einem Land, das von Highways und anderen Hindernissen durchzogen ist, nicht mehr möglich sein wird. Aber würde er nicht seinen Träumen folgen, wäre es auch nie zu all dem gekommen, was inzwischen erreicht ist. Ihn ärgert, dass die Lobby der Viehfarmer solch eine Macht hat. «Sie fürchten tatsächlich, dass die Büffel die Weiden einnehmen. Dabei stimmt das gar nicht. Das, was Büffel in einem Jahr fressen, verbraucht kommerzielles Vieh an einem Tag. Wir sind doch keine Konkurrenz für sie. Dieses Land ist groß genug für uns alle, aber das sehen sie nicht. Man kann sie noch so sehr aufklären. Wenn sie nicht zuhören wollen, dann tun sie das auch nicht. Man kann ihnen das ja nicht in die Köpfe reinbohren.»

Chris Geremia, der Biologe aus dem Yellowstone-Nationalpark, der eigens für den Transport der Bisons nach Fort Peck gekommen ist, wirbt für Verständnis, ganz diplomatisch. Die Leute hätten Angst, dass ihr Besitz in Gefahr sei, wenn die Bisons den Park verlassen würden. Ein Tier wiege vier- bis achthundert Kilo, und da die Bisons sich meist in einer großen Herde bewegten, beunruhige das viele Menschen. «Deshalb müssen wir kreativ sein und Lösungen finden, wie wir beiden Seiten entgegenkommen können, den Indigenen und der restlichen Bevölkerung. Wenn wir das Vertrauen verlieren, dass wir die Sorgen ernst nehmen, dann wird unser Ziel, die Bisons zu den Indigenen zurückzubringen, noch schwieriger.» Im Yellowstone-Nationalpark dürfen nur maximal dreitausend Tiere gleichzeitig leben. Werden es zu viele, gibt es nur zwei Möglichkeiten: sie zu schlachten oder sie in ein Quarantäneprogramm aufzunehmen. Das Fleisch der getöteten Tiere geht inzwischen direkt an Indigene. Das war beispielsweise ein wichtiger Schritt, um das Verhältnis zu den Stämmen zu verbessern.

Geremia erzählt, dass all die Menschen, die den Nationalpark besuchen, wieder ein Gespür dafür bekommen könnten, wie das Leben vor Hunderten von Jahren war. Das sei viel besser, als sich einen Western anzuschauen. Es gebe ihnen ein Gefühl für die Wildnis. «Ich sehe es in ihren Augen. Das ist sehr schwer in Worte zu fassen, aber die meisten, die im Park waren, sind sich sicher, eines dieser letzten großen Dinge erlebt zu haben, die wir unbedingt erhalten müssen.» Darin sind sie sich einig, der westlich ausgebildete und geprägte Biologe Geremia und der in seiner Kultur verwurzelte Indigene Magnan. «Viele Menschen glauben, dass die Büffel uns verlassen haben», sagt Robbie, er meint die Zeit, nachdem sie fast ausgerottet waren, «aber sie waren immer hier. Wir mussten unsere Verbindung zu den Tieren wiederherstellen, um mit ihnen eins zu werden. Seitdem die Büffel zurück sind, findet unser Stamm auch zu seiner Kultur und seinen Traditionen zurück.»

Robbie erzählt uns eine Geschichte, die ihn noch immer tief bewegt. Vor einiger Zeit gab es auf dem Land, wo die Bisons weiden, eine Bärenplage. Robbies Team stellte Kamerafallen auf, um herauszufinden, wo die Bären sich aufhielten. In der Zeit zeichnete eine Kamera auf, wie sich ein alter Büffel zum Sterben hinlegte. Die jüngeren Tiere scharten sich um den toten Bullen, um ihn vor den Bären zu schützen. «Sie trauerten», beschreibt Robbie, was er auf den Bildern gesehen hat.

Während der Pandemie hatte die Herde jedoch auch einen ganz praktischen Nutzen. Im Reservat fehlte vielen das Geld, um sich Essen zu kaufen. Da beschloss der Vorsitzende der «Fort Peck Tribes», Tiere zu schlachten und das Fleisch zu verteilen. Das hat manche über die erste harte Zeit gerettet. «Ein ausgewachsener Büffel bringt gut dreihundertfünfzig Kilo Fleisch», erklärt Robbie. Erst da sei ihnen so richtig bewusst geworden, wie wichtig es ist, selbst schlachten zu können. Bisher dürfen indigene Familien zwar für den Eigengebrauch ein Tier schlachten, nicht aber für den Verkauf. Das wollen sie nun ändern. Die Pandemie habe sie aufgerüttelt, «das war ein Weckruf», sagt Robbie. Und der Direktor der Abteilung für Jagd und Fischerei, der so ungern hinter seinem Schreibtisch in der Reservatsverwaltung sitzt, weiß auch schon, wie man es angehen könnte. Es gebe mobile Schlachtereien. Man müsse dann nur noch ein Fundament bauen. Das sei zwar nicht günstig, aber das Geld, das wegen der Pandemie von der Regierung aus Washington komme, sei genau hierfür hilfreich. Das Geld sei zweckgebunden und dürfe nur für drei Dinge ausgegeben werden: für Investitionen in Tourismus, Infrastruktur und Ernährungssicherheit. Und eine eigene Schlachterei würde die Ernährung der Bewohner des Reservats garantieren. Außerdem würde das neue Jobs schaffen, und wenn man dann noch eigene Supermärkte öffnen und andere Geschäfte mit Bisonfleisch versorgen könnte ... – Robbies Träume und seine Energie kennen keine Grenzen.

Als er davon in einer Sitzung des Finanzausschusses erzählt – wir sind zufällig hineingeraten, als er uns das Gebäude der Reservatsregierung zeigt –, pflichtet ihm eine Abgeordnete sofort bei. Sie sei kürzlich in der Hauptstadt gewesen und habe abends in einem Restaurant gegessen. Auf der Speisekarte sei ein kleines Stück Bisonsteak für vierzig Dollar angeboten worden, ohne Beilagen. Dieses Fleisch sei nicht nur sehr gut, es sei auch teuer. Aber die Menschen würden dafür bezahlen. Wenngleich Robbie den Reiz der finanziellen Möglichkeiten und damit die Chance auf mehr Unabhängigkeit seines Stammes sieht, warnt er zugleich davor, die Rückkehr der Bisons nur unter wirtschaftlichen Gesichtspunkten zu betrachten. «Das Geld wird in dem Moment weg sein, in dem ich es ausgegeben habe. Aber die Erinnerung an die Tiere und die Einsicht in ihre Bedeutung, die bleiben. Ich bin glücklich, dass unser Stamm das erkannt hat.» Und so ist die Verteilung der Bisons an andere indigene Stämme mit der Auflage verbunden, diese Tiere nicht zu verkaufen. Erst wenn sie Kälber bekommen, dürfen die neuen Besitzer sie auf dem Markt anbieten – angesichts des hohen Preises für genetisch ursprüngliche Bisons für manche eine Verlockung.

Nach drei Tagen kommt die erlösende Nachricht: Alle Bluttests sind negativ. Die Büffel können verladen werden. Wir treffen Robbie und die Biologin Megan Davenport abends vor dem Hotel. Beide atmen tief durch, auch wenn sie versichern, sie hätten mit dem Ergebnis gerechnet; die Viehtransporter waren bereits fest bestellt. Als Biologin versteht Megan die ganze Aufregung um das Freilassen der Büffel nicht. Es sei unwahrscheinlich, dass sich Kühe bei Bisons mit den gefürchteten Brucellose-Bakterien anstecken. «Sie müssten den abgegangenen Fötus einer infizierten Bisonkuh ablecken, und zwar innerhalb von zweiundsiebzig Stunden nach der Fehlgeburt. Dieses Risiko ist sehr gering, aber die Menschen sehen das nicht. Außerdem sagt jeder, dass ein Büffel mit Selbstachtung sich sowieso nie für herkömmliches Vieh interessieren würde. So eine Ansteckung ist also wirklich sehr unwahrscheinlich, draußen in der freien Natur.» Ihr Lachen hallt in den sternenklaren Himmel.

In dieser Nacht gibt es einen Temperatursturz. Als wir auf der Weide ankommen, herrschen minus fünfundzwanzig Grad. Die Sonne, die gerade aufgeht, wärmt nicht. «Bei dieser Kälte tanzen die Büffel auf der Prärie», freut sich Robbie. «Diese Tiere kommen mit eisigen Temperaturen genauso gut zurecht wie mit großer Hitze. Sie passen sich viel besser an als gewöhnliches Vieh.» Noch einmal müssen sie die braunen Riesen durch die engen Gänge treiben, bis in die Lastwagen. Sie brauchen viel Geduld; die Büffel scheinen zu ahnen, was auf sie zukommt, bleiben unvermittelt stehen, drehen um, und alles geht von vorne los. Als es Robbie wagt, ein Tier leicht anzuschubsen, holt es kurz mit einem Hinterbein in unvorhersehbarer Geschwindigkeit aus und erwischt den 1,90 Meter großen Mann fast am Kopf. Er kann sich gerade noch wegducken, ist zum Glück ähnlich schnell wie die Büffelkuh. Diese Szene macht uns allen noch einmal klar: Das sind wilde Tiere, auch wenn sie fast drei Jahre lang in Quarantäne gelebt haben.

Das Verladen dauert ein paar Stunden. Dann sind die Bisons auf dem Weg in die neue Heimat. Robbie zieht sich die Kappe vom Kopf, völlig verschwitzt. Die eisige Kälte hat er bei all der Anstrengung vergessen. «Jetzt noch die lange Reise. Aber da sollte alles gut gehen.» Er behält recht. Gut zwanzig Stunden später sind alle wohlbehalten in der neuen Heimat angekommen, in Washington State und in Oklahoma. Und der Mann, der mit sechsundsechzig eigentlich langsam an die Rente denken könnte, ist schon bei den nächsten Bisons, die im Januar aus dem Nationalpark nach Fort Peck kommen sollen. Es gebe schon wieder drei Stämme, die ihre eigene Herde gründen wollen. Nein, ans Aufhören will er noch nicht denken, aber ihm sei klar, dass er eines Tages einen Nachfolger finden müsse. Er weiß, dass bisher das ganze Programm mit ihm steht und fällt, egal wie viele Organisationen helfen. Es braucht einen Menschen vor Ort, der jeden Tag nach den Tieren in Quarantäne schaut.

Über Politik haben wir in all den Tagen, die wir im Reservat verbracht haben, kaum gesprochen. Zwischendurch erzählt Robbie, dass die Mehrheit in Fort Peck wohl eher demokratisch wähle, auch wegen ihrer Erfahrungen mit dem derzeitigen Gouverneur von Montana, einem Republikaner, der im Trump-Stil regiere. Dessen Interesse gelte nur der Agrarlobby. Dass die Regierung im fernen Washington jetzt bei vielen Reden die «Native Americans» erwähnt, sehen sie als positives Signal, aber allzu groß sind ihre Erwartungen nicht. Im Moment verlassen sie sich im Reservat lieber auf sich selbst – mit Erfolg. Fort Peck, das bis vor ein paar Jahren noch hoch verschuldet war, hat inzwischen Geld auf dem Konto. Zum Teil wegen des Geschäfts mit der kommerziellen Bisonherde, zum Teil aber auch wegen kleiner Ölquellen, die sich auf dem Gebiet des Reservats befinden, sogar dort, wo die Bisons grasen. Das Land ist lediglich verpachtet, um die Pumpen kümmert sich jemand anders. Robbie räumt ein, dass sie nicht gut für die Umwelt seien, das wisse man, aber das Geld sei eben auch wichtig. Ein Zwiespalt, mit dem man leben müsse. Noch.

Jonny BearCub Stiffarm, die Stammesälteste, sagt uns zum Abschied: «Unsere Verbindung zu Mutter Erde scheint verloren gegangen zu sein. Sie sagen, die amerikanischen Indigenen seien die großen Umweltschützer der Welt. Das waren wir einmal. Wir sind es heute nicht mehr, weil wir viel von unserer Verbindung zur Natur verloren haben. Aber das bedeutet nicht, dass wir sie nicht wiederfinden und erneut beleben können. Das ist die Bedeutung des Büffelprogramms. Es ist ein Katalysator für Veränderung, für das Lernen, für Hoffnung.» Und dazu gehöre auch, dass eine Indigene jetzt Innenministerin sei. Man solle von Deb Haaland keine Wunder erwarten, sie sei an so viele Vorschriften und Gesetze gebunden. «Das Beste, das wir tun können, ist, sie zu unterstützen. Wenn wir den Eindruck haben, dass sie etwas macht, das falsch ist, dann sollten wir es ihr erklären und ihr Gründe liefern, warum sie es anders machen sollte, aber wir müssen sie unterstützen. Sie hat einen wirklich harten Job.»

Doch nicht nur die erste Indigene in einem Ministeramt gibt der Stammesältesten aus Fort Peck Anlass zur Hoffnung: Ob in der Mode, der Kunstwelt, der Musik oder eben in der Politik – es gelinge inzwischen, diese Türen etwas aufzustemmen. «Irgendwo am Ende des Weges werden sie ganz offen sein, damit wir mit voller Kraft am Geschehen in der Welt teilhaben können.»

Verspieltes Vertrauen –
Sackgassen und Herausforderungen der Politik

Untergang einer Industrieregion

«Die Jobs kommen zurück. Zieht nicht weg,
verkauft eure Häuser nicht.»

Donald Trump, 2017

Es ist sehr früh am Morgen, als ich Tony Sarigianopoulos das erste
Mal treffe, noch nicht einmal fünf Uhr an einem eiskalten März-
tag in Ohio. Draußen liegt Schnee. Es war nicht einfach, jemanden
zu finden, der bereit war, sich am letzten Arbeitstag bei General
Motors filmen zu lassen. Tony aber will, dass seine Geschichte
und die vom Ende der großen Autofabrik in Lordstown bekannt
wird, auch wenn das für ihn an diesem 6. März 2019, dem Tag, an
dem die Bänder abgeschaltet werden, bedeutet, noch früher als
sonst aufstehen zu müssen.

Tonys Geschichte ist die eines Abschieds. Die Geschichte eines
Mannes, der innerhalb von zwei, drei Jahren zunehmend den
Glauben an diejenigen verlieren wird, die die politischen Geschi-
cke der USA – zumindest vermeintlich – in der Hand haben. Es ist
die Geschichte vom Verlust jahrzehntealter Gewissheiten. Vorbei
ist die Zeit, in der sich der amerikanische Traum mit einem Job
in einem Autokonzern verwirklichen ließ, als man in der Branche
sichere und gut bezahlte Arbeit fand, vor allem wenn man in der
Gewerkschaft war. Die United Auto Workers galten und gelten
als mächtiger Fürsprecher von Arbeitern, nicht nur aus der Automobilbranche, sondern auch aus der Luftfahrt und der landwirtschaftlichen Produktion.

Tony führt uns in eine saubere, geradezu penibel aufgeräumte
Küche. Der Kaffee ist bereits gekocht. Eine Duftkerze brennt. Für
den Vater von zwei Jungs ist das ein morgendliches Ritual, auf
das er auch vor seiner letzten Schicht nicht verzichten will. Alles

soll so sein wie immer. Jetzt nur nicht hängen lassen, sagt sich der geschiedene Achtundvierzigjährige. Im Moment sind die Kinder, wie immer, wenn er zur Frühschicht muss, bei ihrer Mutter.

Seit sechsundzwanzig Jahren arbeitet Tony bei General Motors in der Produktion. Die Fabrik in Lordstown ist mehr als nur ein Arbeitsplatz für ihn. Die GM-Mitarbeiter, fast alles Gewerkschafter, sind stolz auf ihre eingeschworene Gemeinschaft. Trotzdem gibt sich Tony geradezu abgeklärt, als ich ihn frage, wie er mit dem anstehenden Ende seines über so viele Jahre vertrauten Arbeitsalltags umgeht. Nur einen Moment lang bricht etwas auf, und er ringt kurz um Fassung. «Das ist ein harter Tag für mich. Meine Kollegen sind für mich nach so vielen Jahren wie eine Familie. So sehr, wie eine Familie nur Familie sein kann. Ich hoffe, die Kollegen auch mal wiederzusehen. Aber man weiß einfach nicht, wie es sein wird.»

1966 öffnete die Fabrik in Lordstown erstmals ihre Tore. In den folgenden fünfzig Jahren war sie der größte Arbeitgeber in der ganzen Region, Generationen von Familien verdienten dort oder bei einem der Zulieferbetriebe ihr Geld. Und so kämpften sie lange um den Erhalt der Produktion in den alten Hallen. Trotz der eisigen Kälte in diesem Winter standen sie Tag für Tag vor den Toren und demonstrierten, nachdem General Motors verkündet hatte, Lordstown dichtzumachen. Ohne Erfolg.

Es war ein Tod auf Raten. Die einst stolze Fabrik war in die Jahre gekommen, die zweite Schicht schon seit Längerem gestrichen, die Belegschaft deutlich reduziert. Die Begründung der Unternehmensleitung: der Cruze, ein für amerikanische Standards eher kleines Auto, das die Firma in Lordstown hauptsächlich herstellte, verkaufe sich nicht mehr so gut. Dabei war zu dem Zeitpunkt schon klar, dass das Modell im Ausland weiter gebaut werden würde – in Mexiko.

Als wir auf das riesige Fabrikgelände zufahren, springt uns ein überdimensioniertes Plakat ins Auge. Ein signalblauer Chevrolet Cruze ist darauf zu sehen, daneben steht: «Lordstown, die Heimat des Cruze.» Für diejenigen, die sich den Spruch ausgedacht haben, ist er nicht mehr als ein knackiger Werbeslogan; die Menschen in der Gegend jedoch identifizieren sich mit dem Automodell. Auch als die Bänder längst stillstehen, bleibt das Plakat noch einige Zeit hängen.

Gut dreitausend Menschen leben in Lordstown, mitten in dem Teil von Ohio, in dem einst Stahlwerke das Leben sicherten. Überall stehen noch Industrieruinen, die die Menschen wehmütig werden lassen. Viele sind stolz auf das, was einmal war. Schwerindustrie, Autofabriken, ein Autobahnkreuz, mehrere Eisenbahnlinien, die den Weitertransport garantierten – alles war jahrzehntelang auf diese Industriezweige ausgerichtet. Als die Stahlindustrie wegbrach, verließ man sich auf die Automobilindustrie, vertraute vor allem auf den einen, großen Arbeitgeber, mit dem man so lange gut gelebt hatte. Tony fragt sich, ob der Stolz auf die alten Zeiten die Menschen nicht unbeweglich mache. «Wir sitzen so sehr in der Vergangenheit fest. Wir benennen unsere Sportteams nach Begriffen aus der Stahlarbeiterbranche. Wir glauben noch immer an die Stahlwerke. Das war all die Jahre unser Schlüssel zu Ruhm und Erfolg.» Aber das ist lange her.

General Motors war schon seit geraumer Zeit einer der letzten verbliebenen großen Arbeitgeber in der Region. Als das Unternehmen wohl bereits an das Ende dachte, verzichtete die Belegschaft noch einmal auf viel Geld, um das Werk zu retten. Das nehmen die Angestellten General Motors bis heute sehr übel. Mit der Fabrikschließung 2019 verliert Lordstown drei Millionen Dollar Einnahmen aus der Einkommenssteuer der GM-Beschäftigten, ein Drittel der gesamten Einkünfte. Für die Menschen in der Gegend ist das eine Katastrophe, für den Konzern dagegen nur die nächste Etappe eines Umstrukturierungsprozesses. Mit Beginn der Finanzkrise 2007 war deutlich geworden, dass amerikanische Autokonzerne in ihrer damaligen Verfassung nicht mehr auf dem Markt würden bestehen können. General Motors und Chrysler baten um staatliche Unterstützung und bekamen sie, zuerst von

Präsident George W. Bush, kurz vor der Wahl 2008, dann von der neuen Regierung unter Barack Obama. Die Politik zwang die Unternehmen zur Neuorganisation. Beteiligt an dem Rettungspaket war Joe Biden, damals noch als Vizepräsident. Auch die Gewerkschaften trugen dazu bei, die Unternehmen zu erhalten, unter anderem, indem sie auf bis dahin übliche automatische Lohnerhöhungen verzichteten. Die ersten Werke wurden geschlossen. Die Autokonzerne schrumpften sich wettbewerbsfähig, entließen teure Arbeiter, stellten einen Teil an anderen Standorten wieder ein, zu niedrigeren Löhnen. Lordstown schien erst einmal davon zu profitieren. Ab 2010 wurde dort der Cruze gebaut. GM-Kollegen von anderen Standorten wechselten nach Ohio. Hatte man sich zu sicher gefühlt, keine Notwendigkeit zur Veränderung mehr gesehen?

Neun Jahre später ist alles vorbei. Wie zuvor die Belegschaft zum Beispiel in Janesville, Wisconsin, in Detroit, Michigan, oder in vielen anderen langjährigen GM-Standorten im ganzen Land fühlen sich nun die Beschäftigten in Lordstown betrogen, zuallererst von dem Unternehmen, für dessen Erhalt sie in der Wirtschaftskrise sogar auf Lohn verzichtet hatten. Doch auch von Präsident Trump fühlen sie sich getäuscht. 2016 hatten viele Angestellte mehrheitlich für den einstigen Geschäftsmann gestimmt. Als er im Juli 2017 in ihre Region kommt – als Präsident organisierte er ja weiter Rallys wie im Wahlkampf –, haben sie den Eindruck, er kümmere sich wirklich um ihre Sorgen. Viele glauben ihm, als er ganz in der Nähe, in Youngstown, verspricht: «Die Jobs kommen zurück. Zieht nicht weg, verkauft eure Häuser nicht.» Sie verlassen sich auf ihn und bleiben. Sie hatten ihn schließlich gewählt, weil er ihnen versprochen hatte, ihre Jobs zu retten. Auch manche von Tonys Kollegen. Die Zeit, in der es hieß, Gewerkschafter würden automatisch die Demokraten wählen, schien vorbei. Tony selbst jedoch hat keine Schwäche für den millionenschweren Immobilienmogul aus New York. Er mag ihn nicht, und er vertraut ihm nicht.

Nur ein Jahr nach Trumps großen Versprechen stürzt alles wie ein Kartenhaus in sich zusammen. Auch einem Donald Trump im Weißen Haus gelingt es nicht, die Leitung von General Motors davon zu überzeugen, einen überalterten Standort zu halten, in den viel Geld investiert werden müsste. Nachdem schon in den Jahren zuvor mehrere Tausend Jobs verloren gingen, verschwinden jetzt noch die verbliebenen tausendfünfhundert Arbeitsplätze. Die Häuser der GM-Angestellten haben mit der Schließung des Werks keinen Wert mehr. Verkaufen und wegziehen, dorthin, wo es Arbeit gibt, kommt nicht mehr infrage, wenn man nicht noch mehr verlieren will. Was also tun? Die Gewerkschaftsmitglieder erhalten sechs Monate lang Überbrückungsgeld. Dann müssen sie sich entscheiden, ob sie das Angebot von General Motors annehmen wollen, an einem anderen Standort weit weg von ihrer Heimat zu arbeiten, in Texas, Kentucky, Missouri, oder ob sie in die Arbeitslosigkeit gehen. GM-Jobs sind recht gut bezahlt, bieten eine gute Pension, das gibt man nicht ohne Weiteres auf.

Tony weiß an seinem letzten Tag noch nicht, was er tun wird. Er will erst einmal seine Schicht so würdevoll wie möglich zu Ende bringen. In die Fabrik dürfen wir ihn nicht begleiten, General Motors will keine Medienpräsenz. Daher schickt Tony uns ein Foto von sich vor dem letzten Fahrzeug, das vom Band läuft. Er und seine Kollegen nehmen ihre Aufgabe an diesem 6. März 2019 genauso ernst wie an allen anderen Tagen. Sie sind stolz auf ihr Können und verstehen nicht, warum GM den Standort nicht umrüsten will. «Wir sagen doch nicht, dass der Cruze die Zukunft von Lordstown ist», erklärt Tony, «aber wir können alles bauen. Wenn diese Industrie eine andere Richtung einschlägt, dann gebt uns die Chance, dabei zu sein.»

Tony träumte zwischenzeitlich von einer neuen Karriere. Seit ein paar Jahren arbeitet er nebenbei als Fitnesstrainer, organisiert Sportcamps für Kinder und Jugendliche, hat seine eigene kleine Firma. Er büffelt für einen Aufnahmetest an einem College, will seinen Master machen. Er bekommt einen Platz, doch die Realität holt ihn schnell ein. Er muss Geld verdienen, für die beiden Söhne. Ernüchtert entscheidet er sich nach sechs Monaten dafür, bei General Motors zu bleiben. Mit viel Glück findet er eine Stelle in Lansing, der Hauptstadt von Michigan. Das bedeutet, er kann pendeln, zwar nicht jeden Tag, aber am Wochenende. 267 Meilen trennen ihn von den Kindern, von seinem Haus.

Als ich im November 2021 wieder mit Tony spreche, ist er bereits fünfundfünfzigmal von Lansing nach Lordstown gefahren, seit er am 2. September 2019 dort in der GM-Fabrik begonnen hat. Vier Stunden braucht er für die Strecke, wenn es gut läuft. Im Vergleich zu früheren Kollegen, die in Texas gelandet sind und für einen Weg sechzehn Stunden lang im Auto sitzen, hat Tony es gut erwischt. Manchmal trifft er sich mit seiner Ex-Frau auf halber Strecke, um die Jungs, neun und zwölf Jahre alt, nach Lansing zu holen, denn er will, dass sie auch sein neues Zuhause kennen. Aber vor allem musste er feststellen, wie schwer es ist, die Verbindung zu seinen Kindern nur über Zoom zu pflegen. Wenn es ihnen zu viel wird, stehen sie mitten im Videogespräch einfach auf. Es ist leichter, wenn sie bei ihm sind, und inzwischen haben sie ihn bereits zwölfmal besucht. In Lansing lebt er in einer WG mit zwei Arbeitskollegen, Mister Dave und Coach Dennis. Einer der beiden kann sich immer um die Kinder kümmern, wenn Tony noch auf Schicht ist.

Durch die Trennung von seiner Frau war es nie eine Option, mit der Familie an den neuen Arbeitsort zu ziehen. Aber auch viele seiner früheren Kollegen entscheiden sich dagegen, ihren Lebensmittelpunkt nach dem Arbeitsort auszurichten. Zu viel ist im Umbruch, als dass sie noch schlafwandlerisch auf die Sicherheit der Automobilbranche vertrauen würden. Sie versuchen durchzuhalten, bis sie genügend Arbeitsjahre haben, damit ihr Pensionsanspruch nicht mehr verfallen kann. Eine enorme Belastung für die ganze Familie. Ironischerweise haben in den letzten Jahren immer wieder Arbeitsunterbrechungen geholfen, die extrem anstrengende und zeitraubende Pendelei auszuhalten. Zuerst gab es einen sechswöchigen Streik. Dann musste Tony wegen der Coronapandemie drei Monate lang zu Hause bleiben. Im Sommer 2021 ereilte ihn eine weitere elfwöchige Zwangspause, weil es Lieferengpässe bei bestimmten Chips gab, ohne die ein neuer Autotyp nicht produziert werden konnte.

Während Tony versucht, sich mit seinem Leben zwischen Fabrik und Highway, zwischen Wohngemeinschaft und eigenem Haus in der Heimat zu arrangieren, ist auch drei Jahre nach der Ankündigung, das Werk aufzugeben, nicht juristisch geklärt, ob General Motors die Fabrik in Lordstown hätte schließen dürfen – das Unternehmen hatte schließlich große Summen vom Staat erhalten, um das Werk genau an der Stelle aufrechtzuerhalten. Genauso ungeklärt ist, ob es den einstigen Beschäftigten eine Entschädigung bezahlen muss. Im Oktober platzte ein Verhandlungstermin. Der nächste wird auf Frühjahr 2022 verschoben, also drei Jahre, nachdem der letzte Cruze vom Band fuhr. «Es wäre ein netter Bonus, wenn wir noch was bekommen würden, aber ganz ehrlich, die Wahrscheinlichkeit, dass das passiert, liegt wohl bei keinen fünfzig Prozent.» Und in der Tat geschieht erst einmal nichts.

Tony versucht, dem Ganzen nicht zu viel Aufmerksamkeit zu schenken. Er hat nicht nur das Vertrauen in die Politik, sondern auch in die Gewerkschaften verloren. Unter anderem, weil einige der Gewerkschaftsbosse, die er persönlich kannte, in den letzten Jahren wegen Korruption ins Gefängnis gewandert sind. Das sei ein Grund dafür, warum Gewerkschaftsmitglieder nicht mehr automatisch demokratisch wählten. Wenn man sich nicht mehr auf die Integrität der Gewerkschafter verlassen könne, warum sollte man dann ihrer Wahlempfehlung folgen? Früher hätten 80 Prozent aller Gewerkschaftsmitglieder aus seinem Umfeld ohne groß darüber nachzudenken demokratisch gewählt. Heute sei es noch maximal die Hälfte. Eine offizielle Umfrage ist das nicht, nur Tonys Erfahrungswert.

Die Zahl der Gewerkschaftsmitglieder ist in den letzten Jahren ständig gesunken. 2018 sind gerade noch zehn Prozent aller Beschäftigten gewerkschaftlich organisiert. In vielen Bereichen gibt es schon keine Gewerkschaften mehr, und Mitarbeiter, die darüber abstimmen dürfen, ob sie eine gewerkschaftliche Vertretung wollen, entscheiden sich immer wieder dagegen. In den USA der Gegenwart gelten Gewerkschaften als Hindernis für die Wettbewerbsfähigkeit. Joe Biden versprach im Wahlkampf gut bezahlte Jobs, so wie sie von den Gewerkschaften gefordert werden, ein Versprechen, das er, seit er Präsident ist, regelmäßig wiederholt, als Alternative zu Arbeitsverträgen, von deren Gehalt eine Familie nicht leben kann. Biden ist überzeugt, dass Gewerkschaften eine wichtige Vertretung für Arbeiterinnen und Arbeiter sind, als Gegengewicht zu den Interessen der Arbeitgeber, damit nicht immer noch mehr Menschen an niedrigen Löhnen verzweifeln. Sie brauchen mehrere Jobs, um die Rechnungen des alltäglichen Lebens bezahlen zu können. Das ist in den USA für viele am unteren Einkommensspektrum bittere Realität. Anfang 2022 haben sich manche das Recht erkämpft, sich gewerkschaftlich zu organisieren, bei Starbucks in verschiedenen Bundesstaaten oder bei einer ersten Amazon-Niederlassung in New York. Aber deshalb von einer Trendwende zu sprechen, ist wohl noch zu früh.

Alles Gründe, warum Tony Sarigianopoulos es immer wichtig war, Mitglied in der Gewerkschaft zu sein. Aber wenn die führenden Köpfe der Arbeitervertretung nicht mehr vertrauenswürdig sind, wenn Politiker zwar viel versprechen, aber wenig umsetzen und sich stattdessen in Grabenkämpfen verlieren? Tony sagt heute, er habe Washington so satt. «Es ist entmutigend mitanzusehen, wie Republikaner und Demokraten einander bekämpfen. Unser Land ist so verletzlich.»

Der Facharbeiter vermisst Verantwortungsbewusstsein auf beiden Seiten. Doch vor allem ist er von Präsident Biden enttäuscht. Er hat ihn gewählt, weil er nicht für Trump stimmen wollte und konnte, aber wirklich überzeugt war er nicht vom

Kandidaten der Demokraten. Biden erschien ihm damals schon viel zu alt und der Aufgabe nicht wirklich gewachsen. Nach einem Jahr fühlt er sich bestätigt. «Manchmal wirkt es auf mich, als ob nicht er das Land regieren würde.» Bidens Reformprojekte seien wohl eher Luftschlösser. Er meint damit sein Eintreten für soziale Gerechtigkeit sowie Unterstützung für Familien wie mehr Eltern-zeit, bessere Kindergartenbetreuung, weniger Studiengebühren und vieles mehr. «Das macht mich nervös. Wer soll das alles bezahlen? Ich kann mir nicht vorstellen, dass die Unternehmen das mitfinanzieren werden, wie sie uns glauben machen wollen.» Am Telefon versichert Tony mir immer wieder, er versuche, nicht auf die sozialen Medien zu hören. Er will nicht, dass ich denke, er würde Verschwörungstheorien anhängen. «Ich stimme einfach nicht mehr mit meiner Regierung überein. Ich bin unzufrieden mit meiner Partei. Wenn Trump doch nur seinen Mund gehalten hätte. Wenn er vielleicht etwas redegewandter gewesen wäre ...»

Das habe ich immer wieder gehört. So viele vertrauten Trump, wenn es um Wirtschaftspolitik ging. Ein so erfolgreicher Ge-schäftsmann müsse doch wissen, was zu tun sei, schienen sie sich zu sagen. Dass er möglicherweise gar nicht so erfolgreich war, wie er vorgab – das vermutete kaum jemand. Zugleich waren sie von seinem Verhalten abgestoßen. Dass es auch Tony ein Jahr nach dem Ende von Trumps Präsidentschaft so geht, überrascht mich allerdings. Als wir uns kennenlernten, war er kein Trump-Anhän-ger. Er ist es auch jetzt noch nicht, aber er ist milder geworden in der Beurteilung des Mannes, von dem er und seine Kollegen sich bei General Motors 2019 alle verraten und verlassen fühlten. «Nein, Trumps Wiederwahl hätte uns nicht geholfen», räumt Tony schnell ein, doch er fragt sich, wie das Land mit einem Präsi-denten Biden enden konnte. «Die Leute machen Witze über seine Missgeschicke. Mir macht seine Gesundheit Sorgen. Er erinnert mich an meine Großmutter, als sie anfing, dement zu werden.»

Bedenken hinsichtlich Bidens gesundheitlicher Stabilität wer-den in rechtskonservativen Medien offen diskutiert – so wie früher die Zurechnungsfähigkeit von Trump in den eher links ausgerichteten Medien Thema war – und setzen sich in den Köpfen fest. Ich frage Tony, wie er sich denn informiere. «Das größte Problem in den USA ist doch, dass Fox News gegen die Biden-Regierung eingenommen ist, und CNN für sie.» Beiden Sendern könne man nicht vertrauen. Er beziehe alle Nachrichten über einen You-Tube-Kanal mit dem Titel «Clear Value Tax». Den habe ein Wirtschaftsprüfer namens Brian Kim aus dem Großraum Chicago ins Leben gerufen. Kim sei nicht parteiisch, sondern vermittle Nachrichten, indem er beide Seiten zu Wort kommen lasse.

Brian Kim produziert seit 2018 kurze Videos. Fast 1,4 Millionen Abonnenten folgen seinem Versprechen, «unparteiische Nachrichten und Informationen zu vermitteln, sodass sich jede und jeder eine eigene Meinung bilden kann». Jeder Beitrag ist acht bis zwölf Minuten lang. Kim steht in Hemd und Krawatte vor einer weißen Wand, in der Hand ein Papier, auf das er immer wieder einen kurzen Blick wirft. Er verliest dann seine Auswahl an Nachrichten, auf eine Art Überblick reduziert, unaufwendig produziert. Der Schwerpunkt liegt auf Wirtschaftsmeldungen und Tipps – wie man beim Autofahren weniger Benzin verbraucht oder legal Steuern sparen kann. Alles möglichst nüchtern vorgetragen. Regelmäßig macht Kim Umfragen: Vermisst ihr Trump? Wie findet ihr Bidens Politik? Unterstützt ihr den Importstopp von russischem Öl? Zehntausende Abonnenten nehmen teil, je nach Frage mal mehr, mal weniger. Den Umfragen nach zu urteilen, vermissen mehr als fünfzig Prozent der Leute, die Kims Videos schauen, Trump. Und nur zehn Prozent sind der Meinung, dass Biden einen guten Job macht. Unter jedem Post finden sich Tausende Kommentare. Eines haben sie gemeinsam: die Begeisterung über das, was Brian Kim anbietet. Ein Fan schreibt: «Danke, dass Sie jemand sind, zu dem ich aufschauen und dem ich vertrauen kann.» Ein anderer meint, Kim sollte Präsident werden.

Die Sehnsucht nach einer Alternative zu herkömmlichen Politikern – sie ist groß in der Weite des Landes. Das Image von Washington als ein Sumpf korrupter Politik existiert nicht erst seit Trump, und es ist auch nicht beschränkt auf seine Anhänger. Jedoch hat der frühere Präsident das Bild fest in der Wahrnehmung der Menschen verankert. Und es ist mit seiner Abwahl nicht verschwunden.

Auch Tony vertraut Brian Kim und seinen YouTube-Videos. Er nehme die Wirtschaftspolitik der Regierung unter die Lupe, mit dem Wissen und der Erfahrung seines Berufs. Sprich, er wisse, wovon er rede – im Gegensatz zu den Politikern in Washington. Das ist zumindest die Botschaft, die bei mir ankommt, als ich mit Tony rede.

Die größte Sorge bereitet Tony die sich gegen Ende des Jahres 2021 immer weiter verschärfende Inflation. Er erzählt mir, wie geschockt er war, als er im Oktober – nach einer der Zwangspausen von der Arbeit – im Kiosk auf dem Fabrikgelände wieder mal einen Kaffee kaufen wollte. 1 Dollar 89 Cent musste er bezahlen, doppelt so viel wie noch im Februar. Die Frau an der Kasse zuckt nur mit den Schultern. «Was glauben Sie denn? Alles ist unglaublich viel teurer geworden.» Wie also soll das funktionieren, mit Bidens großen Reformprojekten?

Tony, in dessen Familie man immer demokratisch wählte, der ohne zu zögern zweimal für Obama stimmte, zweifelt heute, ob die Partei der Demokraten wirklich noch seine ist. Dass er Politikern nicht mehr vertraue, habe mit Trump angefangen. Er wolle Anhängern von Verschwörungstheorien nicht das Wort reden, aber er frage sich doch, ob irgendjemand ein Interesse daran habe, die Bevölkerung zu spalten. All die aktuellen gesellschaftlichen Themen – Polizei, Rassismus, der Umgang mit Corona, Impfen und Masken –, er verstehe nicht, wie sich alles so zuspitzen konnte, wie zum Beispiel Polizisten, die früher als Helden angesehen wurden, heute zu Bösewichten erklärt werden. Daran hätten doch die einfachen Leute kein Interesse.

In vielen amerikanischen Familien werden inzwischen politische Themen gemieden, stärker als je zuvor. Auch in Tonys Familie sind sie sich nicht mehr einig, aber sie reden noch miteinander. Viele andere haben sich komplett zerstritten.

Will wirklich jemand einen Keil zwischen die Amerikanerinnen und Amerikaner treiben? Tony beschreibt das als ein vages Gefühl. Aber vielleicht kann und will er sich einfach nicht vorstellen, dass die Menschen selbst so viel Hass schüren können. Dabei benennt er nur kurze Zeit später im Gespräch das, worin viele eine der wichtigsten Ursachen für die gespaltene Gesellschaft sehen: die sozialen Medien und die Möglichkeit, jedes Thema zu kommentieren. Einzelne hätten dadurch eine zu wichtige Stimme. Menschen, die vorher nie etwas gesagt hätten, schon gar nicht öffentlich, höchstens mal am Küchentisch, setzten jetzt etwas in die Welt, das sich dann wie ein Lauffeuer verbreite.

Gemeinsam mit seinem Bruder betreibt Tony seit März 2021 einen Podcast. Darin geht es bisher vor allem um Sport und gesunde Ernährung. «Man braucht einen gesunden Geist. Sonst bringen Fitnessübungen nichts.» Gerade die mentale Gesundheit werde jedoch von den sogenannten sozialen Medien bedroht. Deshalb wollen die beiden Brüder irgendwann bald eine Sendung über den gesellschaftlichen Einfluss von Facebook und Co. produzieren – wie Tony sagt: «Über das Gute und das Schlechte. Wir wollen wirklich in die Tiefe gehen.»

Ganz zum Schluss frage ich Tony noch einmal, ob er sich wirklich vorstellen könne, bei der nächsten Wahl zum ersten Mal in seinem Leben republikanisch zu wählen. Oder würde er dann lieber gar nicht zur Wahl gehen? Da kommt ein entschiedenes Nein. Wählen sei ein amerikanisches Recht, für das Soldaten ihr Leben gegeben hätten. Wenn man nicht wähle, dürfe man sich auch nicht beklagen. Das trichtere er seinen Jungs ein. Nur wen wird er dann wählen, wenn es stimmt, wovon er überzeugt ist, nämlich dass Trump wieder antreten wird? «Sein Ego sagt mir das.» Viel hänge davon ab, wer auf der anderen Seite kandidiere. Es gebe Demokraten, die ihn nervös machen würden. Alexandria Ocasio-Cortez zum Beispiel – eine junge Politikerin aus New York und eine Art Ikone der Linken –, sie sei viel zu links, wolle eine Politik, die sich das Land gar nicht leisten könne.

Während Tony sich damit abgefunden zu haben scheint, seine verbleibenden Berufsjahre fern der Heimat zu verbringen, auch um das immer noch gute Einkommen von General Motors zu behalten, rappelt sich Lordstown langsam wieder auf. Es entstehen neue Arbeitsplätze. Bürgermeister Arno Hill setzt jetzt auf eine möglichst große Bandbreite an Investoren. Auf dem früheren Gelände von GM hat sich ein Start-up angesiedelt, das Elektro-Pick-ups produzieren will und inzwischen von einer taiwanesischen Firma übernommen wurde. Bis März 2022 war General Motors selbst noch beteiligt. Bis zu vierhundert Angestellte sollen noch in diesem Jahr mit der Serienproduktion beginnen. Hinter dem Firmengelände ist ein Joint Venture einer südkoreanischen Firma mit General Motors entstanden, um Autobatterien herzustellen. Auch dort ist der Produktionsbeginn noch für 2022 geplant. Nach und nach will man bis zu tausendzweihundert Leute beschäftigen. Ein paar Ecken weiter gibt es ein Vertriebszentrum für eine Warenhauskette. Doch überall sind die Löhne niedriger als früher bei General Motors. Zudem fürchten manche, dass sie nicht qualifiziert sind für die neuen Jobs und keine Chance auf Weiterbildung haben. Der Bürgermeister lässt sich davon nicht beirren. In einem Interview Anfang 2022 sagt er stolz: «Viele Orte fallen auseinander, aber bei uns läuft's. Wir sind jetzt wieder eine treibende Wirtschaftskraft.» Doch Tony reicht das nicht, um an eine Rückkehr nach Lordstown zu denken, um wirklich darauf zu vertrauen, an seinem Heimatort eine vergleichbare Chance wie bei GM in Michigan zu haben.

Wut und Enttäuschung von links

«Für mich fühlt sich das an, als ob die Demokraten regelrecht verlieren wollten.»

Madeline Merritt, Sozialarbeiterin aus Kalifornien

Adela und Alexa haben gerade angefangen zu studieren, als ich
die beiden im September 2020 kennenlerne. Ein Studium, das so
anders ist als das, was sie sich erträumt hatten. Durch die Pandemie finden alle Kurse nur noch online statt. Sie sind fast die ganze
Zeit in ihren Zimmern, isoliert, die Augen auf ihren Computer-
bildschirm gerichtet. Als sie sich an der Universität von Tucson,
Arizona, eingeschrieben haben, wollten sie lernen, aber natürlich
auch Spaß haben. Corona verhindert viele neue Erfahrungen. Das
haben die beiden jungen Frauen mit unzähligen Studentinnen
und Studenten auf der ganzen Welt gemeinsam. Dabei haben es
Adela und Alexa noch ganz gut getroffen. Eine Wohnung für drei
Studentinnen, nicht zu weit weg vom Campus, mit einer Küche,
die in ein Wohnzimmer übergeht. Alexa konnte sogar ihren Hund
mitbringen. Sie müssen es also nicht den ganzen Tag auf zehn
Quadratmetern aushalten. Zum Glück verstehen sie sich gut. Damals zumindest noch.

Tucson liegt in der Wüste, nah an der Grenze zu Mexiko. Im
Sommer pendeln die Temperaturen tagsüber zwischen fünfunddreißig und vierzig Grad Celsius. Wer sich bewegen will, muss
früh raus. Wir treffen Adela und Alexa beim Powerwalken. Den
Weg säumen riesige Kakteen. Schon um acht Uhr morgens flirrt
die Luft vor Hitze. Sie wollen hoch auf den Gipfel, eine Anhöhe,
von der aus man einen atemberaubenden Blick auf die ganze
Gegend hat. Wie so oft unterhalten sich die beiden über Politik.
Beide sind neunzehn und Erstwählerinnen. Bei der Präsident-

schaftswahl 2020 können sie zum ersten Mal darüber abstimmen, von wem sie regiert werden wollen.

Junge Menschen sind in der Regel viel zögerlicher, zur Wahl zu gehen, als ältere. Doch 2020 richtet sich das Augenmerk der Kandidaten ganz besonders auf die Generation Z und die Millennials. Sie sind stärker betroffen von Themen, die den Wahlkampf bestimmen: Klimawandel, Folgen der Pandemie, Black-Lives-Matter-Proteste. Im Juni, als die Demonstrationen gegen Rassismus und Polizeigewalt, ausgelöst durch den gewaltsamen Tod von George Floyd in Minneapolis, ihren Höhepunkt erreichen, lassen sich besonders viele Erstwähler für die Wahl registrieren. Jene, die vorhersagten, dass sie eine entscheidende Rolle spielen würden, sollten recht behalten. Es war die höchste Wahlbeteiligung von Menschen unter 30 Jahren seit 1972, wenn auch mit 55 Prozent niedriger als in anderen Altersgruppen. Die Jungen stimmten mehrheitlich für den demokratischen Kandidaten. Allerdings sagen viele, es sei vor allem eine Wahl gegen Trump und nicht für Biden gewesen. In der Altersgruppe von 18 bis 24 Jahren entschieden sich 65 Prozent für Biden. Das waren 11 Prozent mehr als in anderen Altersgruppen. Den Ausschlag unter den jungen Leuten von 18 bis 29 gaben Schwarze und Latinos mit 89 beziehungsweise 69 Prozent für Biden, unabhängig von der Ausbildung. Bei jungen Menschen mit weißer Hautfarbe dagegen, die ohne weiterführende Bildung wie zum Beispiel einem Collegeabschluss waren, hatte Trump einen Vorsprung von 53 gegenüber 44 Prozent. Aber eben nur da, denn was die amerikanische Jugend mehrheitlich an Republikanern abschreckt, ist Intoleranz gegenüber Nichtweißen und die rückwärtsgewandte Klimapolitik. Die Jugend ist diverser als früher, was nicht zuletzt daran liegt, dass von 2010 bis 2020 die weiße Bevölkerung in den USA erstmals geschrumpft ist. Gruppen mit hispanischem, asiatischem oder afroamerikanischem Hintergrund sind demgegenüber deutlich gewachsen.

Adela und Alexa stammen beide aus Familien mit hispanischen Wurzeln. Für Adela ist es keine Frage, wählen zu gehen. Sie kommt aus einem Elternhaus, in dem Politik schon immer eine große Rolle gespielt hat. Ihr Vater arbeitet als Lobbyist, hilft Politikern im Wahlkampf. Aber sie kennt andere junge Leute, die zögerlicher waren, bis zum Frühsommer des Jahres. «Viele sind regelrecht aufgewacht wegen der Black-Lives-Matter-Bewegung im Sommer. Vorher waren sie nicht sonderlich politisch interessiert, sagten jetzt aber: Lasst uns wählen gehen, und zwar die Demokraten. Komme, was wolle.» Sie wurden durch die Demonstrationen gegen Polizeigewalt und Rassismus politisiert. Alexa stimmt ihrer Freundin zu. «Junge Leute haben plötzlich ihre Stimme gefunden. Sie sagen, was sie denken, mehr als zuvor, weil sie wütend sind und einen Wandel wollen.»

Zu den Black-Lives-Matter-Demonstrationen kommen überdurchschnittlich viele junge Menschen, vor allem aus der schwarzen Bevölkerung. Sie organisieren sich online, über die sozialen Medien, von TikTok über Instagram bis Twitter. Nach den ersten Monaten zu Hause, abgeschnitten von anderen wegen der Pandemie, wächst das Bedürfnis, sich mitzuteilen. Black Lives Matter ist zwar keine Jugendbewegung, aber das Thema Rassismus beschäftigt junge Leute stärker als ältere, quer durch die Gesellschaft. Auf den Demonstrationen sind alle Hautfarben vertreten. Oft kommen Eltern mit ihren Kindern. So etwas wäre für Alexa nie vorstellbar gewesen. Anders als ihre Freundin Adela fühlte sie sich zu Hause eher unwohl, wenn über Politik gesprochen wurde. Sie war meist anderer Meinung als die Eltern. Erst ihr älterer Bruder habe sie schließlich überzeugt, dass auch ihre Stimme wichtig sei, dass jede Stimme einen Unterschied machen könne.

Die beiden Studentinnen beschreiben sich als links, so wie die klare Mehrheit in ihrer Altersgruppe. Sie hätten gerne Bernie Sanders als Präsidentschaftskandidaten gesehen. Dass Sanders so alt ist, hat sie überhaupt nicht gestört. Sie mögen seine politischen Ideen: mehr soziale Gerechtigkeit, weniger Geld für die Polizei, sein Engagement gegen Fremdenfeindlichkeit und für die Rechte von Einwanderern – all das gefällt ihnen. Aber vor allem, dass Sanders für das Recht auf eine allgemeine Krankenversicherung eintritt, hat Adela und Alexa in der Pandemie überzeugt. Doch nun heißt der Kandidat Joe Biden. Sie werden ihn wählen, wenn auch nicht mit derselben Leidenschaft wie Sanders, daran besteht für sie kein Zweifel. Trotzdem ist es Adela wichtig zu versichern, dass sie immer offen bleiben wolle. Zuhören sei wichtig. «Ich will doch nicht einfach meine Ansichten jemandem überstülpen.» Wenngleich das nicht einfach sei, es gebe Überzeugungen, die sie nicht teilen könne. Da ziehe sie dann eine Linie. Bei Themen wie Abtreibung oder Waffenrecht, da hätten manche Republikaner so extreme Positionen eingenommen – für die habe sie einfach kein Verständnis.

Alexa findet, dass viele Republikaner scheinheilig seien. Das ärgert sie. Vor allem wenn es um das Thema Einwanderung gehe. «Sie sind gegen illegale Immigranten. Dabei gehören die doch zum Kapitalismus. Es braucht immer Menschen, die zu wenig Geld bekommen und die Arbeit machen, die sonst niemand erledigen will. Ich finde es heuchlerisch, eine Mauer zu bauen, um diese Leute draußen zu halten. Das ganze System, das die Republikaner unterstützen, ruht auf dem Rücken dieser Leute.»

Während wir über die große Politik reden, schauen wir über ein faszinierend weites Land mit riesigen Kakteen. Immer wieder linst ein «Roadrunner», ein Rennkuckuck, zwischen dem Gestrüpp hervor, ganz und gar nicht scheu hier oben auf dem Gipfel des Berges. Die beiden jungen Frauen schwärmen von Tucson. Sie lieben die Stadt mit ihren Studenten. Kein konservatives Milieu. Viele Kneipen, Bars, Restaurants; die Terrassen werden in der Hitze permanent mit Wasserdampf besprüht, drinnen wummern die Klimaanlagen. Ein wahnsinniger Energieverbrauch, aber das nehmen auch die Jungen hin, die sich vehement für Klimaschutz aussprechen. Anders sei das Leben in dieser Region in den heißen Monaten von April bis Oktober nicht auszuhalten.

Alexa und Adela hoffen im Herbst 2020 auf einen neuen Präsidenten und ein weniger gespaltenes Land. «Ich wünsche mir, dass wir toleranter und geeinter sein werden und eine größere Bereitschaft entwickeln, auf die Bedenken der anderen Seite zu hören.» Das ist Adelas Ziel. Alexa wünscht sich, dass Menschen sich für die Meinungen anderer öffnen. «Ich habe das Gefühl, dass viele Menschen Andersdenkenden keine Freiheit zugestehen wollen. Zum Beispiel in der Abtreibungsfrage. Warum ist es für die so wichtig, wenn eine Frau in einer Abtreibung den einzigen Ausweg sieht? Warum kann man die Frau sich nicht selbst entscheiden lassen?»

Dass es in den USA das Recht auf Abtreibung gibt, ist für die beiden jungen Frauen wichtig. Es beunruhigt sie, dass immer mehr Bundesstaaten sehr restriktive Gesetze gegen Abtreibung erlassen, oft gar ohne Ausnahmen für Frauen, die vergewaltigt oder in der Familie missbraucht und dann schwanger wurden. All diese Gesetze können nun uneingeschränkt in Kraft treten, weil das Oberste Gericht die Grundsatzentscheidung «Roe versus Wade», die Frauen seit Januar 1973 das verfassungsgemäße Recht gab, bis zur Lebensfähigkeit eines Fötus außerhalb des Mutterleibs sich für eine Abtreibung zu entscheiden, aufgehoben hat. Dass es dazu kommen konnte, liegt, wie bereits erwähnt, daran, dass Trump während seiner Präsidentschaft drei neue Richter für den Supreme Court ernennen konnte, die alle bekennende Abtreibungsgegner sind. Ausgangspunkt war die Frage, ob der Bundesstaat Mississippi das Recht hat, Schwangerschaftsabbrüche nach der fünfzehnten Woche zu verbieten. Mit der Aufhebung von «Roe versus Wade» verliert der Bund die Möglichkeit, für Frauen das Recht auf Abtreibung im ganzen Land einzufordern. Viele Staaten haben bereits deutlich striktere Gesetze als Mississippi verabschiedet oder vorbereitet. Mit dem Urteil des Obersten Gerichts wird das große Land zerfallen in Staaten, die Abtreibung erlauben, und andere, die den Eingriff – mit unterschiedlicher Schärfe – verbieten.

In Tucson, wo Alexa und Adela studieren, wurde am 3. Mai,

als der Entwurf der Urteilsbegründung bekannt geworden war, genauso demonstriert wie an vielen anderen Orten im Land. Eine junge Frau hielt ein Schild mit der Aufschrift: «Ihr könnt Abtreibung nicht verbieten, nur sichere Abtreibungen könnt ihr verbieten.» Und das ist die Furcht vieler, die Rückkehr der «Engelmacherinnen», einer Praxis ungeregelter, illegaler Abtreibung, die für Frauen nicht zuletzt ein großes körperliches Risiko bedeuten würde. Nach der Aufhebung von «Roe versus Wade» werden nun viele Frauen Hunderte, Tausende Kilometer reisen müssen, um einen legalen Eingriff vornehmen lassen zu können. Reiche Frauen können sich das leisten; ärmere würden in die Illegalität gedrängt.

Am 7. Mai – der Urteilsentwurf des konservativen Richters Samuel Alito zu «Roe versus Wade» war gerade bekannt geworden und viele gingen zu Recht davon aus, dass es nur noch eine Formsache sei, bis das Ende des Rechts auf Abtreibung verkündet würde –, an diesem Tag also schreibt mir Alexa, dass sie mit ihren Freunden intensiv über das Thema diskutiere. Sie seien alle einer Meinung, wie katastrophal es wäre, wenn «Roe versus Wade» gekippt würde. Sie verstehe nicht, warum andere Leute sich darum kümmern, was sie mit ihrem Körper mache. Wenn die gegen Abtreibungen seien, dann sollten sie es einfach lassen. «Sie heucheln. Als es um Masken und Impfungen ging, da sagten viele Republikaner: ‹Das ist mein Körper, meine Entscheidung.›»

In der Zeit vor der Präsidentschaftswahl 2020 sind Alexa und Adela zwar politisch sehr interessiert, aber nicht unbedingt aktiv, auch nicht während des Wahlkampfs. Anders als die jungen Leute, die ich Anfang 2020 in Kalifornien kennengelernt habe. In Los Angeles filmen wir in einem Wahlkampfbüro von Bernie Sanders. Sein Team hat das kleine Ladenlokal bewusst in einem ärmeren Stadtteil angemietet, in dem viele hispanischstämmige Menschen leben. Drinnen geht es lebhaft zu. Die meisten sind gerade mal Anfang zwanzig. An vielen Tischen wird telefoniert.

Immer wieder schrillt eine Klingel durch den Raum, das Zeichen, dass wieder jemand seine Stimme Sanders versprochen hat. Viele dieser jungen Leute reisen von Bundesstaat zu Bundesstaat, von einem Vorwahlkampf zum nächsten. Schlafgelegenheiten gibt es meist bei anderen Sanders-Unterstützern, auf einem Sofa oder im Schlafsack auf dem Boden. Es ist kurz vor dem «Super Tuesday», am 3. März 2020, dem Tag, an dem in mehreren wichtigen Bundesstaaten gleichzeitig die «Primaries», die Vorwahlen, stattfinden. Die jungen Leute engagieren sich voller Enthusiasmus für den ältesten Kandidaten im großen Bewerberfeld – Sanders ist noch ein Jahr älter als Biden. Sie fühlen sich ihm nahe, glauben, dass er sie besser versteht als seine demokratischen Konkurrenten. Seine Themen sind ihre.

Knapp zwei Jahre später, Ende 2021, ist der Enthusiasmus großer Enttäuschung gewichen. Wir sind für einen Film über das erste Amtsjahr von Biden wieder in Los Angeles. Dieses Mal trifft meine Kollegin Verena Bünten für einen gemeinsamen Film junge Sanders-Fans. Viele hatten, auch nachdem sich ihr Idol aus dem Rennen zurückgezogen und Biden das Feld überlassen hatte, mit viel Energie weiter Wählerinnen und Wähler mobilisiert – an der Präsidentschaftswahl 2020 nahmen mehr Menschen teil als bei allen Wahlen seit 1900, als sich mehr als 70 Prozent beteiligt hatten. 2020 waren es 66,4 Prozent, eine deutlich höhere Beteiligung als bei der ersten Wahl von Barack Obama 2008 mit 61,6 Prozent. Allerdings ist es beiden politischen Lagern gelungen, ihre Anhänger in lange nicht mehr gekannter Form zu motivieren.

Jene, die sich als links verstehen und am Wahltag zähneknirschend für Joe Biden gestimmt haben, machen die Parteiführung der Demokraten – das «Establishment», wie sie es nennen – dafür verantwortlich, dass Sanders das Nachsehen hatte. Ein Kandidat, der viele euphorisierte, aber am Ende bei den Vorwahlen der Demokraten quer durch die Bevölkerung doch hinten lag. Dabei war es anfangs Biden, für den die Nominierung unerreichbar schien. Die Wende kam in South Carolina, und das hatte Biden vor allem schwarzen Wählerinnen und Wählern zu verdanken. Am «Super Tuesday» setzte sich der Trend fort. Kandidaten wie Pete Buttigieg oder Amy Klobuchar gaben auf und sicherten Biden ihre Unterstützung zu. Dann verlor Sanders auch in Michigan, wo er gehofft hatte, Arbeiterinnen und Arbeiter für sich gewinnen zu können. Anfang April war klar, dass Sanders keine Chance mehr hatte, die Vorwahlen zu gewinnen. Er gab auf, eine Woche später stellte er sich hinter Biden. Die zwei fast gleich alten und doch so unterschiedlichen Politiker versicherten zusammenzuarbeiten. «Ich weiß, du bist der Typ, der andere miteinbeziehen wird», sagte Sanders zu Biden bei einer gemeinsamen Veranstaltung. «Du holst dir Leute, selbst wenn sie anderer Meinung sind. Du willst hören, was sie zu sagen haben. Wir können Dinge ausdiskutieren. Das nennt sich Demokratie. Du glaubst an Demokratie. Ich auch.»

Im Wahlkampf gelingt es den Demokraten tatsächlich, geschlossen aufzutreten. Es geht ja darum, Trump zu besiegen. Das verbindet. Und Sanders ist es gelungen, mit seinem großen Erfolg bei jungen Wählerinnen und Wählern Themen zu setzen. Dieser Moment, als er aufgab, habe ihnen dennoch das Herz zerrissen, bekennen die jungen Sanders-Anhänger in Kalifornien ein gutes Jahr später. Kurz nach der Wahl hofften sie, Biden sei klar, dass er seinen Sieg nicht zuletzt ihnen, den jungen und progressiven Wählerinnen und Wählern, zu verdanken hatte und deshalb auch für sie Politik machen würde: mit ehrgeizigen Zielen für den Klimaschutz, dem Erlass von Studienschulden (im ganzen Land mehr als 1,7 Trillionen Dollar, je nach Studiengang im Durchschnitt 30 000 bis 200 000 Dollar pro Student), einem landesweiten Mindestlohn von 15 Dollar die Stunde oder bezahltem Erziehungsurlaub – alles zentrale Forderungen von Bernie Sanders.

Anfangs sieht es so aus, als ob Biden all das angehen möchte, mit dem Reformpaket, das unter dem Namen «Build Back Better» bekannt wird. Doch das scheitert im Kongress, vor allem an den Stimmen der in einem früheren Kapitel erwähnten zwei demokratischen Senatoren, Joe Manchin aus West Virginia und

Kyrsten Sinema aus Arizona. Für die jungen Menschen, mit denen wir in Los Angeles sprechen, steckt jedoch mehr dahinter. Sie glauben, dass die Demokratische Partei die Linke in Geiselhaft nimmt. Immer beschwöre die Parteiführung die Mitte, die man unbedingt erreichen müsse. Deshalb dürfe man sich nicht zu weit links orientieren, heiße es. Das sei Quatsch. Eine Mehrheit der Amerikanerinnen und Amerikaner sei für mehr soziale Gerechtigkeit, anders als die Lobbyisten aus der Wirtschaft. Nach denen würden sich die Politiker aber richten, nicht zuletzt, weil viele eigene Geschäftsinteressen hätten, am Aktienmarkt zum Beispiel. Die Menschen in ihren Wahlkreisen spielten nur eine nachgeordnete Rolle. Die Linke habe in diesem Land keine Macht, klagen sie. Die einzige Chance sehen sie darin, die Arbeit an der Basis fortzusetzen, die Parlamente von unten her zu erobern, zuerst lokal und regional, dann auf Staatsebene, bis hin zum Bund. Es bringe ja nichts, rumzusitzen und auf Joe Biden wütend zu sein. Sie machen sich damit für eine Strategie stark, die evangelikale Gruppen bereits erfolgreich eingesetzt haben, indem sie ihre Anhänger nicht zuletzt gezielt auf lokaler Ebene ins politische Rennen schickten.

Es ist eine kleine Runde, mit der unser Team zusammensitzt. Sozialarbeiterin Madeline Merritt engagiert sich für Obdachlose und illegale Einwanderer, erlebt die Not tagtäglich aus der Nähe, gerade in Los Angeles, einer Stadt, in der Zehntausende auf der Straße leben. Sie ist wie die anderen überzeugt, dass viele in den USA mehr soziale Sicherheit wollen. Das habe man bei «Obamacare» gesehen. Trump wollte die nach dem früheren Präsidenten benannte Krankenversicherung abschaffen, doch auch unter den republikanischen Wählern war der Protest so groß, dass er dieses Ziel aufgeben musste. Biden müsse einfach stärker und überzeugter auftreten und nicht nur schwafeln. Wann, wenn nicht jetzt habe er die Chance, wirklich etwas zu verändern? Ein demokratischer Präsident im Weißen Haus mit einem von den Demokraten geführten Repräsentantenhaus unter der Ägide von Nancy Pelosi und einem Patt im Senat, bei dem die Stichstimme der demokratischen Vizepräsidentin Kamala Harris entscheidet, wenn sich alle demokratischen Senatorinnen und Senatoren einig sind. Wenn man nicht einmal in einer solchen Konstellation seine politischen Ziele durchbringen könne, wann dann? Von der linken Agenda werde kaum etwas umgesetzt. «Für mich fühlt sich das an, als ob die Demokraten regelrecht verlieren wollten. Sie sagen den Leuten, was sie hören wollen. Wir vom linken Flügel machen uns Hoffnungen, wählen sie, dann tun sie nichts mehr. Also wählen wir sie wieder ab. Dann wird unter einer republikanischen Regierung vieles zurückgedreht. Darauf sagen die Demokraten uns wieder, jetzt müsst ihr uns wählen, sonst geht alles den Bach runter. Aber wenn sie dann gewinnen, tun sie wieder nichts.» Madeline sieht darin den Grund für den Politikverdruss vieler Menschen. Sie hätten nicht das Gefühl, dass ihre Stimmen wirklich zählen würden.

In der Gruppe kann sich niemand so recht vorstellen, dass die Demokraten bei den Midterms im November an den Erfolg von 2020 werden anknüpfen können. Auch weil es nicht gelingen werde, wieder so viele Menschen davon zu überzeugen, zur Wahl zu gehen. Dabei steht viel auf dem Spiel. Wenn die Mehrheit im Repräsentantenhaus und im Senat verloren gehen sollte, dann wird Biden kaum noch etwas umsetzen können. Ihm blieben dann nur noch präsidiale Erlasse, und die werden dann schnell vor Gerichten angefochten. Der Verdruss unter den demokratischen Wählern sei einfach zu groß. Republikaner hätten es dagegen leichter, ihre Anhänger zu mobilisieren. Wehmütig erinnern sich die jungen Leute an das, was sie als Sanders' Stärke sehen: Der kämpfe für das Volk. Vor dem «Super Tuesday» 2020 hatte es eine junge Latina so formuliert: «Er löst etwas aus, das vielen Menschen bewusst macht, dass sie nicht gesehen und gehört werden. Auch wenn er nicht nominiert werden sollte, sind viele unter uns sich ihrer selbst bewusster geworden und werden unabhängiger entscheiden, wen sie wählen werden.»

«Biden dagegen», klagt Madeline ein gutes Jahr später, «ist

schon immer ein Plauderer gewesen, ein Händeschüttler, einer, der sagt: Hey, lass uns einen Deal machen. Das ist nicht die Führungspersönlichkeit, die wir in diesen Zeiten brauchen. Wir wollen einen wirklich starken mutigen Anführer. Leider sehe ich das nicht bei Biden.» Madeline und die anderen sind überzeugt, dass linke Ideen von mehr sozialer Gerechtigkeit auch bei den Leuten ankommen können, die zuletzt ihre Hoffnungen auf Trump setzten. Ein Politiker wie Bernie Sanders, der sorge sich wirklich um die Zukunft der arbeitenden Bevölkerung. Da gehe es nicht um Ideologie, darum, ob jemand konservativ oder liberal denke. Man müsse mehr für dieses Land wollen als nur dem höchsten Profit hinterherzujagen.

Das betonen Menschen, die sich als links verstehen, immer wieder. Inhaltlich haben sie recht, denn viele ihrer Forderungen für mehr soziale Gerechtigkeit – von einer allgemeinen Krankenversicherung über Elterngeld bis hin zu niedrigeren Ausbildungskosten – kämen vor allem den Ärmeren im Land zugute. Aber Bidens Rhetorik und die der Linken in der Demokratischen Partei verfängt bei den Teilen der Bevölkerung, die nach wie vor Trump unterstützen, nicht auf dieselbe Weise wie die des ehemaligen Präsidenten. Sie vertrauen seinen Versprechen, nicht denen eines Bernie Sanders. Trump trifft einen Ton, den die progressiven, auf einen sozialen Wandel drängenden Kräfte nicht finden. Er schafft es, dass die Menschen glauben, er sei wie sie. Nie politisch korrekt, gerne etwas prollig und vulgär – nicht jedes Wort wird auf die Goldwaage gelegt. Das kommt noch immer an, obwohl Trump in seinen vier Jahren als Präsident nur wenig umgesetzt hat, wovon Menschen mit kleinen Einkommen wirklich profitiert haben, abgesehen von einer Steuersenkung relativ am Anfang seiner Amtszeit, die die Staatsverschuldung weiter erhöht hat. Ein Argument, das die Republikaner jetzt gegen die Demokraten nutzen.

Aber Madeline und die anderen lassen sich von Trumps anhaltender Popularität nicht entmutigen. Genauso wenig wie Glenn Hurst, der Landarzt aus Iowa, der versucht hat, für den Senat zu kandidieren und dabei, wie wir gesehen haben, ganz bewusst mit einem von Sanders beeinflussten Wahlprogramm angetreten ist. Das sei die einzig mögliche Antwort auf eine Republikanische Partei, die klar auf Trump-Linie ist, und nicht der Versuch, einer Mitte zu gefallen, die am Ende doch eher republikanisch wählt. Für Glenn Hurst in Iowa hat das allerdings nicht funktioniert.

Zum Abschied hat meine Kollegin Verena Bünten die Gruppe in Kalifornien gefragt, was ihr Verständnis von Freiheit ist, nachdem so viele auf der anderen Seite des politischen Spektrums immer wieder betonen, dass sie frei von staatlicher Regulierung sein wollen, möglichst in allen Lebensbereichen. Madeline Merritt muss nicht lange nachdenken: «Die Freiheit, in einem Land zu leben, in dem ich krankenversichert bin, in dem ich eine Ausbildung bekommen kann, ohne mich für den Rest meines Lebens zu verschulden, in dem man mir hilft, ein Dach über dem Kopf zu haben, zu wissen, dass mich Medizinkosten in einem Notfall nicht in den Ruin treiben, dass ich das Recht habe, selbst über meinen Körper zu entscheiden.» Sollten die Demokraten bei den nächsten Wahlen verlieren, dann – davon sind diese jungen Linken in Kalifornien überzeugt – ist die Niederlage selbst verschuldet.

So weit würde Alexa, die Studentin in Tucson, Arizona, nicht gehen, auch wenn sie das, was Biden in seinem ersten Jahr erreicht hat, ebenfalls kritisch bewertet. Aber ihr Urteil fällt milder aus. Anfang März 2022 spreche ich das erste Mal seit Langem wieder mit ihr. Sie studiert noch immer in Tucson, Pharmazie, aber nicht mehr abgeschieden, allein in ihrem Zimmer, sondern endlich richtig an der Uni. Das ist das Erste, was sie mir erzählt: «Auf dem Gelände herrscht Maskenpflicht, und wir müssen uns regelmäßig testen lassen, aber alle halten sich daran.» Der Rektor sei Arzt, er führe ein strenges Regiment. Lehrer sind aufgefordert, Studenten, die sich widersetzen, zu melden. Sie müssen dann damit rechnen, nicht mehr am Unterricht teilnehmen zu können. Das funktioniere. Maskengegner gebe es an ihrer Universität eigentlich nicht.

An dem Tag, an dem wir miteinander telefonieren, ist bekannt geworden, dass der Gouverneur von Florida, Ron DeSantis, bei einer Veranstaltung an der University of South Florida eine Gruppe Schüler aus einer Highschool verbal angriff, weil sie Masken trugen. Die Jugendlichen waren Gäste, informierten sich über mögliche Studiengänge und sollten als interessierte Kulisse hinter Gouverneur DeSantis stehen, als er verkünden wollte, den Studiengang für Cybersicherheit mit mehreren Millionen zu unterstützen. Er war sichtlich verärgert. «Ihr müsst diese Masken nicht tragen. Bitte, nehmt sie ab. Die bringen nichts. Wir müssen dieses Covid-Theater beenden. Wenn ihr sie tragen wollt, gut, aber das ist lächerlich.» Dann stöhnt DeSantis noch einmal gut hörbar auf und wendet sich dem Mikrofon zu. Einige Schüler nehmen die Masken ab, die einen sichtlich irritiert, andere beschämt, ein paar behalten sie auf. Vierzehnjährige unsichere Jugendliche, vom Regierungschef ihres Bundesstaates in aller Öffentlichkeit angegangen. «Das hat mich echt schockiert», berichtet Alexa. Sie ist empört über das Verhalten des Politikers.

Ein Amtsträger sollte ein Vorbild sein, findet sie. Anders als beim republikanischen Gouverneur sei das bei Präsident Biden der Fall, zumindest wenn es um Corona gehe. Ein Unterschied wie Tag und Nacht sei das gewesen, als er ins Amt gekommen sei. Dass er zügig in allen Bundeseinrichtungen eine Maskenpflicht einführte, auch an Flughäfen, habe viel gebracht. Sie hätte sich gewünscht, dass Biden noch viel rigoroser vorgegangen wäre, aber seine Macht sei eben beschränkt. Damit meint Alexa die Grenzen, die dem Präsidenten durch die Bundesstaaten gesetzt werden. Manchmal könnte sie an ihrem Land verzweifeln. «Warum müssen wir in allem so gespalten sein?» Sie sei vor Kurzem nach Chile gereist. Dort habe niemand geklagt, seine Rechte würden verletzt, die Freiheit sei eingeschränkt, nur weil man eine Maske tragen müsse. Sicher, auch dort gebe es ein paar «Verrückte», aber in den USA sei das anders.

Ähnlich ergeht es ihr mit der Diskussion um den Begriff

«woke». Das bedeute doch eigentlich nichts anderes, als sich einer Sache bewusst zu sein. Alexa fragt mich, was denn daran falsch sein könne, aufmerksam zu sein, wenn man etwas ungerecht finde? Doch in den USA tobt, wie erwähnt, rund um den Begriff ein Kulturkampf, der inzwischen auch auf europäische Länder übergreift. Aus Alexas Sicht nutzen überzeugte Rechte den Begriff für eine Kampagne, um Liberale schlecht aussehen zu lassen, um sie zu beleidigen. Ihr gehen all diese Zuspitzungen zu weit. Der Kampf um die Deutungshoheit von «Wokeness» ist für sie nur ein weiterer Beleg für ein extrem polarisiertes politisches Klima, und das setzt ihr zu.

Alexa konzentriert sich zurzeit daher lieber voll und ganz auf ihr Studium. Es stehen Prüfungen an. Für Politik bleibt nur wenig Zeit. Noch ein Jahr, dann macht sie ihren Bachelor. Anschließend muss sie sich um ein neues Stipendium bemühen. Sie will promovieren, schwankt aber noch, ob sie in die Forschung möchte, um Krebsmedikamente zu entwickeln, oder doch lieber in einem Krankenhaus arbeiten will, dort, wo Krebspatienten mit Chemotherapien behandelt werden.

Wie so viele informiert sie sich fast ausschließlich über die sozialen Medien. «Ohne diese Kanäle würde ich wohl nicht viel mitbekommen», gesteht sie. Auf Twitter und Instagram folgt sie diversen Nachrichtenseiten, aber auch direkt dem Präsidenten und der Vizepräsidentin. Alexa bewertet die Politiker, die den Ton angeben, ernüchtert. «Ich will reife Leute in der Politik und nicht länger dieses kindische Verhalten.» Damit meint Alexa vor allem diejenigen, die noch immer leugnen, dass Joe Biden die Wahl gewonnen hat. Und die, die sich politischen Kompromissen verweigern. «Ich will das einfach nicht mehr», sagt sie mit entschiedener Stimme. Sie glaubt, dass die Trump-Ära für dieses Verhalten verantwortlich ist. Das habe etwas mit den Politikern gemacht. Das Lagerdenken sei viel stärker geworden.

Wie die jungen Leute in Kalifornien rechnet sie damit, dass die Republikaner bei den Kongresswahlen im November die Nase vorn haben werden. Sie sorgt sich, dass dann all das, was sie sich von Biden erhofft hat, nicht mehr möglich sein wird. Der Präsident sei daran wohl auch selbst schuld. «Er versucht, es beiden Seiten recht zu machen, den Konservativen und den Linken. Das ist schwierig.» Dass er keine Mehrheit dafür fand, Studienkredite zu erlassen, hat sie ebenso enttäuscht wie die bisher weitgehend fehlenden Erfolge beim Klimaschutz.

Das wird sie jedoch nicht davon abhalten wählen zu gehen. Gerade jetzt sei das doch besonders wichtig. Der Verdruss über politische Fehler der eigenen Partei dürfe nicht so weit gehen, aus Protest zu Hause zu bleiben. Dass ihre Altersgenossen in Los Angeles mit einem Wahlboykott kokettieren, kann sie nicht nachvollziehen. Was solle das denn bringen? In Arizona könnte der demokratische Kandidat für einen der beiden Senatorenposten ihre Stimme dringend gebrauchen – sein Sitz ist einer der hart umkämpften, der mit über die künftige Senatsmehrheit entscheiden wird. Aber die Studentin will in Texas zur Wahl gehen. Dort leben ihre Eltern, und der republikanische Gouverneur Greg Abbott steht zur Wiederwahl an. Um ihn zu verhindern, hat sie sich in ihrer Heimat und nicht an ihrem Studienort registriert.

Abbott gehört zu denen, die das Abtreibungsrecht drastisch verschärft haben, nur noch bis zur sechsten Woche sind Schwangerschaftsabbrüche erlaubt. Geschlechtsbehandlungen von transsexuellen Kindern können und sollen in Texas künftig als Kindesmissbrauch verfolgt und bestraft werden. Darunter können bereits Hormonbehandlungen fallen, die transsexuelle Jugendliche unter achtzehn Jahren beginnen. Viele Liberalisierungen der letzten Jahre werden zurückgedreht. Greg Abbott in Texas oder Ron DeSantis in Florida verkörpern die Gegenbewegung, Rückschritt in eine Zeit, in der zum Beispiel sexuelle Selbstbestimmung nur im Geheimen möglich war. Politiker wie Abbott schaffen ein Klima der Angst, klagt Alexa. «Er ist gegen so vieles, das mir wichtig ist.» Aber die Aussicht, dass er die Wahl in dem nach wie vor mehrheitlich republikanischen Staat verlieren könnte, ist gering, das weiß sie.

Als das Oberste Gericht Ende Juni das landesweite Recht auf Abtreibung für verfassungswidrig erklärt, ist Alexa überzeugt, dass das erst der Anfang eines reaktionären Umbaus ihres Landes ist. Auf Twitter schreibt sie: «Ich denke nicht, dass dieses Gericht beim Abtreibungsrecht haltmacht. Wir müssen jetzt unsere Aufmerksamkeit auf Bereiche wie die gleichgeschlechtliche Ehe richten, auf das Recht, selbst zu entscheiden, mit wem und welchem Geschlecht man Sex haben möchte, auf das Recht auf Verhütung.» Alles Rechte, die durch den vierzehnten Verfassungszusatz geschützt sind. Dabei geht es vor allem um den Schutz von Grundrechten, die nicht explizit in der Verfassung erwähnt werden. Das betrifft genau den Punkt, der von einem Richter des Supreme Court in der Urteilsbegründung erwähnt wurde, nämlich dass das Recht auf Abtreibung nicht in der Verfassung erwähnt werde.

Weil sie die Zukunft der USA zurzeit in einem eher negativen Licht sieht, liegt es Alexa besonders am Herzen, Menschen um sich zu haben, die so denken wie sie. Ihre frühere Freundin Adela, mit der ich sie im Herbst 2020 kennengelert habe, gehört wohl nicht mehr dazu. Sie wohnen zwar noch zusammen, haben sich aber so weit voneinander entfernt, dass sie nichts mehr gemeinsam unternehmen. Was sie entzweit hat, bleibt Alexas Geheimnis. Der Studentin ist nach wie vor wichtig, was sie bei unserem ersten Treffen gesagt hat: dass alle Menschen Rechte haben, dass man respektvoll miteinander umgehen sollte. «Wie kann jemand sich so sehr von einem anderen Menschen gestört fühlen, dass er ihm nicht mehr seine Meinung lassen kann?» Man müsse doch mit politischen Unterschieden umgehen können. Zumindest sollte man es lernen, findet die junge Frau und hält damit so vielen Politikerinnen und Politikern in Washington einen Spiegel vor, all denen, die Tag für Tag aufs Neue zeigen, dass sie das nicht können oder zumindest nicht wollen.

Alexa in Arizona, die Gruppe linker Aktivisten in Kalifornien – für sie ist klar, dass sie den Demokraten nahestehen, eine Stimme für republikanische Kandidaten kommt für sie nicht in Betracht. So wie für die Mehrheit der jungen Wählerinnen und Wähler. Aber sie wollen ernst genommen werden. Ihre Stimmen müssen verdient werden. Während Alexa sich eine pragmatische Strategie zurechtgelegt hat und zur Wahl gehen wird, ist das bei den jungen Leuten an der Westküste ganz und gar nicht sicher. Präsident Biden soll einen unmissverständlichen Warnschuss erhalten. Und sie sind damit nicht allein. Viele, die sich so sehr für den Sieg Bidens eingesetzt haben, sind frustriert, manche haben bereits resigniert. Sie gehen davon aus, dass ihre politischen Ziele sowieso nicht umgesetzt werden, unabhängig davon, ob es weiterhin eine demokratische Mehrheit im Kongress geben wird oder nicht. Warum also wieder bis zur Selbstaufgabe für Kandidaten kämpfen, hinter denen man nicht wirklich steht, dann zur Wahl gehen und dem Parteiestablishment zu einem weiteren Sieg verhelfen? Die Herausforderung, die jungen Menschen irgendwie zu überzeugen, ist für die Demokraten ungleich größer als für die Republikaner, die wissen, dass ihr Sieg nicht von der Jugend abhängen wird.

Sehnsucht nach der Mitte

«Die Lauten stehen rechts und links. Sie lassen
der Mitte keine Chance.»

Dave Daniels, Landwirt aus Wisconsin

Felder so weit das Auge blickt. Flache, weite Landschaft. Hin
und wieder ein Hof. Nur noch wenige scheinen bewirtschaftet.
Schuppen und Ställe sind oft in dem dunklen Rot gestrichen, das
eigentlich typisch für Schweden ist. Eine Erinnerung daran, wie
viele schwedische Auswanderer sich in der zweiten Hälfte des
19. Jahrhunderts in Wisconsin niedergelassen haben. Sie suchten
ihr Glück in einem Bundesstaat im mittleren Nordwesten der
USA, der sie an ihre Heimat erinnerte, mit kalten Wintern, wie
sie das gewohnt waren, in einem Agrarland. Zu Hause in Schweden herrschte wirtschaftliche Not; die Ernten waren schlecht,
die Bevölkerung wuchs damals viel zu schnell. Junge Schweden
sahen, wie so viele andere Europäer, damals auf der anderen Seite
des Atlantiks Chancen, die ihnen die Heimat nicht bieten konnte.

Dave Daniels hat keine schwedischen Vorfahren, aber auch auf
seiner Farm gibt es Gebäude mit einem verwaschenen roten An-
strich. Sein Großvater hat 1933 eine damals noch kleine Farm er-
worben und mit 24 Kühen und 32 Hektar Land angefangen. Zwei
Generationen später gibt es auf dem Hof rund 550 Kühe. Dazu gehören etwas mehr als 400 Hektar Farmland, in Wisconsin ein Betrieb mittlerer Größe. Aber Dave Daniels bewirtschaftet den Hof
nicht mehr alleine. Er wollte nicht das Schicksal erleiden, das so
viele andere Farmer in seiner Heimat ereilt. In Wisconsin sterben
landesweit die meisten Landwirtschaftsbetriebe, darunter vor
allem kleine Höfe in Familienbesitz. Von 2018 auf 2019 machten
allein in diesem Staat 780 Milchviehbetriebe dicht. Die, die über-

leben, sind größer, haben Land, um das Futter für die Tiere selbst zu produzieren. In den letzten zehn Jahren hat sich die Zahl der Herden fast halbiert, die Zahl der Kühe blieb dagegen fast gleich. Die Zahlen aus dem Landwirtschaftsministerium zeigen, wie sich das Milchvieh in Wisconsin auf immer weniger Farmen konzentriert und warum Daniels' Entscheidung so vorausschauend war.

Halb so groß wie Deutschland, aber mit nur knapp sechs Millionen Einwohnern – in Wisconsin spielt die Landwirtschaft noch eine deutlich größere Rolle als in vielen anderen Bundesstaaten. Fast 7 Prozent des Bruttosozialprodukts werden hier mit Agrarprodukten erwirtschaftet. Damit liegt Wisconsin über dem Durchschnitt, im ganzen Land sind es an die 5 Prozent. Zwar gibt es mehr als zwei Millionen Farmen und Höfe in den USA, aber die Menschen, die in dem Bereich arbeiten, machen gerade mal 1,3 Prozent der amerikanischen Bevölkerung aus, wie das American Farm Bureau in seinen jüngsten Zahlen ermittelt hat. 98 Prozent der landwirtschaftlichen Betriebe sind noch in Familienbesitz, oft so klein, dass sie Jahr für Jahr ums Überleben kämpfen müssen. Die wichtigsten Produkte der amerikanischen Landwirtschaft allgemein sind Vieh und Kälber, Mais und Sojabohnen. Der wichtigste Bereich in Wisconsin ist die Milchwirtschaft. Der Bundesstaat gilt als «America's Dairyland», als Molkereigebiet der USA. Nach Kalifornien wird hier die meiste Milch produziert; 26 Prozent des in den USA hergestellten Käses stammen aus der Region. Das Landwirtschaftsministerium verweist stolz darauf, dass Wisconsins Käseproduktion weltweit an vierter Stelle stünde, wenn der Bundesstaat ein eigenständiges Land wäre.

Doch trotz dieser Zahlen verschwinden viele Milchbauern. Die Gründe für den Niedergang sind vielfältig, aber der Trend erstreckt sich auf das ganze Land. Die Städte wachsen, Agrarflächen sind als Bauland begehrt, die Preise steigen. Hinzu kommen Dürren, die die Futterproduktion erschweren. Und dann der Druck auf die Milchpreise, weil einfach zu viel Milch produziert wird. Denn obwohl die Zahl der Betriebe immer weiter fällt, bleibt die produzierte Milchmenge annähernd gleich. Die Farmer steigern die Produktivität – jedoch nicht unbedingt so, wie es die Standards biologischer Landwirtschaft vorsehen. Die Nachfrage nach organischen landwirtschaftlichen Produkten wächst, aber noch erfüllt nur ein kleiner Teil die Anforderungen. Weniger als ein Prozent gilt in den USA als biologisch genutztes Farmland.

Dave Daniels' Hof liegt westlich von Highway 41, eine der wichtigen Nord-Süd-Achsen in den USA. Sie verbindet die Metropole Chicago mit der Großstadt Milwaukee, entlang des Lake Michigan. Doch nur wenige Meilen, nachdem wir die Autobahn verlassen haben, erinnert nichts an urbane Zentren, obwohl die Stadt Kenosha nicht weit entfernt ist – neben Minneapolis, wo es nach der Ermordung von George Floyd im Mai 2020 zu Ausschreitungen und Protesten kam, ein weiterer Schauplatz von gewalttätigen Demonstrationen im Jahr der letzten Präsidentschaftswahl, nachdem dort im August 2020 ein weißer Polizist bei einem Einsatz einen Schwarzen angeschossen und schwer verletzt hatte. Kenosha County – der Bezirk, der sich viele Meilen weit westlich von der Stadt mit selbem Namen erstreckt – ist dagegen Land pur.

Ein typischer Kontrast. Wie viele Gebiete in der Mitte der USA ist der Bundesstaat geprägt von einer konservativen Bevölkerung auf dem Land und liberal eingestellten Menschen in größeren Städten wie Milwaukee, der Heimat von Pastor Greg Lewis. Er, der für die Gleichberechtigung der Schwarzen kämpft, und Landwirt Dave Daniels, der sich dafür einsetzt, dass die Stimmen der Farmer gehört werden, leben in völlig unterschiedlichen Welten. Wisconsin ist ein Staat, der zwischen Republikanern und Demokraten hin und her pendelt, einer der sogenannten Swing States, die Wahlen entscheiden.

Als wir bei Dave Daniels auf der Farm ankommen, sehen wir als Erstes einen «Badger». Der Dachs ist das Maskottchen von Wisconsin, in Siegerpose, gekleidet in das Trikot der Footballmannschaft der University of Wisconsin-Madison. Dave ist leidenschaftlicher Fan des Klubs. Als ein Baum in seinem Vorgarten gefällt werden musste, hat ein Holzschnitzer den Stamm in einen Dachs auf zwei Beinen verwandelt. An der Auffahrt steht ein Schild: «Mighty Grand Dairy Farm», eine mächtig große Milchfarm, gegründet 1997. Nur nicht zu bescheiden sein, haben sich die Besitzer gesagt, doch sie erzählen davon mit einem Augenzwinkern. Da schwingt ein bisschen Ironie und Humor mit, aber eben auch Selbstbewusstsein.

Daniels wusste früh, dass keines seiner beiden Kinder eines Tages in die Landwirtschaft einsteigen würde. Er wollte nicht sehenden Auges in den Bankrott steuern, sondern seinen Hof fit für die Zukunft machen. Der Betrieb war zu klein, um eigenständig überleben zu können. Also fusionierte er mit zwei Freunden und Kollegen. Aus drei kleinen Farmen wurde eine, die «Mighty Grand Dairy Farm». Die drei Partner züchten ihre eigenen Kälber, bauen das benötigte Futter an, investierten in moderne Melk- und Futtertechnik. So entstand ein moderner Betrieb, der ihnen mehr Freizeit ermöglichte und zugleich die Nachfolge regelte. Der Sohn eines Partners will den Hof weiterführen und ist bereits jetzt in alles eingebunden. Die Älteren planen, sich nach und nach zurückzuziehen. Daniels ist inzwischen siebenundsechzig und eigentlich bereits im Rentenalter, aber als ich ihn danach frage, lacht er nur und sagt, Farmer gingen nie in Rente.

Dave Daniels habe ich wie viele andere Menschen in diesem Buch 2020 kennengelernt, vor der Präsidentschaftswahl. Zu dem Zeitpunkt leitet er die «Wisconsin Farm Bureau Federation», den Bauernverband von Wisconsin. Diese Organisation vertritt die Interessen der Landwirte im Bundesstaat und musste schnell lernen, dass Donald Trump einen ganz anderen Verhandlungsstil pflegte als seine Vorgänger. Daniels hat 2016 noch voller Überzeugung für Trump gestimmt. «Er packt den Stier bei den Hörnern, wie wir sagen», erinnert er sich an seinen ersten Eindruck von dem kontrovers schillernden neuen Präsidenten. Bei Treffen mit Landwirten habe Trump seine teilweise aggressive Art verteidigt und gesagt, er habe seine Gründe dafür. «Wir verstehen das», erklärt Daniels, «nur würden wir uns manchmal wünschen, dass wir nicht so sehr unter den Zöllen zu leiden hätten. Aber wir hoffen, dass all das, was er unternimmt, den USA am Ende eine bessere Zukunft beschert.»

Trumps Zollstreit mit China belastete die amerikanische Agrarindustrie schwer. Seine Regierung hatte 2018 Zölle gegen chinesische Produkte verhängt, weil er dem Land unfaire Handelspraktiken vorwarf. China reagierte mit Zöllen unter anderem auf landwirtschaftliche Produkte. Doch die Einbußen wurden durch Finanzhilfen ausgeglichen, und Daniels meint bis heute, dass viele Entscheidungen der Trump-Regierung gut gewesen seien für die Farmer. Regulierungen seien weggefallen. Auch die neue, im Juli 2020 in Kraft getretene Handelsvereinbarung zwischen den USA, Mexiko und Kanada, kurz USMCA, sei besser als das vorherige Nordamerikanische Freihandelsabkommen (NAFTA). Vor allem für Milchexporte sei die neue Übereinkunft gut.

Der eigentlich überzeugte Republikaner Daniels ist sich vor der Wahl 2020 trotzdem nicht sicher, ob er Trump wieder wählen wird. Er ist für seinen Geschmack oft zu impulsiv und unkontrolliert. Den gläubigen Katholiken stören die Schimpftiraden, mit denen Trump seine politischen Gegner überzieht. Joe Biden sei vielleicht eine Alternative, überlegt er laut. Man merkt ihm sein Zögern an. Ihm gefällt die Erfahrung, die der Kandidat der Demokraten mitbringt. Vielleicht würde er ja die Spaltung im Land beenden können, hofft er damals. Denn dass seine Heimat so gespalten ist, belastet Daniels sehr. Er hat das Gefühl, dass Menschen wie er, die mit extremen Haltungen nichts anfangen können, kaum noch gehört werden. Dabei seien sie doch in der Mehrheit. «Es gibt mehr Menschen in der Mitte», klagt er, «aber die Lauten stehen rechts und links. Sie lassen der Mitte keine Chance und der Art, wie wir uns wünschen würden, dass das Land regiert wird. Zuerst schwingt das Pendel ganz nach rechts, dann schlägt es weit nach links aus. Ich würde mir wünschen, dass es etwas länger in der Mitte bliebe, damit die Menschen glücklicher sein könnten.»

Daniels sehnt sich nach etwas, von dem er glaubt, es habe in der Vergangenheit existiert, danach, dass Parteien nicht nur von Ansichten dominiert werden, die er den Parteirändern zuordnet. Früher habe es die Chance auf Kompromisse gegeben; Menschen konnten sich noch gemeinsam für etwas einsetzen, obwohl sie unterschiedliche politische Positionen vertreten haben. Es ist das, was auch Pastor Derek Kubilus aus Ohio beklagt, wenn er versucht, zu Menschen durchzudringen, die Verschwörungstheorien zu ihrem Lebensinhalt erklärt haben, oder was die Mutter des am Coronavirus verstorbenen Kyle Dixon aus Pennsylvania so sehr belastet – die fehlende Stimme der Vernunft. Aber wurde ihr früher wirklich mehr Gehör geschenkt? Oder ist es nur Nostalgie? Zumindest scheint es, dass die extremen Ansichten nicht so laut widerhallten, zumal in der Zeit vor Social Media. Und es scheint auch, dass sich in der derart polarisierten gegenwärtigen Politiklandschaft der USA die Menschen in der «Mitte», die Leisen wie Dave Daniels, ins Private zurückziehen. Oder resignieren? Als ich ihn das frage, kommt ein entschiedenes Nein. Er sei ein optimistischer Mensch, aber er beschränke sich lieber auf das, was er wirklich selbst beeinflussen könne. In seinem kleinen Umfeld, in dem Bezirk, in dem er lebe.

Auch in anderen Bundesstaaten habe ich immer wieder Menschen getroffen, die sich nach mehr «Mitte» sehnten. Eine Unternehmerin in Minnesota zum Beispiel. Sie entschied sich am Ende, keinen der beiden Präsidentschaftskandidaten zu wählen, weil aus ihrer Sicht der eine zu weit rechts und der andere zu weit links stand. Die «Mitte», das ist auch die Suche nach Konsens. Unterschiede zwischen den Republikanern und Demokraten gab es immer schon. Schablonenhaft werden die einen eher als Partei für Unternehmer und Wohlhabende wahrgenommen, die sich für Steuersenkungen einsetzen, während die anderen eher als Anwalt der sozial Schwachen gesehen werden, die mehr Geld für

Sozialleistungen wie Krankenversicherungen ausgeben wollen. Das war früher so, das ist immer noch so, doch heute gehen die Zwischentöne unter. Nicht nur im Wahlkampf, sondern während der ganzen Legislaturperiode. Und da es nur zwei Parteien gibt, scheint es niemanden zu geben, der eine andere Rolle übernimmt. Abgesehen vielleicht von einzelnen Politikern mit besonderen Interessen.

Der an der Harvard University lehrende Politikwissenschaftler Steven Levitsky wurde mit seinem Buch «Wie Demokratien sterben», das er 2018 gemeinsam mit Daniel Ziblatt veröffentlicht hat, einem größeren Publikum bekannt. In einem von der «New York Times» organisierten Streitgespräch im März 2022 sagte Levitsky, dass beide Parteien echte politische Opfer bringen müssten, um sich gegen die Aushöhlung der Demokratie aufzulehnen. Gemäßigte Republikaner müssten Demokraten wählen, um den extremen Republikanern das Wasser abzugraben, und linke Demokraten müssten auf manches politische Ziel verzichten, damit die Demokratische Partei auch für gemäßigte Republikaner wählbar sei.

Die Republikanerin Sarah Longwell, Gründerin der Organisation «Defending Democracy Together», stimmt Levitsky zu. Um etwas gegen die autoritäre Version der Republikanischen Partei unternehmen zu können, brauche es eine Koalition für die Demokratie, die von der republikanischen Abgeordneten und Trump-Gegnerin Liz Cheney bis zur linken demokratischen Senatorin Elizabeth Warren reiche. Longwell, die gemeinsam mit anderen versucht, ihre Partei aus den Fängen Trumps zu befreien und Parteimitgliedern eine Alternative ohne den Populisten aufzuzeigen, fordert ein Umdenken der Demokratischen Partei. Wenn man die Grand Old Party, wie die Republikanische Partei genannt wird, in ihrer momentanen Form als elementare Bedrohung der Demokratie sehe, dann müssen die Demokraten Wahlen gewinnen. Momentan sehe es aber danach aus, als ob die Republikaner bei den Kongresswahlen groß abräumen könnten. Die Demokraten müssten ein Gefühl dafür entwickeln, wie man die Wechselwähler rechts der Mitte erreichen könne, denen die Republikanische Partei unter Trump zu extrem geworden sei.

Menschen wie Dave Daniels. Doch das, was die Experten in Washington umtreibt, ist für ihn weit weg. Er schaue sich immer an, was ein Politiker oder eine Politikerin für die Landwirtschaft tun wolle, für das, was ihn betrifft, dann entscheide er sich. Er führt uns stolz über seinen Hof. Die Farm hat fast nur friesische Kühe, schwarz-weiß gefleckt. Dave ist leidenschaftlicher Landwirt. Er liebt seine Tiere. «Glaubt es mir oder nicht, jede Kuh hat ihre eigene Persönlichkeit. Die einen sind launisch, die anderen sehr schnell lernfähig, die nächsten dumm. Es gibt schüchterne und aggressive Tiere.» Der Vergleich zu Menschen liegt nah. Er lacht und geht weiter. Große, offene Ställe, die moderne Melkanlage, die automatisierte, computergesteuerte Kälberfütterung. All das hat viel gekostet und wäre für ihn allein nicht möglich gewesen. Dass die Kühe nicht raus aufs Freiland kommen, habe damit zu tun, dass er und seine Partner dafür nicht genügend Land hätten.

Unterstützt werden sie von mehreren Angestellten. 2020 sind es neun, allesamt Latinos, die meisten aus Mexiko. Daniels sagt, ohne sie könnten sie den Hof nicht führen. Er finde keine anderen Arbeiter; in der Landwirtschaft sei man auf die Latinos angewiesen. Ihn habe daher immer gestört, dass Trump Einwanderer aus dem Süden pauschal als Verbrecher diffamiert und so getan habe, als ob sie weißen Amerikanern die Jobs wegnehmen würden. Das stimme einfach nicht. Daniels würde sich ein einfacheres Einwanderungsgesetz wünschen oder zumindest bessere Aufenthaltsregeln. Mit ihren Mitarbeitern sind sie sehr zufrieden. Im Stall läuft südamerikanische Musik. Die zwei Männer, die Melkdienst haben – auf der Farm wird in bis zu drei Schichten gearbeitet –, singen. Auf der «Mighty Grand Dairy Farm» gibt es wenig Fluktuation unter den Angestellten. Sie bekommen sogar eine Krankenversicherung – keineswegs üblich in der Landwirtschaft.

Während wir die Farm besuchen, im Juli nach dem Tod von George Floyd, wird das ganze Land von Protesten der Black-Lives-Matter-Bewegung überzogen. Kurze Zeit später werden Unruhen auch Kenosha erreichen. Daniels ist ein nachdenklicher Mann. Die polternden, zugespitzten Töne liegen ihm nicht. Die Bilder von brennenden Häusern, von Gewalt zwischen Polizisten und Demonstranten erschüttern ihn, doch er versucht, beide Seiten zu verstehen. Dass Trump zu diesem Zeitpunkt die Schuld und Verantwortung ausschließlich bei den Demonstranten sieht, lehnt er ab. «Wir hatten immer die Möglichkeit zu demonstrieren. Manche Proteste waren gewalttätig, aber die meisten waren friedlich und hatten einen guten Grund. Einiges, was geschehen ist, rechtfertigt die Proteste der Afroamerikaner und der Black-Lives-Matter-Bewegung. Sie haben das Recht zu demonstrieren.» Zugleich versucht er, die weiße Bevölkerung zu verstehen, Menschen wie er selbst. Gerade für die Älteren sei es schwer, mit Veränderungen Schritt zu halten – Veränderungen, die eine diversere Gesellschaft, eine Auseinandersetzung mit der eigenen Geschichte und Verantwortung mit sich bringen. Manche reagierten deshalb besonders heftig, aber er wolle daran glauben, dass sie sich für diesen Wandel öffnen werden. «Wir haben mehr als zweihundert Jahre überlebt. Unser Land war schon häufiger gespalten, aber wir haben das überwunden. Das können wir wieder schaffen.»

Wenige Wochen später kommt die Gewalt Dave Daniels' Heimat ganz nahe. Am 23. August 2020 will die Polizei in Kenosha einen Mann festnehmen, gegen den ein Haftbefehl wegen Ruhestörung, unerlaubten Betretens eines Grundstücks und sexueller Belästigung vorliegt. Der Mann wehrt sich, später sagt die Polizei, er habe ein Messer in der Hand gehalten. Ob das stimmt oder nicht, ist unklar. Es wird in seinem Auto gefunden, in das er einsteigen wollte. Vor den Augen seiner drei Kinder wird er von einem Polizisten siebenmal in den Rücken geschossen. Weiße Polizeigewalt gegen einen Schwarzen, der Vorwurf von Rassismus.

Der Neunundzwanzigjährige überlebt, ist aber seitdem gelähmt. In der Stadt am Lake Michigan brechen Unruhen aus, die tagelang anhalten. An einem Abend, als Demonstranten durch die Straßen ziehen, erschießt der damals siebzehnjährige Kyle Rittenhouse, Mitglied einer Art Bürgerwehr, zwei Menschen und verletzt einen dritten schwer. Alle drei waren unter den Protestierenden. Rittenhouse beruft sich auf Notwehr und wird 2021 freigesprochen.

Als ich im Frühjahr 2022 das erste Mal wieder mit Dave Daniels spreche, ist das, was in der nahe gelegenen Stadt geschah, noch sehr präsent. Die Wunde in Kenosha heile nur langsam, erzählt er, einige Geschäfte hätten danach für immer zugemacht, es gebe noch viel zu bewältigen. «Wir brauchen die Polizei doch», sagt Daniels, aber im August vor knapp zwei Jahren sei etwas zerbrochen, das erst langsam wieder besser werde. «Zwei Prozent der Bevölkerung lassen 98 Prozent der Menschen schlecht aussehen», ärgert er sich. Die zwei Prozent sind für ihn selbst ernannte Gesetzeshüter wie Rittenhouse, der bei den Republikanern mittlerweile eine große Bühne bekommt, aber auch die, die randalierend durch Straßen ziehen, und vielleicht sogar Polizisten, die zu schnell schießen.

Daniels hat sich vor der Präsidentschaftswahl nach mehr Mitte gesehnt. Und er tut es nach wie vor. Dem neuen Präsidenten ist es offenbar nicht gelungen, an der Spaltung im Land etwas zu ändern. Ob er Joe Biden 2020 gewählt hat oder doch den Republikanern treu geblieben ist, behält er für sich. Ich begreife, dass der Farmer darüber nicht sprechen will, und dränge nicht weiter. «Er macht einige Sachen ganz gut», sagt er über den demokratischen Präsidenten und meint damit vor allem die Außenpolitik seit Beginn des Ukraine-Krieges. Es sei jetzt wichtig, jemanden zu haben, der sich klar zur NATO bekenne, und das mache Biden. Hier spiele sich ein Kampf zwischen Demokratie und Sozialismus ab. Mit «Sozialismus» meint er das, wofür aus seiner Sicht Russland steht, der Gegenentwurf zu allem, was für ihn die USA ausmacht,

Freiheit, Selbstbestimmung. In Russland herrsche ein Unrechts-regime, dagegen müssten demokratische Staaten doch zusam-menhalten. Ungesagt schwingt mit, dass es diesen Zusammenhalt unter Trump nicht gäbe. Daniels erinnert sich, wie er 1988 zuerst in Moskau und dann in Kiew war. Schon damals seien Unterschie-de zwischen den beiden Städten spürbar gewesen, obwohl damals noch beide Teil der Sowjetunion gewesen seien.

Dass Biden in den Umfragen so schlecht dasteht, seine Beliebt-heitswerte im Keller sind, überrascht Daniels nicht so sehr. Die Menschen würden vor allem die Streitereien im Kongress wahr-nehmen, in Bidens eigener Partei, wo ebenfalls nicht alle an einem Strang ziehen würden, aber auch über Parteigrenzen hinweg. Ihm komme es oft so vor, als ob die Blockade um ihrer selbst willen aufrechterhalten werde und nicht weil Politiker inhaltlich über-zeugt seien. Es werde viel zu selten effizient zusammengearbeitet, nach möglichen Kompromissen gesucht. Dabei hatte Biden doch gerade das versprochen, als er vereidigt wurde. Er, der so viel Er-fahrung aus derartigen Verhandlungen als Senator und dann als Vizepräsident mitbrachte.

Manche demokratischen Politiker stehen Daniels zu weit links, wollen zu viel Geld für Sozialprogramme ausgeben, achten nicht auf das Haushaltsdefizit. Da geht es ihm wie dem General-Mo-tors-Mitarbeiter in Ohio. Die Inflation werde dadurch doch nur immer schlimmer. Biden selbst habe vielleicht gute Ideen, aber die könne er allein nicht umsetzen. Deshalb müsse er den linken Flügel zufriedenstellen. Das wiederum verschrecke Menschen in ländlichen Regionen, wo es ein ganz anderes Wählerverhalten gebe als in Städten. Dort unterstützten 66 Prozent Biden und nur 33 Prozent Trump. Auf dem Land war es andersrum: 60 Prozent stellten sich hinter Trump, während Biden auf 38 Prozent kam. Inzwischen hat Biden überall an Zustimmung verloren.

Der Farmer geht davon aus, dass die Demokraten im November zumindest das Repräsentantenhaus verlieren werden. Das sei in der Geschichte der USA fast immer so gewesen. Die Partei, die den Präsidenten stelle, müsse bei den ersten Wahlen, die auf die Präsidentschaftswahl folgen, eine Niederlage hinnehmen. Beim Senat ist er sich nicht so sicher. Weil die Republikaner die Chance sehen, beide Kammern zurückzuerobern, fließt dieses Mal viel früher als sonst sehr viel Geld in den Wahlkampf. Das ärgert ihn. Vor allem weil es bei den Republikanern dazu diene, die Lüge vom Wahlbetrug weiterzuverbreiten, auch in Wisconsin. «Ich halte nichts davon, dass die Politiker immer weiter versuchen, etwas auszugraben. Ich glaube nicht an Wahlbetrug.» Das ist Daniels wichtig. «Aber wenn sie das Gefühl haben, sie müssten das tun … Sie werden wohl ihre Gründe haben.» Er lässt die Bemerkung im Raum stehen. Er persönlich wünsche sich, dass sie damit endlich aufhören würden.

Als wir im Sommer 2020 bei Daniels waren, sagte er uns zum Schluss, er könne sich nicht vorstellen, dass Trump sich zum König erklären wolle, sprich das Wahlergebnis nicht akzeptieren würde. Inzwischen weiß er, dass er sich getäuscht hat. Bis heute hat Trump das Wahlergebnis nicht anerkannt, und viele Republikaner folgen seiner Argumentation. Daniels findet all das lächerlich. Daniels ist im besten Sinne konservativ. Er vertraut den Institutionen, er vertraut der amerikanischen Demokratie. Das, was viele Politiker in der Öffentlichkeit von sich geben, wenn sie vom Wahlbetrug sprechen, stößt ihn ab, doch er hält sich mit offener Kritik zurück. Er will nicht Teil des lauten Getöses sein. Schwer vorstellbar, dass er noch einmal für Trump stimmen könnte. Doch vielleicht ist seine langjährige Treue zu den Republikanern stärker als die Abneigung gegenüber dem spaltenden und lügenden Ex-Präsidenten?

Ein Grund mehr, warum er nicht viel mit der großen Politik zu tun haben will. «Wir kümmern uns hier nicht so sehr um Geopolitik, auch wenn sie uns natürlich betrifft.» Noch einmal betont er, dass er sich auf das beschränken wolle, was in seiner Macht liege. Auch das ist etwas, das ich immer wieder höre, wenn ich die Menschen im Land, egal wo, frage, ob sie sich für Politik interessieren.

Daniels engagiert sich in seinem County für ein Projekt, das einen Plan entwickeln will, wie eine ländliche Gemeinde im Jahr 2050 aufgestellt sein soll. «Wir wollen nach vorne schauen.» Aber eben nur auf lokaler Ebene. Er war ganz froh, als er die Leitung des Bauernverbandes wieder abgeben konnte. Er hatte sie nur übergangsweise übernommen. Das war nichts für ihn. Er geht nicht gerne mit seiner persönlichen Meinung hausieren. Selbst die Interessenvertretung seines Berufsstands war eine zu große Bühne. Jetzt ist er wieder Stellvertreter, und das gefällt ihm deutlich besser. Er bleibt lieber im Hintergrund.

In der Landwirtschaftspolitik laufe es, seit die Biden-Regierung im Amt sei, ganz passabel. Mit dem neuen Minister hätte man sich wieder an einen anderen Stil gewöhnen müssen, aber er habe die Interessen der Farmer im Blick. Momentan bekommen sie einen guten Preis für ihre Produkte, aber man müsse den Verbrauchern verständlich machen, dass auch die Produktionskosten gestiegen seien, zum Beispiel durch deutlich höhere Düngerkosten. Die Inflation belaste die Landwirte genauso wie alle anderen, selbst wenn es auf den ersten Blick so aussehe, als ob sie von den höheren Preisen profitieren würden. «Wir wissen leider nicht, wie sich die Lage weiterentwickelt.» Das beunruhige viele, trotz der leicht gestiegenen Einnahmen. Dass 2021 erstmals deutlich weniger Höfe aufgeben mussten, wird der Biden-Regierung bisher ebenfalls nicht zugutegehalten. Die Farmer trauen dieser Trendumkehr noch nicht.

Dave Daniels will langsam kürzertreten, gegen Ende des Jahres, wenngleich er sich nicht vorstellen kann, sich komplett zurückzuziehen. Er wohnt direkt neben dem Hof. Von Küche und Wohnzimmer kann er sehen, wenn die Molkereiwagen aufs Gelände fahren, er sieht die Arbeiter kommen und gehen. Aber nachdem seine Frau bereits im Ruhestand ist, wollen die beiden mehr reisen. Etwas, das sie viele Jahre lang kaum konnten. Kim Daniels, die als Röntgenassistentin in einem nahegelegenen Krankenhaus gearbeitet hat, hilft aufgrund der personellen Engpässe in der Pandemie noch manchmal aus, doch es bleibt trotzdem Zeit für die kleinen persönlichen Träume. Zum vierzigsten Hochzeitstag schenkten sich die beiden eine Reise nach Hawaii, im Winter.

Im Sommer dagegen verbringt das Ehepaar Daniels viel Zeit im eigenen Gemüsegarten. Als wir 2020 zu Besuch waren, hackten sie gerade Unkraut. Wir unterhielten uns darüber, ob die USA und Deutschland unterschiedlich mit der Pandemie umgingen. Zu dem Zeitpunkt ging es hoch her bei der Frage, ob man eine Maskenpflicht verordnen kann oder nicht. Trump war klar dagegen. Und zu meinem großen Erstaunen auch Kim, die damals noch jeden Tag im Krankenhaus arbeitete und ständig mit Corona konfrontiert wurde. In ihrer eigenen Familie mache sie klare Ansagen, wann Masken zu tragen seien, sagte sie mir ohne Zögern, aber hier in Amerika könne sie doch einer anderen Person nicht sagen, was sie zu tun habe, solange es kein Gesetz gebe, das etwas vorschreibe. «Das ist Amerika. Wir können Menschen nicht zwingen, etwas zu tun. Man hofft einfach, dass sie sich richtig entscheiden.» Da war sie wieder, die viel beschworene Freiheit, seine eigenen Entscheidungen zu treffen, treffen zu können und zu dürfen – das, was die Vereinigten Staaten für so viele ausmacht. Mich irritiert das immer wieder, nicht zuletzt, wenn es um die Pandemie geht. Was selten hinterfragt wird, zumindest nicht offen, ist, ob diese Freiheit, sinnvolle Gesundheitsvorkehrungen abzulehnen, nicht die Freiheit anderer gefährden könnte. Die Schwester des verstorbenen Kyle Dixon hat das getan, denn die Freiheit, keine Masken zu tragen, hat ihren Bruder wahrscheinlich sein Leben gekostet.

Familie Daniels ist gut durch die Pandemie gekommen. Wohl auch wegen der Umsicht von Kim. Dave schmunzelt, als er erzählt, dass die ganze Familie viel Vitamin D nehme, um die Abwehrkräfte zu stärken. Nur sein Vater habe sich infiziert, aber da seien sie alle längst geimpft gewesen.

Im November wird Dave Daniels wieder zur Wahl gehen. Nicht

abzustimmen, kommt für ihn nicht infrage. Seine Entscheidung für einen Kandidaten wird jedoch stärker davon abhängen, was dieser zum Milchpreis sagt, und eher weniger von der Ukrainepolitik. Wäre da nicht der von Daniels gefürchtete Einfluss linker Politiker auf Biden, könnte er sich wohl eher mit dem Demokraten anfreunden. Schließlich war Biden sein Favorit im demokratischen Bewerberfeld 2020. Die politischen Überzeugungen eines Bernie Sanders oder einer Elizabeth Warren hingegen seien nichts für ihn. Zu vieles erinnert ihn an das, was er unter Sozialismus versteht, dass der Staat sich zu sehr um alles kümmere. Daniels weiß, dass eine Sozial- und Gesundheitspolitik, wie sie Sanders oder Warren wollen, in vielen europäischen Ländern Realität ist, und nein, diese Länder seien keine sozialistischen Länder, aber für die USA sei das nichts. Mein «Warum nicht?» bleibt unbeantwortet.

Dave Daniels ist ein Mann, der offen ist für Neues. Im Januar 2021 hat er knapp einen halben Hektar seines Farmlandes umgewidmet. Dort steht jetzt eine Fotovoltaikanlage. Mit den Solarzellen können sie fast achtzig Prozent des für den Farmbetrieb benötigten Stroms selbst produzieren und so ihre Abhängigkeit von Energiepreisen reduzieren. Eine langfristige Investition in die Zukunft der Farm, die wohl schon bald nicht mehr ihm gehören wird. «Als Milchbauern suchen wir immer nach Möglichkeiten, unsere Ausgaben zu senken. Das ist ein Weg. Wir erzeugen Strom für unseren Hof, senken die Kosten und können so in der Zukunft CO_2-Gutschriften sammeln.» Weil er ja dank der Solarzellen den Ausstoß von Kohlendioxid verringere.

Daniels hat damit das gemacht, was Biden in der Landwirtschaft fördern will. Nur dass der Präsident dafür erst noch Teile seines Klimaschutzprogramms im Kongress durchbekommen muss. Für den Farmer spielt es keine Rolle, dass Klimapolitik eher Sache der Demokraten ist. Er ist pragmatisch, macht das, wovon er überzeugt ist, dass es seinem Hof nützt. Inwieweit sich das an der Wahlurne auswirken wird, bleibt sein Geheimnis.

Schluss:
Ein zerrissenes Land

Unterwegs auf amerikanischen Straßen. Es war an einem Sonntag, auf dem Weg zurück nach Washington. Plötzlich sehen wir am Straßenrand ein riesiges Plakat mit dem Foto eines freundlich aussehenden älteren Herren, die Haare ergraut. Daneben die flehende Bitte: «Helft mir, ich brauche eine neue Niere.» Das Plakat ist mit Glitzergirlanden verziert, wie ich sie von Gebrauchtwagenhändlern auf dem Land kenne. Wohl in der Hoffnung, die schnell Vorbeifahrenden auf sich aufmerksam zu machen. Einblicke in ein Gesundheitssystem, das viel zu viele alleinlässt. Ob sie wie der nierenkranke Mann am Highway nach einem Organspender suchen oder wie eine Mutter für die teure Behandlung ihres krebskranken Kindes an einer Straßenkreuzung um Spenden bitten – sie alle haben in den USA keine vergleichbar mächtige Lobby wie jene, die sich für ungeborenes Leben einsetzt.

Nur wenige Meilen später, an derselben Straße, eine Kirche und der dazugehörige Friedhof. Zwischen den Grabsteinen stecken Fähnchen mit der Aufschrift «Pray to end abortion!», «Betet, um Abtreibung zu beenden!». Einer von vielen Hinweisen, dass der Kampf gegen das Abtreibungsrecht in den vergangenen Jahren, spätestens seit Beginn von Trumps Präsidentschaft, immer intensiver ausgetragen wurde. Als am 2. Mai 2022 der Urteilsentwurf des Supreme Court durchsickert, mit dem Richter Samuel Alito das seit 1973 geltende Recht von Frauen auf Schwangerschaftsabbruch aufheben will, rechnet in den USA kaum noch jemand mit einer anders lautenden Entscheidung des Obersten Gerichts. Die wird am 24. Juni veröffentlicht. Die Abtreibungsgegner haben somit eine Antwort auf die Frage gefunden, wer

Amerika retten wird: die durch Trump ermöglichte konservative Mehrheit am Obersten Gerichtshof. Dass dieses Thema nach fast fünfzig Jahren wieder am Supreme Court verhandelt wurde, macht es denkbar, dass auch andere liberale Errungenschaften der letzten Jahrzehnte zur Disposition stehen wie zum Beispiel die gleichgeschlechtliche Ehe oder Rechte von Transgender-Menschen. Die Sorge wird geschürt von Richter Clarence Thomas, der in einer Einzelbegründung zur Aufhebung von «Roe versus Wade» davon spricht, dass das Gericht künftig auch Entscheidungen auf den Prüfstand stellen sollte, die im Bereich individueller Bürgerrechte geltendes Recht seien. Er erwähnt dabei explizit die Entscheidung, die gleichgeschlechtliche Ehen erlaubt, oder die, die Empfängnisverhütung als Recht festschreibt. Der Supreme Court habe die Pflicht, Irrtümer zu korrigieren. Mit dieser Haltung bleibt Thomas allerdings dieses Mal noch allein. Zwei andere konservative Richter, Samuel Alito und Brett Kavanaugh, erklären, dass die Aufhebung des Urteils «Roe versus Wade» nicht richtungsweisend für andere Bereiche sei.

Das Land rückt nach rechts, obwohl die Mehrheit der Bevölkerung das gar nicht unbedingt unterstützt. Aber sie kann nur wenig tun, um das zu verhindern. Auf alle Fälle sollte sie diese Themen bei der eigenen Wahlentscheidung nach vorne stellen, in ausreichender Zahl zur Wahl gehen und nicht resigniert zu Hause bleiben. Dafür kämpfen vor allem Frauen – Politikerinnen und Aktivistinnen wie Stacey Abrams, die zum zweiten Mal versucht, in Georgia Gouverneurin zu werden. Sie tun es mit großer Leidenschaft, unermüdlich, aber oft bestimmen konservative Politiker, Lobbyisten, Interessenvertreter, Prediger den Ton – eine Minderheit der Bevölkerung, die jedoch sehr motiviert und laut ist, besonders in den republikanisch regierten Bundesstaaten, und oft gut organisiert. Mit Blick auf die Kongresswahlen im November geben sie die Richtung vor, die den demokratischen Präsidenten in seine Grenzen verweist, und zwar im Gleichklang mit dem Obersten Gericht, dessen konservative Mehrheit nach und nach ihr wahres Gesicht zeigt. Mitch McConnell, Minderheitsführer und mächtigster Republikaner im Senat, räumt Mitte Mai in einem Radiointerview freimütig ein, das Wesen des Supreme Court sei es doch, eine Entscheidung zu treffen, auch wenn sie der öffentlichen Meinung widerspreche. Es gehe darum, Grundrechte zu schützen, auch wenn die Mehrheit der Bevölkerung etwas anderes wolle. Wäre dem so, hätte das mehrfach bestätigte Grundsatzurteil, das 1973 Abtreibungen auf Bundesebene legalisiert hat, den Grundrechten seit fast einem halben Jahrhundert widersprochen. Während das ganze Land darauf wartete, wie das Ringen um das Selbstbestimmungsrecht von Frauen ausgehen wird, verabschiedeten viele republikanisch regierte Bundesstaaten bereits Gesetze, um Abtreibungen möglichst früh zu verbieten. Sie liefern sich einen wahren Wettlauf um die härteste Regelung. In achtundzwanzig Bundesstaaten waren bereits vor der Entscheidung des Obersten Gerichts die Weichen gestellt, um Abtreibung schnell verbieten oder zumindest stark einschränken zu können. Eine extrem verhärtete Debatte, die wie so viele andere moralische Debatten in den USA kaum Zwischentöne kennt.

Die republikanischen Regierungen in einzelnen Bundesstaaten treffen Entscheidungen, gegen die die nationale demokratische Regierung kaum etwas unternehmen kann. Wählen wird erschwert, das Recht auf Abtreibung drastisch eingeschränkt, bestimmte Bücher werden aus dem Unterricht und den Schulbüchereien entfernt, kontroverse Themen dadurch ausgeschlossen, sexuelle Selbstbestimmung droht eingeschränkt zu werden. Und alles wird immer begründet mit der Rede von «Freiheit» und dem Anspruch auf Wahrheit. Dabei scheint es vielmehr um Glaubensfragen zu gehen, um den richtigen und den falschen Glauben, und nicht um überprüfbare Wahrheiten.

Viele halten es bereits für ausgemacht, dass republikanische Kandidaten die Demokraten bei den anstehenden Kongresswahlen haushoch besiegen werden. Alle Umfragen deuten darauf hin. Den Republikanern gelingt es deutlich besser, ihre Wähler zu mobilisieren. Die Demokraten hingegen verspüren keinen Rückenwind aus Washington. Ihr Präsident steckt im Umfragetief fest, unabhängig von einzelnen politischen Erfolgen. Die Inflation, die hohen Benzin- und Lebensmittelpreise, die Enttäuschung darüber, dass das Land noch genauso gespalten ist wie zu Trumps Zeit im Weißen Haus – all das wird eine größere Rolle bei der Wahl spielen als das Aus des landesweiten Abtreibungsrechts oder die gelungene Koordination der westlichen Ukrainepolitik gegen Russland. Zwei Wochen nach dem Urteil des Supreme Court verkündet Joe Biden eine Verordnung, die helfen soll, die Folgen des Urteils für Frauen abzumildern. Sie soll unter anderem den Zugang zu medikamentösen Schwangerschaftsabbrüchen garantieren und die Daten von Frauen, die sich über Abtreibungen informieren, besser schützen. Aber niemand vermag zu sagen, wie wirksam dieser präsidiale Erlass tatsächlich sein kann.

Für Ex-Präsident Trump war das Urteil gegen das Abtreibungsrecht ein Triumph. Zumindest öffentlich. Gegenüber Vertrauten soll er zwar die Sorge geäußert haben, dass es den Republikanern schaden könnte, falls sich zum Beispiel die Frauen deshalb von der Partei abwenden würden. Doch seine Anhänger feiern ihn dafür. Er prägt noch immer die politischen Debatten im Land. Kandidaten, die sich in seiner eigenen Partei gegen ihn stellen, haben kaum eine Chance, da die Zahl seiner aktiven Unterstützer noch immer groß ist. Sarah Longwell, die mit der von ihr gegründeten Gruppe «Republican Voters Against Trump» versucht, aufseiten republikanischer Wähler dem ehemaligen Präsidenten etwas entgegenzusetzen, ist realistisch: «Wir sind vielleicht zehn Prozent. Trump müsste mit voller Kraft abgelehnt werden. Nur dann könnten wir um die Seele der Partei kämpfen.» Hoffnung auf ein schnelles Verblassen von Trumps Einfluss hört sich anders an.

Menschen wie Sarah Longwell sehen Trump und seine Anhänger nicht nur als Gefahr für den eher traditionell ausgerichteten Flügel der Republikanischen Partei, sondern auch für die Demokratie. Ein Mitarbeiter aus Longwells Umfeld beschreibt das so: Bei der Wahl 2020 habe Trump zwar versucht, das Wahlergebnis zu verändern, aber ihm habe die personelle Unterstützung gefehlt. Die für den Wahlablauf in den Bundesstaaten entscheidenden «Secretaries of State», wie Brad Raffensperger in Georgia, ließen sich nicht irritieren und blieben bei ihren Prinzipien. Jetzt aber sei Trump in vielen Bundesstaaten dabei, Politikern zum Wahlsieg zu verhelfen, die Menschen mit weniger Skrupel für das Amt des «Secretary of State» einsetzen werden, um die Wahlergebnisse gegebenenfalls anzufechten. Das gelingt ihm nicht überall, aber zum Beispiel in dem entscheidenden Bundesstaat Pennsylvania. Dort hat sich Doug Mastriano, bisher Mitglied im Senat des Bundesstaates, als republikanischer Kandidat für den Gouverneursposten durchgesetzt. Ein Politiker, der sich im Wahlkampf mit QAnon-Anhängern zeigte, am 6. Januar 2021 Shuttlebusse organisierte, um Menschen zu Trump nach Washington zu fahren, der nach wie vor die Lüge vom Wahlbetrug verbreitet und Journalisten von Wahlkampfauftritten ausschloss. Mastriano redet bereits darüber, dass er sich im Fall eines Sieges vorstellen könne, die Wahl in Pennsylvania von 2020 nachträglich für ungültig zu erklären.

Es wirkt so, als ob die Republikaner selbstbewusst mit ihrer Agenda antreten, während die Demokraten mit sich ringen, kein geschlossenes Bild abgeben, weder mit ihrem Präsidenten noch untereinander. Das, was die Demokraten im Präsidentschaftswahlkampf 2020 geeint hat, der gemeinsame Gegner Trump, ist als verbindendes Moment weggefallen. Allein auf Anti-Trump-Stimmung zu setzen, genügt in so entscheidenden Bundesstaaten wie Pennsylvania nicht. Sie müssen vielmehr *für* etwas eintreten, mit starken Inhalten zu punkten versuchen, anders als die Republikaner, die auf Polemik setzen und alles attackieren, was Bidens Regierung anpackt, selbst wenn der eigene republikanische Wahlkreis davon profitieren sollte.

Wie immer werden innenpolitische Themen die nächsten Wahlen entscheiden. Und Europa muss sich darauf vorbereiten, mit Trump 2.0 konfrontiert zu werden. Zuerst mit Politikern, die im Auftreten des Ex-Präsidenten das Rezept für den eigenen Erfolg sehen. Dann, im Präsidentschaftswahlkampf 2024, möglicherweise mit Trump selbst oder einem Kandidaten, der das, was Trump angefangen hat, weitertreibt. Weit vorne liegt derzeit der Gouverneur von Florida, Ron DeSantis. Europa kann jedenfalls nicht darauf setzen, dass die USA an der Seite der Verbündeten bleiben werden. Bidens viel beschworene außenpolitische Rückkehr steht auf tönernen Füßen. Die Vereinigten Staaten, die fremd gewordenen Freunde. Alte Gewissheiten waren eigentlich schon 2016 verloren gegangen, doch nach Bidens Wahlsieg bekam man schnell den Eindruck, dass sich viele wieder in der bequemen Vergangenheit einrichten wollten, in der man sich immer auf die USA verlassen konnte, vor allem auf den militärischen Schutz. Dabei hätte spätestens der Abzug amerikanischer Truppen aus Afghanistan wachrütteln müssen. Oder der Affront gegen Frankreich und damit auch gegen Europa, als es darum ging, dass Australien nuklearbetriebene U-Boote nicht von Frankreich, sondern von den Vereinigten Staaten und Großbritannien kaufte. Angesichts des zu erwartenden spalterisch geführten Wahlkampfs werden die USA zu viel mit sich selbst zu tun haben, als dass sie langfristig verlässlich Verantwortung für andere übernehmen könnten. Zwar stehen im Moment noch beide Parteien hinter der mehr als fünfzig Milliarden Dollar schweren Hilfe für die Ukraine, doch der Ton bei den Republikanern ändert sich.

Das, was in den ersten Monaten nach dem russischen Einmarsch in die Ukraine zuallererst als außenpolitischer Erfolg Bidens wahrgenommen wurde, könnten Trump und ihm nahestehende Republikaner rhetorisch schon bald in eine innenpolitische Niederlage für Biden verwandeln. Der ehemalige Präsident hat das im Mai verabschiedete vierzig Milliarden Dollar schwere Hilfspaket für die Ukraine früh heftig kritisiert, vor allem mit Verweis auf die unter der Inflation leidende Bevölkerung im eigenen Land.

Wie sehr sich Trump von der Unterstützung für die Ukraine abwendet und damit auch seine Anhänger auf die Ablehnung einschwört, wird am 24. Mai deutlich, als in der texanischen Kleinstadt Uvalde ein Achtzehnjähriger in einer Grundschule neunzehn Kinder und zwei Lehrerinnen tötet. Auf der wenige Tage später stattfindenden Jahrestagung der Waffenlobby NRA wettert Trump: «Wenn die USA vierzig Milliarden Dollar haben, die sie in die Ukraine schicken können, dann sollten wir auch in der Lage sein, alles zu tun, was nötig ist, um die Sicherheit unserer Kinder zu Hause zu garantieren. Bevor wir uns um andere Nationen im Rest der Welt kümmern, sollten wir sichere Schulen für Kinder in unserer eigenen Nation bauen.» Trump meint damit eine Hochrüstung von Schulen, um sie vor möglichen Massakern zu schützen. Er denkt dabei aber nicht an eine Verschärfung des Waffenrechts, im Gegenteil. Eher an noch mehr Waffen. Das Einzige, was einen bösen Kerl mit einer Waffe besiegen könne, sei ein guter Kerl mit einer Waffe. Ein beliebtes Bild in den Kreisen, die das Recht, eine Waffe zu tragen, wie eine heilige Pflicht verteidigen. Ob es Milizionäre sind oder ein Ex-Präsident.

Trump und seine Anhänger wissen, dass sie bei dieser Diskussion eine weitere offene Flanke der Demokraten vor sich haben. Die Angst, dass die Demokraten das Recht auf Waffen weiter einschränken könnten, mobilisiert republikanische Wähler. Die demokratischen Wähler dagegen sind von Biden enttäuscht, weil es ihm trotz aller Versprechen bisher kaum gelungen ist, die erhofften Verschärfungen wie zum Beispiel das Verbot von halbautomatischen Schnellfeuergewehren durchzusetzen. Auch hier wird er von vielen als zu zögerlich und schwach wahrgenommen, unabhängig davon, dass er gar nicht viel bewegen kann, solange die Bundesstaaten ihre eigenen Gesetze machen. So hatte ausgerechnet Texas seine Waffengesetze 2021 gelockert. Dort kann nun jeder, der einundzwanzig und nicht vorbestraft ist, ohne Genehmigung eine Pistole auf öffentlichen Plätzen tragen. Waffen kaufen darf jeder ab achtzehn. Dementsprechend scheint sich der

Verkäufer in dem Geschäft, in dem der Täter von Uvalde sich mit Schnellfeuergewehren und mehr als dreihundert Schuss Munition eindeckte, nicht weiter gewundert zu haben, wofür ein junger Mensch so etwas brauchen könnte.

Biden bleibt nur der Appell an die Politiker im Kongress, endlich zusammenzukommen, über Parteigrenzen hinweg, und schärfere Waffengesetze zu verabschieden. Seine Ohnmacht beschreibt er am 30. Mai 2022 so: «Es gibt eine Verfassung. Ich kann diese Dinge nicht vorschreiben. Ich kann das tun, was ich gemacht habe. Ich werde weiterhin präsidiale Verfügungen unterzeichnen. Aber ich kann keine Waffe verbieten. Ich kann die Regeln zur Überprüfung von Käufern nicht verändern. All das kann ich nicht tun.» Und doch hofft er nach dem Massaker von Uvalde auf ein Einlenken «vernünftiger republikanischer Senatoren», wie er sie nennt. «Ich denke, sie erkennen, dass wir so nicht weitermachen können.» Auch angesichts der vielen Toten und Verletzten, die es jedes Jahr in den USA zu beklagen gibt. 2022 waren es bis zum dem Tag des Schulmassakers 31 300 Menschen, die durch Schusswaffen getötet oder verletzt wurden. Unendlich viel mehr als in anderen Ländern.

Dieses Mal erfüllt sich Bidens Hoffnung zumindest zu einem Teil. Einer überparteilichen Arbeitsgruppe von zwanzig Senatoren gelingt es Ende Juni, einen Kompromiss für ein verschärftes Waffenrecht erfolgreich durch den Senat zu bringen. Junge Menschen zwischen achtzehn und einundzwanzig sollen stärker überprüft werden, wenn sie Waffen kaufen wollen. Es soll mehr Geld für sichere Schulen und psychische Betreuung geben. Potenziell gefährlichen Menschen sollen Waffen weggenommen werden können, unter anderem bei Fällen von häuslicher Gewalt durch einen Partner, also auch in Beziehungen ohne Trauschein oder gemeinsame Kinder. Einsicht der Republikaner oder die Hoffnung, dass das Thema nicht die Wahlkampfchancen schmälert angesichts der unabhängig von ihrer Parteipräferenz zutiefst erschütterten Bevölkerung nach dem schrecklichen Mord an so vielen Schulkindern in Uvalde? Darüber gibt es unterschiedliche Meinungen. Aber es ist etwas Bewegung in das Thema gekommen. Als Biden das von beiden Parteien getragene Gesetz unterschreibt, erinnert er daran, dass es in einer Zeit, in der es unmöglich scheint, irgendetwas in Washington hinzubekommen, gelungen sei, etwas Wichtiges umzusetzen. Doch bisher gibt es keine Hinweise darauf, dass die Entscheidung im Kongress ihm angerechnet würde.

Sicher, Biden beansprucht für die USA eine führende Rolle auf der weltpolitischen Bühne, sieht das Land als letzte verbliebene Supermacht, die die demokratischen Werte hochhält. Doch er kann die Krise, in der die USA stecken, nicht übertünchen. Aus Sicht Europas hat sich der einst so wichtige Partner nicht weiterentwickelt. Er beharrt auf seinem Führungsanspruch, mal deutlicher, mal demütiger, aber jedes Bekenntnis zur Zusammenarbeit scheint am Ende nur Mittel zum Zweck zu sein, den Großmachtstatus zu erhalten. Dabei sind die USA in vielerlei Hinsicht ins Hintertreffen geraten. Vor allem in Bezug auf China, das der Supermacht im Westen zunehmend den Rang abläuft: wirtschaftlich, technologisch und nun auch immer stärker systempolitisch. Denn was kann an der Demokratie so erstrebenswert sein, wenn sie von den eigenen Leuten zunehmend gleichgültig gesehen wird, manche sie ablehnen oder gar bekämpfen? Gerade einmal fünfundvierzig Prozent der Amerikanerinnen und Amerikaner sind einigermaßen zufrieden mit ihrer Demokratie. Mehr als die Hälfte der Bevölkerung ist es nicht. Viele glauben außerdem, dass das Regierungssystem der Vereinigten Staaten dringend reformiert werden müsse.

Biden weiß das. Er hat in den ersten Wochen seiner Amtszeit, am 11. März 2020, unverblümt eingeräumt, dass die Amerikaner ihrer Regierung und ihrer Demokratie nicht mehr zutrauen, dem Volk für wirklich schwierige Probleme eine Lösung bieten zu können. Die Menschen wenden sich in immer größerer Zahl von ihren politischen Institutionen ab. Das Bild des gespaltenen Landes wirkte in den Jahren der Trump-Präsidentschaft wie eine über-strapazierte Floskel. Dabei beschreibt es den Zustand des Landes sehr zutreffend. Jeder ist gegen jeden: Demokraten gegen Republikaner, Republikaner gegen Republikaner, Demokraten gegen Demokraten, Politiker gegen Nichtpolitiker, das Volk gegen das politische Establishment, die vermeintlich Aufrechten gegen die verpönt Geschmeidigen, die Konservativen gegen die Liberalen, die, die nur dem Individuum huldigen – frei nach dem Motto: Jeder ist seines Glückes Schmied –, gegen die, die darauf beharren, dass es ohne staatliche Hilfe nicht mehr geht, dass zu viele abgehängt sind und nie eine Chance auf ein Leben in der Mittelschicht haben. An dieser Polarisierung hat Biden nichts geändert.

Aber sind Zweifel an bestimmten Auswüchsen des Systems nicht tatsächlich berechtigt? Was sagt es über eine Demokratie aus, wenn sich Politiker die Regeln für die Stimmabgabe – und alle zehn Jahre nach der einmal im Jahrzehnt stattfindenden Volkszählung auch die Wahlkreise – immer von Neuem so zurechtschnitzen, dass die eigene Partei am ehesten davon profitiert? Was sagt das über das Demokratieverständnis dieser Politiker aus? Und wie sollen die Wählerinnen und Wähler ihnen da noch vertrauen? Das amerikanische Wahlsystem ist von Bundesstaat zu Bundesstaat so verschieden und für manche Menschen mit so vielen Hürden versehen, dass sich nur schwer davon sprechen lässt, dass alle im Land die gleichen Voraussetzungen haben, ihre Stimme abzugeben – ein System, das nach einer Reform schreit, die aber angesichts der gesellschaftlichen Spaltung unvorstellbar scheint.

Die USA waren lange Zeit ein Land, in dem viele darauf vertrauten, dass jede und jeder es schaffen kann, wenn sie oder er nur will. Dabei war diese Verheißung immer schon eine Illusion, wenn man nicht weißer Hautfarbe war oder zumindest nicht einer erwünschten Minderheit angehörte. Die Vereinigten Staaten haben einen Geburtsfehler oder leiden, wie es Obama bezeichnet hat, unter der nicht aufgearbeiteten «Ursünde», dass, anders als es die Verfassung stolz vorgibt, nicht alle Menschen, vor allem die Minderheiten, gleich behandelt werden oder die gleichen Chancen haben wie die Nachkommen der europäischen Einwanderer. Die für das 18. Jahrhundert tatsächlich bemerkenswerte Verfassung ist in wichtigen Bereichen nicht mit der Zeit gegangen. Anspruch und Wirklichkeit klaffen weit auseinander, und das schon seit Langem. Doch statt Menschen zu ermutigen, nach der eigenen Identität zu suchen, indem sie sich mit der Geschichte und der aus ihr entstehenden Verantwortung auseinandersetzen, beschwören Politiker wie Trump und die, die in seine Fußstapfen treten, einen Patriotismus, der alle zu Feinden erklärt, die anderer Auffassung sind. Das wurde am 6. Januar deutlich, als Abgeordnete beider Parteien von einem wütenden Mob gezielt bedroht wurden.

Die republikanische Politikerin Liz Cheney fragt, ob es sein könne, dass in den USA der politische Gegner mehr gehasst als das Land geliebt werde. Sie geht davon aus, dass es doch möglich sein müsse, die Liebe zum Land vor die Spaltung zu stellen. Sie ist eine der wenigen in der Republikanischen Partei, die Trump noch offen die Stirn bieten und keinen Schritt auf seine Anhänger zugehen. Ihre exponierte Stellung im Untersuchungsausschuss zum Sturm auf das Kapitol könnte Cheney, die in vielen politischen Fragen als republikanische Hardlinerin auftritt, ihren Sitz im Repräsentantenhaus für den Bundesstaat Wyoming kosten. Zu Beginn einer öffentlichen Sitzung dieses Untersuchungsausschusses am 9. Juni macht sie noch einmal klar, wo sie steht: «In unserem Land schwören wir keinen Eid auf eine Person oder eine politische Person. Wir legen den Eid ab, um die Verfassung der Vereinigten Staaten zu verteidigen. Dieser Schwur muss etwas bedeuten. Ich sage meinen republikanischen Kollegen, die das verteidigen, was nicht zu verteidigen ist: Es wird ein Tag kommen, an dem Donald Trump verschwunden ist, aber eure Schande wird bleiben. Ich bitte alle Amerikanerinnen und Amerikaner, während Sie den Anhörungen in den kommenden Wochen folgen, erinnern Sie sich daran, was auf dem Spiel steht. Erinnern Sie sich an die Männer und Frauen, die gekämpft haben und gestorben sind, damit wir in einem Rechtsstaat leben können und nicht von Einzelnen beherrscht werden.»

Cheney schaffte bisher leicht ihre Wiederwahl, doch dieses Mal hat sie eine Gegenkandidatin, und es ist ungewiss, ob sie gegen ihre von Trump unterstützte Herausforderin bestehen wird. Das würde für die Cheneys den Verlust einer Art «Erbhof» bedeuten. In dem konservativen Bundesstaat im Westen hatte ihr Vater Dick Cheney 1978 das erste Mal eine Wahl gewonnen. Seitdem hat weder der frühere Vizepräsident noch seine Tochter eine Wahl in Wyoming verloren, wenn sie angetreten sind. Liz Cheney sieht ihre Schicksalswahl als ein Referendum über den Rechtsstaat und die Prinzipien der Gründungsväter. «Ich werde nicht wanken oder klein beigeben. Ich werde mich dem Druck und den Einschüchterungsversuchen nicht beugen. Ich weiß, wo ich eine Linie ziehe. Manche Dinge sind unverkäuflich. Was wir bei dieser Wahl in Wyoming machen, zählt.»

Trump wird alles daransetzen, dass seine Kandidatin in Wyoming gewinnen wird. Genauso wie die Republikaner, die die Partei seinem Zugriff entziehen wollen, alles tun werden, um Cheney zu unterstützen. Die Vorwahl könnte sich zu einem Kampf der Giganten entwickeln. Und das Ergebnis wird letztendlich auch etwas darüber aussagen, wie groß Trumps Einfluss noch ist. Es sagt viel über die «Grand Old Party» aus, dass auch Demokraten ihre Hoffnung, irgendetwas werde die Parteiführung der Republikaner aufrütteln, in eine konservative Hardlinerin setzen.

Das uramerikanische Versprechen, dass jede und jeder es schaffen könne, wenn sie und er nur wolle, scheint einem Egoismus gewichen zu sein, der einem funktionierenden Gemeinwesen im Weg steht. 2019 waren wir bei einem Dreh im Süden der USA mit einem Rancher verabredet, einem Patriarchen wie aus dem Bilderbuch des Wilden Westens. Er ist der Prototyp eines freiheitsliebenden Amerikaners in der Weite des Landes, der sich von niemandem etwas sagen lassen will. Vor allem nicht von Politikern. Und auch nicht von Polizisten, wenn sie im Auftrag dieser von ihm für unfähig und nicht zuständig erklärten Politiker befehligt werden. Als wir über ein traumhaftes Hochplateau im Mormonenstaat Utah fahren, erklärt er mir voller Stolz, warum: «Ich bin ein König. Andere sind das auch. Wir sind Könige und sagen der Regierung, was sie tun soll. Das unterscheidet die USA von vielen anderen Ländern. Die Verfassungsväter haben uns zum König gemacht. Ziemlich gut, wenn man darüber nachdenkt. Wir sollen von niemandem Befehle annehmen. Das bedeutet, wir sind frei.»

Ja, die Nation will zum Mars und zum Mond fliegen, aber es gelingt nicht, die Straßen in einigermaßen ordentlichen Zustand zu bringen. Die Regierung fördert die modernste Drohnentechnik, aber viele Familien haben kein Essen für ihre Kinder im Kühlschrank. Das Credo des freien Marktes wird gefeiert, aber wenn unter anderem ein Zusammenschluss von Unternehmen dazu führt, dass es nicht mehr ausreichend Babynahrung im Land gibt, dann rufen Amerikanerinnen und Amerikaner nach dem Staat, der alles richten soll, wenn mal etwas schiefläuft. Viele wettern gegen zu viel Sozialversicherung, prangern staatliche Unterstützung, nicht zuletzt in der Gesundheitsversorgung, als «Sozialismus» an, aber viel zu viele können sich einen Besuch beim Arzt nicht leisten, und noch weniger bei einem Zahnarzt. Wer durch dieses trotz allem so faszinierende Land fährt, kann sehen, was das bedeutet. Es ist ein verwundetes Land mit verwundeten und zutiefst verunsicherten Menschen, aber es gibt auch jene, die sich eindrucksvoll den undemokratischen Entwicklungen entgegenstemmen. Nur sie zusammen können Amerika retten und das, was viele einmal von den unendlichen Weiten der Vereinigten Staaten träumen ließ: das Versprechen von Freiheit und Demokratie, das ausgerechnet jene, die es wie eine Monstranz vor sich hertragen, gefährden.

Zum Weiterlesen

Politik generell/USA

Carol Anderson: White Rage. The Unspoken Truth of our Racial Divide. New York 2016.

Anne Applebaum: Die Verlockung des Autoritären. Warum anti-demokratische Herrschaft so populär geworden ist. Übersetzt von Jürgen Neubauer. München 2021.

Nick Bryant: When America Stopped Being Great. A History of the Present. London 2021.

Joan Didion: Süden und Westen. Notizen. Übersetzt von Antje Rávic Strubel. Berlin 2018.

David Frum: Trumpocracy. The Corruption of the American Republic. New York 2018.

Sarah Kendzior: The View from Flyover Country. Dispatches from the Forgotten America. New York 2015.

Ezra Klein: Der tiefe Graben. Die Geschichte der gespaltenen Staaten von Amerika. Übersetzt von Katrin Harlaß. Hamburg 2020.

Jill Lepore: Diese Wahrheiten. Eine Geschichte der Vereinigten Staaten von Amerika. Übersetzt von Werner Roller. München 2019.

Carlos Lozada: What Were We Thinking. A Brief Intellectual History of the Trump Era. New York 2020.

Timothy Snyder: Der Weg in die Unfreiheit. Russland, Europa, Amerika. Übersetzt von Ulla Höber und Werner Roller. München 2018.

John Steinbeck: Travels with Charley. In Search of America. Zuerst 1962.

The United States Constitution, What It Says, What It Means.
A Hip Pocket Guide. New York 2005.
United States Census Bureau, https://www.census.gov/.

Joe Biden

Richard Ben Cramer: What It Takes. The Way to the White
House. New York 1992.
Evan Osnos: Joe Biden. The Life, the Run, and What Matters
Now. New York 2020.

Black Lives Matter

Devin Allen: A Beautiful Ghetto. Chicago 2017.
Ta-Nehisi Coates: Zwischen mir und der Welt. Übersetzt von
Miriam Mandelkow. Berlin 2016.
Robin DiAngelo: Wir müssen über Rassismus sprechen. Was es
bedeutet, in unserer Gesellschaft weiß zu sein. Übersetzt von
Ulrike Bischoff. Hamburg 2020.
Olaudah Equiano: The Life of Olaudah Equiano or Gustavus
Vassa, The African. Written by himself. Zuerst 1789.
Ibram X. Kendi: How to be an Antiracist. Übersetzt von Alina
Schmidt. München 2020.
Toni Morrison: Im Dunkeln Spielen. Weiße Kultur und literari-
sche Imagination. Essays. Übersetzt von Helga Pfetsch und
Barbara von Bechtolsheim. Reinbek bei Hamburg 1994.
The National Memorial for Peace and Justice, Ausstellungs-
katalog.

Wahlrecht/Schwarzes Leben in den USA

Brennan Center for Justice, https://www.brennancenter.org/.
Alice Goffman: On the Run. Die Kriminalisierung der Armen in
Amerika. Übersetzt von Noemi von Alemann, Gabriele Gockel
und Thomas Wollermann. München 2015.
McKinsey Global Institute: The Economic State of Black Ame-
rica: What Is and What Could Be. Report. 17. Juni 2021,

https://www.mckinsey.com/featured-insights/diversity-and-inclusion/the-economic-state-of-black-america-what-is-and-what-could-be.

The Sentencing Project, https://www.sentencingproject.org/.

Bryan Stevenson: Ohne Gnade. Polizeigewalt und Justizwillkür in den USA. Übersetzt von Jürgen Neubauer. München 2015.

Native Americans

David Grann: Das Verbrechen. Die Osage-Morde und das FBI. Ein True-Crime-Thriller. Übersetzt von Henning Dedekind. München 2018.

National Congress of American Indians: Becoming Visible. A Landscape Analysis of State Efforts to Provide Native American Education for All. Washington, D.C. 2019, https://www.ncai.org/policy-research-center/research-data/prc-publications/NCAI-Becoming_Visible_Report-Digital_FINAL_10_2019.pdf.

Tommy Orange: Dort dort. Übersetzt von Hannes Meyer. Berlin 2019.

David Treuer: The Heartbeat of the Wounded Knee. New York 2019.

Arbeitswelt

Amy Goldstein: Janesville. An American Story. New York 2017.

Soziale Ungerechtigkeit

Chris Arnade: Dignity. Seeking Respect in Back Row America. New York 2019.

Barbara Ehrenreich: Nickel and Dimed. Undercover in Low-wage USA. London 2001.

Arlie Russell Hochschild: Strangers in Their Own Land. Anger and Mourning on the American Right. New York 2016.

Nancy Isenberg: White Trash. The 400-Year Untold History of Class in America. New York 2016.

QAnon

Teresa Eder, Elizaveta Firsova: Transatlantic Convergence or Divergence? QAnon after January Twentieth. Wilson Center, 12. Februar 2021, https://www.wilsoncenter.org/article/transatlantic-convergence-or-divergence-qanon-after-january-twentieth.

PEN America: Index of School Book Bans, Artikel: Banned in the USA. Rising School Book Bans threaten free expression and student's first amendment rights, https://pen.org/banned-in-the-usa/.

Mike Rothschild: The Storm Is Upon Us. How QAnon Became a Movement, Cult, and Conspiracy Theory of Everything. New York 2021.

Milizen

Lane Crothers: Rage on the Right. The American Militia Movement from Ruby Ridge to the Trump Presidency. 2nd edition. Lanham, MD 2019.

Catrina Doxsee: Examining Extremism. The Militia Movement. CSIS, Center for Strategic and International Studies, 12. August 2021, https://www.csis.org/blogs/examining-extremism/examining-extremism-militia-movement.

6. Januar 2021

Jamie Raskin: Unthinkable. Trauma, Truth, and the Trials of American Democracy. New York 2022.

Dank

Ein Buch ist ein langer Prozess. Ohne die Hilfe vieler Menschen absolut undenkbar. Daher geht ein großes Dankeschön an zwei Menschen, die mir in der Zeit immer wieder Mut gemacht haben: zuallererst an Fritz Olbricht, meinen Mann, für einfach alles, für das gemeinsame Leben in den USA und für seinen Blick auf ein Land und seine Menschen, die einem fremd und nah zugleich sein können. Und an Hillery Gallasch, Kollegin, Freundin, die erste Kapitelentwürfe gelesen hat, die mir Einblicke in das amerikanische Leben und die amerikanische Politik vermittelt hat, die ich ohne sie so nicht bekommen hätte. Die mit mir am Kapitol war, wo wir gemeinsam den 6. Januar 2021 erlebt und durchlitten haben, und die eine der grandiosesten Drehreisen meiner Zeit in den USA möglich gemacht und begleitet hat, in Montana mit Büffelflüsterer Robbie Magnan.

Als Fernsehkorrespondentin ist keine der Geschichten, über die ich in den letzten Jahren berichtet habe, denkbar ohne das Team, das an ihnen mitgewirkt hat. Danke an alle Kolleginnen und Kollegen im ARD-Studio Washington, die anderen Korrespondentinnen und Korrespondenten, beim Fernsehen wie beim Radio, und besonders an die Producerinnen, die so intensiv daran arbeiten, Menschen zu finden, die bereit sind, uns ihre Geschichte zu erzählen, die helfen einzuordnen, die ehrlich sind und nicht davor zurückschrecken, einem zu sagen, wenn man falschliegt. An Teresa Eder für die Einblicke rund um QAnon; an Maren Hennemuth für die Zusammenarbeit in Wisconsin auf Dave Daniels' Hof und bei Pastor Greg Lewis sowie in Minneapolis nach George Floyds Tod; an Anna Leier für den Zugang zu den Milizionären in

Arizona, die Berichte über den Trump-Anhänger und Restaurantbetreiber Jorge Rivas, den Grundschullehrer Reggie Carrillo, die Studentinnen Alexa und Adela; an Tara Libert für die Geschichte von Joe Houston; an Audrey Stimson für die Drehs rund um die Ein-Jahres-Bilanz von Präsident Joe Biden mit Sheriff Joe Frank Martinez in Texas an der Grenze zu Mexiko, der Familie des Coronaopfers Kyle Dixon in Pennsylvania, der Wahlrechtsaktivistin Crystal Mason in Texas, dem Arzt Glenn Hurst in Iowa, den linken Demokraten in Kalifornien, der Navajo-Schafzüchterin Irene Bennalley; an Heather Dolce für weitere Geschichten rund um die Native Americans, an Katharina Werner, Hebah Abdalla für die Geschichte über den General-Motors-Mitarbeiter Tony und viele andere. Danke auch an alle Kolleginnen und Kollegen aus den Bereichen Kamera, Ton, Technik, Schnitt, aus Feedraum und Archiv, aus dem Sekretariat und der Verwaltung, einfach alle, fest angestellt wie freiberuflich. Dieses tolle Team in Washington, D.C., hat vieles erst möglich gemacht.

Ein besonderes Dankeschön geht an meine Co-Korrespondentin Verena Bünten, mit der ich fünf Jahre lang alles teilen konnte, eine tolle Team-Playerin, mit der gemeinsam ein Film über das erste Jahr der Präsidentschaft von Joe Biden entstanden ist, aus dem einige Geschichten ihren Weg in dieses Buch fanden. Und an meinen Vorgänger als Studioleiter, Stefan Niemann.

Danke auch an die eindrucksvollen Amerikanerinnen und Amerikaner, die ich in den fünf Jahren meiner Korrespondentenzeit kennenlernen durfte. Sie haben mich in ihr Leben gelassen, sie haben mir ihr Land, ihre Welt, ihre Sicht auf die Dinge nahegebracht, sie hatten Geduld, waren offen, wollten, dass man ihre Geschichte erfährt und versteht, obwohl Deutschland für viele so weit weg ist. Es sind viel mehr als die, die in diesem Buch zu Wort kommen. Da ist Rose Escobar, eine junge Frau, Mutter von zwei Kindern, deren Mann einer der ersten war, den Trump, kaum im Amt, nach El Salvador abgeschoben hat, weil seine Mutter einen Fehler bei der Anmeldung des Jungen gemacht hatte. Rose kämpfte so lange, bis ihr das Unmögliche gelang, sie konnte José zurückholen. Da sind Tanner, Jeana, Jejuan und Marissa, die ich bei einem Dreh über das amerikanische Schulsystem kennenlernte, als sie gerade ihren Highschoolabschluss machten. Sie haben sich durch alle Widrigkeiten gekämpft – von der Navy über Basketballhoffnungen bis hin zu einem Studienabschluss in Harvard. Maria und Donna, die die Organisation «Saved by Grace» gegründet haben, um in Georgia Obdachlosen zu helfen, und Menschen, die in billigen und oft heruntergekommenen Hotels leben, weil sie sich trotz eines Jobs keine Wohnung mieten können, da sie kein Geld haben, um eine Kaution zu hinterlegen. Oder Bill Shipley, ein Landwirt aus Iowa, der mir immer wieder erklärt hat, wie Landwirtschaft in den USA funktioniert und warum Trump gut für die Farmer sei, obwohl ihm dessen Sprache und Auftreten gar nicht gefiel. Bill starb am Coronavirus, bevor es eine Impfung gab, obwohl er unglaublich vorsichtig war, anders wohl als sein Umfeld. – All ihre Geschichten schwingen mit, wenn ich vom Leben in den USA erzähle.

Ein weiterer besonderer Dank geht an den Rowohlt Berlin Verlag. An Ulrich Wank, der das Buch angeregt hat. An Frank Pöhlmann, der die Konzeption begleitet hat. An Sebastian Wilde, der mir immer wieder Mut gemacht und mit viel Feingefühl und unendlicher Geduld den Text überarbeitet hat. An Felicitas Mayer für ihre Unterstützung im Lektorat. Vielen Dank an das gesamte Team für eine tolle Betreuung und Beratung.

Danke ebenso an den NDR, der mir so viele tolle berufliche Möglichkeiten geboten hat, besonders an Chefredakteur Andreas Cichowicz, der mir die Aufgabe in den USA zugetraut und mich immer bestärkt hat, genauso wie zuvor Walter Helfer, der leider viel zu früh gestorben ist, mir aber bereits im Volontariat den Weg in die Auslandsberichterstattung gezeigt hat. Und an all die tollen Freundinnen, Kolleginnen, Wegbegleiterinnen. Wie Golineh Atai, ohne die ich dieses Buch nicht hätte schreiben können, oder meine früheren Kolleginnen aus dem Hauptstadtstudio, die mir seit vielen Jahren in großer Solidarität verbunden sind; an all die Frauen, gerade auch im NDR, die sich gegenseitig den Rücken stärken.

All das wäre ohne meine Eltern nicht möglich gewesen, die mich wegen ihres Alters leider in den USA nicht mehr besuchen konnten, aber mich immer gestützt haben, auf dem Weg aus dem kleinen schwäbischen Dorf in die große weite Welt, die es einem ermöglicht, das Zuhause, das einem früher so klein vorkam, mit ganz anderen Augen zu sehen. Ein großes Geschenk.